万卷方法®

质性研究的五种取向

QUALITATIVE INQUIRY AND RESEARCH DESIGN:
Choosing Among Five Approaches （Fourth Edition）

原书第4版

[美]约翰·W.克雷斯维尔（**John W. Creswell**）
[美]谢里尔·N.保斯（**Cheryl N. Poth**） 著

何江穗 方慧容 译

重庆大学出版社

Qualitative Inquiry and Research Design: Choosing Among Five Approaches (Fourth Edition), by John W. Creswell & Cheryl N. Poth.

English language edition published by SAGE Publications of London, Thousand Oaks, New Delhi and Singapore, 2018.

质性研究的五种取向(原书第4版)。原书英文版由SAGE出版公司于2018年出版,版权属于SAGE出版公司。

版贸核渝字(2024)第145号

图书在版编目(CIP)数据

质性研究的五种取向:原书第4版 /(美)约翰·W.克雷斯维尔(John W. Creswell),(美)谢里尔·N.保斯(Cheryl N. Poth)著;何江穗,方慧容译. -- 重庆:重庆大学出版社,2024.9. --(万卷方法). -- ISBN 978-7-5689-4676-6

Ⅰ.C3

中国国家版本馆CIP数据核字第2024T1H142号

质性研究的五种取向(原书第4版)
ZHIXING YANJIU DE WUZHONG QUXIANG

[美]约翰·W.克雷斯维尔(John W. Creswell)
[美]谢里尔·N.保斯(Cheryl N. Poth)　著
何江穗　方慧容　译

策划编辑:林佳木
责任编辑:石 可　　版式设计:林佳木
责任校对:关德强　　责任印制:张 策

*

重庆大学出版社出版发行
出版人:陈晓阳
社址:重庆市沙坪坝区大学城西路21号
邮编:401331
电话:(023)88617190　88617185(中小学)
传真:(023)88617186　88617166
网址:http://www.cqup.com.cn
邮箱:fxk@cqup.com.cn(营销中心)
全国新华书店经销
重庆市正前方彩色印刷有限公司印刷

*

开本:787mm×1092mm　1/16　印张:25.75　字数:507千
2024年9月第1版　2024年9月第1次印刷
印数:1—4 000
ISBN 978-7-5689-4676-6　定价:89.00元

约翰将本书献给吉姆叔叔

（詹姆斯·W. 马歇尔，医学博士，1915—1997），

他给予了约翰爱、支持和灵感。

谢里尔将本书献给她的父亲

（理查德·F. 保斯，工商管理硕士，1944—2016），

他增强了谢里尔尝试新事物的自信心，

给予了她人生选择的经验，

鼓励她大胆追寻梦想。

作译者简介

约翰·W.克雷斯维尔　他目前是美国密歇根大学家庭医学系的副教授。他发表了大量论文，也出版了26本书籍（含所有版本），这些论文和书籍的内容涉及混合方法研究、质性研究和研究设计。在内布拉斯加大学林肯分校工作时，他担任了克里夫顿首席讲座教授和混合方法中心的主任，创办了由SAGE出版的学术期刊《混合方法研究期刊》（*Journal of Mixed Methods Research*）。作为富布赖特高级学者，他在2008年前往了南非，在2012年前往了泰国。2011年，他领导的国家级工作团队推动了美国国立卫生研究院在健康科学领域中的混合方法实践。2013年，他在哈佛大学公共卫生学院做访问学者。2014年，他获得了南非比勒陀利亚大学的荣誉博士学位。同年，他还成为了混合方法研究国际学会（Mixed Methods International Research Association，MMIRA）的第一任主席。2015年，他担任了密歇根大学混合方法研究与学术项目的副主任。

谢里尔·N.保斯　他从2008年起担任加拿大阿尔伯塔大学教育学院教育心理学系的研究、应用测量与评估中心的教师。她的主要工作是向硕博研究生讲授研究方法与项目评估课程，此外还要监督并指导学生、教师与社区成员进行质性、量化及混合方法研究。保斯博士还在医学与牙科学院担任若干跨学科研究团队的方法专家。她也是若干基金项目的主要负责人。她在超过30份同行评议的学术期刊上发表过文章，担任过《质性方法国际期刊》（*International Journal of Qualitative Methods*）两期专刊的特邀编审。2016年，她当选为混合方法研究国际学会的第四任主席。她还担任了2013年"质性方法新进展"（Advances in Qualitative Methods，AQM）会议的副主席。她目前是《混合方法研究期刊》的副主编以及《质性探究国际期刊》（*International Journal of Qualitative Inquiry*）的编委会成员。

何江穗　博士，现任教于中国政法大学社会学院。研究领域包括历史社会学、质性研究方法。译有《设计质性研究：有效研究计划的全程指导》等。

方慧容　博士，现任教于中国政法大学社会学院。研究领域包括经济社会学、历史社会学。著有《费孝通早期思想探源》等。

致　谢

　　约翰要向在内布拉斯加大学林肯分校选修他讲授的质性研究方法课程的许多学生致以最大的谢意，他们提出了建议，提供了例子，也对书中的材料进行了讨论。约翰也从影响并促成了本书第1版的杰出学者那里受益良多，他们是：保罗·特纳（Paul Turner）、肯·罗伯森（Ken Robson）、丹娜·米勒（Dana Miller）、黛安·吉勒斯皮（Diane Gillespie）、格里高利·施劳（Gregory Schraw）、莎伦·哈德森（Sharon Hudson）、凯伦·艾夫勒（Karen Eifler）、尼尔里达·阿圭勒（Neilida Aguilar）和哈利·沃尔科特（Harry Wolcott）。本·克拉布特里（Ben Crabtree）和里奇·霍夫曼（Rich Hofmann）对第1版的文本贡献最大，他们用心且及时地回应了SAGE邀请他们担任第1版外审的请求。此外，凯斯·佩佐利（Keith Pezzoli）、凯西·奥布赖恩（Kathy O'Byrne），琼安·库帕（Joanne Cooper）和菲利斯·兰顿（Phyllis Langton）是第1版的审稿人，他们在内容和结构方面提出了建议，这些建议强调了约翰因太过熟悉材料而未能察觉的一些问题。

　　我们很感谢第4版的审稿人为本书付出的时间和精力。约翰要向下列人员致谢：C.黛博拉·劳顿（C. Deborah Laughton，第1版的组稿编辑）、丽萨·库瓦斯·肖（Lisa Cuevas Shaw，第2版的编辑）、薇姬·奈特（Vicki Knight，第3版的编辑，她还安排了海伦·萨蒙［Helen Salmon］担任第4版的组稿编辑）。之前版本的所有工作人员、质性和混合方法研究部门（Office of Qualitative and Mixed Methods Research，OQMMR）的成员都提供了有益的帮助。约翰特别要感谢薇姬·普莱诺·克拉克（Vicki Plano Clark）博士和罗恩·肖普（Ron Shope）博士，在本书的各版本中，他们在完善与精炼约翰关于质性研究的思想方面提供了重要帮助。

　　谢里尔非常感谢约翰和薇姬·奈特给她提供了参与写作本版本的机会。在质性研究的思考和写作方面，约翰对她而言是一位有影响力的导师。她尤其感谢约翰愿意吸纳新的内容和观念，采用新的方式来呈现材料。此外，两位作者都对他们的工作院系和同事表示感谢——密歇根大学家庭医学系及阿尔伯塔大学教育心理学系。

　　最后，还要感谢我们的家人（约翰的家人凯伦、戴维、凯西、乔安娜、邦尼；谢里尔的家人达米恩、艾弗里、贾斯伯）。谢谢你们让我们能够花大量的时间来写作和修改本书。谢谢你们所有人！

五种取向的要点目录

4. 民族志研究

5. 案例研究

目 录

第1章 导 论

本书萌生于1994年在美国科罗拉多州韦尔市举办的一次暑期研讨会，这次暑期研讨会由丹佛大学资助，是在教育学院伊迪思·金（Edith King）的得力指导下进行的。在这次研讨会上，约翰·克雷斯维尔以他的个人研究笔记为基础，对质性资料分析进行了讨论。他介绍了他当时刚完成的一项质性研究：主题为学校对学生枪击事件的回应的案例研究（Asmussen & Creswell, 1995）。约翰意识到这个案例可能会引发一些讨论，并呈现出一些复杂的分析议题。这项研究涉及美国伊利诺伊州的中西部大学对一起校园枪击事件的回应：一名学生带着一把半自动步枪走进了本科生的精算学课堂，并企图向他的同班同学们开火。但步枪卡壳了，子弹并未射出。这名枪手逃离了现场，在几英里外被捕。约翰向研讨会的参与者梳理了这个案例中的各事件的时间序列，指出了这个案例中的主题，并分析了从这所大学对这一近乎悲剧的事件的回应中可以获得的经验教训。接下来，在毫无准备的情况下，这次研讨会上另一位经验丰富的研究者——俄勒冈大学的哈利·沃尔科特举起了手，要求上台发言。他解释了自己作为文化人类学家会如何对这个案例进行研究。出乎约翰的意料，哈利将这一案例研究"转化"成了民族志，将整个研究放入了一个全新的框架。在哈利的发言结束之后，当时在丹佛大学任教的莱斯·古德柴尔德（Les Goodchild）则讨论了他会如何从历史视角来分析这一枪击事件。这三名研究者展示了对同一事件的多种呈现方式：运用不同研究的取向，最初的案例研究经历了令人称奇的"转化"。这次研讨会上的讨论激励了约翰进一步思考他一直以来所持的一个观念：每项具体质性研究的设计都与**质性研究**（qualitative research；字体为黑体的术语在附录一术语表中均有对照定义）的特定取向（approach）联系在一起。于是，在一个引人注目的问题的引导下，约翰开始写作本书的第1版：质性探究的类别或取向如何影响一项具体研究的设计或程序？

本书的目标与理据

这本书现在已经是第4版了，但我们仍然在构思对前述问题的回答。在新版本中，约翰努力在讨论中引入更多的视角。这本书最初的意图是探讨质性探究的五种不同取向——叙事研究、现象学研究、扎根理论研究、民族志研究和案例研究，并把它们放在一起，以便看出它们的差异。探讨这些取向在整个研究过程中的具体运用，包括通过阐述研究目标和研究问题来介绍具体研究、资料收集、资料分析、报告写作、有效性（validation）与评估的标准，都可以生动地展示出这些取向之间的差异。例如，通过分析在学术期刊上发表的质性研究论文，我们可以看到：扎根理论研究提出的研究问题与现象学研究提出的研究问题是不同的。

本书将不同取向放在一起，并探讨了这些不同取向在研究过程中将如何展示各自的独特之处，正是这种编排将本书与你读过的其他质性研究书籍区分开来。多数质性研究者聚焦于一种取向，如民族志或扎根理论，这些研究者也努力向读者展示他们的取向的价值，这在高度专业化的学术界是合理的。然而，学生以及质性研究的初学者应当知道存在适合他们研究难题的不同选择，这些选择也都与他们的研究兴趣相吻合。本书希望能够拓宽质性研究的范围，邀请读者来体验进行研究的多种方式。本书为质性研究者提供了进行质性探究的各种选项，能帮助他们决定哪种取向最适合他们的研究难题。有很多对质性研究进行一般讨论的书籍以及讨论各种质性探究取向的书籍，质性研究的学习者经常感到无所适从：存在哪些选项（即取向）？如何根据已知的信息做出选择？

通过阅读本书，我们希望你能更好地理解研究过程中的各个步骤，了解质性探究的五种取向，并理解这五种**探究取向**（approaches to inquiry）之间的不同点与相同点。

第4版的新内容

约翰编写了本书的第1版、第2版和第3版，这三个版本的内容既有保持不变的，也有发生变化的。在这一版中，我们介绍了一些新的观点：

- 我们更新了在第1章中介绍的重要参考文献，以反映每种取向的最新进展，包括叙事研究（Clandinin，2013）、现象学研究（van Manen，2014）、扎根理论研究（Charmaz，2014；Corbin & Strauss，2015）以及案例研究（Yin，2014）。
- 根据审稿人的意见，我们修改了第2章关于质性研究者所采用的哲学假定与诠释框架的讨论，并增加了更多具体研究来展示不同诠释框架之间的差异。
- 在所有的章节中，我们都按审稿人的要求增加了范例和参考文献的包容性和多样性。在每一章的最后，我们增加了对扩展阅读的介绍，以帮助读者明确哪些阅读材料最能满足他们的需求。
- 在第3章中，我们拓展了对伦理问题进行讨论的小节，追踪了在不同研究阶段中可能出现的各种类型的伦理困境，后面的章节也对其有所提及。我们以这种方式回应审稿人的反馈，扩展了本书中伦理讨论的范围。

- 我们在第 3 章中增加了两个小节，通过描述一项好的质性研究的特点及其研究设计中的各种考量，引导质性研究者审视他们自己的研究。我们增加了两个图表，总结了应在何时采用质性研究，还描述了研究的各个阶段。我们也修改了关于研究计划写作结构的小节。

- 在本书第 4 章对五种取向的讨论中，对每种取向的"典型特征"，我们都添加了图表并完善了内容描述。读者可以看到我们努力概括了每种取向的关键特点，并对此进行了总结，这些内容都被放在了章末的表格中。在第 4 章中，我们还增加了一些图示，更新了关键阅读材料，还增加了关于每种取向的最新文献。

- 我们更新了本书第 5 章中的范例文章，并用新的实例替换了一些"过时"的参考文献。我们增加了两篇新文章：一篇是民族志研究（Macan Ghaill & Haywood, 2015），一篇是案例研究（Frelin, 2015）。

- 在第 6 章中，我们提供了陈述研究目的的范例，包括"草稿似的"目标之外的其他可能。在对子研究的问题进行讨论时，我们为每一种取向都提供了将中心问题细分为多个子研究的相应范例。

- 在第 7 章的资料收集部分，我们进一步整合了资料管理（如资料保存和资料安全）的相关议题，以及关于资料收集技术发展（如以计算机为媒介的可视化方法）的文章，以与新的质性资料收集方法保持"同步"。

- 我们还扩展了本书之前版本中伦理考量的范围，增加了两个新图示，总结了访谈和观察的准备和实施程序。

- 在第 8 章的资料分析部分，我们扩展了对新技术的讨论，讨论了五种取向分析资料的新技术。我们也引用了关于视听资料的最新研究，修改了资料分析螺旋模式的图示。我们还更新了对研究备忘录的写作、资料的诠释、资料的呈现等方面的相关讨论。在质性资料的计算机分析软件部分，我们更新了相关软件资源，并增加了一个小节专门讨论"如何判断是否要使用计算机程序"。

- 在第 9 章的质性研究写作部分，我们增加了关于伦理考量及反思的更多信息，也讨论了它们的重要性，以及如何将这些考量整合到质性研究中。

- 我们更新了第 10 章对有效性及信度的视角与策略的描述，增加了一些新的总结性图示，更加细致地比较了五种取向的质量标准。

- 每章末都设有"章节要点"，鼓励大家尝试该章所介绍的特定技术。根据我们对质性研究者需要掌握的特定技术的理解，我们在新版本中重新编写了一些练习。

- 在最后一章中，我们纳入了本书开篇提及的那起枪击事件的案例研究文本。我们不仅将这一案例研究"转化"为叙事研究、现象学研究、扎根理论研究和民族志研究，还明确了在这些转化中具体发生了哪些变化。

● 跟所有新版本一样，我们更新了参考文献，增加了关于质性研究方法的最新书籍以及在学术期刊中能体现出质性方法发展的论文。

本书的许多内容与第3版相同，包括：

● 质性研究的核心特征在本质上是一样的。
● 第4版继续强调，重视社会公正是质性研究的首要特点之一。尽管并非所有人都能接受社会公正的取向，但《质性研究手册》（*SAGE Handbook of Qualitative Research*）①的最新版本也再次将社会公正放在了首要位置（Denzin & Lincoln, 2011）。
● 在整个研究过程中，需要提前思考伦理问题，并在问题出现时做出及时的回应。
● 五种取向都尊重差异。我们明确指出，无论是民族志、扎根理论，还是其他取向，都并非只有一种方式。我们在每种取向中都选择性地挑选了我们认为最受欢迎的那些方式，并且特别突出了注重这些方式的书籍。
● 以类似的方式，我们继续对这五种取向进行讨论，自第1版以来，这五种取向也经受了时间的考验。并不是说我们没有考虑增加其他的取向，例如，参与式行动研究当然可以成为第六种取向，但我们只是在第2章诠释框架部分纳入了一些对此的讨论（Kemmis & Wilkinson, 1998）。另外，话语分析和会话分析也可以作为新的取向予以追加（Cheek, 2004），但我们也仅是在叙事取向中增加了一些会话取向的思考内容。混合方法在很多时候也与质性研究紧密联系在一起，因而可以被视作质性研究的一种类型（Saldaña, 2011）。然而，我们将混合方法视作与质性探究不一样的一种方法论，因为它结合了质性研究和量化研究。鉴于混合方法有自己独特的研究传统（Creswell & Plano Clark, 2011），我们希望将本书的范围限于质性研究。相应地，我们选择保留最初的五种取向，并在这些取向内部进行了扩展。
● 我们继续在本书中为质性研究者提供资源。本书有一份详细的术语表（每一个新版本都增加了一些术语）。我们还以表格形式呈现了五种取向的具体特点，方便读者查找和比对。本书还收录了一些学术期刊文章，这些文章是五种取向的研究设计和写作的模板。对于经验较少和经验丰富的研究者，我们在每章末还提供了一些关键资源以便进一步阅读，这些内容也扩展了本书的阅读材料。
● 第1版采用的术语"传统"（traditions）在第2版中被替换为"取向"（approaches），我们在此后的版本中都使用这个术语。这一选择表明我们不仅

---

① 《质性研究手册》中文版由重庆大学出版社于2019年出版。——编者注

愿意尊重之前的取向，也愿意鼓励质性研究在当下的各种实践。也有一些作者用"探究策略"（Denzin & Lincoln, 2005）、"多样性"（Tesch, 1990）、"方法"（Morse & Richards, 2002）来指代"取向"。我们用**研究设计**（research design）来概括研究的整个过程，包括将难题进行概念化、提出研究问题，也包括资料的收集、分析、诠释，还有研究报告的写作（Bogdan & Taylor, 1975）。殷（Yin, 2009）认为："研究设计遵循将经验资料与初始的研究问题进行连接，并最终与结论连接的逻辑顺序。"（p. 29）因此，我们所说的研究设计，既涉及宽泛的哲学和理论视角，也涉及一项具体研究的质量和有效性。

明确我们的定位

为了理解本书采用的研究路径，你需要知道一些关于我们的背景信息。本书的其中一位作者约翰在四十年前接受了量化研究的学术训练。但在20世纪80年代中期，约翰被要求在我们学校讲授新开设的质性研究课程，他也很愿意教授这门课程。几年之后，约翰写出了这本书的第1版。尽管约翰已经将他的研究方向扩展为混合方法和质性研究，但他一直对质性研究本身抱有非常浓厚的兴趣。在这些年里，约翰逐步成为了应用研究方法论学者，长于研究设计、质性研究和混合方法研究。有趣的是，本书的另一位作者谢里尔接受的也是量化研究的训练，学科方向是生物自然科学。她曾在高中担任科学老师，那时她就意识到用量化的考试成绩来评估及汇报学生的学习情况是有局限性的。作为替代，她在与学生及家长的沟通中开始使用更多的质性证据。于是，谢里尔在研究生学习期间，专注于质性研究方法，并在最终选择了混合方法研究这一新兴领域作为自己的研究方向。谢里尔作为一名应用研究者及研究项目评估人，在多个组织机构给予学生及合作者严格的方法指导，她的研究能力也因而得到提高。

这些背景解释了我们为什么会以这样的立场来写作本书，向读者传达我们对质性研究（不管你把它当作科学的方法还是其他什么东西）过程的理解，关注其中的方法特点，如广泛的质性资料收集、多步骤的严谨资料分析，以及计算机程序的使用。此外，约翰对写作结构非常感兴趣，不管其属于质性研究写作，还是属于诗歌写作或创造性的非虚构文体写作。约翰长久以来的一个兴趣点是质性研究的组合方式（composition）。如何以最佳方式对质性探究进行结构化、如何对不同研究取向的结构的转换及变化进行可视化，这些都属于约翰对组合方式的兴趣点。对谢里尔来说，促进对研究发现与研究过程的应用这一持久的兴趣，使她更为关注如何提供更好的路径（access）以明确研究发现的意义，也更为关注如何寻找研究与评估之间的多种沟通形式（formats）。

约翰对结构特征的兴趣，经常使他被归为质性探究的后实证主义研究者（参见 Denzin & Lincoln, 2005）。但跟大多数研究者一样，约翰反对简单的分类。在《质性探究》（*Qualitative Inquiry*）发表的一篇研究无家可归者者收容所的文章中（Miller, Creswell, & Olander, 1998），约翰的民族志写作呈现了现实主义的、告白式的、倡导变革的立场。并且，他也不主张在一个"量化"的世界中接纳质性研究（Ely et al., 1991）。质性探究是人文社会科学探究中的一种具有合法性的模式，既不需要得到量化研究的"谅解"，也不需要与其比较。同样，谢里尔作为量化研究者和混合方法研究者的研究经历对她的质性研究也有帮助，她很认真地坚守着本书第3章所讨论的质性研究的基本特征。

约翰也倾向于引用大量文章的不同观点，将持续增长的、庞杂的关于质性探究的研究文献中的最新研究成果整合到本书中。约翰还希望推进应用型、实践型的研究方式。例如，对约翰而言，仅仅讨论第2章里的那些关于质性探究的哲学假定是不够的，约翰认为必须讨论如何将这些哲学观念运用到具体质性研究的设计与写作之中。约翰同意阿格（Agger, 1991）的看法，阿格认为读者和作者能够以不那么技术化的方式来理解方法论，这样可以更好地理解学者的研究，也可以使科学"民主化"。本书的两位作者一直努力与初入门的和略有经验的研究者进行互动，这些研究者通过他们主办的课程、工作坊和学术会议拓展了自己的方法论知识。同时，与这些研究者的互动也影响了本书的两位作者。在写作本书的时候，我们脑海中的读者形象是刚进入硕士或博士阶段学习的、第一次接触质性研究的学生。由于这种读者形象是我们构思本书的中心，因此，有些读者也许会认为我们过分简化了研究的技艺。这种读者形象也模糊了质性研究者多种多样的形象，尤其是那些希望能够进行更深入讨论的研究者，以及希望在研究过程中寻找问题的研究者。在本书中，我们提供了五种质性研究的取向以启动我们的质性探究之旅，这一点对两位作者来说都很重要。

质性研究的定义

关于质性研究的书籍通常会在开篇给质性研究下一个定义。近年来，这种看似简单的方式实践起来已经变得越来越困难。我们注意到，在当下非常具有实用性的一些介绍质性研究的书中，不太容易找到质性研究的定义（Morse & Richards, 2002；Weis & Fine, 2000）。这也许跟作者决定如何表述这类探究的本质没什么关系，更多是因为作者对提供一个"固定"的定义存在疑虑。另一些作者则给出了定义，例如，邓津和林肯在《质性研究手册》（Denzin & Lincoln, 1994, 2000, 2005, 2011）中提出的相关定义就在不断发展，表明质性探究的本质一直处于变化之中：从社会建构主义到诠释主义，又转向现实世界的社会公正。我们把他们的最新定义摘录于此：

> 质性研究是定位（locate）观察者在世界上的位置的定位（situated）
> 活动。质性研究由一系列诠释性、实质性的实践所构成，这些实践使这
> 个世界变得可见，这些实践也改变了这个世界。它们将这个世界转化成
> 了一系列的表述，包括田野笔记、访谈、绘画、照片、录音，还有研究者
> 自己的备忘录。在这个层面上，质性研究涉及对这个世界所采取的一种
> 诠释主义、自然主义的取向。这意味着质性研究者会在事物所处的自然
> 场景中对事物进行具体研究，力图按照人们赋予现象的意义来理解这些
> 现象，或者说对现象进行诠释。（Denzin & Lincoln, 2011, p. 3）

在这个定义中，质性研究的一些传统取向（诸如"诠释主义、自然主义的取
向"和"意义"）显而易见。这个定义也带有很强的方向性——质性研究的影响
力以及改变世界的能力。

作为应用研究方法论学者，我们对质性方法的定义吸收了邓津和林肯的定义
里的许多要素。但我们的定义更为强调研究的设计以及探究的不同取向（如民族
志研究、叙事研究）。我们所采用的定义如下：

> 质性研究始于对诠释/理论框架的假定和运用，这些框架能为研究个
> 人或群体对社会或人类问题所赋予的意义提供信息。为了研究社会或人
> 类问题，质性研究者采用了浮现式的质性取向来进行探究，在自然场景
> 中进行资料收集会受到研究对象或研究地点的影响，而资料分析则不仅
> 是归纳式的，也是演绎式的，并且可以建立起模式或主题。最终的文字
> 报告和研究展示纳入了参与者的声音、研究者的反思、对问题的复杂描
> 述与诠释，还有这项研究对已有研究文献的贡献或者是对变革的呼吁。
> （Creswell, 2013, p. 44）

五种取向的选择

在目前进行的具体质性研究中，存在令人困惑的多种取向。读者只需考察几
个分类或者类型学就可以感受到这种多样性。特斯奇（Tesch, 1990）提出的分类包
括28种取向，这28种取向可以被组织进一张流程图的四个分支中，这些取向是根
据研究者的中心兴趣来进行整理分类的。沃尔科特（Wolcott, 1992）以"树形图"
的形式对取向进行了区分，树的枝干指向的是不同的资料收集策略。米勒和克拉
布特里（Miller & Crabtree, 1992）按照研究者最关注的人类生活"领域"区分出了

18种类型。在教育学研究中，雅各布（Jacob, 1987）将所有的质性研究归到不同的"传统"中，如生态心理学、符号互动论及整体论民族志，他的分类为本书第1版提供了关键框架。兰西（Lancy, 1993）按照学科视角对质性探究进行了分类，包括人类学、社会学、生物学、认知心理学和历史学。邓津和林肯近年来对质性策略的类型也进行了划分与再划分（Denzin & Lincoln, 2011）。

表1.1呈现了近年来出现的多种质性取向分类。这个表格并不奢望穷尽所有的可能，只是希望能够展示不同作者所强调的取向的多样性，展示不同学科会如何强调某些取向相对于其他取向的重要性。

表1.1　不同研究者对质性取向的分类以及他们的所属学科/领域

作者	质性取向			学科
Jacob (1987)	·生态心理学 ·沟通民族志	·整体论民族志 ·符号互动论	·认知人类学	教育学
Munhall & Oiler (1986)	·现象学研究 ·历史研究	·扎根理论研究	·民族志	护理学
Lancy (1993)	·人类学视角 ·案例研究	·社会学视角 ·个人记录	·生物学视角 ·认知研究 ·历史学探究	教育学
Strauss & Corbin (1990)	·扎根理论研究 ·生活史	·民族志 ·会话分析	·现象学研究	社会学、护理学
Morse (1994)	·现象学研究 ·扎根理论研究	·民族志	·民族科学（eth-noscience）	护理学
Moustakas (1994)	·民族志 ·经验现象学	·扎根理论研究 ·启发式研究	·阐释学 ·超验现象学	心理学
Denzin & Lincoln (1994)	·案例研究 ·常人方法学 ·传记研究	·民族志 ·诠释主义实践 ·历史学	·现象学研究 ·扎根理论研究 ·临床研究	社会科学
Miles & Huberman (1994)	质性资料分析的取向			社会科学
	·诠释主义	·社会人类学	·合作式社会科学	
Slife & Williams (1995)	质性方法的类别			心理学
	·民族志	·现象学研究	·物品研究	
Denzin & Lincoln (2005)	·展演民族志、批判民族志和公共民族志 ·扎根理论研究	·诠释主义实践 ·生活史 ·临床研究	·案例研究 ·叙事权威 ·参与式行动研究	社会科学
Marshall & Rossman (2015)	·民族志取向	·现象学取向	·社会语言学取向（如批判流派）	教育学

续表

作者	质性取向			学科
Saldaña (2011)	·民族志 ·案例研究 ·叙事探究 ·评价研究 ·批判探究	·扎根理论研究 ·内容分析 ·艺术研究 ·行动研究 ·自我民族志	·现象学研究 ·混合方法研究 ·调查性新闻报道	艺术学（戏剧）
Denzin & Lincoln (2011)	研究策略			
	·设计 ·民族志 ·常人方法学 ·历史学方法 ·临床研究	·案例研究 ·现象学研究 ·扎根理论研究 ·行动与应用研究	·民族志、参与观察、展演 ·生活史、公证文本	
Mertens (2015)	质性研究的类型			教育学、心理学
	·民族志 ·扎根理论研究	·案例研究 ·参与式行动研究	·现象学研究	

　　仔细看看这些分类，我们可以发现，有些取向在多年来一直存在，如民族志研究、扎根理论研究、现象学研究、案例研究。此外，学者对一些与叙事研究有联系的取向也有所讨论，如生活史、自我民族志、传记。既然存在多种可能性，那么本书是如何确定要集中讨论五种取向的呢？

　　选择这五种取向是多种因素共同作用的结果：对个人兴趣进行反思、在社会科学及健康科学领域流行的不同取向中进行挑选、选择具有学科代表性的取向。本书的两位作者都进行过这五种取向的研究，而且指导过采用这些质性取向进行研究的学生，还加入过采用这些研究取向的研究团队。抛开这些个人经历，我们也一直在阅读质性研究方面的文献，一直在持续学习。本书讨论的五种取向反映了我们在社会科学、行为科学及健康科学领域的研究文献中最常看到的质性研究类型。这些研究文献的作者也常常声称某种特定的取向在他们的领域中是最重要的（例如，Morse & Field, 1995）。此外，我们也偏爱具有系统化流程的探究取向。我们选择在本书中详细展示的每种取向都遵循了严格的资料收集和分析程序，这对初学者很有吸引力。我们为每种取向选择的主要研究作品也代表了社会科学、行为科学及健康科学的不同学科视角。这一做法可以为本书吸引更多的读者，同时也承认了采用质性研究的学科的多样性。例如，叙事研究源自人文学科和社会科学，现象学源自心理学和哲学，扎根理论源自社会学，民族志源自人类学和社会学，案例研究源自人文学科和社会科学以及诸如评价研究之类的应用领域。

关键阅读材料

　　我们对每种取向进行讨论的主要观点源自一些我们精心挑选的学术书籍。更确切地说，每种取向都借鉴了两本相关著作。我们向读者强烈推荐这些书籍，读者可以以这些书籍为起点，学习质性探究的特定取向。这些书籍既包括经常被人引用的经典著述，也包括最新的研究成果。这些书籍反映了多样化的学科与视角。在每一章的小结之后都有"扩展阅读"，读者可以据此查阅更多重要的阅读材料。

叙事研究

Clandinin, D. J. (2013). *Engaging in narrative inquiry*. Walnut Creek, CA: Left Coast Press.

　　在这本书中，作者详细阐述了她的目标是"回到'叙事研究的探究者要做什么'这一问题上来"（p. 18）。值得注意的是，她在该书的第2章遵循了她的实践指南，使用了教育研究中的细节化描述及范例，说明了思考和行动的叙事意义。

Riessman, C. K. (2008). *Narrative methods for the human sciences*. Thousand Oaks, CA: Sage.

　　作者在使用跨学科范例的同时，还给出了对四种叙事分析方法（主题式、结构式、对话/展演式、可视化形式）的细节化描述。作者的独特贡献是对可视化分析的讨论，以及关于如何在质性研究中使用图像的讨论。

现象学研究

Moustakas, C. (1994). *Phenomenological research methods*. Thousand Oaks, CA: Sage.

　　作者描述了现象学分析的启发式过程。他提出了对访谈文本进行系统诠释的实践指南，其有助于从多个访谈中提炼出共同的主题，或是发现某个访谈的特殊之处，进而建立概念间的联系。

van Manen, M. (2014). *Phenomenology of practice: Meaning–giving methods in phenomenological research and writing*. Walnut Creek, CA: Left Coast Press

　　作者描述了现象学重要观念的发展历程，展示了一系列方法，并讨论了当下的一些议题。他的重要贡献还包括概括了现象学研究报告的七条评估标准（参见p. 355）。

扎根理论研究

Charmaz, K. (2014). *Constructing grounded theory* (2nd ed.). Thousand Oaks, CA: Sage.

在这个新版本中，作者为扎根理论的运用提供了来自多学科与多行业的范例，同时也呈现了不同学者在扎根理论运用方面的反思。该书第 2 版还提供了与编码及写作过程相关的更多细节，包括指南和范例。

Corbin, J., & Strauss, A. (2015). *Basics of qualitative research: Techniques and procedures for developing grounded theory* (4th ed.). Thousand Oaks, CA: Sage.

两位作者在该书第 4 版的"专业见解"中纳入了同事和学生的观点，这一专栏扩展了阅读范围，也能丰富读者的阅读体验。特别值得一提的还有他们对分析过程的总结（参见 pp. 216-219）。

民族志研究

Fetterman, D. M. (2010). *Ethnography: Step-by-step* (3rd ed.). Thousand Oaks, CA: Sage.

作者讨论了民族志的基本特点及理论的运用。该书关于人类学概念的章节指出，民族志知识获取的循环过程与人类生活之间存在一定的联系。这一要点，加上第 5 章所描述的分析策略，使该书成为必读书目。

Wolcott, H. F. (2008). *Ethnography: A way of seeing* (2nd ed.). Lanham, MD: AltaMira.

作者提出了一些有价值的见解，包括民族志的本质、对群体的研究、对文化的理解的发展过程。特别是，他不但强调田野工作的艺术性，也强调其常识性，这是一种独特的视角。

案例研究

Stake, R. (1995). *The art of case study research.* Thousand Oaks, CA: Sage.

作者以他的个人风格，从个人经验及示例出发，提出了一些对案例研究的见解。这本书读起来不太像一般的研究方法教材，它强调了与进行案例研究相关的"技艺"及研究者意图的作用。

Yin, R. K. (2014). *Case study research: Design and method* (5th ed.). Thousand Oaks, CA: Sage.

为了增加新版本的广度和深度，作者在每章末都增加了辅导材料。他强调系统和程序，以此来确保研究发现的可靠性以及诠释的有效性，尤其是在研究设计（参见第 2 章）、资料收集（参见第 4 章）和资料分析（参见第 5 章）等方面。

读　者

尽管对于任何文本来说，都存在多种多样的读者，不论是已知的读者还是未知的读者（Fetterman, 2010）。本书面向的是社会科学、人文学科及健康科学领域的学者。本书的范例可以反映出学科与研究领域的多样性，包括社会学、心理学、教育学、护理学、家庭医学、专职医疗、城市研究、市场研究、传播学与新闻学、教育心理学、家庭科学与治疗，以及其他的社会科学和人文学科领域。

我们的目标是为要以学术期刊论文、硕博学位论文等形式来产出学术型质性研究成果的研究者提供一本有用的教科书。我们将讨论的水平定为适合高年级本科生和硕博研究生。对撰写硕博学位论文的学生来说，本书对五种取向进行了比较，希望这些分析能帮助硕博研究生建立选择某种取向的合法性。对质性研究的初学者来说，本书介绍了形塑质性研究的哲学假定和诠释框架，也介绍了质性研究设计的基本要素。我们认为，在钻研特定取向的特性之前，理解质性研究的基本原理是至关重要的。我们在每章开头都对这一章的主题进行了概述，然后再陈述五种取向分别会如何讨论这一主题。在探讨基本要素的同时，我们也向质性研究的初学者推荐了一些书籍，希望以此向他们提供对质性研究基础更广泛的讨论。在钻研五种取向之前，了解这些基础是非常必要的。本书始终强调要对五种取向进行比较，这也可以帮助有经验的研究者了解那些建立在他们的学术训练及研究经历之上的取向。

全书结构

紧接在本章（导论性内容和关键阅读材料）之后，第 2 章将介绍质性研究的哲学假定与诠释框架，我们将强调这些假定与框架会如何为质性研究提供信息。在第 3 章中，我们将回顾质性研究设计的基本要素，包括质性研究的定义、采用特定取向的理由，以及研究过程的各个阶段。在第 4 章中，我们对五种探究取向进行了介绍：叙事研究、现象学研究、扎根理论研究、民族志研究和案例研究，这一章对每种取向的要素都进行了概述。第 5 章通过分析五篇已发表的学术期刊论文（一篇文章展示一种取向，本书的附录二到附录六收录了这五篇文章）来继续推进第 4 章的讨论，这些文章展示了对五种取向的具体运用。先阅读第 4 章的概述，再阅读展示这些取向的学术期刊论文，读者可以明确该如何运用每种取向。对于特定的取向，挑选一本我们在本章推荐的书籍进行参考，读者便可以在自己的研究学习中掌握这些内容，并对自己的知识面进行扩充。

第 1 章到第 5 章涉及的都是准备性的工作，这五章对五种取向进行了介绍，并概述了研究设计的过程，这些内容为后面的章节做好了铺垫。后面的章节按顺序讨论了研究过程中的步骤：撰写研究引言（第 6 章）、收集资料（第 7 章）、分析资料与呈现资料（第 8 章）、质性研究写作（第 9 章）、有效性与评估质性研究（第 10 章）。在这些关于研究设计的章节中，我们以质性研究的基础为起点，随后将讨论范围扩展到五种取向，并对其进行比较。

为了在最后明确这五种取向的差异，我们在第11章讨论了本章开头提到的关于枪击事件的案例研究（Asmussen & Creswell, 1995），还将这个故事从案例研究"转化"为叙事传记研究、现象学研究、扎根理论研究和民族志研究。作为本书的结尾，该章将带领读者以不同方式全方位地探讨这个案例，这是对约翰1994年在韦尔市的研讨会经历的扩展：通过多样的质性视角对同一个研究难题进行探讨。

第2章 哲学假定与诠释框架

我们总是会将一些特定的信念和**哲学假定**（philosophical assumptions）带到研究之中，不论我们是否意识到了这一点。有些时候这些哲学假定会深刻地体现在这样一些基本观点中：我们需要研究什么类型的难题、应该提出什么样的研究问题，或应该怎样收集资料。通过我们所接受的教育培训、通过学术期刊论文与书籍、通过导师提出的建议、通过在学术会议上接触到的学术共同体，我们逐渐被灌输了这些信念。这里存在的困难首先是要意识到这些假定与信念的存在，其次是决定我们是否要积极地将这些假定与信念整合到我们的质性研究之中。常见的情况是：这些哲学假定处于相对不那么抽象的层次，为我们选择理论提供了充分的信息，有助于引导研究的进行。跟哲学假定相比，理论在质性研究中更为突显。研究者总是在接受理论运用方面的训练，通常也会在研究中明确所采用的理论。

质性研究者强调，不仅要理解指导我们研究的信念与理论，而且要在我们的报告及研究中积极主动地阐明这些内容。这一章将重点讨论这些年来占据质性研究者头脑的多种哲学假定，还有体现这些信念的理论框架与**诠释框架**（interpretive frameworks）。研究者带到研究中的哲学假定，与研究者如何运用一个框架来统合他/她的探究，这两者之间存在密切的联系。

本章将帮助你探索自己的哲学假定，并为你的质性研究中的理论使用提供决策依据。为了实现这个目标，我们会提出一套框架，以理解哲学与理论二者如何能契合研究过程的大架构。接下来，我们会详细展示质性研究中常见的哲学假定、思考哲学假定的各种类型，并探讨如何在质性研究中使用并明确这些假定。最后，我们将讨论几种不同的诠释框架，其又与哲学假定相互联系，其中我们还将讨论这些框架在实际的研究过程中如何发挥作用。

本章讨论的问题

- 哲学假定与诠释框架（理论）在整个研究过程中处于什么位置？
- 为什么说理解哲学假定很重要？
- 当你选择进行质性研究时，存在哪四种哲学假定？
- 如何在质性研究中运用这些哲学假定？如何将它们写进质性研究？

> ● 质性研究使用的诠释框架有哪几种?
> ● 如何将诠释框架写进质性研究?
> ● 在质性研究中, 哲学假定与诠释框架是如何联系在一起的?

将哲学假定与诠释框架置于研究过程之中

要理解质性研究背后的哲学假定, 首先需要评估哲学假定在整个研究过程中处于什么位置, 需要注意到哲学假定作为研究要素的重要性, 并思考如何在研究中积极主动地阐明这些哲学假定。方便起见, 我们将使用一套框架来为我们理解如何将哲学假定与诠释框架(范式视角和理论取向)置于研究过程之中提供指导, 说明其为何会对研究过程产生重要影响。哲学意味着使用抽象理念及信念来指导我们的研究。我们知道哲学假定通常是推进研究的初始理念, 但是这些哲学假定是如何与整个研究过程联系在一起的, 仍然是个谜。我们在这里采纳了邓津和林肯(Denzin & Lincoln, 2011, p.12)对研究过程的概述, 如图2.1所示, 这一做法有助于我们将哲学假定和诠释框架置于研究过程的视角之中, 嵌入每个阶段的具体问题将帮助你思考你带到研究中的哲学假定。

对研究过程的概念化从第一阶段就开始了, 研究者也要同时开始思考他们会把什么带入研究, 如个人历史、对自己和他人的看法, 以及伦理与政治议题。探究者通常会忽略这一阶段, 所以更要强调这一阶段, 并把它置于研究过程的首要位置, 这是很有帮助的。在第二阶段, 研究者将特定的哲学假定带到探究之中。这些哲学假定代表研究者本身的立场, 其将确定具体的研究方向, 如研究者对现实的看法(本体论, ontology)、研究者如何认识现实(认识论, epistemology)、研究者所采取的价值立场(价值论, axiology), 以及研究所使用的程序(**方法论**, methodology)。通过使用**范式**(paradigms)与理论(即我们所称的诠释框架), 这些假定被应用于研究之中。范式是指一套"指导行动的基本信念"(Guba, 1990, p. 17)。这些信念被研究者带到研究过程中, 被称为世界观(Creswell & Plano Clark, 2011)。另一方面, 可以在研究文献中找到**理论或理论取向**(theories or theoretical orientations), 它们提供了一种一般性解释, 以说明研究者希望在一项研究中发现什么, 或是说它们提供了一枚透镜, 以了解研究中的参与者及社区的需求。可以明确的是, 哲学假定、范式、理论取向这三者之间的差异并不总是很明晰, 但是区分出宽泛的哲学层次(假定)与更偏实践的层次(诠释框架)将会带来有益的启发。

第一阶段:研究者是多元文化主体

- 历史和研究传统
- 关于自我与他人的概念
- 研究的伦理与政治

你将什么样的视角和经历带到了你的研究之中?

第二阶段:哲学假定与诠释框架

- 本体论
- 认识论
- 价值论
- 方法论
- 实证主义
- 社会建构主义
- 变革主义框架
- 后现代视角
- 实用主义
- 女性主义理论
- 批判理论和批判种族理论
- 酷儿理论
- 失能理论

你的信念将如何引导你作为研究者的行动?

第三阶段:研究策略与取向

- 设计
- 案例研究
- 民族志、参与观察、展演民族志
- 现象学、常人方法学
- 扎根理论
- 生活史、公证文本
- 历史学方法
- 行动研究和应用研究

你的哲学与理论框架将如何引导你对研究取向的选择?

第四阶段:资料收集与分析的方法

- 观察
- 访谈
- 物品、文档和录音
- 可视化方法
- 自我民族志
- 口述史
- 资料管理方法
- 电脑辅助分析
- 文本分析
- 焦点小组
- 应用民族志

你的研究取向以何种方式影响了你使用的资料收集和分析方法?

第五阶段:诠释与评估的艺术、实践和政治

- 判断准确性的标准
- 诠释的实践和政治
- 作为诠释的写作
- 评估的传统
- 政策分析
- 应用研究

是什么促使你做出与严谨性、推论和应用发现有关的决定?

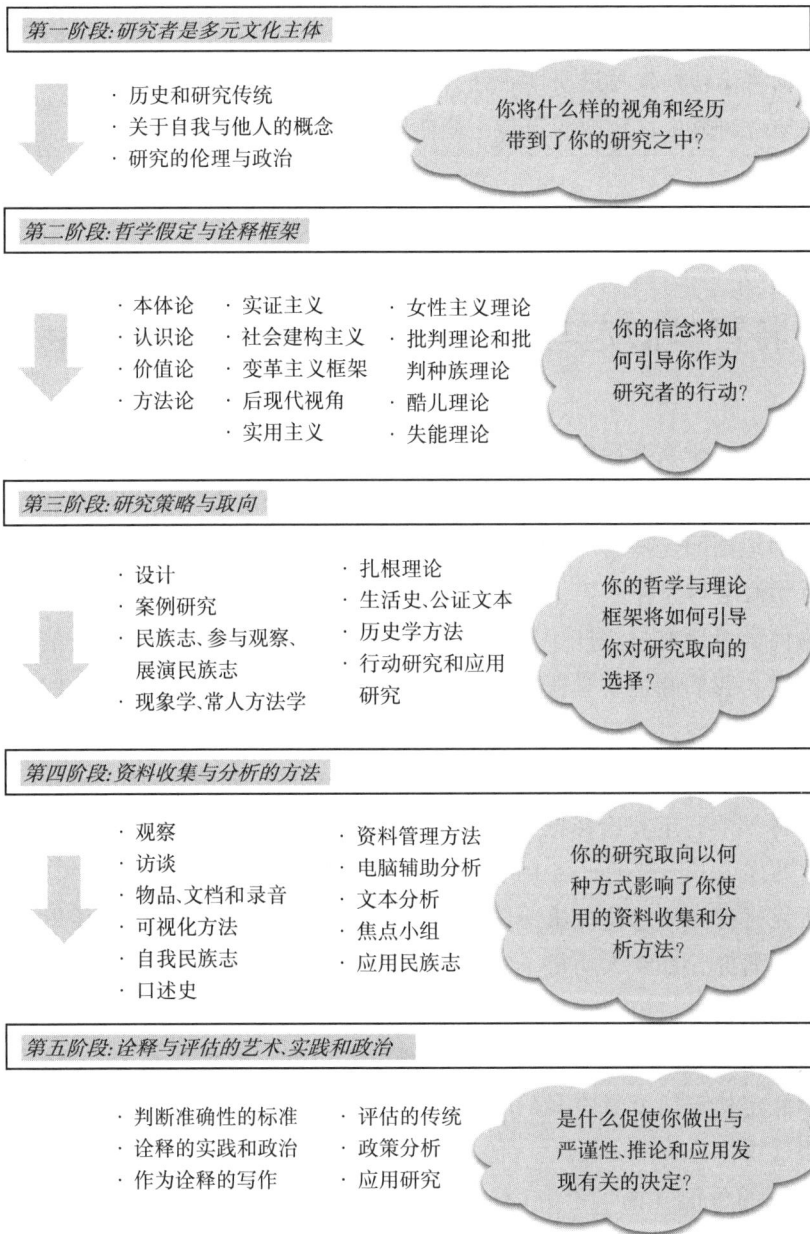

来源：改编自 Denzin & Lincoln, 2011, p. 12。

图2.1 将哲学与诠释框架置于研究过程之中

关于第二阶段的哲学与范式/理论诠释框架，本章已有所强调。而本书接下来的几章将讨论第三阶段的策略，本书称之为取向，我们将按照研究过程一一枚举。然后，研究者在第四阶段进行资料收集与分析，在第五阶段进行资料诠释与评估。将图2.1作为一个整体，我们可以发现，研究涉及了不同的抽象层次，从研究者对个人特征的宽泛评估，到研究者的哲学和理论，这些哲学和理论又为资料的收集、分析与诠释方法奠定了基础。图2.1还表明了理解哲学假定和诠释框架的重要性，其为质性研究提供了指导。

哲学假定

哲学为什么重要

我们可以从思考这样一个问题开始：为什么理解作为质性研究基础的哲学假定，并在研究中阐明这些假定或向受众呈现这些假定，是很重要的？赫夫（Huff，2009）的著述有助于阐明哲学在研究中的重要性：

- 研究目标与研究结果的方向。我们如何陈述我们的难题以及要研究的具体研究问题会受到我们的假定的影响，其也会反过来影响我们寻找信息以回答这些问题的方式。在因果类型的研究问题中，我们预期某些特定变量可以解释某种结果。这种因果问题与质性研究对单一现象的探究在本质上是截然不同的。
- 学术训练和研究经历。这些假定深深地扎根于我们的学术训练之中，我们所处的学术共同体也在不断强调这些假定。可以确定的是，有些学术共同体更为兼收并蓄，会借鉴许多其他学科的思想（如教育学），而有些学术共同体则更集中于研究某些特定的难题、运用某些特定的方法，以及扩充某些特定的知识。
- 与研究相关的决策的评估基础。毫无疑问的是，评审人在评估一项具体研究时，会对该项研究做出一些哲学假定。了解评审人在认识论方面的立场，对作者/研究者是很有帮助的。如果作者的假定跟评审人的假定不一致，研究成果可能无法得到公正的对待，评审人可能会得出这项研究毫无学术贡献的结论。这种不公正的情况可能会出现在硕博研究生进行论文答辩的时候，向学术期刊投稿的时候，或是向基金会申请研究经费、提交研究计划的时候。另一方面，理解评审人的不同立场，可以帮助研究者在这种分歧成为批评的焦点之前先找到解决办法。

我们还应该讨论这样几个问题：是否可以改变核心假定？在一项特定的研究中是否可以采用多种哲学假定？我们的立场是：假定会随着时间的推移和职业生涯的变化而发生改变，尤其是当学者走出他/她的学科"地盘"，开始以跨学科或多学科的方式进行研究的时候。在一项特定的研究中是否可以采取多种哲学假定，这个问题则可以进行开放的讨论。与前面的讨论类似，对这个问题的回答与以下方面有关：研究者的研究经历、研究者对在探究中使用不同假定的态度的开放程度、研究者所处的更大的科学共同体对不同假定的接受程度。对下文描述的四种哲学假定进行考察，将有助于观察研究者个人随着时间的推移而发生的变化。

四种哲学假定

研究者在进行一项具体的质性研究时所采用的哲学假定都有哪些？在过去二十多年里，《质性研究手册》的多个版本（Denzin & Lincoln, 1994, 2000, 2005, 2011）对这些假定进行了清晰的阐述，古巴和林肯（Guba & Lincoln, 1988）也把这些"不证自明"（axiomatic）的议题作为质性研究的指导哲学。这些信念也被称为哲学假定、认识论、本体论（Crotty, 1998），同时也在广义上被视作研究方法论（Neuman, 2000），还被称为替代性的知识主张（Creswell, 2009）。它们是关于本体论（现实的本质）、认识论（什么是知识以及如何证明知识主张的合理性）、价值论（研究中价值的重要性）和方法论（研究的过程）的信念。在讨论的过程中，首先，我们将探讨每一种哲学假定，详细论述我们将如何运用这些哲学假定，并将其写进质性研究，然后，我们再将这些假定与不同的诠释框架（属于研究过程中更为具体的层次）联系在一起（表2.1）。

表2.1　哲学假定及其实践意义

假设	问题	特点	实践意义（范例）
本体论	现实的本质是什么？	从许多观点来看，现实是多重的。	随着研究发现中的主题不断发展，研究者会报告不同的视角。
认识论	什么是知识？如何证明知识主张的合理性？研究者与研究对象是什么关系？	从参与者处获取主观证据；研究者力图缩短他/她与研究对象之间的距离。	研究者引用参与者的原话作为证据，也会与参与者合作，还会花时间与参与者在田野里共处，成为"局内人"。
价值论	价值的作用是什么？	研究者承认研究是有价值倾向的，研究者会讨论他们在研究情境中的角色，以明确其中的可能偏差。	研究者会公开讨论影响其叙事的价值，在给出他/她自己诠释的同时，也会给出参与者的诠释。
方法论	研究过程是什么？研究的语言是什么？	研究者使用归纳逻辑，在特定情境中对主题进行研究，并采用浮现式的研究设计。	研究者在进行概推之前，会关注特殊性（细节），详细地描述具体的研究情境，并根据自己在田野中的经历持续地修改研究问题。

本体论（ontological）假定与现实的本质及特征有关。当研究者进行质性研究时，他们都秉持多重现实的理念。不同的研究者拥抱不同的现实，质性研究中的研究对象以及读者也是如此。当质性研究者研究个体时，他们的研究目标就是展现出这些多重现实。展示多重现实包括使用不同形式的证据，如使用不同个体所说的言语、呈现他们的不同视角。例如，当研究者进行现象学研究时，他们会报告参与研究的不同个体对经验的不同看法（Moustakas, 1994）。

就**认识论**（epistemological）假定而言，进行质性研究意味着研究者试图尽可能地接近被研究的参与者。因此，主观证据会按照个人观点汇集在一起。知识就是这样被认识的——通过人们的主观经验。那么，在参与者生活与工作的"田野"中进行研究就很重要——这是有助于理解参与者言语的重要情境。研究者待在田野的时间越长，或者说与参与者认识的时间越长，他们就越能从一手信息中"知道他们知道什么"。例如，一项好的民族志研究就要求在研究地点驻扎相当长的时间（Wolcott, 2008a）。简而言之，质性研究者力图缩小他/她与研究对象之间的"距离"或克服二者间的"客观分离"（Guba & Lincoln, 1988, p. 94）。

所有的研究者都会把价值带到研究之中，但是质性研究者会在研究中明确他们的价值。这就是**价值论**（axiological）假定，也是质性研究的特征之一。在质性研究中，研究者承认研究是带有价值倾向的，并且会主动报告他们自己的价值和偏见，以及在田野收集到的信息中的价值倾向。当我们说研究者"明确了自己的定位"，这表明研究者在研究情境与场景中确定了自己的"位置"。这些描述性方面包括研究者的社会位置（如性别、年龄、种族、移民身份）、个人经历，以及政治信念和职业信念（Berger, 2015）。例如，在一份诠释性传记中，研究者显然是存在于文本之中的，作者应当承认讲述的故事既呈现了研究对象的诠释，也呈现了作者的诠释（Denzin, 1989）。

质性研究的程序，或者说它的**方法论**（methodology），具有归纳性、浮现式的特点，由研究者在收集和分析资料时的经验所决定。质性研究者遵循的逻辑是归纳式的，扎根于资料，而不是从理论或探究者的视角完全自上而下。有时在研究过程中，研究问题会发生改变，这表明要理解所研究的难题需要提出更好的研究问题。相应地，在研究进行前就计划好了的资料收集策略也需要进行调整，以契合新的研究问题。在资料分析过程中，研究者会遵循资料分析的路径，发展出关于研究主题的含有更多细节的知识。

将哲学假定写进质性研究

有必要对哲学假定进行进一步思考。在一些质性研究中，哲学假定是隐而不显的，但可以通过演绎推断出来——有洞察力的读者就会发现研究主题中存在的多重视角，会看到对研究对象主观陈述的详细描述，会注意到对研究者偏见的仔细讨论，或者觉察到研究的浮现式设计：其中的抽象层次逐渐提高，从描述到主题，再到广泛的概推。在其他研究中，会专门有一个小节对作者的哲学假定进行说明——在方法部分对质性探究的特征进行描述时通常会设置这样的小节。研究者会在其中讨论本体论、认识论以及其他假定，并说明研究将如何体现这些假定。这种形式的讨论要陈述哲学假定，对它们进行定义，讨论怎样在研究中呈现它们。引用质性研究哲学的研究文献会使这些讨论更加充实。在博士论文以及质性研究重要期刊的学术论文中通常可以找到这样的小节，听众在聆听学术会议报告时可能也会问及研究背后的哲学假定。不过，作者可以使用许多方式来描述其研究实践的哲学假定及意涵，下面我们将提供学术期刊论文中的三个实例作为范例。

范例2.1　对基础哲学假定进行了描述的学术期刊论文范例

请注意下面的期刊论文是如何明确自己的哲学假定的。

（1）遵循着现象学的取向，这项研究描述了肝衰竭患者赋予等待肝移植的那段经历的意义（Brown, Sorrell, McClaren, & Creswell, 2006, p. 122）

（2）在研究方法小节，这项研究结合了对合作型伙伴关系社区健康研究模型（Piliriqatigiinniq Partnership Community Health Research Model）的描述，以对该项研究提供指导（Healey, 2014, p. 134–135）

（3）把对研究者定位的描述嵌入"定位移动型民族志研究者"（Positionning the Mobile Ethnographer）这一小标题所涉及的内容中（Jungnickel, 2014, p. 642）

诠释框架

如图 2.1 所示，哲学假定通常被应用于质性研究者在进行一项具体研究时所采用的诠释框架之中。因此，邓津和林肯（Denzin & Lincoln, 2011）将哲学假定（本体论、认识论、价值论和方法论）视作质性研究诠释框架中的关键前提。什么是诠释框架？诠释框架可以是范式，或是研究者带入研究过程中的信念，它们也可以是指导研究实践的理论或理论取向。范式型诠释框架可以是**后实证主义**（post-positivism）、**社会建构主义**（social constructivism）、变革主义或后现代主义。可以将**社会科学理论**（social science theories）作为理论型诠释框架来框定研究的理论视角，如在民族志中使用这些理论（参见第4章）。社会科学理论可以是领导力理论、归因理论、政治影响和控制理论，还有社会科学学科领域中数以百计的理论。另一方面，理论也可以是寻求带来改变或是解决我们社会中的社会公正议题的**社会公正理论**（social justice theories）或倡导/参与式理论。正如邓津和林肯所言："我们需要这样的社会科学，它直面社会公正、平等、非暴力、和平及普世人权这些议题。"（Denzin & Lincoln, 2011, p. 11）

诠释框架似乎一直在不断扩充，图2.1中列出的诠释框架并未能囊括在质性研究中被广泛运用的所有框架。另一种得到广泛讨论的理论取向是现实主义视角，这一视角结合了现实主义本体论（相信真实的世界独立于我们的信念与建构而存在）和建构主义认识论（关于世界的知识是我们建构的产物，这是不可避免的；参见 Maxwell，2012）。相应地，任何讨论（包括本书）都只是对部分可能性的描述，但是对几种主要的诠释框架进行考察，可以提供对各种选项的一些认识。那些诠释型的、有明确理论取向的研究项目的参与者，通常代表着被忽视的或者被边缘化的群体，这些群体在性别、种族、阶级、宗教、性文化或者地理位置等方面表现出了差异（Ladson-Billings & Donnor，2005），其差异也可以涉及多个方面。

后实证主义

研究的信念体系扎根于后实证主义的那些质性研究者会在研究方面采纳科学的取向，运用社会科学的理论视角。我们用后实证主义（postpositivism）而不是实证主义（positivism）来指称这一取向，因为后实证主义者并不相信严格的因果关系，而是承认所有的因果都只是一种可能性，这种可能性可能出现，也可能不会出现。后实证主义的要素包括还原论、逻辑主义、经验主义、因果取向，还有以先验理论为基础的决定论。我们可以发现采用这一取向的一些研究者先前有受过量化研究方面的学术训练，他们的研究领域也是诸如健康科学的这类领域，其中质性研究通常仅被作为量化研究的辅助，质性研究所使用的术语域必须被量化研究者及资助机构所接受（如理论的先验运用；参见 Barbour，2000）。一些学者对后实证主义取向进行了很有用的概述（Phillips & Burbules，2000；Churchill，Plano Clark，Prochaska-Cue，Creswell，& OntaGrzebik，2007）。

在实践中，后实证主义研究者将探究作为一系列在逻辑上相关的步骤，相信参与者的多重视角而非单一现实，赞成使用严谨的质性资料收集与分析方法。这些研究者使用多层次的资料分析技术以求严谨，运用计算机程序来辅助他们的分析，鼓励采用能保证效度的取向，以科学报告的形式来撰写质性研究，这些报告在结构上（例如，研究难题、研究问题、资料收集、结果、结论）与量化研究的结构相似。本书的两位作者的质性研究取向被认为属于后实证主义（Denzin & Lincoln，2005），也有其他学者持有这样的取向（例如，Taylor & Bogdan，1998）。我们确实倾向于使用这套信念体系，尽管我们中的任何一个人都不认为我们所有的研究都被框定在后实证主义取向之中（一些研究采用建构主义取向，如 McVea，Harter，McEntarffer，& Creswell，1999；一些研究采用社会公正视角，如 McVea，Harter，McEntarffer，& Creswell，1999；还有一些研究采用实用主义取向，如 Henderson，2011）。后实证主义诠释框架的范例包括斯特劳斯和科宾的扎根理论的系统流程（Strauss & Corbin，1990，1998；Corbin & Strauss，2007，2015）、现象学中资料分析的分析性步骤（Moustakas，1994），以及殷的案例比较的资料分析策略（Yin，2014）。

社会建构主义

社会建构主义（通常被描述为诠释主义；参见 Denzin & Lincoln, 2011; Mertens, 2015）是另一种范式或世界观。在社会建构主义中，个体寻求对他们所生活和工作的这个世界的理解。个体基于他们的经历发展出主观意义——这些意义直接指向特定的物体或事物。这些意义是多种多样的，会引导研究者去寻找观点的复杂性，而不是将意义狭隘地置于几个范畴或观念之中。那么，研究的结果就在很大程度上依赖于参与者对情境的看法。通常这些主观的意义是通过社会性和历史性协商达成的。换句话说，这些意义并非简单的个人印记，而是通过与他人的互动（因此是社会建构的产物）、通过历史规范和文化规范对个人生活的形塑而形成的。与始于理论（后实证主义的做法）不同，探究者以归纳的方式发展出了关于意义的理论或模式。有些学者对这一立场进行了总结（Burr, 2015; Crotty, 1998; Lincoln & Guba, 2000; Schwandt, 2007）。

就实践而言，社会建构主义研究者会提出宽泛的一般性问题，这样，参与者就可以构建情境的意义，这种意义通常是在与他人的讨论和互动中形成的。在提问时，问题越开放越好，这样，研究者就会仔细倾听和观察人们在他们生活场景中的所言所行。因此，建构主义研究者经常描述个体之间互动的"过程"。研究者还关注人们生活与工作的特定情境，以便理解参与者的历史和文化背景。研究者承认他们自己的背景会影响他们的诠释，并且，他们会在研究中"明确他们自己的定位"，以便展示他们在研究中的诠释是如何源自他们自己的个人、文化和历史经验的。因此，研究者会对他们的发现进行诠释，这一诠释是被他们自己的经验及背景所形塑的，例如，可以参见布朗等（Brown et al., 2006）对研究动力的描述。那么，研究者的意图就是理解（或者说诠释）其他人关于这个世界的各种意义，这就是为什么质性研究也经常被称为诠释研究。

我们可以看到建构主义世界观在现象学研究中有所体现，在这些研究中，个体会描述他们的经验（Moustakas, 1994）；在卡麦兹的扎根理论视角中也可以看到（Charmaz, 2014），她的理论扎根于个体的观点或视角。

变革主义框架

研究者可能会使用另一种替代性框架：**变革主义框架**（transformative framework）。因为后实证主义者使用的结构法则与理论对边缘化个体和群体并不适用，而建构主义者在提议行动以帮助个体方面也做得不太够。变革主义框架的基本原则是：知识并非中立的，它反映了社会中的权力与社会关系，因此，知识建设的目标是帮助人们改善社会（Mertens, 2003）。这里的人们是指社会边缘化群体，如原住民、女同性恋、男同性恋、双性恋、变性人、酷儿，以及其他那些需要更多希望、积极心理和复原力的社会群体（Mertens, 2009, 2015）。

那么，质性研究就应该纳入一套旨在变革的行动议程，这一变革可能会改变参与者的生活、改变他们的生活和工作制度，甚或改变研究者的生活。这些直面边缘化群体的议题是研究的重中之重——研究的议题包括压迫、支配、压制、异化和霸权等。通过研究和披露这些议题，研究者就可以为参与者发声、提高他们的意识，以及改善他们的生活（关于教育学的范例，参见 Job et al.，2013）。凯米斯和威尔金森（Kemmis & Wilkinson, 1998）将变革主义框架描述为参与式行动研究，并指出了这一框架的特点：

● 参与式行动是循环式或辩证式的，关注在实践中带来的改变。因此，在参与式行动研究中，探究者会推进带来变革的行动议程。

● 它的关注重点是帮助个体从各种限制中解放自己，这些限制既存在于媒体中、语言中、工作流程中，也存在于教育场景的权力关系中。参与式研究通常都始于社会中的重要议题或问题立场，如对赋权（empowerment）的需求。

● 它是解放性的，帮助人们解除了非理性的或不公正的结构限制，这些结构制约了个人的自我发展和自我决定权利。这一取向的目标是引发政治辩论和讨论，如此，改变才会出现。

● 它是实践式的和合作式的，因为这种探究需要"与"其他人一起完成，而并非"加诸于"其他人，或是"指向"其他人。按照这种理念，参与式行动的研究者会将参与者当作他们研究中积极的合作者。

采纳这一世界观的研究者还有费伊（Fay, 1987）、赫伦和里森（Heron & Reason, 1997）。在实践中，这一框架对几种探究取向都有一定影响。特定的社会议题（如支配、压迫、不平等）有助于对具体的研究问题进行组织。倡导变革的探究者不愿意加深参与研究的个体的边缘化程度，他们会选择与参与者合作。研究者可能会请参与者帮忙设计研究问题、收集资料、分析资料，并参与最终研究报告的写作。通过这样的方式，在整个研究过程中都可以听到参与者的"声音"，研究的成果对所有参与其中的人也都有意义。看到来自边缘化群体视角的研究资料不断涌现（例如，Lovern & Locust, 2013; Mertens, Cram, & Chilisa, 2013），这是令人鼓舞的。这类研究也会推进变革的行动议程，这是一套特定的计划，旨在解决边缘化群体所遭受的不公正的问题。这类实践包括邓津和林肯（Denzin & Lincoln, 2011）在民族志取向的研究中提出的社会公众行动议程，还有以变革为导向的叙事研究形式（Daiute & Lightfoot, 2004）。

后现代视角

托马斯把后现代主义者称为"摇椅上的激进分子"（Thomas, 1993, p. 23），在他看来，后现代主义者将批判的火力集中于思维方式的改变，而不是以思维方式改变为基础来呼吁行动。**后现代主义**（postmodernism）可以被认为是一系列有共同之处的理论和视角（Slife & Williams, 1995）。后现代主义者的基本观念是：知识主张必须被放在当今世界的各种条件中，被放在阶级、种族、性别以及其他的群体属性等多重视角中来理解。福柯、德里达、利奥塔、吉鲁、弗莱雷等人对这些条件都进行了详细的阐述（Bloland, 1995）。这些都是消极条件，出现在等级制度、个体的权力和控制、语言的多重意义之中。这些条件包括不同话语的重要性、边缘化个体和群体（"他人"）的重要性，以及"元叙事"和普遍性的存在（不论社会条件如何，其总是成立的）。后现代主义也有对文本进行"解构"的需要，包括分析文本所使用的语言及其读写形式，揭示出被掩盖的等级制度、支配、反抗、不一致和矛盾等问题（Bloland, 1995; Clarke, 2005; Stringer, 1993）。邓津的"诠释主义"传记方法（Denzin, 1989）、克兰迪宁和康纳利的叙事探究方法（Clandinin & Connelly, 2000），以及克拉克的扎根理论视角（Clarke, 2005）都借鉴了后现代主义，在这些取向中，研究者会对在转型期人们所处的转折点或困境进行研究（Borgatta & Borgatta, 1992）。关于"受后现代主义影响的民族志"，托马斯认为这样的研究应当"直接面对媒体所制造出来的现实的中心地位，直接面对信息技术的影响"（Thomas, 1993, p. 25）。托马斯还指出，根据后现代主义者的看法，叙事文本应当受到挑战（并被记录下来），因为这些"次文本"具有支配意义。

实用主义

存在许多形式的**实用主义**（pragmatism）。遵循以实用主义为基础的诠释框架的研究者关注研究的结果——探究的行动、情况和后果，而不是先前的条件（这是后实证主义的关注点）。实用主义者关注的是应用——"什么能起作用"——以及问题的解决方案（Patton, 1990）。实用主义并不关注方法，实用主义研究中的重点是被研究的社会难题，还有针对这个难题提出的具体研究问题（参见 Rossman & Wilson, 1985）。查瑞霍尔姆斯（Cherryholmes, 1992）和墨菲（Murphy, 1990）为实用主义的基本观点提供了方向：

- 实用主义并不坚持任何一种哲学及现实体系。
- 研究者个人有选择的自由。他们可以"自由"选择最能满足他们的需要及目标的方法、技术和程序。
- 实用主义者并不把世界视为一个绝对的统一体。与此类似，研究者会采取多种方法来收集资料和分析资料，而非仅采取一种方式（如多种质性方法）。
- 真理是在一段时间内行之有效的东西，它并未建立在二元论的基础之上：现实是独立于意识，还是位于意识之中。
- 实用主义研究者把研究所预期的结果（研究者希望研究会走向何方）作为基础，来考虑要研究"什么"以及"如何"研究。

- 实用主义者赞同这样的看法：研究总是发生在一定的社会、历史、政治及其他情境中。
- 实用主义者相信外部世界独立于意识，同时世界又寄居于意识之中。他们认为我们必须停止询问关于现实及自然法则的问题（Cherryholmes, 1992）。"他们只是想改变主体。"（Rorty, 1983, p. xiv）
- 近来，秉承这一世界观的研究者包括罗蒂（Rorty, 1990）、墨菲（Murphy, 1990）、巴顿（Patton, 1990）、查瑞霍尔姆斯（Cherryholmes, 1992）、塔沙克利和特德利（Tashakkori & Teddlie, 2003）。

在实践中，采纳实用主义世界观的研究者可以使用多种资料收集方法，以更好地回答研究问题，在资料收集中还会使用多种资料来源，会关注研究的实践意义，也会强调用适合研究难题的方式来进行研究的重要性。在对五种研究取向的讨论中，读者会发现在下列情况下，实用主义框架在起作用：民族志研究者同时使用量化数据方法（如问卷调查）和质性资料收集方法（LeCompte & Schensul, 1999）；案例研究者同时使用量化数据和质性资料（Luck, Jackson, & Usher, 2006; Yin, 2014）。

女性主义理论

女性主义吸收了不同的理论和范式取向、不同的国际情境以及不同的动态发展方式（Olesen, 2011）。**女性主义研究取向**（feminist research approaches）不仅以女性的多样处境以及形塑这些处境的多种制度为中心，而且对这些处境和制度提出了质疑。研究主题可以是与各种形式的女性主义有联系的后殖民主义思想，这与民族主义、全球化及多元国际背景（如性工作者、家政工）等相关。研究主题也可以指向特定女性群体，如关于女同性恋、女性失能人士以及有色女性的立场理论（Olesen, 2011）。关于支配的主题在女性主义研究中也很流行，但讨论内容通常都是父权社会中的性别支配。女性主义研究还继承了后现代主义及后结构主义的许多批判原则，以此挑战当前社会的不公正现象。在女性主义研究取向中，研究的目标是建立起合作式、非剥削式的关系，将研究者置于研究中以避免客体化，并进行那些旨在变革的研究。莱因哈兹（Reinharz, 1992）判断，在过去二十多年中，多样化研究方法的使用对女性主义研究非常有益。近来，批判者倾向于强调保护本土知识，强调女性主义研究中的"交叉"（intersectionality）（如种族、阶级、性别、性文化、身体能力以及年龄的"交叉"; Olesen, 2011）。在不断浮现的关于女性主义理论的"交叉"的对话中，值得注意的是关注社会公正（Thornton Dill & Kohlman, 2012）和**批判种族理论**（critical race theory; Chepp, 2015）的变革主义范式。

拉瑟（Lather, 1991）是采纳这种取向的主要学者之一，她描述了这一框架的基本视角。女性主义者将社会性别作为形塑他们生活境遇的基本组织原则，其是

"一枚聚焦于特定问题的透镜"（Fox-Keller, 1985, p. 6）。女性主义者所提出的问题，与性别在形塑我们意识中的中心位置有关。这类意识形态研究的目标是"以终结女性不平等社会地位的方式，纠正女性经验的不可见性和被歪曲之处"（Lather, 1991, p. 71）。另一位研究者斯图尔特（Stewart, 1994）将女性主义批判与方法论转化成了流程指南。她认为研究者需要寻找在社会科学写作中被遗漏的内容，需要研究女性的生活及相关议题，如身份认同、性别角色、家庭暴力、堕胎抗争行动、同工同酬、平权行动，以及女性反抗其在家庭中的无意义感和无力感的方式。研究者也必须有意识地、系统性地说明他们自己的角色和定位，并评估这些内容如何影响了他们对女性生活的理解。此外，斯图尔特（Stewart, 1994）强调女性具有能动性，有能力做出选择并反抗压迫。她还建议研究者需要探究女性如何理解她们的社会性别，认为每个人的社会性别（社会建构的产物）都不一样。这类研究的一个实例是塞伯格（Therberge, 1997）的研究，这项研究关注在女性冰球运动中身体特质的重要性。斯图尔特（Stewart, 1994）则强调了对权力关系、个人社会位置以及二者对女性的影响进行研究的重要性。最后，她指出每个女性都是不同的个体，并主张学者要避免寻找统一或一致的自我或者声音。

最近的讨论表明，为女性主义研究找到合适的方法已经让位于这样的观念：任何方法都可以是女性主义的（Deem, 2002; Moss, 2007）。奥利森（Olesen, 2011）概括了女性主义研究当前的状况：若干变革主义发展（如全球化、跨国女性主义）、批判趋势（如去蒙蔽的、去殖民化的研究和交叉研究）、持续进行的议题（如偏见、麻烦的传统概念）、持久的关切（如参与者的声音、伦理）、对女性主义研究的影响（如学术界和发表），以及未来的挑战（如女性生活中多重因素的相互作用、隐藏的压迫）。近来对新兴研究实践的讨论也整合了国际视野（例如，Brisolara, Seigart, & SenGupta, 2014）和新的研究技术（例如，Hesse-Biber, 2012）。

批判理论与批判种族理论

批判理论（critical theory）视角关注的是对人们赋权，使他们超越种族、阶级和性别加诸于他们的限制（Fay, 1987）。研究者必须承认他们自己的权力，积极进行理论对话，并使用理论对社会行动进行诠释或阐述（Madison, 2011）。批判主义研究者可能探讨的中心主题包括：通过诠释社会生活的意义来对社会制度及其转型进行科学的研究；支配、异化和社会抗争等历史难题；对社会的批判和对全新可能性的展望（Fay, 1987; Morrow & Brown, 1994）。

在研究中，批判理论可以由其所秉承的方法论取向的特定布局来界定。例如，批判主义研究者可能会设计一项民族志研究来展现人们思维方式的变化；会鼓励人们进行互动、建立网络、成为积极的行动者，并组成以行动为导向的群体；会帮助个体审视他们生存的条件（Madison, 2011; Thomas, 1993）。研究的最终目标可以是社会理论化，莫罗和布朗（Morrow & Brown, 1994）将此界定为"理解并在某些情况下（通过实践）改变社会生活的潜在秩序的愿望——那些构成社会的社会关系和系统关系"（p. 211）。研究者要实现这个目标，可以通过深入的案例研究，或者通过少数在历史上具有可比性的特定行动者（传记）、中介或系统的案例，并通过"民族志记录（诠释主义社会心理学）、情境脉络分类学（认知人类学）和形式模型（数学社会学）"（Morrow & Brown, 1994, p. 212）来实现这一目标。例如，在关于教师教育的批判行动研究中，金奇洛（Kincheloe, 1991）建议"持批判主义立场的教师"应当披露既有研究取向中的假定，批判其知识基础，并通过这些批判来揭露意识形态如何影响了教师、学校以及文化教育观。在社会学家阿格（Agger, 1991）看来，批判理论取向的研究设计可以被置于两个宽泛的范畴之中：方法论（methodological）范畴，其会影响人们如何写作和阅读；实质性（substantive）范畴，其与研究者的理论和主题有关（例如，对发达资本主义国家的国家和文化角色进行理论化）。经常被引用的关于批判理论的经典研究是威利斯（Willis, 1977, p. 29）关于"小子"（lads）的民族志，这些"小子"热衷于反抗权威的行为，形成了"找乐子"（having a laff）的非正式群体，以此作为对他们的学校的一种反抗形式。另一项详细讨论了反抗与国家管制的研究则强调了行动者如何面对并与支配他们的文化形式作斗争（Morrow & Brown, 1994）。反抗也是关于亚文化年轻人群体的民族志研究的主题（Haenfler, 2004）。

　　批判种族理论（critical race theory）的理论关切集中于"研究并改变种族、种族主义和权力之间的关系"（Delgado & Stefancic, 2012, p. 3）。种族和种族主义被深深嵌入美国社会生活的框架之中（Parker & Lynn, 2002），而且直接形塑了美国的法律体系以及人们思考法律、种族与特权的方式（Harris, 1993）。在帕克尔和林恩（Parker & Lynn, 2002）看来，批判种族理论有三个主要目标。第一个目标是从有色人种的视角呈现与歧视相关的故事，其可以是关于描述与访谈的质性案例研究。将这些案例汇集在一起，有助于反抗有种族偏见的官员或歧视性实践。因为有许多故事通过"大多数人"的主流叙事强化了白人特权，有色人种的反面故事将有助于粉碎与这些特权相伴而生的自鸣得意，挑战压迫社会边缘化人群的主流话语（Solorzano & Yosso, 2002）。批判种族理论的第二个目标是消除种族压迫，同时承认种族是一种社会建构的产物（Parker & Lynn, 2002）。根据这一观点，种族不是一个固定的术语，它具有流动性，被政治压力不断形塑，是个人通过生活经历获得的认知。最后，批判种族理论的第三个目标是对其他差异领域进行讨论，如性别、阶层以及个人经历的任何不平等。如帕克尔和林恩（Parker & Lynn, 2002, p. 12）所言："在黑人女性的案例中，种族并不是外在于性别的，性别也不是外在于种族的。"在研究中，使用批判种族理论的方法论意味着研究者在研究过程中的所有方面都突出了种族和种族主义，挑战了过去用于诠释有色人种经历的传统研究范式、文本和理论，并提出了解决我们社会结构和制度结构中的种族、性别、阶层等从属关系问题的办法。研究者有时候会将批判种族理论与其他框架一起运用，如失能研究（Watts & Erevelles, 2004）和女性主义理论（Chepp, 2015）。

酷儿理论

酷儿理论（queer theory）的特点是用多种方法及策略来探讨个体身份认同（Plummer, 2011a; Watson, 2005）。关于酷儿理论的研究文献在不断扩展，其探讨了许多建构的产物、身份，以及身份认同如何在社会公共讨论中进行再生产和"展演"。研究者也采用后现代主义或后结构主义取向来批判并解构与身份认同有关的主流理论（Plummer, 2011a, 2011b; Watson, 2005）。这些研究者关注身份认同是如何在文化和历史方面被建构起来的，是如何与话语联系起来的，是如何与性别和性文化有所交织的。这个术语本身——酷儿理论，而非男同性恋（gay）、女同性恋（lesbian）或同性恋理论（homosexual theory）——就允许人们对质疑种族、阶级、年龄以及任何其他要素持开放性态度（Turner, 2000）。这个术语在不同时期含义不一，在不同文化和语言中也有所差异（Plummer, 2011b）。多数酷儿理论家力图挑战这种理念，即将身份认同视作单一的、固定的或者正常的（Watson, 2005）。他们也力图挑战类别化的过程，甚至挑战对类别化过程的解构，而不是重点关注特定的群体。用历史上的二分法来描述性别身份是不恰当的。普卢默（Plummer, 2011a, p. 201）对酷儿理论的立场进行了简要的概述：

- 异性恋/同性恋的二分法以及生理性别/社会性别的割裂都应该受到挑战。
- 存在身份认同的去中心化。
- 所有的性范畴（女同性恋、男同性恋、双性恋、跨性别者、异性恋）都是开放的、流动的、非固定的。
- 主流的同性恋讨论应受到批判。
- 权力是通过话语而得以具身化的。
- 所有的正常化策略都被回避了。
- 学术工作可能会变得具有讽刺意味，甚至经常是滑稽的和荒谬的。
- 同性恋主体定位的版本不一且无处不在。
- 越轨的概念已经被抛弃，人们现在的兴趣在于局内人和局外人的视角以及越界行为。
- 常见的研究对象包括电影、录像、小说、诗歌和视觉图像。
- 最常见的兴趣在于探究被称为激进的性边缘群体（如男扮女装者、女扮男装者、性游戏者）的社会世界。

酷儿理论与其说是一种方法论，不如说是一种探究的焦点。酷儿方法通常会在这些方面寻找特定的表达：对文化文本（如电影、文学）的重新阅读；挑战各种假定的关于性世界的民族志和案例研究；包含多种文本的资料来源；包含展演的纪录片；关注个体的研究（Plummer, 2011a）。酷儿理论研究者也会投身于下述研究和/或政治行动：关注艾滋病意识的"艾滋病患者联合起来发挥力量"（AIDS Coalition to Unleash Power，ACT UP）和"酷儿国度"（Queer Nation），以及对艺术品和戏剧的艺术呈现与文化呈现，这些活动旨在破坏或描绘我们习以为常的不自然且奇怪的实践。这些内容传达了被压迫的个体的声音和经历（Gamson, 2000），并为政策和实践提供了重要的洞见（如 Adams, Braun, & McCreanor, 2014）。关于酷儿理论的有用的阅读材料包括沃森（Watson, 2005）发表在学术期刊上的概述，还有普卢默（Plummer, 2011a, 2011b）书中的章节以及一些关键书籍，如蒂尔尼（Tierney, 1997）的专著。

失能理论

失能探究强调了学校包容性的意义，并将管理人员、教师和失能儿童的父母都纳入到研究中（Mertens, 2009, 2015）。默滕斯（Mertens, 2003）叙述了失能研究的发展过程，从失能的医学模型（疾病及医疗人员在疾病治疗中的角色）到环境对失能个体的回应。当前，使用**失能诠释视角**（disability interpretive lens）的研究者强调失能是一种差异维度，而非一种缺陷。作为一种人与人之间的差异，失能的意义是社会建构的产物（即社会对个体的回应），因此失能只不过是一种差异维度（Mertens, 2003）。对失能个体的差异化对待会在研究过程中有所反映，如问题的类型，给这些个体贴的标签，思考如何进行资料收集才会对这一群体有所帮助、如何与失能个体进行适当的沟通、如何报告研究资料才能处理好权力关系。默滕斯、沙利文和斯泰斯（Mertens, Sullivan, & Stace, 2011）还将批判失能理论与变革主义框架结合起来，因为这一做法有助于对多种来源的歧视之间的交叉进行研究。关于失能理论，也有一些可用的研究指导资源（如 Barnes, Oliver, & Barton, 2002; Kroll, Barbour, & Harris, 2007）。

在质性研究中使用诠释框架的实践

在质性研究中使用诠释框架的实践各不相同，而且其依赖于所采用的框架以及研究者的特定取向。对诠释框架的所有描述都会强调特定研究者的影响、目标及实践。质性研究者发现，通过一个总体性的小结来区分不同的诠释框架是很有帮助的（表2.2）。一旦研究者可以区分这些诠释框架，那么也就比较容易弄清楚如何在实践中运用这些诠释框架。在最基础的层面上，这些研究框架所努力实现的目标，既有差异，也有共同点。寻求对世界的理解，不同于提出解决真实世界里各种难题的办法。也要注意到这些目标潜在的相似性，女性主义理论、批判理论与批判种族理论、酷儿理论以及失能理论有共同的研究意图：希望研究者把对行动的呼吁建立在所记录的这些斗争的基础上。就如何运用诠释框架，可以确定一些共同要素：

表2.2　主要诠释框架的比较

诠释框架	研究者的可能目标	研究者潜在的影响	研究者实践的实例
后实证主义	发现对因果情境中的概率有影响的因素	先前的量化研究训练	报告系统的资料收集和分析程序，以确保严谨性
社会建构主义	理解研究者所生活与工作的世界	承认研究者的背景会影响诠释	诠释参与者在其叙述中的意义建构
变革主义框架	以行动改善社会	社会中关于权力与社会关系的知识	提出行动议程，解决边缘化群体所经历的不公正等问题
后现代视角	改变思维方式	对当今世界各种条件的理解	定位研究，强调视角的多样性
实用主义	寻找现实世界中的难题的解决办法	理解存在不同的资料收集和分析方法，了解研究情境	用最适合的方法来讨论研究问题
女性主义理论	开展对女性具有变革意义的研究	权力关系视角和个体社会位置的视角，以及它们对女性的影响	质疑社会性别在形塑我们意识方面的中心地位
批判理论和批判种族理论	强调存在不平等的领域，对人们赋权	承认自己的权力，积极参与对话，运用理论来诠释社会行动	以改变社会生活潜在秩序的方式来设计研究
酷儿理论	传达被压迫个体的声音和经历	理解需要将性范畴视为开放的、流动的和非固定的	进行的探究都关注个体身份认同的无限复杂性
失能理论	强调包容的意义	承认失能是人与人之间差异的一种维度，而非一种缺陷	运用失能诠释视角来指导研究过程

- 研究关注对特定议题或主题的理解。研究所探讨的难题和问题都力图增进研究者对特定议题或主题的理解——造成个体或文化处于不利位置甚至被排斥的那些条件，如等级制度、霸权、种族主义、性别歧视、不平等的权力关系、身份认同或社会中的不平等。
- 研究程序会受到参与者和情境的影响。研究的程序，如资料收集、资料分析、向读者呈现材料、对研究进行评估的标准和研究伦理，都强调诠释的立场。在资料收集的过程中，研究者并没有将参与者进一步边缘化，而是尊

重参与者和研究地点。此外，研究者通过给予或回报，与参与者保持互惠的关系，并且关注多重视角的故事（其由不同的个体讲述）。在研究过程的各个层面，研究者也都要对权力的不平衡保持敏感。他们尊重个体的差异，而不是采用传统的集合范畴，如男性和女性或者拉美裔美国人和非洲裔美国人。

● 研究者是尊重知识的共同建构者。研究者的伦理实践表明他们承认自己视角的主观性很重要，承认他们在研究中的权力位置，也承认参与者是所收集到的信息的真正所有者，或者说其是研究者与参与者所共同建构的解释。

● 研究者以多种形式进行报告，也会呼吁社会变革。研究可以用传统的形式呈现，如学术期刊论文，或者以更偏实验的方式呈现，如戏剧或诗歌。采用诠释视角可能会带来对行动和变革的呼吁——以社会公正为目标——如此，质性研究项目就能以确切的改革步骤和激励行动作为研究的收尾。

在质性研究中将哲学与诠释框架连接起来

尽管哲学假定并不一定会被清晰地表述出来，但诠释框架确实可以传达出不同的哲学假定，质性研究应当意识到哲学假定与诠释框架之间的这种联系。在林肯、莱恩姆和古巴的书中（Lincoln, Lynham, & Guba, 2011），有一章发人深思的讨论，其明确了二者之间的联系。我们采纳了他们对这种联系的总体看法，并对其进行了修订，以使其符合本章所讨论的各种诠释视角。如表 2.3 所示，即便探究者采用的诠释框架是一致的，本体论、认识论、价值论和方法论的哲学假定也可以使用不同的形式。

表 2.3　诠释框架及相关哲学信念

诠释框架	本体论信念（现实的性质）	认识论信念（现实是如何被认识的）	价值论信念（价值的作用）	方法论信念（探究的取向）
后实证主义	"在那里"存在着一个外在于我们的单一现实。研究者可能并不能理解它或接近它，因为缺乏绝对真理。	我们只能大致接近现实，但现实可以通过研究和统计来建构。与研究对象的互动要保持在最低程度。研究的效度是由同行而非参与者确认的。	需要控制研究者的偏见，这些偏见不能出现在研究中。	采用科学的研究方法和写作方法。研究的目的是建构新的知识。方法很重要。演绎法很重要，例如，对理论进行检验、明确重要的变量、在组间进行比较。

续表

诠释框架	本体论信念（现实的性质）	认识论信念（现实是如何被认识的）	价值论信念（价值的作用）	方法论信念（探究的取向）
社会建构主义	通过我们的生活经历以及与他人的互动，多重现实得以建构。	现实由研究者和被研究者共同建构，而且会受到个人经历的形塑。	个体价值是受到尊重的，而且个体之间就价值进行了协商。	采用更偏文学类的写作风格。通过访谈、观察和文本分析这些方法，研究者运用归纳法来获得新观点（通过共识）。
变革主义/后现代主义	所研究的是研究者与被研究的社区或个体之间的参与式关系。通常会浮现主观–客观的现实。	有共同建构的研究发现，来自不同的知识途径。	尊重本土价值，价值应当被质疑且应当接受质询。	研究方法包括采用合作式的研究过程、鼓励政治参与、对方法进行质疑，以及强调社会议题和关切。
实用主义	现实就是有用的、实际的、"起作用"的事物。	通过使用多种研究工具，现实得以被认识，其中既包括归纳证据（客观），也包括演绎证据（主观）。	因为知识反映了研究者和参与者的观点，所以价值应当被讨论。	研究过程包括量化取向和质性取向的资料收集和分析方法。
批判、种族、女性主义、酷儿、失能理论	现实是以权力和身份认同抗争为基础的。特权和压迫是以种族或族群、阶级、性别、心智能力和性偏好为基础的。	通过研究社会结构、自由和压迫、权力、控制，就可以了解现实。现实可以通过研究来改变。	按照不同群体的立场，价值的多元性是很重要的。	以对权力与身份认同抗争的那些假定为起点，记录这些内容，倡导行动和变革。

来源：改编自 Lincoln et al., 2011。

在一项具体的质性研究中应用表2.3中的信息，可以探讨诠释框架的中心原则，探讨研究框架如何说明一项具体研究的难题，问题，资料的收集、分析和诠释方法，这些内容会进一步整合诠释框架，有助于对研究中的诠释框架进行讨论。论文中对此进行讨论的小节也应该提及与诠释框架相联系的哲学假定（本体论、认识论、价值论、方法论）。因此，可以运用两种方式对诠释框架进行讨论：一种是讨论研究中诠释框架的性质及应用，另一种是讨论诠释框架的哲学假定。在我们推进对本书所列出的五种质性取向的讨论之前，有必要认识到每种取向都可能使用任何一种诠释框架。例如，假设一项扎根理论研究要以一篇科学论文的形式呈现，主要强调的是研究的客观性，关注其所发现的理论模型，不汇报研究者的偏见，表明对资料分析进行了系统描述，那么，这项研究就会采用后实证主义的诠释框架。再举一个例子，如果质性叙事研究的目标是对失能学习者这一边缘群体进行研究，关注他们在形成对自己义肢的认同上所进行的斗争，尊重他们的观点和价值，在研究最后呼吁人们改变对失能群体的认知，那么这项研究就坚定地采用了失能诠释框架。我们可以看到本书讨论的五种取向中的任意一种都可以使用各种诠释框架。

章节要点

1. 你是否理解质性研究经常采用的四种主要哲学假定的差异：本体论（现实是什么？）、认识论（现实是如何被认识的？）、价值论（研究是如何表达价值的？）和方法论（研究是如何开展的？）。

建议阅读质性研究的期刊论文，如布朗等（Brown et al., 2006）、希利（Healey, 2014）或琼格尼克尔（Jungnickel, 2014）的质性研究。在一开始，先找出四种哲学假定在一项具体研究中的特定表现方式。以本章的表2.1作为指南，列出实例。

Brown, J., Sorrell, J. H., McClaren, J., & Creswell, J. W. (2006). Waiting for a liver transplant. *Qualitative Health Research*, *16*(1), 119 – 136. doi: 10.1177/ 1049732305284011

Healey, G. K. (2014). Inuit family understandings of sexual health and relationships in Nunavut. *Canadian Journal of Public Health*, *105*(2), e133–e137. doi: 10.17269/ cjph.105.4189

Jungnickel, K. (2014). Getting there ... and back: How ethnographic commuting (by bicycle) shaped a study of Australian backyard technologists. *Qualitative Research*, *14*(6), 640–655. doi: 10.1177/1468794113481792

2. 你是否理解诠释框架中相关哲学信念（后结构主义、社会建构主义、变革主义框架、后现代视角、实用主义、女性主义理论、批判理论和批判种族理论、酷儿理论、失能理论）之间的差异？

建议阅读采用不同诠释视角的质性研究期刊论文，如亚当斯等（Adams et al., 2014）的酷儿理论框架、布朗等（Brown et al., 2006）的社会建构主义框架、丘吉尔等（Churchill et al., 2007）的后实证主义框架、乔布等（Job et al., 2013）的变革主义框架，明确这些论文的诠释框架有何不同。以本章的表2.3作为指南，列出实例。

Adams, J., Braun, V., & McCreanor, T. (2014). "Aren't labels for pickle jars, not people?" Negotiating identity and community in talk about "being gay." *American Journal of Men's Health*, *8*(6), 457–469. doi: 0.1177/1557988313518800

Brown, J., Sorrell, J. H., McClaren, J., & Creswell, J. W. (2006). Waiting for a liver transplant. *Qualitative Health Research*, *16*(1), 119 – 136. doi: 10.1177/1049732305284011

Churchill, S. L., Plano Clark, V. L., ProchaskaCue, M. K., Creswell, J. W., & Onta-Grzebik, L. (2007). How rural low-income families have fun: A grounded theory study. *Journal of Leisure Research*, *39*(2), 271–294.

Job, J., Poth, C., Pei, J., Carter-Pasula, B., Brandell, D., & MacNab, J. (2013). Toward better collaboration in the education of students with fetal alcohol spectrum disorders: Voices of teachers, administrators, caregivers, and allied professionals. *Qualitative Research in Education*, *2*, 38–64. doi: 10.4471/qre.2013.15

3. 在特定诠释框架中，有哪些独特的要素？

建议阅读采用不同诠释视角的质性研究期刊论文，例如，塞伯格（Therberge, 1997）的女性主义诠释框架确认了如下要素：女性主义议题、有指向性的研究问题、研究目标中的倡导取向、资料收集方法，以及对行动的呼吁。

Therberge, N. (1997). "It's part of the game": Physicality and the production of gender in women's hockey. *Gender & Society*, *11*(1), 69 – 87. doi: 10.1177/089124397011001005

4. 当将不同的框架结合在一起的时候，你是否理解各种诠释框架之间的差异？

建议阅读将不同诠释视角结合起来的质性研究期刊论文，如奇普（Chepp, 2015）的女性主义和批判种族理论框架、沃茨和埃罗韦尔勒思（Watts & Erevelles, 2004）的失能和批判种族理论框架。以本章的表 2.2 作为指南，对每种诠释框架的影响进行探讨。

Chepp, V. (2015). Black feminist theory and the politics of irreverence: The case of women's rap. *Feminist Theory*, *16*(2), 207–226. doi: 10.1177/1464700115585705

Watts, I. E., & Erevelles, N. (2004). These deadly times: Reconceptualizing school violence by using critical race theory and disability studies. *American Journal of Educational Research*, *41*, 271–299. doi: 10.3102/00028312041002271

小　结

本章从研究过程的概述入手，其中，哲学假定和诠释框架可以被看作研究过程的起点，能为接下来的程序提供指导信息，包括选择并采用本书所讨论的五种取向中的一种。接下来，本章对本体论、认识论、价值论、方法论这些哲学假定进行了讨论，还讨论了每种假定的关键问题、主要特征、对质性研究写作实践的意义。此外，本章推进了对质性研究中常见诠释框架（范式视角及理论取向）的讨论，就如何运用哲学诠释框架提出了建议。最后，本章明确了哲学假定与诠释框架之间的联系，随后还讨论了如何在质性研究项目中将二者连接在一起。

扩展阅读

以下资源是本章的基本参考书目。这一列表并不完备，读者还可以在书末的参考文献中寻找补充阅读材料。

Brisolara, S., Seigart, D., & SenGupta, S. (2014). *Feminist evaluation and research: Theory and practice*. New York, NY: Guilford Press.

三位作者通过详尽的例子探讨了女性主义研究所涉及的过程。作者将女性主义研究定位在学科及国际情境之中。

Denzin, N. K., & Lincoln, Y. S. (Eds.) (2011). *The SAGE handbook of qualitative research*. Thousand Oaks, CA: Sage

手册通常是研究者的逻辑起点，该书的两位主编回顾了当前关于质性研究背后的指导哲学的讨论，提供了一些基本观念。具体来说，我们认为奥利森（Olesen）撰写的女性主义研究的章节，普卢默（Plummer）撰写的酷儿理论的章节，还有默滕斯、沙利文和斯泰斯（Mertens, Sullivan, & Stace）撰写的变革主义研究的章节，都值得阅读。

Guba, E., & Lincoln, Y. S. (1988). Do inquiry paradigms imply inquiry methodologies? In D. M. Fetterman (Ed.), *Qualitative approaches to evaluation in education* (pp. 89–115). New York, NY: Praeger.

两位作者提出了他们对范式与方法论之间关系的看法，为这一讨论做出了开创性的贡献。

Hesse-Biber, S. N. (2012). *Handbook of feminist research: Theory and praxis* (2nd ed.). Thousand Oaks, CA: Sage。

作者为女性主义研究提供了基础，她讨论了当前女性主义研究对社会变迁及转型的影响，还讨论了新技术对田野工作中方法论取向的影响。

Lovern, L. L. & Locust, C. (2013). *Native American communities on health and disability: Borderland dialogues*. New York, NY: Palgrave Macmillan.

对如何与原住民开展真正的对话感兴趣的研究者会发现，该书的两位作者提供了基础资源。"福祉"（wellness）这一概念尊重失能及本土性，在对"福祉"概念进行讨论的小节中，两位作者特别强调了自己的亲身经历。

Mertens, D. M. (2009). *Transformative research and evaluation*. New York, NY: Guilford.

在这本书中，作者提供了采用变革主义视角来进行研究的手把手指导，通过这种方式，作者得以清晰地将理论与实践联系起来。

Mertens, D. M. (2015). *Research and evaluation in education and psychology: Integrating diversity with quantitative, qualitative, and mixed methods* (4th ed.). Thousand Oaks, CA: Sage.

作者先进行了一个简单的历史回顾，然后集中讨论了为四种研究范式（后实证主义、建构主义、变革主义和实用主义）提供支持的哲学基础。值得注意的是，作者对变革主义范式的描述非常有价值，她讨论了这一范式出现的原因，还描述了这一范式的哲学和理论基础。

Mertens, D. M., Cram, F., & Chilisa, B. (Eds.) (2013). *Indigenous pathways into social research*. Walnut Creek, CA: Left Coast Press.

书中有来自全球六个大陆的、代表不同学科的三十多位本土研究者的生活故事。该书的主编为研究者提供了实用的研究指导，能帮助研究者了解需要面对的挑战，以及产出有意义的研究成果的有效策略。

Phillips, D. C., & Burbules, N. C. (2000). *Postpositivism and educational research*. Lanham, MD: Rowman & Littlefeld.

两位作者提供了对后实证主义研究实践的精彩描述，对研究者来说本书是不可多得的基础读物。

Slife, B. D., & Williams, R. N. (1995). *What's behind the research? Discovering hidden assumptions in the behavioral sciences*. Thousand Oaks, CA: Sage.

两位作者对行为科学主要理论取向的假定进行了探讨。这一开创性的研究被各学科（如心理学、教育学）广泛引用，能鼓励研究者对理论进行批判性思考。

Schwandt, T. A. (2003). Three epistemological stances for qualitative inquiry: Interpretativism, hermeneutics and social constructionism. In N. Denzin & Y. Lincoln (Eds.), *The landscape of qualitative research: Theories and issues* (pp. 292–331). Thousand Oaks, CA: Sage.

作者进行了很有意义的比较（讨论异同）。例如，他发现社会建构主义者与诠释主义者都关注过程，而意义正是通过过程而得以发展、协商、维持和改变的。然而，关于理论在实践中的运用则突显了二者的差异。

Tierney, W. G. (1997). *Academic outlaws: Queer theory and cultural studies in the academy*. Thousand Oaks, CA: Sage.

在该书中，作者明确了文化研究与酷儿理论的理论交叉。他不仅提供了重要的历史回顾，也提出了有趣的研究展望。

第3章　设计质性研究

　　我们可以把质性研究比作一种复杂的织物，是多种细线、多样色彩、不同纹理及各种材料的综合，因此我们无法轻易地解释这一织物的构造。哲学假定和诠释框架就如同织布机，使质性研究成为一个整体。为了描述这些框架，质性研究者使用了一些术语：建构主义、诠释主义、女性主义、后现代主义，诸如此类。质性探究的取向（或者说设计），如叙事研究、现象学研究、扎根理论研究、民族志研究和案例研究，就在这些假定之中，通过这些框架来体现。在这一领域中，有许多不同的个体带着不同的视角，用他们自己的织布机制作着质性研究的织物。暂且不论他们之间的差异，这些有创造力的艺术家有着一个共同的目标：编织布料。换句话说，各种形式的质性研究之间有着一些共同的特征，而它们的不同特征将根据质性研究项目受到不同的关注。并不是在每一个研究项目中，所有的特征都会出现，但我们也可以看到多数特征。

　　本章的意图在于对质性研究进行概述和介绍，如此一来，在我们探讨这种织物的用线（通过诸如叙事研究、现象学研究等特定取向）之前，我们可以看到质性研究的一些共同特征。我们会从对质性研究的宽泛定义开始，并强调这种形式的探究的一些基本特征。接下来，我们会讨论最契合质性研究的研究难题及研究议题的类型。我们强调，要进行这种严谨、耗时的研究，有需要满足的要求，也有评估其质量的标准。假设你已经有了进行这种探究的一些基本要素（难题、时间、标准），我们就可以大致地对整个研究过程进行筹划，包括设计并计划一项研究。这一过程涉及预先考虑的要点、研究过程的各阶段，以及在整个研究过程中都要考虑的各种总体因素。在这些方面，质性研究者需要预见潜在的伦理问题，并做出计划，因为这些议题会出现在研究过程中的多个阶段。最后，我们就研究设计的结构提出了一些建议，包括吸引读者的各种因素、在计划或提出一项质性研究时可被用来指导研究总体架构的提纲。本章之后的几章将讨论不同类型的探究取向。本章概括了研究设计的一般特点，本书将在其余部分就五种取向对这些特点进行详细讨论。

本章讨论的问题

- 质性研究的关键特征有哪些？
- 哪些类型的研究难题最适合质性探究？
- 要进行这种类型的研究，有哪些必需的研究技能？
- 一项"好"的质性研究，有哪些特点？
- 研究者应如何设计一项质性研究？
- 在研究过程中，必须提前考虑哪些类型的伦理问题？
- 什么样的设计结构有助于撰写质性项目的研究计划或开题报告？

质性研究的特征

我们给出质性研究工作定义的合理性在于强调研究的设计以及探究所采用的不同取向（如民族志研究、叙事研究）。为了对质性研究的特征进行讨论，本书的导论对质性研究进行了界定，我们在这里重申我们对质性研究的工作定义：

> 质性研究始于对诠释/理论框架的假定和运用，这些框架能为研究个人或群体对社会或人类问题所赋予的意义提供信息。为了研究社会或人类问题，质性研究者采用了浮现式的质性取向来进行探究，在自然场景中进行资料收集会受到研究对象或研究地点的影响，而资料分析则不仅是归纳式的，也是演绎式的，并且可以建立起模式或主题。最终的文字报告和研究展示纳入了参与者的声音、研究者的反思、对问题的复杂描述与诠释，还有这项研究对已有研究文献的贡献或者是对变革的呼吁。（Creswell, 2013, p. 44）

在这一定义中需要注意，研究过程具有流动性，从哲学假定到诠释视角，再到对社会或人类问题进行研究的程序。接下来，在这些程序中还存在着一个框架——探究的取向，如扎根理论研究、案例研究等。

从质性研究的一般定义转向具体特征是很有帮助的。我们相信这些特征已经随着时间的推移而有所发展，诚然，这些特征不是一系列确切的要素，但是，对这一领域中主要研究书籍所提到的特征进行仔细考察，可以发现一些共同的脉络。表 3.1 列出了四本质性研究的导论书籍，以及它们所提出的质性研究的特征。与约十五年前的本书第 1 版里类似的表（讨论的是其他作者的作品）相比，当前的质性研究更加注重这些方面——质性研究的诠释本质，在政治、社会和文化情境中定位研究，在研究者所呈现的叙述中强调研究者的反思性或"在场"。通过考察表3.1，读者可以看到质性研究的一些共同特征。下列特征并不是按照重要性程度来排序的：

- 自然场景。质性研究者通常在田野中收集资料，即参与者有关研究议题或难题的经历所发生的地点。研究者不会把研究对象带到实验室（人为构造的情况）中，也不会像大规模问卷调查那样分发各种测量工具让研究对象来完成。相反，质性研究者通过在人们的生活情境中直接与他们交谈、观察他们的行为来收集近距离的信息。这些面对面的互动会随着时间的推移而展开。

- 将研究者作为关键研究工具。质性研究者通过考察文档、观察行为以及对参与者进行访谈来亲自收集资料。他们可能会使用测量工具，但其也属于研究者自己设计的开放式问题。研究者很少使用或依赖由其他研究者开发的问卷或其他工具。

- 多种方法。质性研究者通常都会收集多种形式的资料，如访谈、观察记录和文档，而不是依赖于单一的资料来源。研究者会审读所有的资料，明确这些资料的意义，使用适用于所有资料来源的范畴或主题，以便把这些资料组织起来。

- 通过归纳逻辑和演绎逻辑进行复杂推理。质性研究者会采用归纳法将资料组织到更为抽象的信息单元中，通过这种"自下而上"的方式建立他们的模式、范畴和主题。在这一归纳过程中，研究者要在主题与资料库之间循环往复，直到他们建立起一系列全面的主题。这个过程可能还涉及与参与者的互动式合作，这样参与者就有机会形塑在研究过程中出现的主题或抽象概念。研究者也使用演绎法，他们会将自己发展出的主题不断地与资料进行核对。这种归纳-演绎的逻辑过程表明质性研究者在整个研究过程中都使用了复杂的推理技能。

- 参与者的多重视角与多重意义。在整个研究过程中，研究者将焦点集中于了解参与者对研究难题或议题赋予的意义，而不是研究者带到研究之中的或者来自研究文献的意义。参与者的意义系统进一步表明，对于一个主题，存在多重的视角，存在多样的看法。这就是为什么在质性研究报告中提出的主题应当反映此项研究中参与者的多重视角。

- 情境依赖。质性研究是在参与者或研究地点的情境或场景之中进行的。为了报告研究难题所处的场景，研究者必须力图理解情境的特点及其对参与者经历（如社会、政治和历史经历）的影响。这一点很重要，因为特定的情境有助于研究者"理解事件、行动和意义是如何被它们的独特环境所形塑的"（Maxwell, 2013, p. 30）。

● 浮现式设计。对质性研究者来说，研究过程是不断浮现的。这意味着最初的研究计划不应该被严格框定，在研究者进入田野开始收集资料后，研究过程中的所有阶段都有可能发生变化。例如，在开展研究的过程中，研究问题可能会改变、资料收集的形式可能会变化、要研究的个体以及要探访的地点可能也要进行调整。质性研究背后的关键理念是从参与者那里了解研究难题或议题，并进行最恰当的实践以获得信息。

● 反思性。研究者要在质性研究中"对自己进行定位"。这意味着研究者会表明（即在方法小节、在简介中或者在研究报告的其他地方）他们自己的背景（例如，工作经历、文化经历、历史），并明确他们的背景对研究中的信息诠释有怎样的影响，同时说明他们需要从研究中获得什么。沃尔科特（Wolcott, 2010, p. 36）说过下面这样一段话：

　　我们的读者有了解我们的权利。他们不想知道我们在高中有没有玩过乐队。他们想了解是什么引发了我们对所研究主题的兴趣、我们要向什么人汇报研究结果、我们个人可以从我们的研究中获得什么。

● 整体描述。质性研究者试图描绘出研究难题或议题的复杂图景，包括汇报多元视角、确定情境中的多种因素、大致勾勒出不断浮现的宏大图景。研究者不必找出各种因素中的因果关系，但需要描述在各种情况中各因素间的复杂互动。

表 3.1　质性研究的特征

特征	LeCompte & Schensul (1999)	Hatch (2002)	Marshall & Rossman (2015)	Ravitch & Mittenfelner Carl (2016)
在自然场景（田野）中进行	√	√	√	√
在资料收集中，研究者是关键工具		√		√
使用多种方法	√		√	
在归纳与演绎之间进行循环往复的复杂推理	√	√	√	√
关注参与者的多重视角和多重意义	√	√		√
在参与者或研究地点的情境或场景之中对研究进行定位	√		√	√

续表

特征	LeCompte & Schensul (1999)	Hatch (2002)	Marshall & Rossman (2015)	Ravitch & Mittenfelner Carl (2016)
研究设计不断浮现并发展		√	√	√
对研究者背景的影响进行反思与诠释			√	√
呈现整体性的复杂图景	√		√	√

在什么时候使用质性研究

在什么时候适合使用质性研究呢？我们进行质性研究是因为需要对难题或议题进行探究。反过来说，进行这种探究是出于研究群体或总体、确认不容易被测量的变量，或听清沉默的心声的需要。这些都是对难题进行探究的有力理据，而非基于来自研究文献的预先设定的信息，或者是依赖于其他研究的结果。当我们需要对某个议题进行复杂的、细节化的理解时，我们也会开展质性研究。要获得这类细节，只能通过直接与人们交谈、去往他们的家中或者工作场所、让他们讲述与我们预期的发现不一致的或者与我们从研究文献中所读到的内容不一致的那些故事来做到。

若我们希望对个体赋权，让他们分享自己的故事，让我们听到他们的声音，以尽可能弱化研究者和参与者之间的权力关系，那么我们就会采用质性研究。为了进一步弱化权力关系，我们可能会直接与参与者合作，让他们评估我们的研究问题，或者在研究资料的分析或诠释阶段与他们进行合作。当我们希望以一种文学的、灵活的风格来呈现故事、戏剧或诗歌，而不需要顾忌学术写作的正式结构要求时，我们会采用质性研究。我们进行质性研究是因为我们希望理解参与者所处的与难题或议题相关的情境和场景。我们不能总是将人们所说的话与他们说这些话的地点——不论这一情境是家庭还是工作场所——割裂开。我们采用质性研究来跟进量化研究，并利用前者帮助解释因果理论或模型之中的机制或连结。因果理论提供了关于趋势、联系及关系的一般图景，但并不能告诉我们人们经历事件的过程、他们为什么做出了那样的反应、他们做出反应的情境，还有主导了他们反应的更深层的思考和行为。

对特定总体或者样本来说，只存在片面的或不恰当的理论，或者说现存的理论不能准确地把握我们所研究的难题的复杂性，在这些时候，我们就会采用质性研究。如果量化测量或统计分析不适用于对某些难题的探讨，我们也会采用质性研究。例如，人与人之间的互动是难以用现存的测量工具来捕捉的，因为这些测量工具可能对一些议题没那么敏感，如性别、种族、经济地位以及个体差异。将所有的个体都归为统计学中的平均数，这种做法忽略了我们所研究个体的独特性。通过图 3.1，我们可以了解质性研究在什么时候更适合我们所研究的难题。

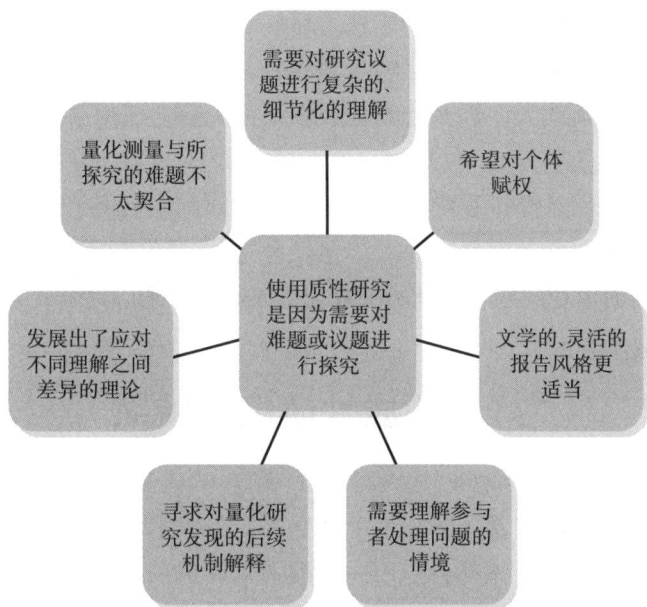

图 3.1　在什么时候使用质性研究

质性研究对我们有什么要求

怎样才能进行这种形式的研究呢？要进行质性研究，研究者需要坚定地致力于研究难题，并且愿意投入时间和资源。质性研究可以与最严谨的量化方法进行很好的配合，质性研究不应该被视为"统计"研究或量化研究的简单替代品。总体而言，质性探究的研究者愿意承担以下工作：

● 承诺在田野中投入大量的时间。研究者需要在田野中投入很多时间：收集大量的资料、为各种田野事宜做许多工作、努力获取准入资格，并与当地人建立良好的关系。与参与者合作也需要花费时间，但这对发展出"局内人"的视角非常重要。

● 进行复杂的、耗时的资料分析。研究者的工作任务很费力，要对大量资料进行整理，将这些资料简化成一些主题或范畴。对多学科团队中的质性研究者来说，大家可以分担工作任务；对多数研究者来说，对资料进行仔细研判并理解其中的意义是一个孤独的过程。

- 撰写描述性的长段落。研究者是以这样一种方式来呈现证据的：各种主张是有根据的，且反映了多种视角。直接引用参与者的原话，既能提供参与者的视角，也能增加研究本身的篇幅。

- 乐意采用动态性、浮现式的程序。研究者是在进行这样一种形式的人文社会科学研究：研究并不遵循特定程序，并且也在不断变化。这就使得把研究计划告诉其他人，以及让其他人在研究完成之后对这一研究进行评判变得更为复杂。

- 关注提前预见且在过程中不断产生的伦理问题。研究者应考虑在研究过程中会出现哪些伦理问题，并对如何处理这些议题进行计划。此外，可能还会出现新的伦理问题，这就需要在研究过程中留心。

"好"的质性研究的特点

在最后，读者、参与者、研究生委员会成员、学术期刊编委会成员、研究计划的基金评审人，这些个体都会采用一些准则来评估一项研究的质量。可以找到一些评估质性研究的标准（Howe & Eisenhardt, 1990; Lincoln, 1995; Marshall & Rossman, 2015）。我们在下面简单列出了我们认为的"好"的质性研究的特点，其中，你会看到对方法严谨性的强调：

- 研究者根据照质性研究取向的假定与特征来建立这项研究的架构，这将涉及一些基本的特征，如不断发展的设计、对多重现实的呈现、将研究者作为资料收集的工具、对参与者观点的关注——简单地说，就是表 3.1 中提到的所有特征。

- 研究者所开展的研究要符合伦理。这一点比研究者寻求或获得伦理审查委员会或其他委员会的批准要复杂得多，其意味着研究者要考虑并处理所有预期出现的以及实际在研究中出现的伦理问题。

- 研究者使用了质性探究方法，如本书讨论的五种取向（或其他取向）之一。采用公认的研究取向能增加研究设计的严谨性和成熟性，也能提供一些评估质性研究的手段。采用某一取向意味着研究者确定了这一取向并对其进行定义，引用采用这一取向的其他研究，并遵循这一取向的大致程序。当然，具体研究所采用的取向可能不会完全覆盖这一取向的所有要素。然而，对质性研究的初学者来说，我们建议只采用一种取向：适应这种取向，学习使用这种取向，并确保研究简洁明了。之后，尤其是在复杂的大型研究中，采用多种取向会有所助益。

● 研究者以所探究的单一焦点或概念为起点。尽管不少质性研究的实例都展示了群体之间、因素之间、主题之间的比较，就像很多案例研究和民族志研究那样，我们倾向于将对单一概念或观念的理解（例如，专业人士意味着什么？教师、画家、单亲妈妈、无家可归者又意味着什么？）作为质性研究的起点。随着研究的深入，我们可以将比较（例如，专业教师的案例与专业行政人员的案例存在哪些差异？）或相关因素（例如，如何解释为什么绘画会唤起情感？）纳入进来。质性研究者经常会太快推进到比较分析或者关系分析阶段，而忽略了对他们的核心概念或观念的理解。

● 研究者遵循严谨的资料收集程序。这意味着研究者要收集多种形式的资料，提供各种形式的资料及其细节的概要（可能是以表格的形式），并在田野中度过一段时间。记录在田野中所用时间的多少（如进行了 25 小时的观察）在质性研究中并不罕见。我们尤其想要看到不常见的质性资料收集的形式，如使用照片来引起参与者的反应，还有声音、视觉材料，或数字化的文本信息。

● 研究者会提供方法细节，描述资料收集、资料分析及报告写作的严谨方法。例如，当研究者在田野中收集了大量的资料，或者进行了多层次的资料分析（从狭窄的编码或主题到更宽泛的相互联系的主题，再到更抽象的维度）时，我们都能从中看到严谨性。严谨性也意味着研究者会使用不止一种程序来确保其叙述的准确性，如成员核查、资料来源的三角互证、同行核查或外部核查。

● 研究者会在多个抽象层次上进行资料分析。我们乐于看到研究者积极工作，在抽象层次上从特殊走向一般。通常研究者在写作时会按阶段来呈现他们的研究（例如，多个主题会被组合进更大的主题或视角中），也可能会逐渐把他们的分析从特殊推进到一般。从资料中得出的编码和主题可能是单调的、有所预料的，但我们也可能得到令人惊喜的观点。最好的质性研究通常会从阴暗面或不寻常的视角来呈现所分析的主题。在一项班级研究中，研究者考察了远程学习课堂里的学生会如何应对教室里的摄像机。与之前关注学生在摄像机对准他们时的反应的研究不同，研究者试图理解当摄像机不对着（off）学生的时候，发生了什么。这一取向引导研究者采用了一个不寻常的视角——也出乎读者的意料。

● 研究者的写作要有说服力，让读者"身临其境"。"逼真"（verisimilitude）这一概念是一个文学术语，意味着能捕捉我们的思维活动（Richardson, 1994, p. 521）。写作应当清晰、具有吸引力，并充满意想不到的观点。故事与研究发现应是可信的、现实的，能准确反映现实生活的复杂程度，吸引大量读者阅读。

● 研究者在研究中定位自己，反思他/她的历史、文化和个人经历。这比**自传**（autobiography）更复杂，写作者或研究者要讲述他/她的背景。这种做法关注的是个体的文化、性别、历史及经历如何形塑了质性研究的各个方面，从研究问题的选择，到资料收集的方法，到研究者对情境的诠释，到研究者期望从这项研究中获得什么。通过这样的方式——讨论研究者的角色、将自己纳入文本讨论，或反思提出的研究问题——研究者个体在质性研究中对自己进行了定位。

设计质性研究的过程

在对质性研究进行设计的架构上，并不存在共识。尽管质性研究相关的书籍提出了不同的设计建议，但设计过程更多是被研究者所采用的特定取向所形塑。你也许记得在导论中有提及，研究设计是指进行研究的计划。一些研究者认为，通过阅读研究、讨论研究程序，并指出其中出现的议题，有抱负的质性研究者就会知道怎么进行这种形式的探究（参见 Weis & Fine, 2000），这对某些研究者可能适用。但对另一些研究者而言，理解一些更宽泛的议题可能足以帮助设计一项具体研究（参见 Richards & Morse, 2012），或者也可以从"如何做"（how-to）为题的书籍中寻找指导（参见 Hatch, 2002）。相较于提供"如何做"的视角，我们的意图是为质性研究者提供不同的选择（就本书而言就是五种取向），根据我们的经验对这些选择进行权衡，让读者在充分了解的前提下做出自己的选择。

然而，我们可以与读者分享我们认为应该如何设计一项质性研究，其中所有的研究要素在逻辑上都具有连贯性。我们的看法包括三个部分的内容：在开展研究前进行的预先考虑；在进行研究时所采取的步骤；贯穿研究过程所有阶段的要素。

预先考虑

在设计质性研究时，我们需要遵循特定的设计原则。我们发现质性研究在一般意义上符合科学方法的过程，质性研究与量化研究涉及一些相同的阶段。科学方法可以被描述为发现难题、提出研究假设（或研究问题）、收集资料、分析结果和讨论结果。所有的研究者似乎都从一个议题或难题开始，采用与所关心的难题有关的某种方式对研究文献进行考察、提出具体的研究问题、收集资料并分析资料，还要撰写研究报告。质性研究也符合这一结构，相应地，我们也对本书的章节进行了组织以反映这一过程。我们喜欢莫尔斯和理查兹（Morse & Richards, 2002）提出的概念，理查兹和莫尔斯（Richards & Morse, 2012）在之后也对这一概念进行了重新审视："**方法论一致性**"（methodological congruence）——研究目的、研究问题和研究方法都是相互连接、相互关联的，如此，研究才会表现为一个连贯的整体，而不是零散的、孤立的部分。马克斯威尔（Maxwell, 2013）也有类似的目标，希望在研究设计的关键部分之间建立起连贯的、可行的关系，于是强调了研究设计中的互动取向。在进行质性研究设计的过程中，我们认为研究者应当考虑到各部分之间的相互连接以及设计过程中的互动。

质性研究的一些面向因具体研究而异，但从最初的讨论开始，我们就需要对研究要强调什么内容做出预先的决定。例如，使用研究文献的立场千差万别，对使用先验理论的强调也是一样的。可以对研究文献进行充分的综述，并为研究问题的提出提供指导；也可以在研究过程的后期再进行文献综述；或者是，文献综述仅被用于确定研究难题的重要性。还存在其他可能，但这些可能性都表明在质性研究中存在多种使用研究文献的方式。与此类似，质性研究中理论的使用也千差万别。例如，文化理论是做好民族志的一块基石（LeCompte & Schensul, 1999），而在扎根理论中，理论是在研究过程中产生并发展的（Strauss & Corbin, 1990）。而且，我们发现，在健康科学领域的研究中，使用先验理论是很常见的方式，先验理论也是严谨的质性研究必须纳入的关键要素（Barbour, 2000）。质性研究的另一个考量是质性研究项目的写作或汇报形式，其也存在相当大的差异，从科学取向到文学式的故事讲述，甚至还可以运用表演形式，如戏剧或诗歌。对于质性研究，并不存在单一标准或公认结构，而人们通常能在量化研究中找到这些内容。

最后，我们也要思考每个人带到研究中的背景和兴趣。研究者都有个人的历史，这要求对他们探究者的身份进行定位。他们也同样有各自的研究取向，有个人的伦理观念与政治立场，这些都会影响他们的研究。邓津和林肯（Denzin & Lincoln, 2011, p. 12）将研究者称为"多文化主体"，并将历史、传统、自我概念、伦理及政治都视为探究的起点。

研究过程的阶段

对预先考虑进行讨论后，我们将阐述图 3.2 所总结的研究过程的八个阶段。我们将以把我们带入质性探究的宽泛假定以及我们将使用的诠释视角为起点。接下来，我们会讨论研究的主题或实质领域，并对关于这一主题的研究文献进行综述，这样我们就可以很有信心地说：存在需要研究的难题或议题。这可以是现实世界中的难题，也可以是关于这一主题的研究文献或此前研究的不足或空白，或者两者兼有。质性研究中的难题涵盖社会科学与人文学科中的各种主题，当前质性研究的标志之一是深入到性别、文化及边缘群体这类议题。我们讨论的这些主题承载着情感、接近真实的人，并且具有实际性。

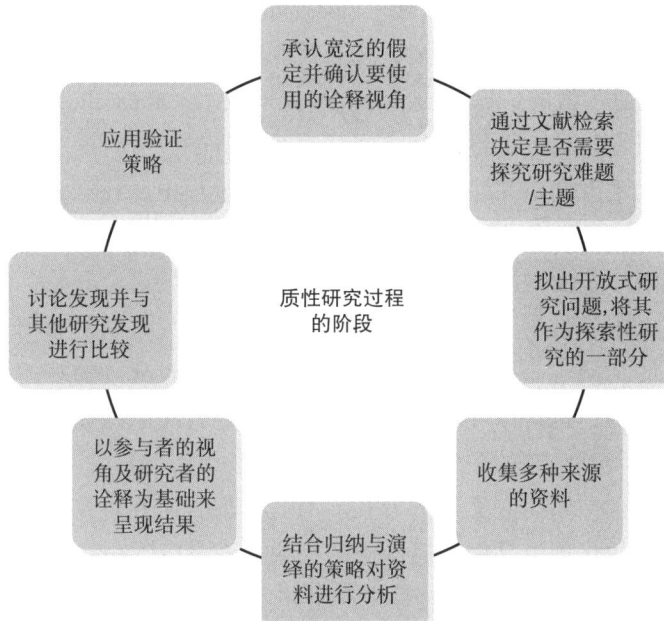

图3.2　质性研究的阶段

　　要对这些主题进行研究，我们需要提出开放式的研究问题，愿意倾听我们研究的参与者的言语，并在与几个人交谈进行了"探究"后，对研究问题进行修改。我们要避免假定研究者扮演着专家的角色且提出了"最好"的研究问题。研究问题在研究过程中会改变，变得更为精炼，以反映我们对研究难题的理解程度在不断提高。此外，我们会收集不同来源的资料，包括"词汇"及"图像"形式的信息。我们倾向于按照质性信息的四种基本来源来进行思考：访谈（即资料来自直接的互动）、观察（即资料来自被动的互动）、文档（即资料来自现存的材料）和物品（即资料来自声音或图像等形式）。当然，新的来源（如社会网络互动）挑战了上述的传统范畴。毋庸置疑，质性研究的支柱是大量的资料收集，特别是从多种信息来源进行资料收集。进一步，基于结构化程度不高的开放式问题，通过观察和收集文档（和物品），我们利用这些来源收集资料，且没有对我们希望从中获取什么信息进行框定。在对资料进行组织与分类后，我们会对资料进行分析，小心地隐去信息提供者的名字，并进行复杂的（如果只有一名研究者，研究也是"孤独"的）理解资料意义的尝试。

　　为了理解资料的意义，我们采用归纳法对质性资料进行分析，视角从特殊转向一般，不论这些视角被称为编码、范畴、主题，还是维度。我们接下来也会运用演绎法收集证据来支持主题和诠释。明确这一过程的有益方式是承认研究涉及多个抽象层次，以原始的资料为起点，形成越来越宽泛的范畴。我们承认，资料收集、资料分析和报告写作是一系列相互关联的活动，我们将这些阶段混合在一起，然后收集资料、分析另外的资料，并开始撰写质性研究报告。例如，在案例研究的过程中，我们发现自己所处的研究过程的各阶段是相互关联的，这些阶段包括访谈、分析和撰写研究报告——它们并不是在研究过程中界限分明的不同阶段。同样，在我们撰写研究报告时，我们会体验多种形式的叙事，如进行隐喻和类比、绘制矩阵和表格，还有在使用可视化方式呈现研究的同时，又将资料分解，以新的形式进行重新配置。接下来，我们可以将分析提高到更高的抽象层次，从编码到主题，到主题之间的相互关系，再到更大的概念模型。我们会对资料进行（再）呈现，部分以参与者的视角为基础，部分以我们自己的诠释为基础，毕竟研究从来都难以完全摆脱个人印记。最后，我们将对研究发现进行讨论：将研究发现与我们的个人观点进行比较，与现有的研究文献进行比较，与看似准确地传达了研究发现的本质的、在研究中浮现的模型进行比较。

在某个时点，我们会问自己："我（们）讲'对'这个故事了吗？"(Stake, 1995) 我们知道，没有"对"的故事，只有很多个故事。也许质性研究没有结尾，只有问题（Wolcott, 1994）。我们也力图使我们的叙述能引发参与者的共鸣，能准确地反映参与者的言语。所以我们也会运用有效性策略，通常是多种策略，包括从几个来源对资料进行确证或三角互证、请参与者审阅和修正我们的研究报告，以及请其他研究者来审查我们的研究程序。

所有研究阶段中的要素

在收集资料及分析资料的整个缓慢过程中，叙事逐步被形塑——不同研究项目的叙事形式是不同的。我们所讲述的故事随着时间逐步展开，在有些研究中，故事的呈现是按照科学研究的传统取向（即难题、问题、方法和发现）来进行的。我们发现，说清楚研究者的背景与经历以及这些内容如何影响了对研究发现的诠释，在不同的叙事形式中都很重要。最好的做法是让研究参与者自己发声，并通过对话来呈现故事，也许这些对话是以西班牙语进行的，那就附上英文字幕。

在研究过程中的所有阶段，我们都尽力对伦理考量保持敏感。在研究过程的不同时间点，伦理考量的重点会有不同——例如，协商进入研究的田野地点，让参与者参与研究，收集会展示生活细节的个人化、情感化的资料，要求参与者在这个研究项目上投入大量的时间。哈奇（Hatch, 2002）很好地总结了研究者需要预先考虑的，并在他们的研究中经常要处理的一些主要伦理问题。这些伦理考量中的一个关键点在于回报参与者为我们的研究项目投入的时间和精力——**互惠**（reciprocity）。我们必须考虑参与者如何从我们的研究中获益，我们应如何保护他们以免他们受到伤害。

多数时候我们的研究都是在大学或学院的情境中进行的，我们需要向伦理审查小组或委员会提供证明，表明我们的研究设计遵从了他们关于研究伦理的规定。因此，了解、思考并记录研究中潜在的伦理问题是研究设计的重要组成部分（Israel & Hay, 2006; Sieber & Tolich, 2013）。此外，研究者必须为在研究过程中出现的这些伦理问题做好准备。为了展现我们对研究伦理的强调，我们将在下一节专门讨论质性研究中的研究伦理。

质性研究的伦理

在计划并设计一项具体质性研究的过程中，研究者必须考虑在研究中会出现什么伦理问题，并就如何处理这些问题做好计划。一个常见的误解是：这些议题只会在资料收集阶段出现。其实不然，在研究过程的几个阶段都会出现伦理问题，当研究者感知到参与者、研究地点、利益相关者以及研究的出版方等的需求时，伦理问题的涉及范围还会逐步扩大。韦斯和芬恩（Weis & Fine, 2000）考察这些议题的方式是列出可能出现的伦理问题的清单。他们要求我们进行的伦理考量包括：思考对参与者而言，我们局内人/局外人的角色；评估我们害怕披露的那些议题；建立起支持式的、相互尊重的人际关系，不使用参与者不喜欢的那些刻板印象或标签；确认我们最终的研究将呈现谁的声音；将我们自己写进研究之中，反思我们是谁、我们所研究的人是谁。此外，正如哈奇（Hatch, 2002）总结的那样，我们必须对易受伤害的人群、不平衡的权力关系以及将参与者置于风险之中保持敏感。

表3.2　质性研究中的伦理问题

研究过程中的时间点	伦理问题的类型	如何处理这些问题
研究开展前	·获得学院或大学的批准。 ·查看专业协会的标准。 ·获得当地的准入许可。 ·选择与研究结果没有相关利益的研究地点。 ·就发表出版的著作权进行协商。 ·获得其他研究者的许可，以使用他们未公开的工具或程序。	·向伦理审查委员会提交申请。 ·查阅多种类型的专业伦理标准。 ·确认并获得地方许可，以进入研究地点或接近参与者；找到可以提供帮助的"看门人"。 ·选择一个不会产生与研究者有关的权力问题的研究地点。 ·对不同研究者在研究项目中所完成的工作予以认可；确定作者的署名顺序。 ·使用任何可能涉及版权的材料都要获得许可，并承认其价值。
研究开始时	·披露研究的目的。 ·减少参与者在签署知情同意书时的压力。 ·尊重当地社会的规范和规则。 ·对易受伤害的人群（如儿童）的需求保持敏感。	·接触研究对象，告知他们研究的一般目的。 ·确保参与者的参与是自愿的。 ·了解在文化、宗教、性别以及其他方面应当尊重的差异。 ·获得适当的许可（如父母与儿童）。

续表

研究过程中的时间点	伦理问题的类型	如何处理这些问题
收集资料时	·尊重研究地点，并在最大程度上减少对其的干扰。 ·避免欺瞒参与者。 ·警惕潜在的权力不平衡以及对参与者的剥削。 ·不能"利用"参与者来收集资料，不能不给予回报就离开研究地点。 ·使用恰当的安全的方式来保存资料和材料（如原始资料和提纲）。	·在获得准入许可后，建立起信任关系，并告知可能会造成的干扰。 ·讨论研究的目的与资料的使用方式。 ·避免提出诱导性问题，避免分享个人印象，避免泄露敏感信息。 ·为研究参与提供回报，并抓住各种互惠的机会。 ·将资料和材料在安全的地点保存 5 年（APA, 2010）。
分析资料时	·避免偏袒参与者，避免只呈现积极的结果。 ·尊重参与者的隐私。	·从多重视角进行报告，还要报告相反的发现。 ·使用假名或化名；建立人为拼凑的档案
报告资料时	·避免篡改著作权、证据、资料、发现和结论。 ·避免泄露可能伤害参与者的信息。 ·以清晰、直接、恰当的语言进行沟通。 ·严禁抄袭。	·诚实地进行报告。 ·使用人为拼凑的故事，这样其中涉及的个体就不会被辨认出来。 ·使用对研究的受众而言合适的语言。 ·参见美国心理学学会（APA, 2010）提出的转载或改编他人著作所需要获得的许可。
发表研究时	·与其他人分享研究报告。 ·针对不同的受众对报告进行修改。 ·严禁重复发表或拆分发表。 ·提供证据，表明研究遵循了伦理规范，也不涉及利益冲突。	·向参与者及利益相关人士提供报告的副本。 ·分享有实际意义的结果，考虑以网络的形式传播，以及考虑以多种语言发表出版。 ·避免在多个出版物中使用相同的材料。 ·说明研究的资助者以及什么人可以从研究中获益。

来源：改编自 APA, 2010; Creswell, 2013, 2016; Lincoln, 2009; Mertens & Ginsberg, 2009。

　　对于考虑质性研究中的伦理问题，我们更偏好的做法是将它们放在研究过程中的不同阶段来考察。近年的一些重要书籍针对伦理问题如何在不同阶段中"排列"（array）出现，提出了有用的洞见，如林肯（Lincoln, 2009）、克雷斯维尔（Creswell, 2014）、默滕斯和金斯伯格（Mertens & Ginsberg, 2009）、拉维奇和米滕费尔纳·卡尔（Ravitch & Mittenfelner Carl, 2016）以及美国心理学学会（APA, 2010）等的著述。如表3.2所示，质性研究中伦理问题的出现时间可以被描述为：在研究开展前、在研究开始时、在收集资料时、在分析资料时、在报告资料时，以及在发表研究时。在表3.2里，我们也提供了一些可行的解决方案，这样，就可以主动将这些伦理问题写进研究设计或研究计划之中。这个表并未穷尽所有的可能，只是针对质性研究中必须处理的不同类型的伦理问题开启了相关的对话，我们也会在后面的章节中进一步对这些问题进行讨论。

在开展一项研究之前，需要从学院或大学的伦理审查委员会那里获得研究批准。许多伦理审查委员会的批准程序要求研究者提供证据，表明其意识到了研究中的相关伦理问题，并计划按照三个原则来处理伦理问题，这三个原则是：尊重、关注身心健康、公正。尊重涉及如何对待参与到研究过程之中的人及其提供的资料，这意味着我们必须提供证据表明我们尊重参与者的隐私，并确保要明确告知参与者知情同意的程序，包括参与者退出研究的权利。关注身心健康是指研究者要确保对参与者的保护，这意味着我们必须提供证据表明我们没有将参与者置于风险之中。公正是指要公平且平等地待人，这意味着我们必须要仔细思考如何招募参与者并建立抽样策略的合理性，对研究地点的选择以及选择的依据也要说清道明。在进入研究地点并接触参与者之前，需要获得伦理审查小组或委员会的批准，在有些情况下，这样做是为了获取研究资助。同样重要的是要查看研究伦理的规范与标准，这些内容可以通过专业组织获取，包括美国历史学会、美国社会学学会、国际传播学会、美国评估学会、加拿大评估学会、澳大利亚评估学会和美国教育研究学会（Lincoln, 2009）等。在研究的早期阶段，也需要获得地方许可，以针对个体和研究地点进行资料收集，另外，感兴趣的群体及看门人也能够以他们的方式进行协助。如果研究地点的选择与研究结果之间存在利益关系，那么就不应该选择这类地点。同样，如果有多个研究者参与研究，那么在研究的早期阶段，参与质性研究的研究者也应当就著作权进行协商。美国心理学学会（APA, 2010）提供了对著作权进行协商的指南。

在研究一开始，需要与研究地点及个体初步接触。向参与者说明研究目的是很重要的。在学院或大学的伦理审查委员会所要求完成的知情同意书中，经常就有对研究目的的陈述。在知情同意书中，还需要告知参与者他们对这项研究的参与是自愿的，不会面临不可知的风险。对于某些易受伤害的人群，还有一些特殊的规定（如儿童与父母都要签署知情同意书）。此外，在这一阶段，研究者必须预估与参与者和研究地点相关的文化、宗教、性别或其他方面的差异，并予以尊重。一些质性研究已经让我们意识到了这种尊重的重要性，尤其是对原住民来说（LaFrance & Crazy Bull, 2009）。例如，当美国印第安部落要求由他们向部落成员传达研究项目的信息时，他们就是在宣称他们具有研究的决定权：可以进行什么样的研究？这项研究应如何以一种敏锐的方式来彰显部落文化与规则？

我们对在资料收集阶段中——特别是访谈和观察中——可能出现的潜在伦理问题给予了更多的关注。研究者必须获得在研究地点进行研究的许可，并告知看门人或权威人士，他们的研究将在最大程度上减少对当地活动的干扰。不应当在研究的本质上欺瞒参与者，在参与者提供资料（如通过访谈、文档等）的过程中，应根据探究的一般性质对参与者进行评估。当今，我们对这样一些议题会更加敏感，如访谈过程的性质，以及在研究者与参与者之间建立起的等级关系会如何造成权力不平衡。应该认真对待这种潜在的权力不平衡，努力建立起信任关系，并避免诱导性问题，以帮助消除权力不平衡。此外，即使是资料收集这一简单的行动也可能涉及对参与者及研究地点的"利用"，以获取研究者的个人利益，研究者需要采用回报等策略，与参与者及研究地点建立起互惠关系。

在分析资料时，可能会遇到以下伦理问题。由于质性探究者通常要在研究地点停留相当长的时间，到了分析的时候，研究者在呈现多重视角与关键现象的复杂图景方面可能会找不到方向。他们可能会在某些议题上偏袒参与者，并且只展示积极的研究结果，创造出关于这些议题的盲目乐观的图景。这种"过于本土化"（going native）的情况在资料收集阶段就可能会出现，需要牢记的是，在最终的研究报告中必须汇报多重视角。此外，研究结果呈现出的图景也可能会无意识地对参与者或研究地点造成伤害，质性研究者必须充分考虑如何保护参与者的隐私，可以使用化名并以人为拼凑的方式进行档案或案例记录。

美国心理学学会（APA, 2010）在最近提出的伦理准则中讨论了研究的著作权以及披露信息的合适的方式。其中，诚信问题被着重强调，也就是说，研究者在写作时不能侵犯已有研究文献的著作权，不能编造报告中所提供的证据，不能捏造研究中实际收集到的资料、研究发现和研究结论。研究报告不应当泄露在当下或在将来可能会给参与者带来潜在危害的信息。写作报告时应该使用对报告的目标受众而言清晰恰当的语言。最后，应当避免抄袭，需要了解在研究中引用他人作品所需的不同许可类型。

在美国心理学学会（APA, 2010）提出的伦理准则中，另一个会出现利益冲突的领域是研究成果的发表出版。与参与者及利益相关人士分享一项具体研究的信息是很重要的，包括分享真实的信息、在网站上发布信息，以及在发表出版时使用广大受众能理解的语言。如今，就发表出版而言，还有一类需要考虑的问题：是否可以在不同的出版物中使用相同的研究材料？是否可以将研究拆分成不同部分，分别进行发表出版？最后，出版商常常会要求作者签署文件，说明其遵循了伦理准则、披露了资金来源，并声明其研究在研究结果和发表出版方面不存在利益冲突。

研究计划或开题报告的设计结构

研究者有责任在研究计划或开题报告中清晰地对他们的研究进行概述。这些研究计划或开题报告的读者是多种多样的，从指导委员会的成员到基金会的评审小组，最终写出的质性研究的成果所得到的评论也能显示出读者的多样性。尽管并不存在固定的格式，但仍然有一些能吸引（engaging）读者的设计要素，并且，一些研究者也建议要在研究计划或开题报告中纳入一些一般性的主题。在下面的小节中，我们将讨论六个设计要素，它们也许有助于增加研究计划或开题报告对读者的吸引力。

有利于吸引读者的设计考量

在许多实例中，与众不同的研究是有优势的。根据我们的经验，这类研究的好处有很多，从确保获取研究经费，到获得发表出版的机会。关于设计研究时需要考虑的研究要素，下面列出了一些看法，克雷斯维尔（Creswell, 2016）对此做了进一步的扩展：

● 研究独特的样本。是否存在还未被研究的样本或总体？通过研究不同寻常的群体，研究者也许能为现有研究领域提供新的洞见。

● 采用非常规的视角。在你的研究领域中，是否存在意想不到的角度或视角？其可能是预期的反面（阴影面）。

● 观察不同寻常的田野地点。是否可以接近一群不同寻常的人或者进入一个不同寻常的地点？这在以前可能很难做到，但在现在却有可能实现了。

● 收集非典型形式的资料。是不是有些资料来源足够适当，却并非社会科学研究中的常规形式（如收集声音、让研究对象拍照）？随着新媒体的出现（参见 Halfpenny & Procter, 2015），研究者有了机会发展新的方法。

● 以不同寻常的方式呈现研究发现。研究发现是否会受到所收集的数据的影响？存在多样的选项，包括进行类比（参见 Wolcott, 2010），或者绘制地图或其他类型的图表。

● 关注热点主题。有没有一个主题可以确保研究能获得大量关注？当许多人都在讨论一些主题时，这些主题就会被新闻媒体关注。在某些实例中，研究资助也会倾向于这些主题。

一般的写作结构

通过比较质性研究写作的不同形式（如 Creswell, 2014; Marshall & Rossman,

2015; Ravitch & Mittenfelner Carl, 2016），我们可以了解开题报告写作的一些常见结构。接下来我们将对结构中的六个部分进行描述，并强调由于质性研究所采用的不同视角具有内在性质，主题可能存在差异。对于每一个部分，我们都会提供一些例子（改编自 Creswell, 2014; Maxwell, 2013）。这些结构和资源，再加上《质性博士论文的要素》（*Essentials of a Qualitative Doctorate*）这本书（Holloway & Brown, 2012），对那些从未写过硕博学位论文的学生来说，尤其有帮助。之后的章节会讨论开题报告的六个部分更多的写作细节。

第一部分：介绍要研究的难题。引言部分通常包括三个小节：难题陈述、研究目的和研究问题。研究引言部分的结构可能因研究视角的不同而不同。例如，对于采用建构主义/诠释主义视角的研究，独立的文献综述小节只是一个可选可不选的选项，而采用变革主义视角的研究应当确定一个具体的变革主义议题。研究者会发现以下问题在指导撰写引言方面很有帮助：读者需要做些什么以便更好地理解你的主题？关于你的主题，读者需要知道什么？你打算研究什么？

第二部分：对指导研究的程序进行描述。对研究程序的描述一般包括八个小节：哲学假定或世界观、所采用的质性研究取向、研究者的角色、资料收集程序、资料分析程序、验证研究发现的策略、研究的叙事结构、预见的伦理问题。采用不同视角的研究对研究程序的描述也存在差异，例如，采用变革主义视角的研究会强调资料收集中的合作形式，而且也会强调用可信性取代我们平常所称的有效性。研究者会发现以下问题在指导论述研究程序方面很有帮助：研究场景是什么？你要研究的对象是什么人？你计划用什么方法收集资料？你将如何分析资料？你将如何验证你的研究发现？在你的研究中，将出现哪些伦理问题？

第三部分：报告初步的研究发现（如果有的话）。可以在试点研究完成后提供初步的研究发现，也可以完全省略这一步。研究者会发现以下问题在指导论述研究发现方面很有帮助：初步的研究结果（如果有的话）是否显示了这项拟开展的研究的实用性和价值？

第四部分：概述预估的研究影响。这一部分通常要明确研究的重要性。采用不同视角的研究对预期结果的描述也有差异。例如，采用建构主义或诠释主义视角的研究可能会描述预期的影响，而采用变革主义视角的研究则会提及或提倡此研究可能带来的预期的改变。研究者会发现以下问题在指导论述研究影响方面很有帮助：这项研究有什么意义？

第五部分：列出研究引用的参考文献。其中一个要点是：只列出正文所引用的参考文献，而不包括那些在写作过程中仅仅被作为参考资料的文献。

第六部分：将关键文档作为附录纳入研究。附录的焦点与数量根据研究以及研究受众的不同而不同。最常见的是田野的准入通知函、方法相关的提纲（如访谈问题、观察记录表）、时间安排计划表；不那么常见的包括非正式的文档，如研究预算以及最终研究报告中每章的摘要。

这六个部分体现了质性研究开题报告中最重要的要素。根据我们的经验，如果研究者对这些部分论述适当，并以此对开题报告进行谋篇布局，那么就能写出一份好的开题报告。需要注意的是，这些结构只对质性研究的研究计划或开题报告来说是有用的。一项完成了的研究，除了在开题报告中出现的这些要素之外，还会纳入额外的资料发现、对资料的诠释、对总体结果的讨论、研究的局限性，以及未来的研究需求。

章节要点

1. 研究者如何将质性研究的特征融入他们所发表出版的研究之中？选择本书附录二到附录六中的一篇质性研究文章。通过这篇学术期刊论文，确认本章所讨论的所有质性研究的特征（表 3.1 进行了总结）。注意，哪些特征容易确认，哪些较难确认？

2. 什么样的结构可以描述已发表的质性研究的研究流程？从附录二到附录六中选择一篇文章。从列出文章所描述的研究活动开始，接下来使用方框或圆圈来标注"更宏观的观点"，使用箭头来标注各种观点的顺序。例如，一项研究可能在一开始讨论难题，接下来就转向理论模型，再后面是研究目的，等等。

3. 你能辨认出哪些伦理问题？处理这些问题有哪些可能的选择？从表 3.2 中选择在研究过程中出现的一个伦理问题。考虑在你打算进行的研究中出现这一伦理问题的可能情境，接下来描述你在研究设计中可以如何解决这个问题，提供尽可能多的选项。

4. 你可以使用哪些设计的考虑因素来启动你的质性研究计划或开题报告？考虑一下哪些吸引读者的因素适用于你的研究项目，讨论如何将它们与你的研究联系起来，并概述你可以如何组织及呈现你研究的主题。

小　结

在本章中，我们提供了对质性研究的概述和介绍。我们从对质性研究的定义开始，将质性研究定义为一种探究取向：以假定、诠释视角或理论视角为起点，对研究难题的研究可以探索个体或群体赋予社会或人类问题的意义。我们描述了质性研究的九个常见特征，包括：在自然情境中以对研究对象保持敏感的方式收集资料；使用归纳与推理的分析策略来建立模式或主题；发展出对所研究难题的复杂描述和诠释；让参与者发声；研究者对自我进行反思；等等。近年的导论教材强调了这个定义涵盖的各种特征。鉴于这一定义，质性取向适合如下研究：对研究难题进行探究；需要建立复杂的、细节化的理解；研究者希望以文学的、灵活的风格进行写作；研究者希望理解参与者所处的情境或场景。质性研究很花时间，也需要专门的技能，因为质性研究涉及大量的资料收集与分析，研究者也将产出大量的研究报告。尽管质性研究并没有确定性的指南，但关于好的研究的标准存在一些共识：严谨的资料收集与分析；采用质性研究的取向（如叙事研究、现象学研究、扎根理论研究、民族志研究、案例研究）；单一的研究焦点；有说服力的叙述；对研究者个人的历史、文化背景、生活经历及政治立场的反思；符合伦理规范的实践。

在探究过程中，设计质性研究的过程是逐步展开的，但是研究设计一般都遵循了科学研究的模式。研究将以作为质性探究中心的宽泛假定、诠释视角或理论视角以及探究的主题为起点。在对关于这一主题的研究难题或议题进行陈述之后，研究者会提出一些开放式的研究问题，收集多种形式的资料来回答这些问题，并通过将信息组织进编码、主题或范畴之中来理解这些资料的意义。研究者最终给出的叙事可以有多种形式——从科学型研究到叙事型故事。

在设计一项质性研究时，需要对伦理问题有所预期，并计划如何处理这些伦理问题。这些问题将出现在研究过程的许多阶段。在开展研究前，当研究者为自己的探究寻求批准时，伦理问题就出现了。在研究开始时，伦理问题也会在以下情况出现：研究者第一次与参与者接触；获得参与者参与研究的许可；了解研究地点的习俗、文化与规则。在资料收集过程中，也要尊重研究地点和参与者，使用不会造成权力不平衡或"利用"参与者的方式来收集资料。资料分析阶段也会出现伦理问题，如研究者偏袒参与者、按照特定的方向来形塑研究发现、在报告参与者所提供的信息时没有尊重他们的隐私权。在研究报告写作阶段，研究者应当诚实，不抄袭其他人的研究；避免呈现可能会伤害参与者的信息；以有效的、清晰的方式与利益相关人士进行沟通。在发表出版时，研究者必须向其他人公开资料，避免重复发表，并且按照出版商的要求遵守程序。

最后，质性研究计划或开题报告的结构多种多样，思考吸引读者的方式将会很有帮助。我们描述了开题报告常见的六个部分，强调由于研究所采用的不同视角的内在性质，研究主题可能会存在差异。我们还关注了研究者需要在开题报告中强调的关键论述。

扩展阅读

以下资源是关于质性研究设计的基本参考书目。这一列表并不完备，读者还可以在书末的参考文献中寻找补充阅读材料。

American Psychological Association. (2010). *Publication manual of the American Psychological Association* (6th ed.). Washington, DC: Author.

这是一本必备的参考书，可以指导读者通过词语及资料进行有效的沟通。每一个新版本都反映了最新的指导方针，例如，第 6 版说明了如何引用电子资源和在线资源。①

Creswell, J. W. (2014). *Research design: Qualitative, quantitative, and mixed methods approaches* (4th ed.). Thousand Oaks, CA: Sage.

该书的作者提供了对三种研究取向都很有帮助的精彩论述。该书基于研究过程来组织全书结构，这样，读者就可以看到每种取向是如何在研究中体现的。

Hatch, J. A. (2002). *Doing qualitative research in education settings*. Albany: State University of New York Press

作者采取了逐步推进的学习方式，强调了开展质性研究的技艺。他使用了来自真实研究的资料，以阐明资料分析的过程，这对研究者很有帮助。

Holloway, I., & Brown, L. (2012). *Essentials of a qualitative doctorate*. Walnut Creek, CA: Left Coast Press.

两位作者提供了关于博士论文的开题报告、论文写作以及论文答辩的有益指南。我们认为其中关于开题报告撰写的章节和关于伦理问题的重要性的章节特别有帮助。

Maxwell, J. (2013). *Qualitative research design: An interactive approach* (3rd ed.). Thousand Oaks, CA: Sage.

作者描述了一种逐步规划质性研究的方法，强调了研究设计各部分之间的相互联系。这本书值得注意的地方是，作者在两个博士论文开题报告的实例中置入了个人评论。

Mertens, D. M., & Ginsberg, P. E. (2009). *The handbook of social research ethics*. Thousand Oaks, CA: Sage

---

① 该书中文版《APA 格式：国际社会科学学术写作规范手册》由重庆大学出版社于 2011 年出版。——编者注

该手册为研究伦理的讨论奠定了基础，两位主编为研究伦理提供了一个有用的起点。特别值得注意的是伊冯娜·林肯（Yvonna Lincoln）撰写的第 10 章，这一章讨论的是质性研究中的伦理实践。

Sieber, J. E., & Tolich, M. B. (2013). *Planning ethically responsible research* (2nd ed.). Thousand Oaks, CA: Sage.

两位作者对研究伦理的介绍对读者而言非常友好。本书的独特之处在于对过去存在伦理争议的研究进行了重新审视，这为当前关于伦理审查委员会需要做什么的讨论提供了新的视角。

第4章 质性探究的五种取向

我们打算讨论两种情形。在第一种情形中，质性研究者并没有明确自己使用的是质性研究的哪种特定取向。也许其对方法的讨论非常简短，仅仅提及使用了面对面访谈的方式来收集资料。研究发现是以对主要信息范畴的主题式展开来呈现的，而这些信息是通过访谈收集的。第二种情形与第一种情形形成鲜明的对比，在第二种情形中，研究者采用了特定的质性研究取向，如**叙事研究**取向。方法小节会非常详细地描述这一取向的含义、为什么使用这一取向、这一取向如何为研究程序提供指导。这类研究的发现是关于个体的特定故事，故事是按时间序列进行讲述的，研究专注于强调故事中的某些张力。个体故事是发生在特定组织中的，关于这个组织的细节则提供了重要的情境信息。你认为哪一种取向更为学术化？更有吸引力？设计更为精妙？我们认为你会选择第二种。

我们必须明确我们质性探究的取向，以使我们的研究变得复杂而精妙。将我们的研究定位为某种特定类型，这样研究的评审人就可以进行恰当的评估。初学者可以从一个可遵循的写作**结构**中获益良多，并且能找到组织自己的看法的方式，以质性研究的学术文献为基础。当然，初学者可以选择多种质性取向，如采用叙事研究和现象学研究两种取向，但我们还是把这一更高阶的方法论取向留给更有经验的研究者。我们认为初学者首先需要充分理解一种取向，然后"外出冒险"，再尝试另一种取向，最后再尝试将质性研究的不同取向结合起来。

本章将帮助读者熟练掌握质性探究取向中的一种，同时也能对五种取向进行区分。我们会逐个讨论这些取向，提供定义，讨论其源流，确定每种取向关键的典型特征，探讨使用这一取向的不同方式，并提供采用这种取向来开展研究的程序。接下来，我们会讨论读者推进时所遇到的挑战，并勾勒与这一取向有关的新兴方向。最后，我们会对五种取向进行比较，看看它们在基础考量、资料收集及分析程序、研究报告等方面的异同。

本章讨论的问题

- 每种取向（叙事研究、现象学研究、扎根理论研究、民族志研究和案例研究）的焦点和定义是什么？
- 每种取向的起源和背景是什么？

- 每种取向的典型特征是什么？
- 采用某种取向的研究可以有哪些不同的形式？
- 采用某种取向的程序是什么样的？
- 与每种取向相关的挑战及新方向有哪些？
- 五种取向之间存在哪些异同？

从五种取向中做出选择

在明确了确定取向的需求之后，接下来的压力就在于判断五种取向中的哪一种最适合你的**研究焦点**（research focus）（图 4.1）。考察五种取向各自适用的**研究难题**（research problem），对选择用于进一步研究的取向具有重要的指导意义。研究焦点表明了研究兴趣的一般领域，如研究目标或目的。与研究难题不同，研究焦点指的是使得进行此项研究非常必要的那些议题或关切。当然，首先应当了解关于每种取向的基础知识——本章中讨论每种取向的小节，读者可以按照任意顺序来阅读。试图研究**单个个体**（single individual）的研究者可能认为分析单位集中于个体的那些取向更有帮助，因此可能会从对**叙事研究**（narrative research）、**民族志**（ethnography）和**案例研究**（case study research）的各自的描述开始，并根据本章的最后一节对这些取向进行区分。与此类似，希望对参与者群体进行研究的研究者可能会关注本章的其他小节。总的来说，按照最符合你质性研究学习需求的方式来决定阅读本章的顺序。

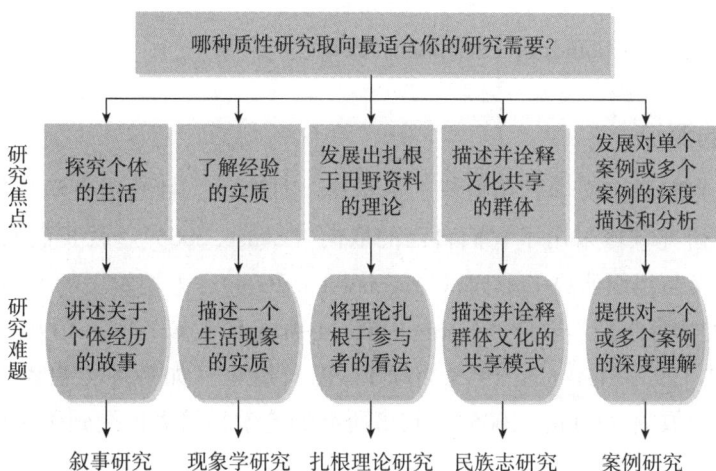

图 4.1 按照不同的研究需求评估五种质性取向是否合适的流程图

叙事研究

叙事研究的定义

叙事研究有许多形式，采用多样的分析实践，并根植于不同的社会和人文学科（Daiute & Lightfoot, 2004）。"叙事"可以指研究的**现象**，如对疾病的叙事，也可以是研究所采用的方法，如对参与者讲述的故事进行分析的程序（Chase, 2005; Clandinin & Connolly, 2000; Pinnegar & Daynes, 2007）。作为一种方法，叙事研究是从各种经历开始的，这些经历是通过个体亲身经历并讲述的故事来表述的。克兰迪宁（Clandinin, 2013, p. 18）明确指出，需要注意叙事所嵌入的情境，她认为："叙事探究的焦点不仅在于评估个体的经历，还要探究社会的、文化的、家庭的、语言的、制度的叙事，正是在这些叙事之中，个人经历在过去及当下被构成、形塑、表达并得以生效。"研究者提供了多种方式来分析和理解这些故事。查尔尼娅维斯卡（Czarniawska, 2004, p. 17）将叙事研究定义为质性设计的一种特定类型，其中，"叙事被理解为口头的或书面的文本，其叙述了一个事件/行动或者一系列按时间序列相连的事件/行动"。进行叙事研究的程序包括集中研究一两个个体，通过收集他们的故事来收集资料，报告个人经历，并按照时间序列来理清这些经历的意义（也可以采用**生命历程阶段** [life coursse stages]）。在对叙事研究的讨论中，我们主要依靠一本通俗易懂的书籍《从故事到研究：叙事探究如何做》（*Engaging in Narrative Inquiry*）①，这本书重新审视了"叙事研究者要做什么"（Clandinin, 2013, p. 18）。我们也在讨论中纳入了里斯曼（Riessman, 2008）提出的资料收集程序以及多种分析策略，还有一本为社会科学研究者而写的、影响深远的著作《叙事探究》（*Narrative Inquiry*）（Clandinin & Connolly, 2000）。

叙事研究的源流

叙事研究起源于文学、历史学、人类学、社会学、社会语言学和教育学，然而，不同的研究领域采用了它们自己的取向（Chase, 2005）。就我们的发现而言，有后现代主义与组织研究的取向（Czarniawska, 2004）、人类发展的视角（Daiute & Lightfoot, 2004）、心理学取向（Lieblich, Tuval-Mashiach, & Zilber, 1998）、社会学取向（Cortazzi, 1993; Riessman, 1993, 2008），以及量化（如事件史建模中的统计故事）和质性的取向（Elliott, 2005）。叙事研究的跨学科努力也受到了多种出版物的

---

① 该书中文版《从故事到研究：叙事探究如何做》由重庆大学出版社于 2023 年出版。——编者注

鼓励，如始于 1993 年的年刊《生活的叙事研究》（*Narrative Study of Lives*）（例如，参见 Josselson & Lieblich, 1993）、《叙事探究手册》（*Handbook of Narrative Inquiry*）（Clandinin, 2007），以及学术期刊《叙事探究》（*Narrative Inquiry*）。叙事探究有其自身的定义，其鲜明特色在于，叙事探究既是一种方法论，也是一种研究现象（Clandinin, 2007）。近年来叙事研究书籍的出版表明叙事研究仍然是受欢迎的"处于建设过程中的领域"（Chase, 2005, p. 651）。

叙事研究的典型特征

通过阅读一些发表在学术期刊上的叙事研究论文，并回顾与叙事探究相关的主要书籍，我们可以发现其中有一系列具体的特点对叙事研究的边界进行了界定。并非所有的叙事研究都包括这些要素，但是许多叙事研究都涵盖这些要素，下面列出的这些特点也并未穷尽所有可能。

- 叙事研究收集的是**故事**，这些故事来自个体（以及文档、群体会话），与个人的生活经历以及他们所讲述的经历有关。这些故事可能来自研究者被告知的故事、研究者与参与者共同建构的故事，以及作为一种展演来传达信息或观点的故事（Riessman, 2008）。因此，叙事研究可能具有很强的协作性，故事是通过研究者与参与者的互动或对话不断浮现的。
- 叙事性故事讲述的是个体经历，这些故事有助于理解个人的身份认同以及他们对自己的看法。
- 叙事性故事发生于特定的地点与情境。就研究者所讲述的在某个地点发生的故事而言，时间维度也很重要。这类情境细节可能包括对身体、情感及社会状况的描述。
- 可以通过多种形式的资料来收集叙事性故事，例如，访谈可以是首要的资料收集形式，但也可以通过观察、文档、图像和其他质性资料来源来进行资料收集。
- 可以使用不同的**策略**来分析叙事性故事。分析可以是关于参与者所说的内容（主题式的）、故事讲述的性质（结构式的）、故事指向的对象（对话/展演式的），也可以使用对图像的可视化分析或者诠释图像和文字（Riessman, 2008）。戴特（Daiute, 2014）认为分析还应关注价值、故事情节、意义，或者字符映射与时间。
- 研究者通常会按照时间序列（chronology）组织他们听到的故事，尽管参与者可能并不是按照这种方式来讲述的。当个体讲述他们的经历和生活时，研究者会感受到时间上的变化。参与者会讲述他们的过去、他们的现在和他们的未来（Clandinin & Connelly, 2000）。

● 叙事性故事经常包括一些转折点（Denzin, 1989），或者特定的张力、过渡或中断，研究者在转述故事的时候会强调这些内容。这类事件有助于在讲述故事时组织整体结构，包括前奏（lead-up）和**结果**（consequences）。戴特（Daiute, 2014）确定了意义建构的四种模式：（通过一两个个体或更多个体的叙事）确定相似、差异、变化或一致之处。

叙事的类型

叙事研究可以按照两条不同的线来进行区分：一条线是思考叙事研究者所采用的资料分析策略，另一条线则是思考叙事的类型。尽管取决于研究者个人，但我们可以看到对两种类型的选择，可能受到经历的性质、故事的生产过程以及叙事的受众（还有其他因素）的影响。例如，如果叙事中所讲述的经历贯穿了一个人的大部分生命，那么研究者应当考虑将资料收集作为**生活史**（life history）研究的一部分，然而，也可以使用主题式方法来分析同样的故事。最好的做法是找到与特定故事功能相匹配的方式。里斯曼（Riessman, 2008）概述了叙事的各种功能，从讲故事以建构个体和/或群体的身份认同，到宣称某种观点来动员边缘化群体并发起政治行动。

波尔金霍恩（Polkinghorne, 1995）更为关注资料分析的策略，他认为叙事研究就是研究者提取贯穿故事的主题或提炼出故事的类型学；叙事研究也涉及故事讲述的模式，叙事研究者根据故事情节或文学分析方法形塑了这些故事。波尔金霍恩（Polkinghorne, 1995）在他的作品中强调的是第二种形式。蔡斯（Chase, 2005）在近期提出的分析策略建立在对叙事的语法分析限制的基础上——叙事是由研究者和参与者通过互动构成的，诠释是由各种叙述者做出的。将这些取向结合起来，我们就可以得到富有洞察力的叙事分析策略，这也是里斯曼（Riessman, 2008）所进行的尝试。她采用了三种方法来分析叙事性故事：主题分析，研究者确定参与者所"讲述"的主题；结构分析，意义被转移到"讲述"本身，故事可以在喜剧、悲剧、讽刺、浪漫及其他形式的对话中进行；对话或展演分析，这一分析转向关注故事是如何产生的（即研究者和参与者之间的互动）以及如何进行展演的（即试图传达一些信息或观点）。

可以从叙事的多种形式中进行选择以指导故事的收集（例如，参见 Casey, 1995/1996）。下面列出了对常见方法的描述，还有供进一步阅读的实例。

● **传记研究**（biographical study）是叙事研究的一种形式，研究者会写下并记录他人的人生经历。例如，洛赫梯-莱蒂（Ruohotie-Lyhty, 2013）研究了刚取得资格证的两位芬兰语言教师的职业身份认同。在对不同的经历（一个是痛苦的开始，另一个是轻松的开始）进行比较之后，这些故事表明对生活经历的反思有助于支持身份认同的发展。

● **自我民族志**（autoethnography）是由研究对象自己写作并记录的（Ellis, 2004; Muncey, 2010）。芒西（Muncey, 2010）将自我民族志定义为这样一种观念：多层意识、脆弱的自我、内在一致的自我、批判处于社会情境中的自我、颠覆支配话语，以及唤起情感的潜力。其中包括作者的个人故事，也包含个人故事涉及的更宏观的文化意义。自我民族志的一个例子是埃利斯（Ellis, 1993）在其兄弟死于飞机失事后对其家庭剧变进行的个人探究。她的故事包括她与兄弟在童年的互动、飞机失事、旅行的情境（拜访埃利斯）、他们在成年后的关系、回到家乡参加葬礼的经历、之后再回到她自己家的经历，以及其他的一些议题，这些内容都有助于理解她的个人生活和职业生活。

● 生活史描绘了个体完整的生活，而依据个人经历的故事则只能对个体的个人经历进行叙事研究，这些个人经历可能是一个或多个生命片段，也可能与私人情况和民间传说有关（Denzin, 1989）。对一位丹麦学者的立场与视角进行的生活史探究就展示了国际化的复杂性（Fabricius, 2014）。

● **口述史**（oral history）包括收集一个或多个个体对事件及其前因后果的个人反思（Plummer, 1983）。叙事研究可以关注特定的情境，如教师或学生在教室里讲述的故事（Ollerenshaw & Creswell, 2002），或者是关于组织的故事（Czarniawska, 2004）。口述史则可能会借鉴多种研究方法，并且可能采用诸如社会公正之类的诠释框架（Janesick, 2013）。这类诠释框架鼓励使用公证文本（testimonios）来为拉美裔美国人辩护（Beverly, 2005），或鼓励使用女性主义的诠释来报告女性的故事（例如，参见 Personal Narratives Group, 1989），女性主义的诠释是这样一种视角：它展示了女性的声音如何被压制，也突显了女性的声音的多样化、矛盾性特点（Chase, 2005）。这种故事可以打破关于少女怀孕的主流话语（Muncey, 2010），或者强调农村社区中的区隔以及农村孕妇获得护理的机会有限（Orkin & Newberry, 2014）。

进行叙事研究的程序

尽管我们提议将克兰迪宁和康纳利（Clandinin & Connelly, 2000）的方法作为一般指导，但进行叙事研究并不需要完全严格遵循前人的指导，可以将叙事研究的方法理解为一系列相关主题的非正式集合。克兰迪宁（Clandinin, 2013, p. 33）最近重申了她的立场："我强调叙事探究是一种流动式的探究，其并不是必须遵循的整套程序或线性步骤。"里斯曼（Riessman, 2008）则在其中加入了关于资料收集过程及资料分析策略的有用信息，也可以参见戴特（Daiute, 2014）给出的进行叙事研究的一系列实践技术。进行叙事研究的程序如图4.2所示。

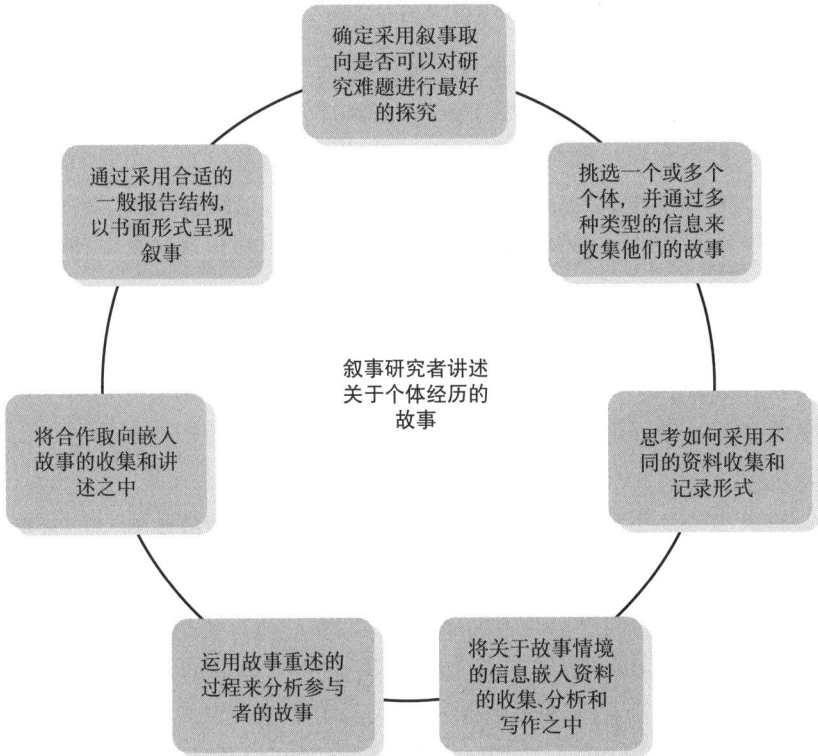

图4.2　进行叙事研究的程序

- 确定研究难题以及研究问题是否最适合采用叙事研究。叙事研究最适合捕捉细节化的故事、单个个体的生活经历或少数个体的具体生活。

- 选择有讲述故事或生活经历的需求的一个或多个个体，投入大量时间，通过多种类型的信息来收集他们的故事。克兰迪宁和康纳利（Clandinin & Connelly, 2000）将故事称为"田野文本"。研究参与者可能会使用日志或日记来记录他们的故事，或者研究者可以观察这些个体并撰写田野笔记。研究者还可以收集这些个体所写的信件，从家庭成员那里收集关于这些个体的故事，收集关于这些个体的文档（如备忘录或公函），或者收集照片、记忆盒子（所收集的会触发记忆的物品），以及个人–家庭–社会的其他**物品**（artifacts）。

- 思考如何采用不同的资料收集和记录形式。里斯曼（Riessman, 2008）描述了研究者将访谈进行转录以发展出不同类型的故事的不同方式。转录可以突出研究者的倾听者或提问者身份，强调研究者与参与者的互动，表明对话可以跨越时间，还可能涉及因转录而出现的意义变化。

- 将关于这些故事的情境信息嵌入资料的收集、分析和写作之中。叙事研究者会通过以下内容定位个体的故事：参与者的个人经历（他们的工作、家庭）、参与者的文化（种族或族群），以及参与者所处的**历史情境**（时间和地点)。对情境保持敏感被认为是叙事探究的精髓(Czarniawska, 2004)。

● 分析参与者的故事,将这些故事重新组织进某些一般类型的框架之中,也就是进行**故事重述**(**restorying**)。研究者可以扮演积极的角色,采用说得通的框架对故事进行"重述"。这一框架可能涉及收集故事、使用故事的关键要素(如时间、地点、情节和场景)来进行分析、对故事进行重写以将它们按照时间序列进行组织(Ollerenshaw & Creswell, 2002)。科尔塔兹(Cortazzi, 1993)指出,叙事研究的时间序列强调事件的次序,这便是叙事研究与其他研究类型的区别。时间序列的一个体现是,这些故事有开头、中间和结尾。与优秀小说的基本元素类似,优秀的质性研究涉及困境、冲突或斗争;主人公或主角;暗含因果的事件次序(即情节),在其中,困境以某种方式得到解决(Carter, 1993)。此外,故事可能还包括通常在小说中出现的其他元素,如时间、地点和场景(Connelly & Clandinin, 1990)。情节或故事线,在克兰迪宁和康纳利(Clandinin & Connelly, 2000)的三维叙事探究空间中也有所体现:个人和社会(互动);过去、现在和未来(持续性);地点(情境)。故事线包括与参与者经历相关的场景或情境的信息。在时间序列之外,研究者会详细讨论一些主题,这些主题是在故事中出现的,有助于对故事的意义进行更为细致的讨论(Huber & Whelan, 1999)。因此,质性资料分析可以是对故事以及在故事中所出现的主题的描述。一位后现代主义叙事研究者会在质性资料的分析中加入另外的元素,就如查尔尼娅维斯卡(Czarniawska, 2004)所做的那样:对这些故事进行解构,采用揭露二元论、考察沉默、关注中断与矛盾之处等分析策略来拆解这些故事。最后,分析过程由这些内容构成:研究者寻找主题或范畴;研究者使用微观语言学方法对词汇、短语以及更大的话语单元的意义进行探究,就像会话分析所做的那样(参见 Gee, 1991);研究者会对故事如何产生(通过研究者与参与者之间的互动)和如何展演(以传达具体的议程和信息)进行探究(Riessman, 2008)。

● 将合作取向嵌入资料的收集与讲述之中。克兰迪宁和康纳利(Clandinin & Connelly, 2000, p. 17)把与参与者之间的积极互动描述为他们工作的中心:"叙事探究是理解人们经历的一种方式,它是研究者与参与者之间的合作,随着时间的推移,在一个地点或一系列地点,在与环境的社会互动中进行。"研究者在收集故事时,需要协调关系、平滑地进行转换,并提供对参与者有帮助的信息。在叙事研究中,关键主题已经转向研究者与参与者之间的关系,双方在这种相遇中都有所得,也都发生了改变(Pinnegar & Daynes, 2007)。在这个过程中,双方就故事的意义进行协商、对分析的有效性进行核查(Creswell & Miller, 2000)。参与者的故事可能和研究者的故事相互交织,研究者从中可以获得对自己生活的理解(参见 Huber & Whelan,

1999)。此外，故事之中可能有**顿悟时刻**（epiphanies）、转折点或中断，故事线因而会发生重大的变化。最后，叙事研究讲述了个体的故事，以时间序列展开了他们的经历，并将这些内容置于他们的个人、社会和历史情境之中，还将重要的主题纳入这些**生活经验**（lived experiences）之中。"叙事探究是被经历并被讲述的故事。"（Clandinin & Connelly, 2000, p. 20）

- 以书面形式呈现叙事。采用下列的一般报告结构是合适的：引言部分，使读者熟悉参与者以及故事的预期目的；研究程序部分，提供使用叙事方法的合理性，以及资料收集与分析的细节；故事讲述部分，将研究对象的生活理论化，其中也包括叙事片段；意义模式部分，这部分将通过事件、过程、顿悟时刻或主题来进行阐述；对故事的意义进行诠释的部分，这是最后的一部分。研究者通常会发现这一过程具有挑战性："因为正是在这个时间点，我们将我们的文本呈现给公共受众，这些未知的受众可能远离参与者的亲身经历和所讲述的经历"（Clandinin, 2013, p. 50）。

叙事研究面临的挑战

鉴于叙事研究的这些程序和特征，叙事研究在实际运用中是一个很具挑战性的方法。研究者需要收集参与者的大量信息，并且需要对参与者个人生活的情境有清晰的理解。研究者也需要具备敏锐的眼光来识别特定故事的材料，以捕捉个人的经历。如埃德尔（Edel, 1984）所说，发现"地毯下的图案"，解释生活情境的多个层次，是很重要的。与参与者进行积极合作是必需的，研究者应当讨论参与者的故事，并反思研究者自己的个人背景与政治背景，这将形塑他们对故事的"重述"。权力关系议题是叙事探究的首要关切（Clandinin & Connelly, 2000）。在个体故事的收集、分析及讲述中，会出现很多议题，建立起责任意识最为关键（Czarniawska, 2004）。皮尼格和戴恩斯（Pinnegar & Daynes, 2007）提出了以下重要的问题：这是谁的故事？谁能够讲述它？谁能够改变它？谁的版本更有说服力？当各种叙事相互竞争时，会发生什么？作为一个共同体，故事对我们有什么影响？

在更大的社会、文化、家庭、语言及制度维度之中，对这些故事的内在性质进行反思，能让我们对所关注的故事建立更复杂的理解（Clandinin, 2013），但意识到这一点很难。视觉叙事探究是有助于建立更复杂的理解的新兴领域，其将图像与文本资料放在一起分析（Riessman, 2008）。有若干方式可以将视觉资料与文本资料结合起来，其中的关键是用图像来讲故事、讲述有关图像的故事、用图像来为故事重述提供信息（不管这些图像是不是在重述过程中被发现或制作的）。此外，需要考虑与既有的、以视觉材料为基础的方法论建立联系。例如，在涉及敏感主题的叙事探究中，如以性别为基础的、对南非女学生的研究，可以使用"照片传声"的方法（参见 Simmonds, Roux, & ter Avest, 2015）。

现象学研究

现象学研究的定义

叙事研究是报告一个或多个个体经历的故事，而**现象学研究**（phenomenological study）则是描述多个个体关于概念或现象的生活经验的共同意义。现象学研究者关注的是描述所有参与者对现象的经历（如悲痛这一普遍经历）的共同之处。现象学的基本目标是将个体对某一现象的经历简化为对普遍本质的描述，如范梅南（van Manen, 1990）所说的"抓住事物的本质"。为了实现这一目标，质性研究者要确定现象，将其作为人类经验的"对象"（van Manen, 1990, p. 163）。最近范梅南（van Manen, 2014, p. 27）将现象学研究描述为："从事物本身以及事物赋予自身的惊奇（wonder）开始。只有在惊奇的状态下，才能进行现象学研究。"这里的人类经验是指诸如失眠、被抛弃、愤怒、悲伤，或接受冠状动脉搭桥手术之类的现象（Moustakas, 1994）。探究者从经历过这些现象的人那里收集资料，并发展出对所有个体经验本质的综合描述。这类描述包括他们经历了"什么"以及他们是"如何"经历的（Moustakas, 1994）。

现象学研究的源流

现象学有很强的哲学意味。现象学主要吸收了德国数学家埃德蒙德·胡塞尔（Edmund Husserl, 1859—1938; Husserl, 1970）的学说，还有那些扩展了胡塞尔观点的学者的著述，如海德格尔、萨特、梅洛-庞蒂（Spiegelberg, 1982）。现象学在社会科学和健康科学中很受欢迎，尤其是社会学（Borgatta & Borgatta, 1992; Swingewood, 1991）、心理学（Giorgi, 1985, 2009; Polkinghorne, 1989; Wertz, 2005）、护理和健康科学（Nieswiadomy, 1993; Oiler, 1986），以及教育学（Tesch, 1988; van Manen, 1990，2014）。胡塞尔的观点很抽象，而梅洛-庞蒂（Merleau-Ponty，1962）则提出了这样的问题："什么是现象学？"实际上，现在所有采用"现象学"方法的研究项目都会提到胡塞尔（Natanson, 1973）。范梅南（van Manen, 2014）就用了**实践现象学**这一术语来描述以这些学者的重要研究为基础的现象学的意义-赋予方法。

追随胡塞尔脚步的学者看起来也阐述了目前现象学所采用的不同的哲学论据（可以比较这些学者的哲学基础：Moustakas, 1994; Stewart & Mickunas, 1990; van Manen, 1990）。然而，对所有这些视角进行考察，我们可以发现这些哲学假定有一些共同的基础：研究人们的生活经验；认为这些经验都是有意识的经验（van Manen, 2014）；发展出了对这些经验的本质描述；既不是解释式的也不是分析式的

（Moustakas, 1994）。在更宽泛的层面，斯图尔特和米库纳斯（Stewart & Mickunas, 1990）强调了现象学的四种**哲学视角**：

- 回到哲学的传统任务。在 19 世纪末，哲学已经被限定为通过经验手段来探究世界，这被称为科学主义。回到哲学被经验科学迷惑之前的传统任务，就是回归到希腊的哲学观，即哲学是一种对智慧的探索。
- 哲学没有任何前提或假定。现象学取向将搁置所有关于真实的判断——"自然态度"——直到这些判断被建立在更确定的基础之上。这种搁置就是胡塞尔所说的"悬置"（epoche）。
- **意识的意向性**（intentionality of consciousness）。这种观点认为意识总是指向某个客体的。那么，客体的真实，就与一个人对这个客体的意识密不可分。因此，按照胡塞尔的看法，现实并未被划分为主体和客体，而是拥有笛卡尔式的、既是主体也是客体的二元本质，就像它们在意识中所呈现的那样。
- 拒绝主客二分法。这一论题是意识的意向性的自然发展。客体的现实性只能通过个体经验的意义来领会。

现象学研究者可能会忽略对现象学的哲学假定的讨论，也可能会忽略对这种形式的探究所采用的方法的讨论。穆斯塔卡斯（Moustakas, 1994）在叙述方法之前，对哲学假定进行了超过一百页的讨论。我们关于现象学的主要信息来自两本书：一本是范梅南（van Manen, 2014）的书，这本书以人类科学取向为基础；另一本是穆斯塔卡斯（Moustakas, 1994）的书，这本书采用了心理学的视角。我们在对现象学研究的方法及传统的讨论中也会回到范梅南的开创性作品（van Manen, 1990）。

现象学的典型特征

所有的现象学研究都有一些典型特征：

- 对要探究的现象进行强调，可以用一个概念或观点来概括，如教育学的概念"专业成长"、心理学的概念"悲痛"、健康科学的概念"照护关系"。
- 与一群经历过这一现象的人一起探究这一现象。这样，就可以确定一个异质性群体，群体规模可以是三四个人，也可以是十几个人。
- 进行关于现象学研究的基本观点的哲学讨论。这就要转向个体的生活经验，关注他们对这一现象的主观经验以及对某些事物的客观经验，与其他人有什么共同之处。这样，这种方式就拒绝了主观-客观的视角，因此，现象学也就处于质性研究与量化研究的连续统中间的某个位置。

- 在某些形式的现象学中，研究者要在研究中讨论自己关于这一现象的个人经历，以便将自己"悬括"（braket）起来。这并不意味着研究者完全外在于自己的研究，但这种做法确实有助于确定与现象相关的个人经历，并在某种程度上将研究者搁置在一旁，以便研究者可以集中关注参与者的经验。这是一种理想状态，但是读者了解到研究者的经历，就可以自己判断：研究者是否在描述中只是关注了参与者的经验，而未将研究者自己放入所描述的图景之中。乔治（Giorgi, 2009）认为这种"悬括"的做法不是忘记自己经历了什么，而是不让自己过去的知识影响对各种经历的判断。他还提到在生活的其他方面也应该提出同样的要求。刑事审判陪审团的成员可能会听到法官说某份证据是不可接受的；科学研究者可能希望自己青睐的假设能得到支持，但后来注意到结果并不支持这一假设——范梅南将这种"悬括"和简化的过程称为**现象学反思**。
- 资料收集程序通常涉及对经历过这一现象的个体进行访谈。然而，这并不是普遍特征，一些现象学研究可能包括多种来源的资料，如诗歌、观察和文档。
- 资料分析可以按照系统程序来进行，从狭义的分析单位（如重要陈述）到更宽泛的单位（如意义单元），再到对以下两个要素进行总结的细节描述：研究者经历了"什么"以及他们是"如何"经历的（Moustakas, 1994）。
- 现象学研究的结尾会有一段描述，讨论个体经验的本质，纳入相关讨论：他们经历了"什么"以及他们是"如何"经历的。"本质"是现象学研究的最高层面。

现象学的类型

这里的讨论将强调现象学的两种取向：阐释现象学（hermeneutic phenomenology; van Manen, 1990, 2014）与经验的、超验的，或者说心理的现象学（Moustakas, 1994）。范梅南的研究（van Manen, 1990，2014）在健康研究的文献中被广泛引用（Morse & Field, 1995）。作为教育学家，范梅南（van Manen, 1990, p. 4）写了一本很有启发性的关于阐释现象学的书籍，其中，他将研究定位为以生活经验（现象学）为导向，并认为研究要对生活"文本"进行阐释（阐释学）。尽管范梅南采用现象学取向的时候没有使用一系列固定的规则或方法，他还是将现象学看作六种研究行为之间的动态交互。研究者首先转向现象，一种"持久不变的关切"（van Manen, 1990, p. 31），也就是他们特别感兴趣的事物（如阅读、跑步、驾驶、照顾孩子）。在这个过程中，研究者会反思构成这一生活经验本质的根本主题。研究者会写下对现象的描述，保持对所探究主题的强烈关注，并平衡整体写作的各个部分。现象学并不仅仅是描述，也是一种诠释过程，其中，研究者会对生活经验的意义进行诠释。

冰岛的研究者提供了一个阐释现象学的实例，他们考察了灵修的经历，考察了这种经历对十名接受舒缓治疗的人的生活及幸福感的影响（Asgeirsdottir et al., 2013）。这一研究同时强调了宗教与非宗教的要素，还讨论了舒缓治疗中神学取向的功能。

穆斯塔卡斯的先验或心理现象学（Moustakas, 1994）不那么关注研究者的诠释，更关注对参与者的经验的描述。此外，穆斯塔卡斯还强调了胡塞尔的概念——**悬置或悬括**，其中，研究者尽可能地将他们的个人经历放在一边，采用新的视角来考察待探究的现象。因此，超验就意味着"用新的方式来体会每件事，就像是第一次经历那样"（Moustakas, 1994, p. 34）。穆斯塔卡斯也承认，很难完美地达到这种状态。但是，我们看到以此为标准的研究者会从描述他们自己关于研究现象的经历开始，并且在研究其他人的经历之前，还会将研究者自己的观点进行悬括。

在悬括之外，经验/**超验现象学**（transcendental phenomenology）还借鉴了《现象学心理学的杜肯研究》（*Duquesne Studies in Phenomenological Psychology*）一书的观点（例如，Giorgi, 1985, 2009），以及范卡马（Van Kaam, 1966）和科拉伊奇（Colaizzi, 1978）的资料分析程序。如穆斯塔卡斯所展示的那样，这些程序包括确认要研究的现象、将研究者的个人经历进行悬括、从经历过这一现象的几个人那里收集资料。然后研究者通过将信息简化为重要陈述或引文来进行资料分析，并将这些陈述合并成主题。接下来，研究者给出了对人们经验的**纹理描述**（textural description；参与者的经验），发展出了对人们经验的**结构描述**（structural description；就条件、情况、情境而言，人们是如何经历的），再将纹理描述与结构描述结合起来以表达这些经验的整体本质。在一项博士论文研究中（Cordes, 2014），超验现象学被用于讨论学习数学的十三名学生的经验与感知，参与者经验的本质涉及对孤立、自我怀疑以及成功之路晦暗不明这些方面的描述。

进行现象学研究的程序

我们采用了心理学家穆斯塔卡斯（Moustakas, 1994）的方法，因为这一方法在资料分析程序上有系统的步骤，提供了将纹理描述与结构描述结合起来的指南。很多研究已经采用了心理现象学的方法（Dukes, 1984；Tesch, 1990；Giorgi, 1985, 1994, 2009；Polkinghorne, 1989；Moustakas, 1994）。佩雷拉（Pereira, 2012）从新手研究者的视角对现象学研究的严谨性进行了反思。研究过程中的主要步骤如下（图 4.3）：

确定采用现象学取向是否可以对研究难题进行最好的探究

确定感兴趣的研究现象并对其进行描述

以文字的形式呈现对经历本质的理解

现象学研究者描述生活经验的本质

对现象学的宽泛哲学假定进行区分并进行具体阐述

运用综合描述来报告现象的"本质"

提出纹理描述与结构描述

通过访谈,从经历过这一现象的个体那里收集资料

从对重要陈述的分析中提炼主题

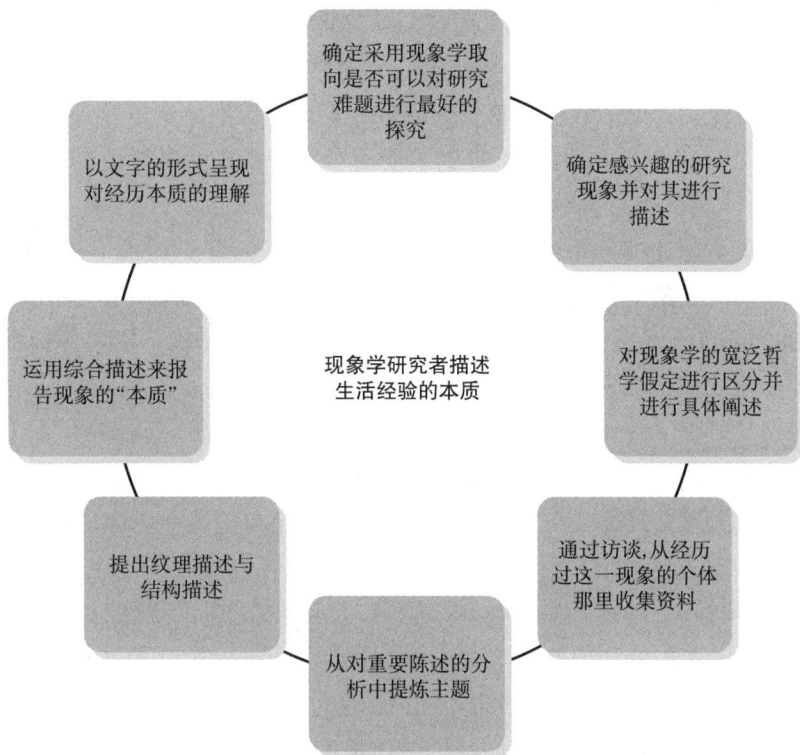

图4.3　进行现象学研究的步骤

- 确定研究难题是否最适合采用现象学研究。最适合这种形式的研究难题的类型的情况是：理解多个个体对同一现象的共同经历或共享经验是很重要的。这些理解有助于推动实践或制定政策，或发展出对现象特点的洞见。

- 确定感兴趣的研究现象并进行描述。研究现象的例子包括情感状态，如愤怒，也包括社会建构的产物，如专业主义（professionalism）。研究现象也可能涉及获得对临床描述者的理解——例如，体重不足意味着什么？成为摔跤选手意味着什么？穆斯塔卡斯（Moustakas, 1994）提供了对现象进行研究的若干例子。范梅南（van Manen, 1990）明确分析了诸如学习经历、初为人父、骑自行车等现象。

- 区分并具体阐述现象学的宽泛哲学假定。例如，研究者可以记录客观真实与个体经验的结合。而且这些生活经验是"有意识"的，是具有目标指向性的。为了全面描述参与者如何看待现象，研究者必须尽可能地将他们自己的经历进行悬括。

- 进行多次深度访谈，从经历过这一现象的个体那里收集资料。波尔金霍恩（Polkinghorne, 1989）建议研究者访谈5~25名经历过这一现象的人。参与者被要求回答两个宽泛的一般性问题（Moustakas, 1994）：关于这一现象，你有什么经历？通常什么情境或情况对你关于这一现象的经历有影响？还可

以问其他开放式问题，但上面这两个问题特别关注相关资料的收集，将导向对经历的纹理描述与结构描述，并最终提供对参与者共同经历的理解。也可以收集其他形式的资料，如观察、日志、诗歌、音乐及其他艺术形式。范梅南（van Manen, 1990）提到了谈话录音、正式的书面回复，以及戏剧、电影、诗歌和小说等间接经历的记录形式。

● 从对重要陈述的分析中提炼主题。在对方法进行了讨论的心理现象学研究者看来，**现象学资料分析**的步骤都是相似的（Moustakas, 1994; Polkinghorne, 1989）。以上述第一个和第二个研究问题的资料为基础，资料分析者仔细阅读资料（如访谈转录稿），并强调"重要陈述"（significant statements），这些句子或引文提供了对参与者如何经历现象的理解。穆斯塔卡斯（Moustakas, 1994）将这一步骤称为**确定研究视域**（horizonalization）。接下来，研究者会提出**意义聚类**（clusters of meaning），从重要陈述中提炼主题。

● 发展纹理描述和结构描述。重要陈述和主题可以被用于描述参与者的经历（纹理描述）。这些内容会被用于记录对情境或场景的描述，而情境与场景也会影响参与者如何经历这一现象，这类记录被称为结构描述或想象变换。穆斯塔卡斯（Moustakas, 1994）进一步增加了一个步骤：研究者也要记录他们自己的经历以及影响他们经历的情境和情况。我们建议简化穆斯塔卡斯的程序，并在现象学研究的开始就对个人陈述进行反思，或者将其放在方法小节关于研究者角色的讨论中（Marshall & Rossman, 2015）。

● 运用综合描述来报告现象的"本质"。从结构描述和纹理描述出发，研究者给出呈现现象"本质"的综合描述，这一描述被称为"**本质的、不变的结构（或本质）**"（essential, invariant structure, or essence）。这一部分首先关注的是参与者的共同经历。例如，这意味着所有的经历都有一个潜在的结构（悲痛是相同的，不管失去的心爱之物是小狗、鹦鹉，还是孩子）。

● 以文字的形式呈现对经历本质的理解。范梅南认为，现象学探究的实践与写作实践密不可分。他进一步解释了写作的挑战之一是"研究者必须将难以用平实的词汇进行描述的现象呈现出来"（van Manen, 2014, p. 370）。现象学研究存在多种交流"方式"，包括系统探究，这意味着将现象放在其存在的情境（如时间或空间）中，或者把对所经历现象的深入理解进行了反思的那些记录组织在一起。一般的报告结构包括以下部分：引言部分，帮助读者熟悉要研究的现象，在一些实例中，这也包括研究者经历的个人陈述（Moustakas, 1994）；研究程序部分，给出采用现象学的理由、哲学假定，以及资料收集与分析的细节；主体是运用重要陈述来报告现象是如何被经历的；最后将关于现象本质的综合描述作为结论。

现象学研究面临的挑战

现象学提供了对多个个体经历过的现象的深入理解。了解共同经历，对诸如治疗师、教师、医护人员和政策制定者这些群体来说，是很有价值的。现象学可以采用简化了的资料收集形式，只包括与参与者的一次或多次访谈。采用穆斯塔卡斯（Moustakas, 1994）的资料分析方式，可以给新手研究者提供一种结构化的方法。对某些质性研究者来说，这种做法可能过于结构化了。另一方面，现象学要求研究者至少对宽泛的哲学假定有一些了解，研究者应当在他们的研究中明确这些哲学假定。这些哲学观念是抽象概念，在现象学的书面研究中并不容易看到。此外，需要仔细地挑选参与者，他们应是都经历过研究所关注的现象的人，这样研究者最终才能建立共同理解。就特定的研究主题而言，找到完全经历了所研究现象的个体可能很难。

就研究者的实际操作而言，将研究者的个人经历悬括起来也很难，因为对资料的诠释总是结合了研究者带到研究主题之中的假定（van Manen, 1990, 2014）。也许我们需要对悬置或悬括进行重新界定，可以将其理解为以一种反思的方式来悬置我们的理解，而这种反思又培育了好奇心（LeVasseur, 2003）。因此，研究者需要决定以何种方式将自己的个人理解引入研究之中。实际上，现象学的研究实践有可能会对研究者产生长久的影响，其又可以被作为一种现象进行进一步的探究。范梅南描述了研究者受到的潜在影响，他认为："现象学研究项目及其方法对研究者本身会产生变革式的影响。事实上，现象学研究自身就是深度学习的一种形式，会带来意识的转换、感知的提升，以及思考力的提高。"（van Manen, 1990, p. 163）

现象学研究面临的最终挑战是诠释现象学——这种较新的取向如何契合已有的现象学研究。史密斯、弗劳尔斯和拉金（Smith, Flowers & Larkin, 2009）已经将诠释现象学的分析发展为一种质性研究的框架，这一框架扎根于心理学并受到现象学、阐释学、个殊式方法（idiography）的影响。诠释现象学关注特殊，这种深入且系统的分析取向考察了"从特定人群的视角出发，在特定的情境中，特定的现象是如何被理解的"（Smith et al., 2009, p. 51）。诠释现象学的分析包括双重阐释，其不仅整合了参与者对他们生活经验的理解，也整合了研究者对参与者如何理解其个人世界与社会世界的理解（Smith et al., 2009）。

扎根理论研究

扎根理论研究的定义

叙事研究关注的是参与者所讲述的个体故事，现象学研究强调的是若干个体的共同经历，而**扎根理论研究**（grounded theory study）的目标是超越描述，**提出理**

论或发现理论（generate or discover a theory），即对过程或行动的"统一理论解释"（Corbin & Strauss, 2007, p. 107）。参与者都经历过这一过程，发展理论将有助于解释实践或为进一步研究提供框架。一种关键的看法是理论发展并不是"现成"（off the shelf）的，而是产生自或"扎根于"资料的，这些资料是经历过这一过程的参与者所提供的（Strauss & Corbin, 1998）。因此，在扎根理论这种质性研究设计中，研究者要提供对过程、行动或互动的一般解释（理论），而这种解释受到大量参与者的看法的影响。

扎根理论研究的源流

这种质性设计是在1967年由两位社会学领域的研究者巴尼·格拉泽（Barney Glaser）和安塞尔·斯特劳斯（Anselm Strauss）提出的。这两位研究者认为在研究中使用的理论经常都不太适用于参与者，或者说不太契合。他们写了几本书以详细阐述他们的观点（Corbin & Strauss, 2007, 2015; Glaser, 1978; Glaser & Strauss, 1967; Strauss, 1987; Strauss & Corbin, 1990, 1998）。与社会学中的理论先行形成对比，扎根理论认为理论应当"扎根于"来自田野的资料，尤其是扎根于人们的行动、互动和社会过程。因此，通过将以个人资料为基础的信息范畴关联起来，扎根理论可以产生关于行动、互动或过程的理论（以及示意图和假设）。

格拉泽和斯特劳斯在一开始的合作颇有成效，两人合作了诸如《濒死意识》（*Awareness of Dying*；Glaser & Strauss, 1965）和《临终时间》（*Time for Dying*；Glaser & Strauss, 1968）等作品，但两位研究者最终未能在扎根理论的意义与程序上达成一致。格拉泽批判斯特劳斯的扎根理论取向中的预定性和结构性太强（Glaser, 1992）。最近，卡麦兹（Charmaz, 2006, 2014）提出了**建构主义扎根理论**的取向，将另一种视角引入了关于研究程序的对话。通过这些不同的诠释和出版物，如《SAGE 扎根理论手册》（*SAGE Handbook of Grounded Theory*；Bryant & Charmaz, 2007），扎根理论在一些领域很受欢迎，如社会学、护理学、教育学和心理学，以及其他社会科学领域。有些学者也概述了扎根理论的简明历史（参见 Kenny & Fourie, 2014; Bryant & Charmaz, 2007）。

扎根理论近年来的另一个研究视角是由克拉克（Clarke, 2005; Clarke, Friese, & Washburn, 2015）提出的。与卡麦兹一样，克拉克（Clarke, 2005, p. xxiii）希望从扎根理论的"实证主义基础"出发。然而，克拉克比卡麦兹走得更远，她认为社会"情境"应当成为扎根理论的分析单元，在分析情境时，三个社会学模式会很有帮助——情景模式、社会世界/领域模式、收集及分析资料时采用的位置制图模式。她"追随后现代主义转向"将扎根理论进一步扩展（Clarke, 2005, p. xxiv），并依靠后现代主义视角，即研究及诠释的政治性本质、研究者一方的反思、承认信息呈现存在问题、对合法性与权威的质疑，以及研究者不再是"全知的分析者"，而是"获知的参与者"（Clarke, 2005, pp. xxvii, xxviii）。克拉克经常引用后现代主义、后结构主义学者米歇尔·福柯（Michel Foucault）为扎根理论的话语提供支撑。在我们对扎根理论的讨论中，我们将主要依靠科宾与斯特劳斯（Corbin & Strauss, 2015）的讨论，他们提供了扎根理论的结构化方法，还有卡麦兹（Charmaz, 2014）关于扎根理论的建构主义视角与诠释主义视角。

扎根理论研究的典型特征

扎根理论有若干重要特征，可以被纳入具体研究之中：

- 扎根理论关注的是过程或行动，随着时间的推移，会有不同的步骤或阶段。因此，在扎根理论研究中，研究者力图解释"运动"或某种行动。过程则可以是"推进通识教育项目"，也可以是"支持教师成为优秀的研究者"的过程。

- 在扎根理论研究中，研究者最终追寻的是发展出关于这一过程或行动的理论。在扎根理论的研究文献中，对理论有多种定义，但一般来说，理论是研究者提出的对某些事物的解释或理解。在扎根理论中，这种解释或理解把理论范畴放在一起，以展示理论是如何起作用的。例如，教师支持理论可以展示教师在不同时间是如何获得支持的：通过特定的资源，通过个体的特定行动，在个体结果上，教师的研究能力得到了提高（Creswell & Brown, 1992）。

- **撰写备忘录**（memoing）的过程成了发展理论的一部分，即在收集资料和分析资料时，研究者要写下自己的想法。在这些备忘录中，研究者的各种想法都力图明确自己看到的过程，并勾画出这一过程中的流程。

- 资料收集和分析步骤被认为是同时且往复进行的。资料收集的首要形式是访谈，在访谈中，扎根理论研究者把从参与者那里收集来的资料与逐渐浮现的理论观点不断进行比较。研究者会在这一过程的下列步骤中不断往复：接触参与者、收集新的访谈资料、回到不断发展的理论以填补空白、详细阐述理论是如何起作用的。

- 资料分析中的归纳法可以按照扎根理论取向的类型来进行描述。这些程序可以是结构化的，遵循以下模式：提出开放性范畴，选择一个**范畴**（category）作为理论的焦点，然后详细讨论额外的范畴（**主轴编码** [axial coding]）以便形成理论模型，范畴又交汇形成理论（**选择编码** [selective coding]）。理论可以用示意图来呈现，也可以是**命题**（proposition）或假设的形式，还可以通过讨论来展示（Strauss & Corbin, 1998）。资料分析也可以不那么结构化，可以通过将范畴的内在意义拼凑在一起，进而发展理论（Charmaz, 2006）。

扎根理论研究的类型

扎根理论中受欢迎的两个取向是斯特劳斯和科宾的系统程序（Strauss & Corbin, 1990, 1998; Corbin & Strauss, 2007, 2015），以及卡麦兹的建构主义取向（Charmaz, 2005, 2006, 2014）。斯特劳斯和科宾的取向中的重要概念包括：范畴、编码，还有对在田野中不断浮现的范畴进行持续比较的系统步骤。与此相反的是，在建构主义取向中，卡麦兹强调理论的形成是一个共同建构的过程，依赖于研究者与参与者及田野之间的互动。

在斯特劳斯和科宾更系统的分析程序中（Strauss & Corbin, 1990, 1998; Corbin & Strauss, 2007, 2015），研究者力图系统地发展出理论，对某一主题的过程、行动或互动等（如制订课程大纲的过程、与病人分享心理测试结果所具有的治疗价值）做出解释。研究者通常会去几次田野，进行 20~30 次访谈来收集访谈资料，以确保范畴的饱和（或者说新信息，直到不再出现新信息）。一个范畴代表一个信息单元，由事件、偶然发生的事情、事例构成（Strauss & Corbin, 1990）。研究者也会进行观察、收集和分析文档，但这些资料形式用得不多。研究者在收集资料时，就已经在进行分析了。扎根理论研究中的资料收集过程就像"之"字形：去田野收集资料—在办公室分析资料—回到田野收集更多资料—再回到办公室，如此往复。依据理论挑选接受访谈的参与者（被称为**理论抽样** [theoretical sampling]），可以帮助研究者更好地建构理论。研究者去多少次田野取决于范畴所需要的信息是否达到饱和——通常认为没有新观点出现就是达到了饱和——也取决于理论的复杂性是否得到了充分的阐述。从资料收集中获得信息，并将其与不断浮现的范畴进行比较，这个过程被称为资料分析的**持续比较**（constant comparative）方法。

研究者从**开放编码**（open coding）开始，用主要的信息范畴对资料进行编码。编码涉及资料聚合和意义建构的过程，这一过程被描述为"进行分析，并指出能代表资料的概念"（Corbin & Strauss, 2015, p. 216）。从开放编码开始，主轴编码也不断浮现，研究者以此确认需要关注的开放编码的范畴（被称为"核心"现象），接下来研究者重新回到资料，围绕这个核心现象来建立范畴。斯特劳斯和科宾（Strauss & Corbin, 1990）提出了可以围绕核心现象确认的范畴类型，包括**原因条件**（causal conditions；哪些因素导致了核心现象）、策略（针对核心现象所采取的行动）、情境及**中介条件**（intervening conditions；影响策略的宽泛和具体情境因素）、后果（使用这些策略的结果）。在可视化模型（即主轴编码范式）中，这些范畴与核心现象有关联，并紧紧围绕核心现象。最后一步就是选择编码，研究者采用主轴编码发展出来的模式，并提出一些命题（或假设），将模式中的范畴相互关联起来，或者将其组合成一个故事来描述模式中范畴之间的相互关系。这样，在研究的最后，研究者提出的理论就能得到详细表述，并且可以采取多种形式，如叙事陈述（Strauss & Corbin, 1990）、视觉图像（Morrow & Smith, 1995），或一系列的假设或命题（Creswell & Brown, 1992）。

在他们对扎根理论的讨论中,科宾和斯特劳斯(Corbin & Strauss, 2015)进一步发展了这一模型,提出了**条件或结果矩阵**(conditional or consequential matrix)。他们将条件矩阵作为一种分析策略,以帮助研究者在对现象有影响的宏观条件与微观条件之间建立联系,进而确定由互动产生的结果的范围。这种矩阵是一系列向外不断扩展的、带有标签的同心圆,这些标签来自个体、群体、组织、社区、地区、国家、世界。根据我的经验,这样的矩阵很少被用于扎根理论研究,研究者通常是采用由选择编码发展出来的理论来作为他们研究的收尾,这类理论可以被看作实质性的、低层次的理论,而不是抽象的宏大理论(例如,参见 Creswell & Brown, 1992)。尽管在实质性理论与其对条件矩阵中的社区、国家、世界造成的影响之间建立联系是很重要的(例如,医院的工作流程模式、医用手套短缺、国家层面的艾滋病防治方针,这些都是相互联系在一起的;参见 Strauss & Corbin, 1998),但扎根理论研究者很少有资料、时间或资源来运用条件矩阵。例如,一项关于越战的研究深入讨论了更大范围的历史、社会、政治、文化和环境等条件,战争正是在这些条件下发生的,部分美国士兵也幸存下来,这项研究就使用了结果矩阵(Corbin & Strauss, 2015)。

扎根理论的第二种变体,可以在卡麦兹的建构主义论述中看到(Charmaz, 2005, 2006, 2014)。不同于斯特劳斯和科宾(Strauss & Corbin, 1998)的取向所提倡的研究的单一过程或核心范畴,卡麦兹倡导使用社会建构主义的视角,强调多样的地方世界、多重现实,以及特定世界、观点及行动的复杂性。按照卡麦兹的看法(Charmaz, 2006, 2014),建构主义扎根理论直接奠基于质性研究的诠释主义取向:研究指南很灵活,关注基于研究者看法而发展出的理论,在嵌入式的隐藏网络、情境及关系中理解经验,同时也使得权力、沟通与机会的等级制度清晰可见。卡麦兹更为强调个体的看法、价值、信念、感觉、假定和意识形态,而非研究方法,尽管她描述了收集丰富的资料、给资料编码、撰写备忘录、使用理论抽样等研究实践(Charmaz, 2006, 2014)。卡麦兹认为复杂的术语或行话、示意图、概念图示以及系统的取向(如 Strauss & Corbin, 1990)偏离了扎根理论的路向,而试图在扎根理论的使用中获得权力。她建议使用主动式的编码,诸如动名词式的短语改写生活(recasting life)。此外,对卡麦兹而言,扎根理论的程序并未削弱研究者在这一过程中的地位。研究者要决定贯穿于整个过程的范畴,对资料进行提问,并提出与个体价值、经验和优先权相关的主张。按照卡麦兹的说法,扎根理论研究者提出的所有结论都是建议式的、不完全的,也是非结论性的(Charmaz, 2005)。

进行扎根理论研究的程序

在这里的讨论包含了卡麦兹的诠释主义取向(如反思性、在结构上保持灵活,正如第 2 章所讨论的那样),也纳入了科宾和斯特劳斯的观点(Strauss & Corbin,

1990，1998；Corbin & Strauss, 2008, 2015）以展示扎根理论的程序，因为他们的系统取向对学习及运用扎根理论的研究者来说很有帮助。为此，我们采纳了卡麦兹（Charmaz, 2014, p. 16）的建议："扎根理论的指南描述了研究过程的步骤，并提供了研究的路径。你可以采用这些步骤，并进行修改，以此来解决不同的难题，并进行多样的研究。"如图4.4所示。

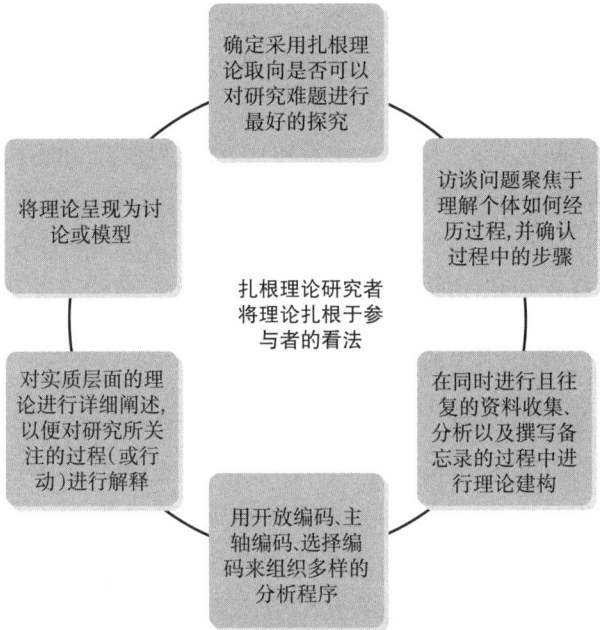

图4.4 进行扎根理论研究的程序

- 确定研究难题是否最适合采用扎根理论研究。当没有理论对过程进行解释时，扎根理论就是可供使用的有效研究设计。研究文献中也许有一些可用的模型，但这些模型是以样本–总体的方式被提出和检验的，这并非质性研究者的兴趣。也可能有一些理论，但这些理论并不完整，因为它们并没有呈现出研究者感兴趣的、具有潜在价值的变量或范畴。就实践层面而言，需要使用理论来解释人们如何经历现象，研究者提出的扎根理论将提供这样的一般性框架。

- 访谈问题聚焦于理解个体如何经历过程，并确定过程中的步骤（即，过程是什么？过程是如何展开的？）。在对这些议题进行了初步探讨之后，研究者转向关注参与者，并询问包含更多细节的问题，以推动主轴编码阶段的进行，如：这一过程中的中心（核心现象）是什么？是什么影响或导致了这一现象的出现（原因条件）？在这一过程中采用了哪些策略（策略）？有什么影响（结果）？这些都是研究者在访谈中通常会问的问题，尽管他们也会收集其他形式的材料，如观察、文档及影音材料。关键是要收集到足够的信息以全面地发展）模型（或者说，**饱和** [saturate]。这可能需要进行20~60次访谈。

- 理论建构是通过同时进行且往复的资料收集、分析及备忘录撰写的过程来逐步推进的。在撰写备忘录时，研究者记录了在整个资料收集、分析流程中对理论发展的看法，以便发现模式（Lempert, 2007）。科宾和斯特劳斯强调了将撰写备忘录作为理论发展关键因素的作用："撰写备忘录应该从最早的资料分析阶段就开始，并贯穿于整个研究过程。"他们还指出："备忘录在一开始只是初步呈现各种想法，随着研究过程的推进，备忘录变得复杂、致密、清晰、准确。"（Corbin & Strauss, 2015, p. 117）

- 用开放编码、主轴编码、选择编码来组织多样的分析步骤，并遵循传统。在进行开放编码时，研究者通过对所研究现象的信息进行分类来建立范畴。在每一个范畴中，研究者都会发现多种**属性**或子范畴，研究者要寻找资料，以便将其维度化，或展示这些属性连续统的极端可能性。

- 进行主轴编码时，研究者会以一种新的方式，在开放编码之后将资料组合起来。在这种结构化的取向中，研究者呈现了**编码范式或逻辑图式**（即可视化模型）：研究者确定**中心现象**（即关于现象的中心范畴）、探究因果条件（即对现象有影响的条件范畴）、明确策略（即中心现象导致的行动或互动）、确定**情境**及中介条件（如影响策略的狭义条件与广义条件）、详细描述这一现象的结果（即策略的结果）。当集中关注特定的理论成分（即条件）时，研究者的"解释需要保持在概念层次，并需要使用挑选好的资料片段来提供支持性证据"（Birks & Mills, 2015, p. 130）。

- 进行选择编码时，研究者可以写出"故事线"，将各个范畴连接起来。另一方面，命题或假设可以明确陈述预测到的关系。模型可以提供范畴间关系的视觉呈现。

- 详细阐述**实质层面的理论**（substantive-level theory）以实现交流的目标。实质层面的理论是研究者提出的关于特定难题或特定总体的理论。实质层面的理论可以在之后用量化数据来进行经验验证，以确定其是否可以概推到样本与总体（关于混合方法设计程序，参见 Creswell & Plano Clark, 2011）。此外，将理论的生成作为研究的目标，研究也就可以在此告一段落了。

- 将理论呈现为讨论或模型。写作与扎根理论研究的每个方面都紧密相连，而如何呈现扎根理论则依赖于受众以及被扎根理论解释的过程（参见 Birks & Mills, 2015; Charmaz, 2014; Corbin & Strauss, 2015）。一般的报告结构包括以下部分：引言部分，使读者熟悉理论所试图解释的过程（或行动）；研究程序部分，提供采用扎根理论的理由，提供资料收集与分析的细节；理论描述部分，包括开放编码中的主要范畴、主轴编码中围绕核心现象的条件、选择编码中描述模型中范畴间关系的命题。模型提供了对理论的总结式的、简要的可视化呈现，并用以下内容来对研究进行总结：对理论的讨论，（如果适用的话）对与既有文献的联系与矛盾之处的讨论，对研究发现的意义、影响和局限性的讨论。

扎根理论研究面临的挑战

扎根理论研究出于以下原因对研究者提出了挑战。研究者需要尽可能地将理论观点或看法放在一边，这样分析式的实质理论才会浮现。尽管这种形式的质性探究是不断发展的、归纳式的，但研究者应当认识到：如果采用科宾和斯特劳斯（Corbin & Strauss, 2008, 2015）的视角，研究将拥有明确的资料分析步骤的系统取向。研究者面临的挑战包括确定范畴何时饱和、理论何时足够详细。要实现饱和，可以采用的一个策略是**判别式抽样**（discriminant sampling），研究者从与最初访谈对象不同的个体那里收集信息，以便判断：对这些新加入的参与者而言，理论是否仍然有效。研究者需要意识到作为研究初步结果的理论有一些特定的组成部分：中心现象、因果条件、策略、条件与情境，以及结果。这些都是理论所必需的信息范畴，所以在一些质性研究者看来，斯特劳斯和科宾（Strauss & Corbin, 1990, 1998; Corbin & Strauss, 2008, 2015）的取向不够灵活。在这方面，卡麦兹不那么结构化的取向（Charmaz, 2006, 2014）会更有帮助。

扎根理论研究一直被不同的学科使用，并且在不同的专业领域中也一直很有影响力，如医疗、工程、教育和商业（Charmaz, 2003）。进行扎根理论研究的优点很明显，研究者可以将理论的产生与研究的具体情境联系在一起，可以灵活地讨论现实世界的议题（Corbin & Strauss, 2015）。但还有一些方面仍然需要详细阐述。扎根理论的广泛运用引发了更多的关注，也出现了关于某些方面的更加具体的指南，例如，撰写备忘录（Lempert, 2007）。

民族志研究

民族志研究的定义

扎根理论研究者所提出的理论来自对共享相同的过程、行动或互动的多个个体的经验。然而，研究参与者并不一定来自同一地点，也并未以频繁互动为基础发展出行为、信念及**语言**等共享模式。民族志研究者感兴趣的就是对这些共享模式进行考察，他们的分析单元通常要大于扎根理论的分析单元（约20人）。民族志研究关注的是整个**文化共享群体**。的确，文化群体有些时候很小（几位教师、几名社会工作者），但文化群体通常很大，涉及长期互动的许多人（如整个学校的老师、社区的社会工作者群体）。因此，在民族志这种质性设计中，研究者会对一个文化共享群体的价值、**行为**、信念、语言的共享模式及习得模式进行描述和诠释（Harris, 1968）。民族志既是研究过程，也是研究结果（Agar, 1980），它是研究文化共享群体的一种方式，也是研究最终的书面成果。民族志作为一个过程，涉及对群体的广泛观察，通常是**参与观察**，其中，研究者**沉浸**（immersed）于人们的日常生活，并对群体成员进行观察和访谈。民族志研究者会对文化共享群体成员的行为、语言以及成员间互动等的意义进行研究。

民族志研究的源流

民族志研究始于20世纪早期的人类学家（如博厄斯、马林诺夫斯基、拉德克利夫–布朗、米德等）所进行的比较文化人类学。尽管这些研究者最初是以自然科学作为研究的典范，但他们不同于通过一手资料来关注现存"原始"文化的持传统科学取向的学者（Atkinson & Hammersley, 1994）。在20世纪20年代和30年代，帕克、杜威和米德等社会学家运用人类学的田野方法来研究美国的文化群体（Bogdan & Biklen, 1992）。民族志的科学取向已经扩展到拥有不同理论取向及目标的"学派"或子类型，如结构功能主义、符号互动论、文化及认知人类学、女性主义、马克思主义、常人方法学、批判理论、文化研究、后现代主义（Atkinson & Hammersley, 1994）。这些发展导致了民族志研究正统的缺乏，但也带来了多元的取向。

民族志研究中有许多经典作品，包括范曼南（Van Maanen, 1988, 2011）多种形式的民族志，勒孔特和申苏尔（LeCompte & Schensul, 1999）关于民族志程序的简短的工具书，阿特金森、科菲和德拉蒙特（Atkinson, Coffey, & Delamont, 2003）对民族志实践的讨论，阿特金森（Atkinson, 2015）对民族志**田野工作**的讨论，以及麦迪逊（Madison, 2011）对**批判民族志**的讨论。本书关于民族志的主要观点来自费特曼（Fetterman, 2010）和沃尔科特（Wolcott, 2008a）的方法，以及沃尔科特关于民族志学习的"入门书"（Wolcott, 2010）。

民族志研究的典型特征

通过回顾已发表出版的民族志，可以列出关于民族志典型特征的简要列表。

- 民族志的焦点是发展出对群体——整个文化共享群体或其中的子群体——文化的复杂、完整的描述。文化共享群体必须是完整的，并且经过了长期的互动，发展出了可供研究的、可识别的群体的社会行为。民族志研究的关键是关注这些可辨识的工作模式，而非对文化进行研究（Wolcott, 2008a）。
- 在民族志中，研究者寻找的是模式（也可以被描述为仪式、惯常的社会行为、规则），包括心理活动和物质活动的模式。心理活动涉及通过语言表达的看法和信念，物质活动是指参与者在群体中的行为，其是通过研究者所观察到的参与者的行动来体现的（Fetterman, 2010）。换句话说，研究者在寻找社会组织（如社会网络）的模式与概念系统（如世界观、观念）的模式（Wolcott, 2008a）。

- 此外，在进行民族志研究时，理论在研究聚焦方面发挥了重要作用。例如，民族志研究者是以理论——研究者希望发现的宽泛解释——为起点的。这些理论或来自认知科学，以便理解观念和信念，或来自唯物主义理论（如技术-环境主义、马克思主义、文化同化或文化创新），从而观察文化共享群体中个体的言行（Fetterman, 2010）。

- 运用理论并寻找文化共享群体的模式，需要进行大量的田野工作，其中的资料收集主要是通过访谈、观察、符号、物品，以及其他来源多样的资料进行的（Atkinson, 2015; Fetterman, 2010）。

- 在对资料进行分析时，研究者依赖参与者的看法，因为这是局内人的主位视角。研究者使用一字不差的引文来报告这些看法，并通过研究者的客位科学视角来对资料进行筛选，以便对资料进行综合，进而发展出全面的文化诠释。这种文化诠释是对群体的描述，还有对研究所探究的理论概念相关的主题的描述。一般来说，人们对某些群体如何运作（如帮派如何运作）知之甚少，通过优秀的民族志，读者可以获得对群体的全新理解。

- 这样的分析有助于理解文化共享群体是如何成为可能的——群体是如何起作用的，即群体的生活方式。沃尔科特（Wolcott, 2010, p. 74）提出了民族志最终必须要回答的两个问题：“在这一场景中，人们应该知道什么，应该做什么，以使这个系统运转？”“如果文化（有时被简单界定为共享知识）在多数情况下是获致的，而非传授的，那些被引入群体中的人如何找到他们‘进入的方式’，从而实现适当水平的共享？”

民族志研究的类型

民族志有多种形式，如告白（confessional）民族志①、生活史、自我民族志、

---

① 正如作者列出的参考文献，“告白民族志”源自范曼南的知名研究《田野故事》（Van Maanen, 1988），是他给出的质性写作的多种故事类型之一：告白故事（confessional tale）。国内多数学者将此译为“忏悔的故事”（如陈向明，2000：《质的研究方法与社会科学研究》，第 354-356 页）。这里的翻译延续何江穗在万卷方法丛书中的另一本《设计质性研究:有效研究计划的全程指导》（2015）中的翻译（第 315 页）。告白民族志的具体论述可参看本书第 9 章中的“民族志研究的写作结构”一节的“整体式结构”。另外，还需要说明的是，本书将民族志取向的学者 Van Maanen 译为“范曼南”，以便与本书涉及的现象学取向的学者 Van Manen（译为“范梅南”）区别。——译者注

女性主义民族志、民族志小说，以及以照片、录像和电子媒介为基础的视觉民族志（Denzin, 1989; Fetterman, 2010; LeCompte, Millroy, & Preissle, 1992; Pink, 2001; Van Maanen, 1988）。这里要强调两种常见的民族志形式：**现实主义民族志**和批判民族志。

现实主义民族志是文化人类学家采用的传统取向。按照范曼南（Van Maanen, 1988, 2011）的讨论，这种形式反映了研究者对被研究个体所持的特定立场。现实主义民族志是对情境的客观记录，通常是以第三人称的角度来写的，其客观地报告了从研究地点的参与者那里获得的信息。按照这一民族志取向，现实主义民族志研究者通过不带情感的声音以第三人称对研究进行叙述，并报告从参与者那里观察到了什么或听到了什么。民族志研究者隐身在研究的背景中，就像对"事实"无所不知的报道者。现实主义者也以克制的风格来报告客观资料，使其尽量不受个人偏见、个人政治目标和个人判断的影响。研究者可能会提供参与者日常生活的普通细节，也可能使用文化描述（如家庭生活、沟通网络、工作情况、社会网络、地位体系）的标准范畴。民族志研究者会对引文进行细致的编辑，以此呈现参与者的看法，研究者对文化最终如何被诠释和呈现具有最终的发言权。

另一方面，对许多研究者来说，当下的民族志采用了"批判主义"的取向（Carspecken & Apple, 1992; Madison, 2011; Thomas, 1993），将倡导变革的视角纳入研究之中。这一取向是对社会的回应，在当今的社会中，权力、声望、特权及权威等系统将不同阶级、种族、性别的个体边缘化了。批判民族志是这样一种类型的民族志研究：作者号召解放社会中的边缘化群体（Thomas, 1993）。批判主义研究者通常是有政治意识的个体，他们试图通过他们的研究来呼吁反对不平等与支配（Carspecken & Apple, 1992）。例如，批判民族志研究者可能会研究给予某些特定类型的学生以特权的学校，或者研究忽视少数群体需求的心理咨询实践。批判民族志的主要成分包括：价值取向的定位、给予人们更多的权威来进行赋权、挑战现状、表达对权力与控制的关注。批判民族志会研究如下议题：权力、赋权、不平等、不公平、支配、压迫、霸权和受害者心理。

进行民族志研究的程序

与所有的质性探究一样，进行民族志研究并不是只有一种方式。与之前相比，当下的学术作品提供了对这一取向的更多指南，如沃尔科特（Wolcott, 2008a）的精彩概述，加西亚、阿特金森和洗屋（Jachyra, Atkinson, & Washiya, 2015）的精要描述。这里要讨论的取向既包括现实主义民族志，也包括批判民族志（图4.5）。下面列出了进行民族志研究需要进行的步骤。

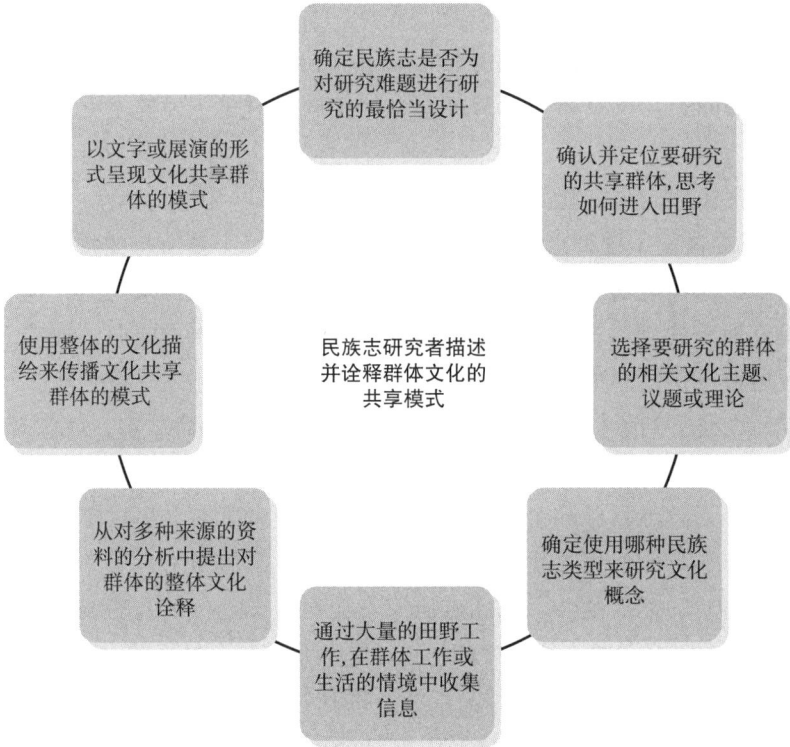

图4.5 进行民族志研究的程序

- 确定研究难题是否最适合采用民族志研究。如果希望描述文化群体如何运作，探究关于这一群体的信念、语言、行为、公共议题（如权力、反抗与支配）等，那么民族志是合适的。由于所研究的群体并非主流，人们可能对这些群体不熟悉，或者由于这些群体的行为方式与众不同，读者对此群体不太认同，研究文献中关于这些群体实际上如何运作的讨论可能不足。

- 确定并定位要研究的文化共享群体。一般来说，所研究群体的成员在一起已经有相当长的时间了，他们共享的语言、行为模式以及态度都已经形成了一套可识别的模式。这些群体也可能是被社会边缘化的群体。因为民族志研究者要花时间与群体成员交谈、观察他们，研究者要先找到群体中的一个或多个个体——看门人（gatekeeper）或关键信息提供者（或参与者），他们愿意介绍研究者进入田野。

- 选择要研究的关于群体的文化主题、议题或理论。这些主题、议题或理论提供了对文化共享群体进行研究的定位和框架，也能为对文化共享群体的分析提供指导。要研究的主题可能包括文化适应、社会化、学习、认知、支配、不平等，或者儿童及成人的发展（LeCompte et al., 1992）。根据哈默斯利和阿特金斯（Hammersley & Atkinson, 1995）、沃尔科特（Wolcott, 1987, 1994, 2008a）和费特曼（Fetterman, 2010）的讨论，民族志研究者以日常场景中人们的互动为起点，进而辨识出普遍的模式，如生命周期、事件及文化主题。

● 确定对文化概念进行研究所使用的民族志类型。研究者也许需要描述群体是如何运作的，或者用批判民族志来揭示诸如权力、霸权等议题，并为特定群体提供支持。例如，批判民族志研究者可能会讨论整个社会或部分社会的不公平，可能会用研究来倡导变革，还可能专门对某些议题进行探究，如不平等、支配、压迫或赋权。

● 在群体工作或生活的情境或场景中收集信息，这就是田野工作（Wolcott, 2008a）。在民族志中，通常需要收集多种类型的信息，需要前往研究地点，尊重那里的个体的日常生活方式，并收集各种各样的材料。尊重、互惠、明确谁是资料的所有者，以及其他田野议题等，对民族志来说都很重要。民族志研究者提出了一些敏感的田野工作议题（Hammersley & Atkinson, 1995），如研究者如何进入田野，如何回报参与者或与之互惠互利，如何进行合乎伦理的研究（例如，研究者诚实地呈现自己的研究并描述研究目的）。勒孔特和申苏尔（LeCompte & Schensul, 1999）将民族志资料的类型分为观察、实验与测量、问卷调查、访谈、内容分析、启发式方法、影音方法、空间绘图，以及网络研究。

● 采用多种来源的资料进行模式分析，进而提出对群体的整体文化诠释。研究者将详细的**对文化共享群体的描述**汇编在一起，这些描述关注单一事件、若干活动或已经存在了相当长时间的群体。民族志研究者接下来会对模式进行主题分析，突显文化群体是如何工作和生活的，研究者最后会呈现"系统如何运作的整体图景"（Fetterman, 2010, p. 10）。费特曼（Fetterman, 2010）描述了厚描[①]对读者的作用，他认为"在理想状况下，民族志研究者会与读者分享参与者对情境的理解。厚描是对文化诠释的书面记录"（p. 125）。这种描述包括对文化概念进行了反思的逐字引用，这些文化概念包括社会结构、亲属关系、政治结构，以及群体成员的社会关系及其功能，这些内容都整合了参与者（**主位** [emic]）和研究者（**客位** [etic]）的观点。

● 以文字或展演的形式来呈现文化共享群体的模式，通常包括对文化共享群体运作的一系列规则或概推的描述，这也可以被称为整体的**文化描绘**。民族志写作是互动式的分析，写作过程从田野工作之初就开始了。一般的报告结构包括以下部分：引言部分，使读者熟悉要研究的文化共享群体；研

[①]本书将"thick description"翻译为"厚描"。在何江穗翻译的万卷方法丛书中的另一本《设计质性研究:有效研究计划的全程指导》（2015，第15页）的"译者注"中，已对这一翻译进行了说明。尽管目前我国学界仍然多使用"深描"，但本书的两位译者仍然认为"厚描"的译法更为恰切。这一概念的提出者格尔茨关注的并不是发掘深层的（deep）意义，而是需要进行丰富的描述，并在丰富的描述中展示各层级意义的累积（thick）。参见：Geertz, Clifford (1973). *The Interpretation of Cultures*. Basic Books。——译者注

究程序部分，提供民族志的理由；资料收集与分析的细节；提出文化解释，这一解释使用了多种方式以描绘文化分析中不断浮现的模式。最终的成果是对群体的整体文化描绘，既包括参与者的角度，也包括研究者的诠释。研究者的诠释可能会强调所研究群体的需求，或提倡社会变革。最终成果的形式可以是文字报告，也可以是展演式的，如戏剧或诗歌。

民族志研究面临的挑战

出于以下原因，民族志研究面临着挑战。研究者必须了解文化人类学、社会-文化系统的意义，以及文化研究通常会探究的概念。文化是一个非定型的术语，不是可以"胡扯"的东西（Wolcott, 1987, p. 41），其是研究者在寻找社会世界模式时所指出的群体属性。这是从群体成员的言语与行动中推导出来的，是由研究者确定的，包括人们做什么（行为）、说什么（语言）、他们的所为与应为之间的张力，以及人们制造与使用的东西，如物品（Spradley, 1980）。正如温思罗普（Winthrop, 1991）在《文化人类学概念辞典》（*Dictionary of Concepts in Cultural Anthropology*）中的论述那样，这些主题是多种多样的。费特曼（Fetterman, 2010）讨论了民族志研究者如何描述群体的历史、宗教、政治、经济及环境等的**整体**视角。

资料收集的时间是很漫长的，要在田野花费相当长的时间。在大多数民族志中，叙事是以文学的方式来写作的，通常是通过讲故事的方式，这种方式可能会限制作品的读者，也可能会给熟悉传统学术写作方式的作者带来挑战。研究者很可能会"过于本土化"，以致无法完成研究，或者无法在研究中掌握好平衡。当民族志研究者深入探究不熟悉的文化群体或系统时，这只是他们在田野工作中要面对的一系列复杂议题中的其中一个。对参与者的需求保持敏感特别重要，研究者也应当报告自己对所研究的人群及地点的影响。关于研究经费如何限制民族志田野工作的时间，以及资料如何影响民族志研究的进行的讨论比比皆是，读者可进行多方面的参考。

案例研究

案例研究的定义

民族志中的整个文化共享群体可以被当作一个案例，但是民族志的意图在于确定文化是如何起作用的，而不是提出对单一案例的深度理解，也不是将案例作为一种特定的例证来对议题或难题进行探讨。因此，案例研究指的是将案例置于真实世界的当下情境或场景中来进行研究（Yin, 2014）。这样的案例可以是具体的实体，如个体、小群体、组织或伙伴关系。在不那么具体的层面，案例可以是社区、关系、决策过程或特定的项目（参见Yin, 2014）。斯特克（Stake, 2005）指出，案例研究不是一种方法论，而是关于要研究什么的选择（即案例在**有界系统**[bounded system]中受到时间和地点的限制）。也有学者将案例研究作为探究策略、方法论或综合性的研究策略（Denzin & Lincoln, 2005; Merriam & Tisdell, 2015; Yin, 2014）。与斯特克（Stake, 2005）类似，托马斯（Thomas, 2015, p. 21）认为："你的案例研究并不是由你用来做研究的方法所界定的，而是由你确定的案例边界所界定的。"

我们选择将案例研究作为一种方法论，即质性研究设计的一种类型，它既可以是具体研究的对象，也可以是探究的成果。案例研究之所以被界定为质性取向，是因为研究者探讨的是有关真实生活的、当下的有界系统（一个案例），或者是长期以来的多重边界系统（多个案例），要进行细节化的、深度的资料收集，涉及**多种信息来源**（如观察、访谈、影音材料、文档及报告）。研究要报告**案例描述**和**案例主题**。案例研究中的分析单位可以是多个案例（**多地点** [multisite] 研究），也可以是单一案例（**地点内** [within-site] 研究）。

案例研究的源流

社会科学家对案例研究的取向比较熟悉，因为案例研究在这些学科中都很流行，如心理学（弗洛伊德）、医学（难题的案例分析）、法学（判例法）、政治科学（案例报告）。案例研究有相当长的、独特的跨学科历史。哈梅尔、迪富尔和福尔廷（Hamel, Dufour, & Fortin, 1993）将现代社会科学的案例研究追溯到人类学和社会学。他们引述了马林诺夫斯基对特罗布里恩群岛的研究、法国社会学家勒普勒的家庭研究，还有芝加哥大学社会学系从20世纪20年代和30年代开始持续到50年代的案例研究（如托马斯和兹纳涅茨基 [Thomas & Znaniecki, 1958] 对在欧洲及美国的波兰农民的研究）。他们把这些研究作为质性案例研究的先声。如今，案例研究者有一大堆教材和方法可供选择。例如，殷（Yin, 2014）支持采用量化取向和质性取向来进行案例研究，并探讨了解释型、探究型、描述型的案例研究。梅里亚姆和提斯德尔（Merriam & Tisdell, 2015）提出了教育学领域中质性案例研究的一般取向。斯特克（Stake, 1995）系统地建立了案例研究的程序，并在他的案例"哈珀学校"中充分运用了这些程序。斯特克（Stake, 2006）最新的研究是在乌克兰、斯洛伐克和罗马尼亚的多案例研究。我们对案例研究取向的讨论主要依靠斯特克（Stake, 1995）和殷（Yin, 2014）的研究，以此来明确这一取向的独特之处。

案例研究的典型特征

对研究文献中的大量质性案例研究进行回顾，我们可以发现这些研究中的多数案例研究的典型特征。

- 案例研究是从确定要描述并分析的特定案例开始的。案例研究的实例包括个体、社区、决策过程或事件。可以选择单一案例，也可以确定多个案例，以便进行比较。一般来说，案例研究者所研究的是当下的、真实的、正处于进行状态的案例，这样，研究者就可以收集准确的信息，而这些信息不会因时间问题而丢失。

● 确定案例的关键是：案例是有边界的。这意味着案例可以在特定的参数系统中被界定和描述。界定案例的参数可以是案例发生的特定地点，可以是案例所处的时间框架。在有些情况下，案例所涉及的特定人群也可以被作为界定的参数。

● 进行案例研究的目标也很重要，以便确定特定类型的研究程序。质性案例研究可以被用于展现特殊的案例，这样的案例通常有其特殊的意义，应当进行描述并提供细节。这类案例被称为内在性（intrinsic）案例（Stake, 1995）。另一方面，案例研究的目标可以是理解某个特定的议题、难题或关切（如青少年怀孕），所选中的一个或多个案例被认为最适合理解这些难题。这类案例被称为工具性（instrumental）案例（Stake, 1995）。

● 好的质性案例研究的标志是它呈现了对案例的深度理解。为了实现这一点，研究者收集并整合了多种形式的质性资料，包括访谈、观察、文档、影音材料。只依赖于一种资料来源通常不足以提出深度的理解。

● 在案例研究中，如何对资料进行分析有不同的选择。一些案例研究会对案例中的多个单位（如学校、学区）进行分析，另一些案例研究则会报告整个案例（如学区）的情况。一些案例研究者会选择多个案例来进行分析和比较，而一些研究者只分析单一案例。

● 发展出案例描述的关键是确定案例主题。这些主题可以代表每个案例研究的议题或特定情况。案例研究报告里完整的研究发现小节不仅应该包括对案例的描述，还应该包括研究者在案例研究中要揭示的主题或议题。研究者可以将案例主题按照时间序列来进行组织，可以做跨案例分析，以便找到案例之间的相似及差异之处，也可以将其呈现为理论模型。

● 案例研究通常由研究者提出的结论来收尾，这些结论与案例所传达的总体意义有关。斯特克（Stake, 1995）将此称为**论断**（assertions），殷（Yin, 2009）则将此称为"模式"或"解释"。我们认为这些都是通过案例研究所得出的一般性经验或教益。

案例研究的类型

可以按照有界案例的分析焦点来对质性案例研究的类型进行划分，例如，案例是研究一个个体、多个个体、群体、整个项目，还是一次活动。也可以按照案例分析的目标来对案例研究进行划分。存在三种不同的目标：单一**工具性案例研究**、集合案例或多案例研究、**内在性案例研究**。

在单一工具性案例研究中，研究者集中于一个议题或关切，并选择一个有界案例来阐释这一议题。斯特克将他对工具性案例的运用描述为存在"研究问题、困惑、对一般理解的需求，并认为通过研究一个特定案例，可以获得对该问题的洞见"（Stake, 1995）。阿斯穆森和克雷斯维尔（Asmussen & Creswell, 1995）运用了工具性案例研究来探讨校园暴力议题，并使用了单一工具性案例来详细展示校方对潜在暴力事件的反应。研究发现基于多种信息来源提出了五个主题（否认、恐惧、安全、再次触发、校园预案），还根据校园社群对枪击事件（本书的第 1 章简单提及了这一事件，第 11 章将进一步探讨）首要的回应给出了两个论题：组织和社会心理。这一案例研究不应被视为内在性案例研究，因为非常不幸的是，校园枪支暴力的现象在多个高校都存在。

在**集合案例研究**（或多案例研究）中，也要选择一个议题或焦点，只不过研究者选择研究多个案例来对这一议题进行阐述。研究者可以选择研究来自多个研究地点的数个项目，或者来自同一个地点的多个项目。通常，研究者会有意识地选择多个案例，以展示同一议题的不同视角。有些研究者（Lieberson, 2000）提倡运用小规模比较案例，以提出以其他方式难以得出的结论。殷（Yin, 2009）建议多案例研究设计要采用重复逻辑，其中，研究者对每个案例研究都重复相同的步骤。通常情况下，质性研究者并不愿意将一个案例中的发现推广到另一个案例，因为案例的情境是不同的。然而，为了实现最佳概推，研究者需要在质性研究中选择有代表性的案例。例如，某项多案例研究关注的是关系模式及管理实践，涉及英国的 4 个疗养院，包括 406 位主管和工作人员，研究者进行了 6 个月的研究（Anderson, Toles, Corazzini, McDaniel, & Colón-Emeric, 2014）。研究发现表明，要提升提供更好的居住式照护的能力，需要采取积极的互动策略。这一研究还指出，员工之间的积极互助是提高照护质量的前提条件。

案例研究的最后一种类型是内在性案例研究，这种类型关注的就是案例本身（如对项目进行评估、研究陷入困境的学生；参见 Stake, 1995），因为案例本身就代表了一种不常见的或独特的情况。这与叙事研究的关切有相似之处，但是案例研究强调，对案例的详细描述进行分析的程序应被置于案例的情境或环境中。对互联网毒品市场的"丝绸之路"进行的研究是一项内在性案例研究的实例。这一研究讨论了个体使用者"在互联网购买毒品的动机，接触并使用互联网的经历，毒品的信息来源、购买决策及使用互联网购买毒品的场景与结果，以及关于安全的看法"（Van Hout & Bingham, 2013, p. 383）。研究发现表明，通过互联网上的"丝绸之路"购买毒品的方式，跟传统的互联网购买及街头购买相比，在关系、参与以及安全感方面都存在差异。研究还发现，使用"丝绸之路"能在消费者决策和减少伤害方面最大限度地发挥效用。

进行案例研究的程序

进行案例研究可以有多种程序（参见 Merriam & Tisdell, 2015; Stake, 1995; Yin,

2009, 2014）。这里的讨论主要参考了斯特克（Stake, 1995）和殷（Yin, 2014）的案例研究取向（图4.6）。对于从初学者视角对案例研究进行的简要描述，可以参见巴克斯特和杰克（Baxter & Jack, 2008）的著述。

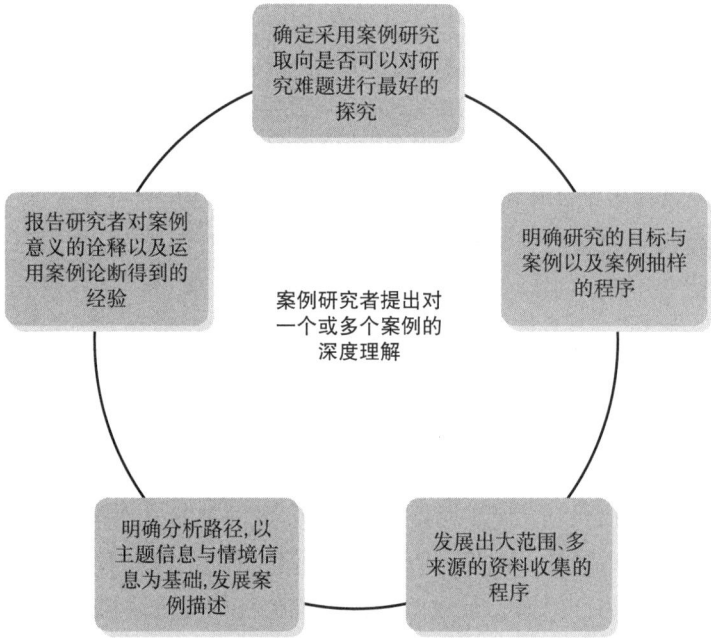

确定采用案例研究
取向是否可以对研
究难题进行最好的
探究

报告研究者对案例
意义的诠释以及运
用案例论断得到的
经验

案例研究者提出对
一个或多个案例的
深度理解

明确研究的目标与
案例以及案例抽样
的程序

明确分析路径,以
主题信息与情境信
息为基础,发展案
例描述

发展出大范围、多
来源的资料收集的
程序

图4.6　进行案例研究的程序

- 确定研究难题是否最适合采用案例研究。当研究者已经有了清晰可辨的有界案例，并力图提出对案例的深度理解，或是当研究者需要在案例间进行比较时，案例研究是很好的选择。

- 明确研究的目标，并选择案例。在进行案例研究时，我们建议研究者考虑案例研究的目标与类型——单一案例还是集合案例、多地点案例还是地点内案例，关注的是案例还是议题（内在性案例或工具性案例），这种做法是有意义且有帮助的。所挑选的案例可以是一个个体、多个个体、项目、事件或活动（Stake, 1995; Yin, 2009），选择案例时采用的是**目的抽样**（purposeful sampling），存在一系列可能。我们通常会选择可以反映出难题、过程、事件的不同视角的案例（称目的最大化抽样；参见 Creswell, 2012），然而普通案例、可接触的案例，或不同寻常的案例仍然是可行的选项。

- 发展出进行大范围、多来源的资料收集的程序。常见的信息来源包括观察、访谈、文档，以及影音材料。殷（Yin, 2014）推荐了可以收集的六类信息：文档、档案记录、访谈、直接观察、参与观察、实体物品。

- 具体说明将案例描述与分析主题及情境信息结合在一起的分析路径。资料分析的类型可以是对整个案例的**整体分析**，也可以是对案例特定方面的**嵌**

入式分析（Yin, 2009）。通过资料收集与分析，对案例的细节描述（Stake, 1995）不断浮现，其中，研究者详细探讨了以下方面：案例的历史、事件的时间序列、案例逐日的活动记录。例如，第 11 章的枪击事件的案例研究追踪了这桩悲剧的校园事件之后的两周内，校园各方对此事件的回应。接下来，研究者可能关注了若干关键议题（或**分析主题**、案例主题）。这并不是要超越案例进行概推，而是要理解案例的复杂性。一种分析策略可以是确定每个案例的议题，接下来再寻找超越这些案例的共同主题（Yin, 2009）。这种分析在案例所处的**案例情境**或场景方面会呈现很丰富的内容（Merriam, 1988）。选择多案例的时候，通常的形式是先提供每个案例及案例中主题的细节描述，即**案例内分析**，然后进行跨案例的主题分析，即**跨案例分析**，也会对案例的意义进行论断或诠释。案例的意义或者来自案例的主题（工具性案例），或者源于不寻常的情况（内在性案例）。如林肯和古巴（Lincoln & Guba, 1985）所言，这一阶段是由来自案例的经验教训所组成的，斯特克（Stake, 1995）将此描述为论断。斯特克（Stake, 1995, p. 123）关注对与案例陈述相关的经验教训做出的论断："将相对而言未经诠释的观察整个呈现出来之后，我会总结我对案例的理解，并明确我关于这个案例的概推在概念层面或者信度水平上发生了怎样的变化。"

● 以书面形式对案例研究以及使用案例论断得到的经验或教益进行报告。在撰写案例描述时，要纳入反思的过程。我们的经验是：开始得越早，就越容易完成。当然，对个别研究而言，存在"哪种方式最好？"的问题，并且，这一问题会被研究论断所形塑。我们采纳了斯特克（Stake, 1995, p. 122）提出的建议："对报告进行组织时，需要考虑读者是谁。"报告的一般结构包括：开头的简介（entry vignette），以便读者了解案例所处的情境；引言部分，帮助读者熟悉研究的主要特点，包括合理性和程序；对案例及其情境的叙事描述，案例的情境可以包括对理解案例很重要的历史信息和组织信息。接下来，对议题的描述会借鉴不同的资料来源，并将其与研究者自己的诠释整合在一起，还需要呈现证实及证伪的证据，并在此后呈现对案例的总体论断。最后，可以在报告末尾给读者提供一段结束语。斯特克将结束语的目的描述为让读者注意到特定案例的情境。他说："我喜欢以经验性的注解作为结尾，提醒读者，这篇报告只是关于某个人的遭遇。"（Stake, 1995, p. 123）

案例研究面对的挑战

质性案例研究的一个内在挑战是研究者必须确定案例。选中的案例在范围上可以很广（如男童子军组织），也可以很窄（如某个大学的决策过程）。案例研究者必须决定要研究哪个有界系统。就案例选择而言，要明确可能会有若干可能，并且意识到：无论是研究案例还是研究议题，不管是选中哪一个还是哪几个，这些对象都是值得研究的。研究者还需要决定是研究单一案例，还是多个案例。随着多案例研究的普及，以下三个议题变得很重要：资源限制、案例选择、跨案例分析。考虑资源的限制（即时间和资金）并不奇怪。每多出一个案例，分析的工作量就会增加。在一项研究中，案例数量越多，对单个案例的分析就会越浅薄。当研究者选择多案例时，就需要考虑——要用几个案例？这个问题并非只有一个答案。然而，研究者通常不会选择多于四个或五个案例。可推论性（generalizability）的观念会鼓励研究者考虑多个案例，不过这个术语对大多数质性研究来说没有什么意义（Glesne & Peshkin, 1992; Lincoln & Guba, 2000）。最后，"什么引导了跨案例分析？"在对单一案例的分析中，我们是按照工具性目标或内在性目标来进行研究的；在多案例研究中，并不是总有这类明确的目标。斯特克（Stake, 2006, p. 4）在这个方面提供了重要的指示，他使用了靶子（quitain）这一概念。斯特克将此描述为跨案例的"要研究的对象或现象"，他认为研究者应当尽早确定这一点，并以此来指导案例的选择。

案例的选择要求研究者提供采用目的抽样的理由，以使案例选择及收集案例相关信息的策略正当化。收集的信息要足够多，才能呈现案例的深度图景，许多案例研究的价值正是因此受到了限制。在设计案例研究时，我们会让研究者设计一个资料收集矩阵，他们会在其中明确自己希望收集的与案例相关的信息总量。确定案例的"边界"——明确案例如何受到时间、事件和过程的限制——也很具有挑战性。有些案例也许并没有明确的起点与终点，必须由研究者来为案例设置明确的边界。

一直以来，困扰案例研究的问题都集中在严谨性方面。也有确凿的证据表明存在质量较差的案例研究，我们应确保自己不会再重蹈覆辙。在过去三十年中，案例研究得到了越来越多的认可。一个证据是采用案例研究方法的研究报告发表得更多了，也有了更多可用的参考书（如Thomas, 2015; Yin, 2014）。最近出版的《案例研究百科全书》（*Encyclopedia of Case Study Research*）的主编（Mills, Durepos, & Wiebe, 2010）明确表达了他们的目的是鼓励学界使用案例研究方法。若干出版物也意图为这种取向的初学者提供指导（例如，Baxter & Jack, 2008; Flyvbjerg, 2006）。

对五种取向进行比较

五种取向在一般的研究过程上有一些共同点，它们是以研究难题为起点，然后推进到问题、资料、资料分析及诠释、研究报告。从这一点上看，质性研究者会发现：能看到五种取向的概貌是很有帮助的。从对五种取向的这些概述中，我们可以确认不同类型的质性研究的根本差异。在本章的最后，我们对五种取向进行了比较，包括基本考量的维度（表4.1）、资料程序（表4.2）、研究报告（表4.3）。

在表4.1中，我们从四个维度对五种取向的基本考量进行了区分。在最基础的层面，这五种取向在它们要实现的目标上——它们的关注点或研究的主要目的——存在差异。对生活进行探究，与发展理论或描述文化群体的行为是截然不同的。你也需要注意到研究设计中存在一些潜在的相似之处。当分析单位是单个个体的时候，叙事研究、民族志、案例研究看起来就会很相似。确实，研究者可以选择这三种取向中的任何一种来对单个个体进行研究，但是，研究者要收集并分析的资料的类型则存在显著的差异。在叙事研究中，研究者关注的是个体讲述的故事，还要将这些故事组织起来，通常是按照时间序列来组织；在民族志中，研究的焦点是将个体的故事放在其所处的文化及文化共享群体之中；在案例研究中，单个案例通常被挑选出来以展示某个议题，研究者会撰写对案例场景的细节描述。如果研究者希望研究单个个体，那么我们推荐的取向是叙事研究或者单案例研究，因为民族志需要呈现出更为广泛的文化图景。接下来，再对针对单一个体的叙事研究和单案例研究进行比较，我们会认为叙事取向看上去更合适一些，因为叙事研究倾向于关注单个个体，而案例研究通常会涉及一个以上的案例。提出一个或多个研究问题的过程有助于判断特定取向是否适合要研究的难题。此外，尽管在学科起源上存在一些重叠，有些取向只基于有单一的学科传统（如源自社会学的扎根理论、以人类学或社会学为基础的民族志），而另一些取向则有宽泛的跨学科背景（如叙事研究、案例研究）。

表4.1 比较五种取向的基本考量

基本考量	叙事研究	现象学研究	扎根理论研究	民族志研究	案例研究
各取向的研究焦点	探究个体的生活	理解经验的本质	提出扎根于田野资料的理论	描述并诠释文化共享群体	对单个案例或多个案例进行深度描述与分析
分析单位	研究一个或多个个体	研究共享某一经历的几个个体	研究涉及许多个体的过程、行动或互动	研究分享共同文化的群体	研究事件、项目、活动，或一个以上的个体
最适合的研究难题的类型	需要讲述关于个体经历的故事	描述生活现象的本质	将理论扎根于参与者的观点之中	描述并诠释群体的文化模式	提出对一个或多个案例的深度理解
学科起源的性质	源自人文学科，包括人类学、文学、历史学、心理学和社会学	源自哲学、心理学和教育学	源自社会学	源自人类学和社会学	源自心理学、法学、政治科学和医学

这些取向采用了相似的资料收集过程，都在不同程度上涉及访谈、观察、文档及影音材料（表4.2）。这些取向之间的差异体现在各自的重点（如民族志更强调观察，扎根理论更强调访谈）以及资料收集的范围（如现象学只采用访谈，而案例研究则采用多种形式的材料，以提供深度的案例图景）上。在资料分析阶段，各取向的差异最为显著。各取向不仅在分析阶段的具体程度上泾渭分明（如扎根理论最为具体，而叙事研究就没那么清晰），而且所采取的资料分析步骤也多少有些不同（如现象学中的步骤相当多，而民族志的步骤则少一些）。

表4.2 比较五种取向的资料程序

资料程序	叙事研究	现象学研究	扎根理论研究	民族志研究	案例研究
资料收集的形式	主要使用访谈和文档	主要使用个体访谈，尽管也会考虑文档、观察，甚至艺术作品	主要访谈 20~60人	主要使用观察和访谈，但在长时间的田野工作中也可能收集其他资料	使用多种资料来源，如访谈、观察、文档、物品
资料分析的策略	分析资料是为了对故事进行"重新故事化"、提出主题，通常会参照时间序列	分析资料，以做出重要判断，明确意义单位、纹理描述和结构描述，以及对"本质"的描述	通过开放编码、主轴编码和选择编码来进行资料分析	通过对文化共享群体的描述以及关于群体的主题来分析资料	通过对案例的描述、案例的主题以及跨案例的主题来分析资料

每种取向的研究报告，即书面报告，都受到之前的研究过程的影响（表4.3）。关于个体生活的故事构成了叙事研究。对特定现象的经验本质进行描述，就是现象学。理论通常是以可视化模型的形式来展示的，其会在扎根理论中浮现，而文化共享群体的整体图景则构成了民族志。对有界系统或单个案例（或多个案例）的深入研究，是为案例研究。书面报告的一般结构可被用于学术期刊论文的设计。然而，因为这些书面报告的结构都有多个步骤，它们也可以被用作博士论文或研究专著的章节。我们在这里讨论差异，是因为读者对每种取向的概况都有了一定了解，现在也能够粗略地描绘每种取向的一般"体系结构"。当然，这类体系结构也是不断浮现的，而且会被不同的研究结论所形塑，但是这一结构依然提供了研究设计可以遵循的框架。就每种取向而言，引言部分描述了研究的特定焦点。对所有取向来说一致的是，引言部分有助于使读者熟悉研究难题和研究问题。接下来就要对研究程序进行概括，通常包括使用某一取向的理由，以及与研究相关的资料程序的细节。

表 4.3　比较五种取向的研究报告

研究报告	叙事研究	现象学研究	扎根理论研究	民族志研究	案例研究
书面报告的引言	关注参与者以及故事的性质	关注对现象的解释	关注理论所力图解释的过程（或行动）	关注要研究的文化共享群体	开头使用简介，接下来关注案例的主要特点
对研究程序的描述	陈述理由、个体经历的意义以及与资料相关的程序	陈述理由、哲学假定以及与资料相关的程序	陈述理由以及与资料相关的程序	陈述理由、类型以及与资料相关的程序	陈述理由、类型以及与资料相关的程序
研究结果的组织	使用多种方式来讲述故事，包括重新故事化、理论化以及叙事片段	使用重要陈述来报告现象是如何被经历的，并讨论主题的意义	提出理论，包括开放编码、范畴、主轴编码、选择编码、理论命题以及模型	用逐字引文来描述文化并分析文化主题的模式	先对案例进行宽泛的描述，然后提出案例中的关键议题（主题或议题）
结论的形式	对意义的模式进行诠释	对经验的"本质"进行描述	推进理论	使用文化描绘来描述文化共享群体是如何运作的	对案例研究做出论断，在结尾提供结束语

　　你要注意到每种取向都有特定的组织框架，并且研究结果的呈现极为多样。在各种取向中，都要给出深度描述，但是描述的组织方式各有不同：叙事研究会使用时间序列来讲故事，现象学则使用重要陈述作为组织结构来报告现象是如何被经历的。同样，各取向报告结论的方式也有差异：案例研究通常会在结尾使用结束语，而现象学则通常使用文化描绘来概括总体诠释和得到的经验教训，提出可以呈现本质的那些具体问题。这些结构在当下应该被视为一般性的模板。在第 5章，我们将讨论五篇学术期刊论文，每一篇都展示了一种取向，我们还会进一步探讨每种取向的写作结构。

章节要点

1. 每种取向最适用的研究难题是什么？

● 列出你感兴趣的三个不同的研究难题。从确定研究焦点开始，明确哪一种取向更合适。草拟一个研究问题，这个具体的问题应当契合与这个研究难题相关的每种可能的取向。你能明确具体研究问题之间的微妙差异吗？

2. 在一篇使用了五种取向之一的学术期刊论文中，你能找出这一取向的哪些典型特征？

- 仔细阅读一篇明确其使用了五种取向之一的质性学术期刊论文，如休伯和惠兰（Huber & Whelan, 1999）的叙事研究，多伊尔、普利和布林（Doyle, Pooley, & Breen, 2012）的现象学研究，利珀特和路特（Leipert & Reutter, 2005）的扎根理论研究，米勒、克雷斯维尔和奥兰德（Miller, Creswell, & Olander, 1998）的民族志研究，彻格温（Chirgwin, 2015）的多案例研究。可以根据本章提出的"典型特征"的要素，对文章进行评述，并明确文章中哪些部分体现了这一特定取向的典型特征。你是否发现文章并未体现某些典型特征？或者其中出现了新的典型特征？

Chirgwin, S. K. (2015). Burdens too difficult to carry? A case study of three academically able indigenous Australian Masters students who had to withdraw. *International Journal of Qualitative Studies in Education*, 28, 594–609. doi: 10.1080/09518398.2014. 916014

Doyle, J., Pooley, J. A., & Breen, L. (2012). A phenomenological exploration of the childfree choice in a sample of Australian women. *Journal of Health Psychology*, 18, 397–407. doi: 10.1177/1359105312444647

Huber, J., & Whelan, K. (1999). A marginal story as a place of possibility: Negotiating self on the professional knowledge landscape. *Teaching and Teacher Education*, 15, 381–396. doi: 10.1016/S0742–051X(98)00048–1

Leipert, B. D., & Reutter, L. (2005). Developing resilience: How women maintain their health in northern geographically isolated settings. *Qualitative Health Research*, 15, 49–65. doi: 10.1177/1049732304269671

Miller, D. L., Creswell, J. W., & Olander, L. S. (1998). Writing and retelling multiple ethnographic tales of a soup kitchen for the homeless. *Qualitative Inquiry*, 4(4), 469–491. doi: 10.1177/107780049800400404

3. 五种取向各有哪些资源能帮助撰写你的研究开题报告？

- 从五种取向中选择一种，写下关于这一取向的简短描述，包括其定义以及这一取向的研究程序。至少列出五条参考文献，以确保你的开题报告的内容足够扎实。你是否能找到至少两条最新的参考文献？

4. 你知道五种研究取向的研究焦点、研究程序和写作结构吗？

- 评估你打算进行的一项质性研究。先以叙事研究的方式来进行陈述，然后将其转换为现象学研究、扎根理论研究、民族志研究，最后转换为案例研究。按照研究焦点、资料收集和分析的程序来比较它们之间的异同。你能对不同取向的书面报告的不同结构形式进行讨论吗？

小 结

在这一章中，我们介绍了五种质性探究的取向：叙事研究、现象学研究、扎根理论研究、民族志研究、案例研究。在对每一种取向的描述中，我们都讨论了其焦点及定义、该取向的发展史、典型特征，还有其主要形式以及按该取向进行研究的主要程序的细节。最后，我们讨论了按每种取向进行研究要面临的主要挑战、当前的新方向，以及关键资源。为了强调这些取向之间的一些差异，我们绘制了比较表格，对比了各取向必须考虑的基本考量（研究焦点、分析单位、研究难题的类型、学科起源的性质）、资料程序（资料收集的形式和资料分析的策略）、研究报告（研究结果以及书面报告的结构）。在下一章中，我们将考察五篇论文，每篇文章都展示了一种取向，我们还将仔细审视每种取向的写作结构。

扩展阅读

有些阅读材料可以扩展对五种探究取向的简短概述。在第 1 章，我们列出了用于讨论每种取向的一些关键书籍。在这一章，我们会扩展每一种质性取向的书单。这些书单并不完备，我们鼓励读者在书末的参考文献中寻找补充阅读材料。

叙事研究

Clandinin, D. J., & Connelly, F. M. (2000). *Narrative inquiry: Experience and story in qualitative research*. San Francisco, CA: Jossey-Bass.

两位作者在全书各个地方都讨论了很有帮助的参考文献，描述了他们自己成为叙事研究者的学术旅程。对叙事研究的初学者而言，最有帮助的是最后一章。这一章讨论了叙事探究的一些持久的关切，并对叙事研究中的伦理问题进行了全面的探讨。

Czarniawska, B. (2004). *Narratives in social science research*. Thousand Oaks, CA: Sage.

在这本重要的书中，作者探讨了叙事的多种使用方式以及分析方法。特别有帮助的是，她使用了自己的研究实例以通过概念化、讲故事等方式来展示概念。

Daiute, C. (2014). *Narrative inquiry: A dynamic approach*. Thousand Oaks, CA: Sage.

作者使用了实例、活动和窍门，以展示她所说的"动态叙事探究"的基本框架。需要特别注意的是，在书中，她如何以日常生活的实践为基础，建立与叙事研究的联系。

现象学研究

Giorgi, A. (2009). *A descriptive phenomenological method in psychology: A modified Husserlian approach.* Pittsburgh, PA: Duquesne University Press.

作者使用了一些研究实例作为例证，以提供描述性现象学方法的实践步骤。对于那些在心理学领域工作的人来说，该书是基本的阅读书目。

Stewart, D., & Mickunas, A. (1990). *Exploring phenomenology: A guide to the field and its literature* (2nd ed.). Athens: Ohio University Press.

在这本书里，两位作者提供了对胡塞尔、海德格尔以及20世纪上半叶现象学多种源流的基本介绍。他们对内在于现象学的传统挑战进行了讨论，这一讨论对读者来说特别有帮助。

Van Manen, M. (1990). *Researching lived experience: Human science for an action sensitive pedagogy.* Albany: State University of New York Press.

作者在描述现象学传统的同时，也展示了进行现象学研究的方法及过程。该书的主要贡献在于第5章集中讨论了现象学的写作问题。

扎根理论研究

Birks, M., & Mills, J. (2015). *Grounded theory: A practical guide* (2nd ed.). Thousand Oaks, CA: Sage.

两位作者在书中使用了图表以及其他适宜学习的形式来帮助读者理解。特别是，其中批判式的思考问题能引导读者对材料进行评估，"扎根理论之窗"这一栏目也提出了一些重要的观点。

Bryant, A., & Charmaz, K. (Eds.). (2007). *The SAGE handbook of grounded theory.* Thousand Oaks, CA: Sage

对某种取向的初学者来说，手册通常是系统知识的起点。两位主编提供了进行扎根理论研究实践的有益指导。我们发现有些章节特别值得重视：其中一章是两位主编所撰写的扎根理论的发展历史，还有一章是劳拉·伦珀特（Lora Lempert）对撰写备忘录的讨论。

Clarke, A. E. (2005). *Situational analysis: Grounded theory after the postmodern turn.* Thousand Oaks, CA: Sage

为了体现她的思考，作者使用了生动的图表来帮助读者理解其中的复杂性。其中的独特之处在于她对情境的概念化，包括缺失资料（如环境因素），以及通常被视为情境的那些内容。

民族志研究

Atkinson, P. (2015). *For ethnography*. Thousand Oaks, CA: Sage.

该书的中心是民族志研究中的田野工作。作者为民族志田野工作的进行提供了浅显易懂的指导准则。

Madison, D. S. (2011). *Critical ethnography: Method, ethics, and performance* (2nd ed). Thousand Oaks, CA: Sage.

作者运用三个案例，针对理论在批判民族志的计划过程中的作用，提出了重要的洞见。

Wolcott, H. F. (2010). *Ethnography lessons: A primer*. Walnut Creek, CA: Left Coast Press.

沃尔科特通过回顾其民族志研究生涯的五个阶段，包括他与著名人类学家的个人接触，呈现了民族志研究的挑战与成就。其中的重要贡献是他自己和他的学生们所经历的伦理困境，以及与所有质性研究者都密切相关的一些经验教训。

案例研究

Gomm, R., Hammersley, M., & Foster, P. (2000). *Case study method*. Thousand Oaks, CA: Sage.

三位主编集合了许多作者对案例研究的实践和挑战所进行的讨论。需要特别指出的是，林肯和古巴（Lincoln & Guba）对可推论性进行讨论的章节、利伯森（Lieberson）关于案例比较的章节都很有价值。

Stake, R. E. (2006). *Multiple case study analysis*. New York, NY: Guilford Press.

该书以多案例研究为焦点，这是很少见的。但作者还是纳入了一章对单案例的讨论。这本书引导读者进行多案例研究的实例操作（还提供了工作记录表）：跨国的"逐步案例研究项目"。

Thomas, G. (2015). *How to do your case study* (2nd ed.). Thousand Oaks, CA: Sage.

作者提供了关于如何阅读、设计以及实施案例研究的一份浅显易懂的指南。特别值得注意的是，他使用了实例来展示案例研究的目标是如何聚焦的。

第5章　五种不同的质性研究

我们常常发现，学习质性研究写作最好的方式是：阅读几篇优秀的质性研究的学术期刊论文，并仔细考察这些文章的写作方式。例如，如果有个研究者计划进行扎根理论研究，我们就会建议他/她收集大约二十篇扎根理论的期刊论文，仔细研究每一篇，从中选出最完备的、体现了所有扎根理论的典型特征的那篇，并按照那篇文章的模式来安排自己的研究项目。这一过程对采用其他质性探究取向（诸如叙事研究、现象学研究、民族志研究或案例研究）的研究者也同样有效。作为这种理想模式的简化版本，我们在这一章里会向你推荐每种取向的范例论文，以推动你逐步建立起这样的论文收藏集。

我们把这些文章放在了附录二到附录六中，每一篇都代表了本书所讨论的质性取向的一种类型。我们认为最好的方式是先阅读附录里的全文，然后再返回来阅读我们对这些论文的总结，这样就可以将你的理解与我们的理解进行比较。接下来，可以阅读我们对这些文章的分析：这些文章为何能构成这种研究取向的优秀范例？它们如何将第4章中介绍的那些典型特征整合在一起？本章在结论处讨论了研究者在进行一项质性研究时为什么会选择一种取向，而不是另一种。本章最后还列出了一些可供进一步阅读的范例。

本章讨论的第一篇论文是附录二中陈（Chan, 2010）的文章。这项优秀的叙事研究的研究对象是华裔移民学生张爱梅（Ai Mei Zhang，张爱梅为音译），该研究探讨了她在加拿大读中学的经历，以及她与家人的互动。附录三展示的是第二篇论文，是安德森和斯宾塞（Anderson & Spencer, 2002）开展的现象学研究，这是一项针对艾滋病患者的研究，研究内容包括他们对这一疾病的理解及思考方式。附录四中的第三篇文章是哈里等（Harley et al., 2009）进行的扎根理论研究。这项研究是关于非裔美国女性把体育锻炼与她们的生活方式整合起来的行为过程。很明显，这项研究提出了一个理论框架，对将关键因素在过程中结合起来的路径进行了解释。第四篇文章是附录五中的马克·安·格尔和海伍德（Mac an Ghaill & Haywood, 2015）的民族志研究，这篇文章是关于在英国出生的巴基斯坦裔及孟加拉裔的穆斯林中的年轻男性在21世纪后期所面临的文化环境的变化。穆斯林中的年轻男性在快速变化的英国的成长经历，会影响他们作为更广泛的社会共同体成员的身份认同。附录六是弗里林（Frelin, 2015）的质性案例研究。这篇文章描述并讨论了三个主题（信任关系、人际关系及学生的自我形象），这些内容都与教师的关系实践有关，这项研究中的教师与经历过学校教育失败的那些学生就教学关系进行了协商。我们在第4章中讨论了每种取向的典型特征，这些文章都是展示这些特征的有效例证，因此它们被选中作为本章要讨论的范例。我们也考虑了这些范例所涉及的学科、地理位置及研究对象的多样性。

本章讨论的问题

- 叙事研究的范例讲述了什么样的故事？
- 现象学研究的范例考察的是什么经历？
- 扎根理论研究的范例中逐渐出现的是什么样的理论？
- 民族志研究的范例研究的是怎样的文化共享群体？
- 案例研究的范例考察的是怎样的案例？
- 五种取向的中心特点有哪些差异？
- 在进行一项特定的具体研究时，研究者如何在五种取向中进行选择？

叙事研究（Chan, 2010；附录二）

Chan, E. (2010). Living in the space between participant and researcher as a narrative inquirer: Examining ethnic identity of Chinese Canadian students as conflicting stories to live by. *The Journal of Educational Research*, *103*, 113–122. doi: 10.1080/00220670903323792

　　这是华裔移民学生张爱梅的故事。在研究开展时，她在加拿大多伦多的湾街学校念七年级和八年级。研究者选择爱梅进行研究，是因为可以借助爱梅的例子来探究来自教师、朋辈和家人的期待会如何影响一个人的族群身份认同。爱梅讲述了关于她生活中的一些特定事件的故事，研究者的叙事研究就是以这些故事和在爱梅班级中的观察为基础的。研究者也对爱梅和其他学生进行了访谈，撰写了大量的田野笔记，并积极参与了爱梅学校组织的活动（如"多元文化之夜"）、爱梅的家庭聚餐，还加入了爱梅与同班同学在教室里的对话。研究者最重要的兴趣在于对在资料收集过程中出现的冲突故事进行探究。

　　作者引用了学校的人口学资料，以此作为研究的起点，并表明有必要更好地理解移民和少数族群学生在家庭与学校之间进行日常转换的生活经历。作者以杜威哲学（Dewey, 1938）中关于经历与教育的相互关联的思想作为这个三维叙事探究空间（Clandinin & Connelly, 2000）的理论基础。在这项研究中，作者遵循了克兰迪宁等（Clandinin et al., 2006）的程序，描述了孩子与教师交织在一起的生活。

　　根据对这些资料进行的主题分析，作者呈现了几个冲突故事：友谊中的张力，因为爱梅的母语被认为是学习英语的阻碍，爱梅在学校隐藏了她的母语；语言使用方面的压力，爱梅需要在学校学习普通话，在家被要求说她母亲那边的方言；多重冲突的影响，如父母对行为的期望与学校朋辈的期望之间的冲突，协助家庭做生意的家庭需求与完成作业、准备考试及其他任务的教师期望之间的冲突。研究者对自己进行这项研究的经历进行了反思，以此作为研究发现的最终要点，例如，她参与的不同活动如何形塑了她的理解，她如何抓住机会建立了信任关系，她如何协商她与爱梅之间的关系，她如何产生了想支持这名中学生的想法。最后，这项研究有助于理解移民或少数族群学生面临的挑战，有助于理解学生、教师、朋辈及家长的期望的相互作用，有助于理解这些互动如何影响了族群共同体中的个人价值。在更宽泛的意义上，这项研究为那些与多元学生群体一起工作的教师及行政人员提供了指导信息，并且提供了一个"以生活为基础的文学叙事"的实例（Chan, 2010, p. 121）。

　　这篇文章很好地展示了第4章介绍的叙事研究的典型特征（Clandinin, 2013; Riessman, 2008）：

- 研究者收集了来自单个个体的故事，即来自中国的移民学生张爱梅的故事。
- 研究者明确了故事的收集方式是合作式的，研究者与参与者在研究过程中建立的关系也是合作型的。
- 研究者选择关注这一个体的经历，更确切地说，是关注这位学生的文化认同以及她的父母、朋辈和教师如何形塑了这一认同。
- 研究者对地点或者说湾街中学的物理环境及社会情境进行了讨论，叙事中所报告的多数事件都发生在这个地方。
- 研究者建立了信息的确证基础，可以通过不同形式的资料，如个人观察、访谈、田野笔记以及对事件的参与，对文化认同进行探究。
- 研究者采用主题分析来报告这名学生、她的父母和学校"发生了什么"。
- 研究者收集了2001年秋季到2003年6月这一段时间的资料，这样就有充足的机会来考察在这段时间里展开的那些事件。然而，叙事的建构并不是要报告主题的时间序列。在阅读这些叙述时，很难判断某个主题（如在新生培训中隐瞒自己会使用的语言）是出现在另一个主题（如家人在饭桌上的交谈既使用在学校学习的普通话，也使用福建家乡话）之前还是之后。
- 研究者强调在每个主题中都会出现特定的张力（如在家说福建话还是说普通话的张力）。然而，整个叙事的故事情节中并没有特定的转折点或关键时刻。

现象学研究（Anderson & Spencer, 2002；附录三）

Anderson, E. H., & Spencer, M. H. (2002). Cognitive representations of AIDS: A phenomenological study. *Qualitative Health Research*, *12*, 1338 – 1352. doi: 10.1177/1049732302238747

　　这项研究讨论了艾滋病患者对他们自身疾病的理解及认知呈现。研究者对这一主题进行探究，是因为理解这些个体如何呈现艾滋病以及他们对这一疾病的情感反应，会对他们的治疗产生影响，可以减少他们的高风险行为，并提高他们的生活质量。因此，这项研究的目的是"在现象学的情境中探究患者的经验以及他们对艾滋病的认知呈现"（Anderson & Spencer, 2002, p. 1339）。

　　作者从数百万人感染了 HIV 的背景出发，对这项研究进行介绍。两位作者提出了一个框架——疾病呈现的自我管理模型，这一框架认为患者是主动的问题解决者，他们的行为是自身对治疗的认知及情感反应的结果。患者形成了对疾病的呈现，这影响了他们对自身疾病的理解。研究者必须更深入地理解患者对疾病的呈现（如印象）来帮助患者应对治疗、行为及生活质量的问题。作者借助了研究艾滋病患者的经验的文献。他们回顾了质性研究的文献，注意到关于这一主题已经有几项现象学研究就携带 HIV 及带病生存的患者进行了讨论。然而，还没有研究探讨患者对艾滋病的印象呈现。

　　两位作者的研究设计包括了对 58 名确诊艾滋病的男性和女性的研究。为了研究这些个体，作者采用了现象学方法以及科拉伊奇（Colaizzi, 1978）率先提出、后由穆斯塔卡斯（Moustakas, 1994）修订的研究程序。在 18 个月里，两位作者对这58 名病人进行了访谈，并向他们提出了以下问题："关于艾滋病，您有什么经历？您对艾滋病有什么印象？或者说，您如何描述艾滋病？您心里有什么样的感受？这对您的生活意味着什么？"（Anderson & Spencer, 2002, pp.1341–1342）两位作者还让患者对疾病进行绘画。尽管 58 个人中只有 8 个人画了图，作者也将这些图画纳入了资料分析过程。资料分析中的现象学要素如下所示：

- 数次通读访谈记录，以获得对这些材料的总体感受。
- 确认与相关经验有直接关系的那些重要短语或句子。
- 阐述意义，并将这些意义聚合成主题，这些主题是参与者的访谈记录中的共同主题。
- 将研究结果整合为对现象的深入且详尽的描述。
- 与参与者验证研究发现，并将参与者的评议包含在最终的描述之中。

这一分析提出了以 175 个重要陈述为基础的 11 个主要主题。"令人恐惧的身体损伤"和"生活被吞噬"是其中的两个主题。这项研究的结果部分对 11 个主题都进行了报告，并提供了丰富的直接引文与参与者的观点，以展示每个主题的多样视角。

在这项研究的结尾，作者描述了患者经验的要点（即详尽的描述）以及患者用于调节心情与疾病的应对策略（即与经历相关的情境或情况）。最后，作者将他们的 11 个主题与其他研究者的相关研究发现进行比较，并探讨了其对病人护理的意义以及将来可研究的具体问题。

这项研究展示了现象学研究的几个方面，这些内容在第 4 章中穆斯塔卡斯（Moustakas, 1994）和范梅南（van Manen, 1990, 2014）的论述中也有所涉及：

- 这项研究检视了一个现象——患者对艾滋病的"认知呈现或印象"。
- 采用了严谨的资料收集方法，对 58 名患者进行了访谈，还纳入了这些患者的绘画。
- 作者简要提及了现象学背后的哲学理念。他们提到了将研究者的个人经历及需求悬括起来，以便对生活经验进行探究，而不是获得理论解释。
- 研究者讨论了这项研究中的悬括。特别是，他们明确指出，对那些艾滋病患者来说，访谈者既是医疗服务人员，也是研究者。因此，访谈者必须意识到他们自己的经验，并努力将这些经验悬括起来。
- 研究的资料由 58 份访谈记录组成，这些访谈是在 18 个月的时间里，在为艾滋病患者提供专门服务的三个地点（医院门诊部门、长期护理机构、居住设施）进行的。
- 研究按照穆斯塔卡斯（Moustakas, 1994）提议的程序，对重要陈述、意义、主题以及现象本质的描述都进行了系统的资料分析。研究还运用图表来呈现重要陈述、意义和主题聚合，这些图表展示了作者是如何从原始材料出发的，文章最后的讨论部分也对现象的本质进行了详尽描述。
- 这项研究在最后描述了 58 名患者经验的本质以及他们经历艾滋病的情境（如应对机制）。

扎根理论研究（Harley et al., 2009；附录四）

Harley, A. E., Buckworth, J., Katz, M. L., Willis, S. K., Odoms-Young, A., & Heaney, C. A. (2009). Developing long-term physical activity participation: A grounded theory study with African American women. *Health Education & Behavior*, *36*（1），97–112. doi: 10.1177/1090198107306434

　　这项扎根理论研究力图发展出关于美国非裔女性的行为过程理论，用来说明这些女性将体育锻炼与生活方式整合起来的过程中那些关键因素的联系方式。这项研究假定存在这样的难题：对某些特定的亚群体来说，体育锻炼的情况令人担忧，例如，美国非裔女性习惯于久坐不动。为了对此进行研究，研究者选择了扎根理论方法，这是因为关于构成体育锻炼行为演进过程的因素及关系的研究数量很少。研究者研究了 15 名符合选择标准的女性：25~35 岁、至少上过大学或高中以上的技术学校、积极参与体育锻炼。参与者是通过两个地方性的美国非裔女性校友会来招募的，最初的资料是通过面对面的深度访谈收集的，这些访谈都是按照斯普拉德利（Spradley, 1979）的要求进行的。资料收集以及最初的资料分析，与研究者对访谈问题的改进基本上是同时进行的。"访谈提纲被不断修改，以便对未能收集到相关信息的访谈问题进行进一步的精炼，并对需要进一步推进的范畴和概念进行反思。"（Harley et al., 2009, p. 100）随后的焦点小组访谈的目标是给出初步的研究发现，并收集反馈，以便改进研究框架。

　　资料分析是按照斯特劳斯和科宾（Strauss & Corbin, 1998）的扎根理论取向来进行的，包括编码、提出概念、在资料与逐渐浮现的概念之间进行持续比较、形成理论模型。这篇文章的几位作者是以图表的方式来呈现其理论模型的。这个模型包括了将体育锻炼整合到生活方式中的行为过程的三个阶段：启动阶段、转换阶段、整合阶段。研究者进一步讨论了每一个阶段的范畴，并详细讨论了具体情境（即非裔美国人的社会情境和文化情境）以及影响体育活动整合的条件。接下来，研究者还选择了其中一个步骤——对体育锻炼的计划，并细致地将所有的可能都纳入计划方式的分类图中。这种细致的分析使研究者能够得出一些实用的发现，如每周最合适的体育锻炼次数、每周体育锻炼的最高次数。在结论部分，这项扎根理论研究为将来给美国非裔女性设计体育锻炼项目提出了重要的建议。

　　这项研究与第 4 章里卡麦兹（Charmaz, 2014）以及科宾和斯特劳斯（Corbin & Strauss, 2015）所讨论的扎根理论研究的许多典型特征是一致的：

- 研究的中心焦点是理解行为过程，这项研究的理论模型深入讨论了行为过程的三个主要阶段。
- 在这项研究中，理论逐渐浮现出来，提供了美国非裔女性体育锻炼演进的框架。
- 研究者并没有专门提及在访谈那些女性或分析资料的时候撰写备忘录或者记录研究者自己的想法。

- 研究者收集资料与分析资料的形式与许多扎根理论研究的形式是一致的：面对面访谈的资料收集与分析是同时进行的，随后再通过焦点小组访谈来验证发现并改进研究目标。

- 研究者以一种结构化的取向来推进扎根理论研究：对范畴进行编码、提出包含了情境和条件的理论模型、使用质性研究的计算机分析程序。研究者较少提及框架发展（如开放编码、主轴编码、选择编码和撰写备忘录）的分析策略及整合策略这些方面的细节。

- 研究者提供了理论模型各阶段的细节描述，还将他们的模型与已有研究文献中的理论模型进行了比较。

民族志研究（Mac an Ghaill & Haywood, 2015；附录五）

Mac an Ghaill, M., & Haywood, C. (2015). British-born Pakistani and Bangladeshi young men: Exploring unstable concepts of Muslim, Islamophobia and racialization. *Critical Sociology, 41*, 97–114. doi: 10.1177/0896920513518947

这项民族志研究描述了一群在英国出生的、巴基斯坦裔或孟加拉裔的、工人阶层的年轻男性在三年内的文化状况的变化。这项研究中的年轻男性在英格兰伯明翰出生，他们居住的区域是英国官方数据中居民自我认同为穆斯林的比例最高的区域。研究集中关注这一群体关于伊斯兰教、穆斯林社群以及年轻穆斯林的文化表征，"急需以批判的方式审视假定的社会隔离及文化定型，以及宗教、族群、民族这些差异范畴的边界，因为这些男性认为这些范畴都是强加给他们的"（Mac an Ghaill & Haywood, 2015, p. 98）。作为参与者的这些年轻男性不仅是彼此的朋友，而且是一个更广泛的社会共同体的一部分，他们参加相同的青年组织和社区组织，读相同的大学，为同样的雇主工作，也一起参与休闲娱乐活动。这项研究关注的是一个由25名年轻男性组成的群体"在快速变化中的英国的成长经历，这些经历是限定了地域的地方经历"（Mac an Ghaill & Haywood, 2015, p. 99）。研究者之前在当地社区进行过与家庭相关的工作，建立了他们积极投身于这一区域的社会活动的声誉，这使得他们可以接近这一年轻男性群体。

作者进行了超过三年的深度小组访谈和生活史访谈，这些民族志资料的收集方法有助于理解这些年轻男性的成长经历、家庭、学校、社会生活和地方社群。更进一步的理解来自观察、非正式会话，还有以滚雪球抽样的方式对家长及社区代表进行的访谈。布劳恩和克拉克（Braun & Clarke, 2006）的主题分析引导了这项研究对利用各种方法收集而来的资料的分析。通过将不同来源的资料整合在一起，研究者描述了群体成员特定的世代经历，包括他们族群认同的种族化以及他们所理解的"穆斯林"的意义的变化。研究者最后超越了这些主题，进行了更宽泛的抽象，研究者讨论了这一群体在他们的城市的体验快速变化时，如何理解他们所经历的社会排斥与文化排斥。概括而言，这篇文章的作者明确了孟加拉裔和巴基斯坦裔年轻男性群体所面对的复杂情境，既包括他们之间的互动方式，也包括他们如何体验族群特质以及宗教与文化的划界。作者提醒读者要仔细思考自身理解下列问题的方式：在身份认同的建构中，这些年轻男性是如何参与其中的？地方情境以及更宽泛的社会与经济过程又有哪些影响？

马克·安·格尔和海伍德的民族志研究很好地展示了第 4 章所讨论的民族志研究的核心要素（Fetterman, 2010; Wolcott, 2010）。他们呼吁对边缘群体（例如，Goffman, 2014）进行更多的研究，这项民族志也展示了批判民族志的不同层面（Madison, 2011）：

- 这项民族志研究的是文化共享群体——其成员是在英国出生的、巴基斯坦裔或孟加拉裔的、工人阶层的年轻男性——以及该群体所处的变化中的文化状况。这个群体在一段时间内是未受冲击的共同体。

- 研究者是通过描述群体中 25 名成员对其特定世代经历的看法来对这个群体进行描述的。通过寻找这个群体中的模式，这项研究提供了另一种表征空间，以便以批判的方式探讨"宗教的种族化（认为宗教在种族化过程中扮演了中心角色）及伊斯兰恐惧症（将穆斯林种族化的一种当代形式）等争论"（Mac an Ghaill & Haywood, 2015, p. 110）。

- 与批判民族志一致的是，作者采用了唯物主义及后殖民主义理论的框架，并结合了年轻男性的叙述来说明群体所处的变化中的文化状况。

- 作者明确了他们自己的位置，描述了他们积极参与到更宽泛的社区之中的过程，描述了他们在三年间作为这一群体的参与观察者的角色。作者在田野工作中还对年轻男性进行了深度的小组访谈和生活史访谈。更进一步的理解来自观察和非正式会话，作者还通过滚雪球抽样的方式对父母和社区代表进行了访谈。

- 从参与者的（主位）资料和研究者的田野笔记（客位资料）出发，文化诠释是以主题分析的形式进行的。对这一群体的描述，首先是关于他们族群身份的种族化，还有他们如何理解"作为穆斯林"的意义的变化。这一描述是以超越主题的宽泛抽象来收尾的，结论部分讨论了群体如何理解他们在城市的快速变化期间所经历的社会排斥与文化排斥。

- 与其他批判取向不同，这项研究并未以号召社会变革的方式来结尾。相反，这项研究呼吁人们应进行更多的研究来确定其研究分析结果，如群体成员间的成员核查。这是因为群体成员所建构的文化诠释首先是为他们自己服务的。我们认为这项研究展示了一幅复杂图景：孟加拉裔和巴基斯坦裔年轻男性的互动方式，以及他们体验到的族群、宗教、文化归属的方式，都是动态性的。

案例研究（Frelin, 2015；附录六）

Frelin, A. (2015). Relational underpinnings and professionality—A case study of a teacher's practices involving students with experiences of school failure. *School Psychology International, 36*, 589–604. doi: 10.1177/0143034315607412

这项质性案例研究描述了一名教师与那些经历过学业失败的学生进行教学关系协商的实践。作者陈述了使用案例研究的理由，是为了"展示与经历过学业失败的中学学生建立并维持教育关系的复杂性"（Frelin, 2015, p. 590）。作者综述了对关系专业性进行研究的文献，以此说明这项研究的必要性。作者将该项研究置于关系专业性的文献讨论中，更为具体的是，作者探讨了积极的师生关系的作用以及经历了学业失败的学生所面临的挑战。这项案例研究是按照斯特克（Stake, 1995）的程序进行的。文章开篇细致地描述了对 11 名教师进行的相对非结构式的访谈以及情境化的观察，还进行了初步的资料分析，选择了古尼拉这位为瑞典"引导项目"工作的中学教师的案例。古尼拉是通过目的抽样被选中的，因为她具有与学生建立积极关系的能力，同时也有关于未能被国家高中项目录取的学生的丰富教学经验。根据作者的描述，研究中的访谈"集中于引出实践故事和实践主张，而观察是为了突出教师工作的情境，并提出新的问题"（Frelin, 2015, p. 593）。资料分析是按照跨案例分析以及持续比较的方法进行的（Charmaz, 2006），研究者还使用了质性计算机软件（如 ATLAS.ti）来辅助分析。

在描述了教师的教学情境之后，资料分析结果将对古尼拉与学生协商建立关系的描述组织为三个主题：信任关系、人情关系、学生的自我形象。这个案例表明，与经历过学校教育失败的学生建立联系很重要。这项研究的结论对学校心理医生也有一定的实际意义，其能支持教师协商建立这样的师生关系。

这项研究符合第 4 章所讨论的案例研究的典型特征（Stake, 1995；Yin, 2014；Flyvbjerg, 2006）：

● 这项研究的案例是一名教师与经历过学业失败的学生建立关系的实践。

● 这项研究所描述的案例是有界系统，受到参与者（古尼拉）、时间（资料收集期间）、地点（实施瑞典"引导项目"的一所机构）的限制。

- 研究的意图在于报告一项工具性案例研究。因此，研究的焦点就是探讨一位教师与经历过学业失败的那些学生的复杂关系实践。
- 资料收集包括运用访谈及观察，以获得对教师工作的细致、深入的理解。在这一方面，作者可以使用的信息来源广泛且多样。
- 就资料分析而言，除了其是按照持续比较的方式（Charmaz, 2006）进行的之外，没有太多其他细节。
- 作者在案例情境描述以及三个主题的陈述方面都下了不少工夫。作者提供了关于时间序列（即建立关系，然后维持关系）的一些证据，以描述与学生的关系协商。
- 这项研究在最后提供了跨案例的讨论，表明与经历过学业失败的学生建立关系很重要，也给学校心理医生提供了支持教师进行师生关系协商的实际建议。然而，由于这项研究呈现的是单个案例（教师古尼拉），而不是多个案例，作者实际上并未呈现多位教师的跨案例比较。

不同取向之间的差异

要对五种取向之间的差异进行区分，一个有益的视角是考察每种取向的中心目标或焦点。如图 5.1 所示，叙事研究的焦点是个体的生活；现象学的焦点是概念或现象，还有经历过这一现象的人的生活经验；扎根理论的目标是发展理论；民族志的目标是描述文化共享群体；案例研究会对特定的案例进行考察，通常是要考察案例中的某个议题，并展示这个议题的复杂性。在本章讨论的五项具体研究中，质性研究不同取向的焦点就更明确了。

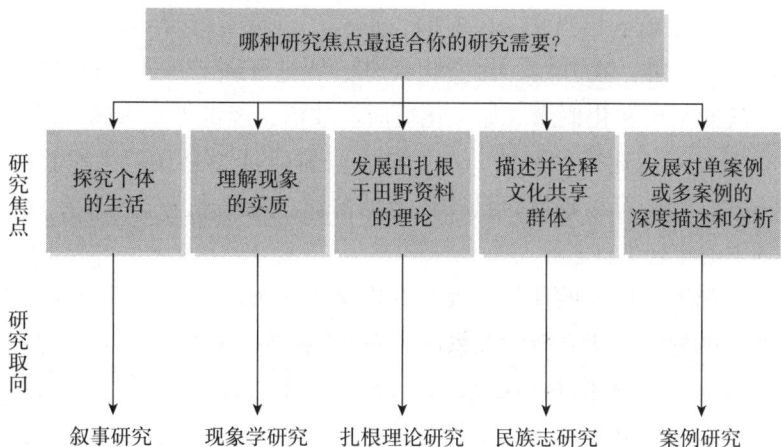

图 5.1　不同取向焦点的差异

每种取向的中心特点

　　加拿大某所中学的华裔移民学生张爱梅是一个很好的关于叙事研究的例子：研究者决定进行叙事研究，单一个体被作为研究的焦点，而且这个个体可以展示移民学生这个议题的一些经历以及她所面临的一些冲突（Chan, 2010）。此外，研究者需要明确研究这一特定个体的必要性：有些人遇到了难题，有些人有出众的职业生涯，有些人受到了全国的关注，有些人过着平凡的生活（Clandinin, 2013）。资料收集与分析的过程包括收集关于这个人的资料，如从会话或观察开始，直到获得关于个体经历的故事。

　　现象学研究关注的并不是个体的生活，而是理解个体关于某一现象的经验，如个人如何呈现他们的疾病（Anderson & Spencer, 2002）。此外，被选中的个体都经历过这一现象，他们被要求提供资料，这通常是通过访谈来实现的（van Manen, 2014）。研究者收集到这些资料，通过一些步骤对资料进行简化，最终提出对所有个体共同经历的现象的描述——生活经验的本质。

　　现象学研究关注的是人们关于某一现象的经验的意义，而扎根理论研究者有不同的目标——提出实质理论，如关于美国非裔女性如何将体育锻炼整合到她们的生活方式中的理论（Harley et al., 2009）。扎根理论研究的目标是发展出关于过程或行动的理论。资料收集方法主要是访谈，资料的收集与分析是以交替往复的方式进行的。研究者运用系统流程进行分析并提出理论，这些流程包括提出资料范畴、将这些范畴放在一个理论模型中、明确理论运用的情境和条件（Corbin & Strauss, 2015）。接下来，理论会以讨论或模型的方式被呈现，这体现了扎根理论的整体基调是严谨的，并且强调了科学方面的可靠性。

　　当研究者打算研究文化共享群体（如在英国出生的、巴基斯坦裔或孟加拉裔的、工人阶层的穆斯林中的年轻男性）的行为时（Mac an Ghaill & Haywood, 2015），就应选择民族志研究设计。在民族志中，研究者研究的是完整的文化共享群体，这一群体在一起互动了相当长一段时间，形成了语言及行为的共享模式或规范模式（Fetterman, 2010）。在开始，对文化共享群体进行细节描述是很必要的，接下来作者就会转向某些文化概念（如文化适应、政治、经济等）来确认群体的模式。民族志是以概括式陈述来结尾的，如群体在日常生活中是如何运作并起作用的。按照这种方式，读者可以理解自己不熟悉的群体，如马克·安·格尔和海伍德研究了穆斯林中的年轻男性。

　　最后，选择案例研究的前提是要有存在清晰边界的案例可供研究，如教师与经历过学业失败的学生建立教学关系的关系实践（Frelin, 2015）。在工具性案例研究中，研究者对某个议题进行探究，通过检视一个或几个案例，细节化的理解会逐渐浮现。还有一点很重要，研究者应当使用关于情境的材料来描述案例的场景，并根据案例的多种信息来源，提供案例的深层次图景。案例研究写作的中心是要让研究者以细节化的方式来描述案例，并讨论一些议题，或集中关注在对案例进行检视时出现的某一个议题（Stake, 1995）。在案例研究报告的最后，可以呈现通过研究这个案例而获得的解释。

选择你的取向

现在，基于对五种取向的更全面的理解，你会选择哪一种取向？我们建议你从结果出发：这种取向要努力完成的目标是什么（如研究个体、考察关于某一现象的经验的意义、发展理论、对文化共享群体进行描述及诠释、对单一案例进行深度研究）。此外，还有一些需要考虑的因素：

- 受众的问题：你所在领域的"看门人"（如论文答辩委员会成员、导师、学术期刊的编辑）经常使用哪种取向？
- 背景问题：你在探究取向方面受到了哪些训练（如完成的课程、读过的书籍）？或者说，有哪些可用的资源（如论文答辩委员会成员、书籍、研讨班）可以指导你的工作？
- 学术研究文献的问题：你的研究领域对什么方面的研究需求最大（如对个体的研究、对某个概念意义的探讨、对某种理论的发展、对文化共享群体的描绘、对某一案例的深度研究）？
- 个人取向的问题：你更偏向采用结构化的取向来做研究还是以讲故事的方式（如叙事研究、民族志）来做研究？你更偏向采用更扎实的、边界更明确的研究取向还是更灵活的取向（如扎根理论、案例研究、现象学）？

章节要点

1. 你可以使用五种取向中的哪些典型特征来设计你的质性研究？回答下列问题，并将其用于你正在考虑的取向。

- 叙事研究：你打算研究什么个体？你能否获得关于这一个体的生活经验的信息？
- 现象学研究：你打算研究的现象是什么？你能接触到经历过这一现象的人吗？
- 扎根理论研究：你打算对哪些社会科学概念、行动或过程进行探究，并以此作为你理论的基础？
- 民族志研究：你打算研究什么样的文化群体？这个文化共享群体是否在一起的时间已经足够长，以至于形成了行为、语言及信念的模式吗？
- 案例研究：你要研究的案例是什么？描述这个案例是因为它是一个独特的案例，还是因为这个案例可以被用来展示（或阐明）某个议题或难题？

---

2. 你是否理解五种取向的关键差异？

● 阅读学术期刊里来自多个领域的、采用不同取向的文章，如叙事研究（Geiger, 1986; Nelson, 1990）、现象学研究（Edwards, 2006; Padilla, 2003）、扎根理论研究（Brimhall & Engblom-Deglmann, 2011; Creswell & Brown, 1992）、案例研究（Brickhouse & Bodner, 1992; Asmussen & Creswell, 1995）。确定这些作者所采用取向的典型特征，并讨论为什么这些作者会采用这些取向。

Asmussen, K. J., & Creswell, J. W. (1995). Campus response to a student gunman. *Journal of Higher Education*, *66*(5), 575–591. doi: 10.2307/2943937

Brickhouse, N., & Bodner, G. M. (1992). The beginning science teacher: Classroom narratives of convictions and constraints. *Journal of Research in Science Teaching*, *29*, 471–485.

Brimhall, A. C., & Engblom-Deglmann, M. L. (2011). Starting over: A tentative theory exploring the effects of past relationships on postbereavement remarried couples. *Family Process*, *50*(1), 47–62. doi: 10.1111/j.1545-5300.2010.01345.x

Creswell, J. W., & Brown, M. L. (1992). How chairpersons enhance faculty research: grounded theory study. *Review of Higher Education*, *16*(1), 41–62. Retrieved from https://www.press.jhu.edu/journals/review_of_higher_education

Edwards, L. V. (2006). Perceived social support and HIV/AIDS medication adherence among African American women. *Qualitative Health Research*, *16*, 679–691. doi: 10.1177/1049732305281597

Geiger, S. N. G. (1986). Women's life histories: Method and content. *Signs: Journal of Women in Culture and Society*, *11*, 334–351. Retrieved from http://www.jstor.org/stable/3174056

Haenfler, R. (2004). Rethinking subcultural resistance: Core values of the straight edge movement. *Journal of Contemporary Ethnography*, *33*, 406–436. doi: 10.1177/0891241603259809

Nelson, L. W. (1990). Code-switching in the oral life narratives of African-American women: Challenges to linguistic hegemony. *The Journal of Education*, *172*(3), 142–155.

Padilla, R. (2003). Clara: A phenomenology of disability. *The American Journal of Occupational Therapy*, *57*(4), 413–423. doi: 10.5014/ajot.57.4.413

Rhoads, R. A. (1995). Whales tales, dog piles, and beer goggles: An ethnographic case study of fraternity life. *Anthropology and Education Quarterly*, *26*, 306–323. Retrieved from http://www.jstor.org/stable/3195675

小　结

本章考察了五篇篇幅不长的学术论文，以展示五种取向（叙事研究、现象学研究、扎根理论研究、民族志研究、案例研究）的优秀写作范例。这些文章反映出了每种取向的典型特征，能够帮助读者看到不同的质性研究在设计及写作等方面的差异。当材料可用而且可获得、个体也愿意（假设他或她还活着）分享故事时，可以选择叙事研究来考察单个个体的生活经验。可以选择现象学来考察现象以及现象对个体的意义，准备好对个体进行访谈，将研究扎根于现象学的哲学原理，遵从既定的程序，最后弄清意义的本质。可以选择扎根理论研究来提出或发展理论，（主要）通过访谈来收集信息，采用系统的资料收集流程，分析流程包括开放编码、主轴编码和选择编码。虽然扎根理论的最终研究报告体现了科学性，但它也可以强调敏感和情感议题。可以选择民族志来研究文化共享群体（或个体）的行为，准备好进行观察和访谈，提出对群体的描述，探讨在对人们的行为进行研究的过程中出现的主题。可以选择案例研究来考察案例，这些案例受限于时间或地点，要寻找关于案例场景的情境材料，从多种信息来源收集大量材料，描绘关于案例的深层次图景。

　　质性探究的五种取向之间存在重要的差异。通过研究每种取向的细节，我们可以更好地了解如何进行研究、如何选择要采用的取向。在下一章，我们将讨论如何将五种取向整合到质性研究项目的学术介绍中。

扩展阅读

　　有一些阅读材料可以扩展本章所讨论的五种取向的简要概述以及对期刊文章的比较。我们在这里继续补充每种取向的书目（也可参见第 1 章和第 4 章）。这些书单并不完备，我们鼓励读者在书末的参考文献中寻找补充阅读材料。

Clandinin, D. J., Huber, J., Huber, M., Murphy, M. S., Murray Orr, A., Pearce, M., & Steeves, P. (2006). *Composing diverse identities: Narrative inquiries into the interwoven lives of children and teachers.* New York, NY: Routledge.

　　在这本书里，作者展示了叙事研究的功用在于捕捉校园环境中儿童、家庭成员、教师及行政人员之间的复杂互动。这本书应当是任何打算进行儿童叙事研究的研究者的必读书目。

Colaizzi, P. F. (1978). Psychological research as the phenomenologist views it. In R. Valle & M. King (Eds.), *Existential phenomenological alternatives for psychology* (pp. 48−71). New York, NY: Oxford University Press.

　　这篇关键文献介绍了存在主义现象学在心理学领域的哲学取向和方法论取向。在这一章里，作者明确了进行现象学分析的流程，这些流程在今天仍然很重要。

Denzin, N. K., & Lincoln, Y. S. (2013). *Strategies of qualitative inquiry*. Thousand Oaks, CA: Sage.

两位作者在这本新近的质性研究工具书里采用了新的取向。特别是，我们发现弗莱伍伯格（Flyvberg）撰写的关于案例研究的章节很有帮助，其通过其他取向对案例研究进行了描述。

Goffman, A. (2014). *On the run: Fugitive life in an American city (feldwork encounters and discoveries)*. Chicago IL: Chicago University Press

作者对费城西部贫民窟中的一群非裔男青年进行了长达六年的研究。作者还介绍了值得民族志研究者进一步探讨的一些伦理问题。

Spradley, J. P. (1979). *The ethnographic interview*. New York, NY: Holt, Rinehart & Winston.

这本书对不同质性取向的开放式访谈有持久的影响。除了如何提出具体研究问题之外，作者还在分析过程中的资料比较方面提出了有益的指导。

第6章 研究的介绍与聚焦

正如前文所提到的那样，一项研究的开始是研究项目最重要的部分。如果研究的目标不清楚，研究问题还很模糊，研究关注的难题或议题尚未明确，那么读者就很难理解这项研究其余的部分。回想一下你最近读过的一篇质性研究论文。你读起来很快吗？如果是这样的话，这通常表明那项研究的各部分结合得很好：关注的难题导向了特定的研究问题，资料收集自然地遵循了研究问题，资料收集及诠释也与研究问题密切相关，这就帮助了读者理解研究所关注的难题。作者还使用了过渡，将各部分结合起来。研究的逻辑通常也反复强调这些部分是被整合在一起的，是前后一致的；所有部分都是相互联系的（Morse & Richards, 2002），是相互配合的（Maxwell, 2013）。一个好的对质性研究的介绍需要将所有部分整合在一起，这要从确定所要研究的清晰难题开始。接下来就要明确研究的主要意图，这被称为研究目的或研究目标。在研究项目的所有部分中，**目的陈述**（purpose statement）是最重要的。它为整篇论文奠定了基调，并且表明了作者希望在这项研究中完成什么。我们相信这一部分非常重要，所以我们在本章提供了目的陈述的模板，以供你在自己的质性研究项目中使用。你需要做的就是在这些陈述中加入一些成分，使得质性研究的目的陈述足够清晰、简要、准确，能够帮助读者理解你的研究。接下来，质性研究的问题将扩展目的陈述，并且通常是将其聚焦为具体的问题，这些问题需要在研究过程中得到回答。在这一章里，我们将讨论如何陈述质性研究的研究难题，如何写出清楚的目的陈述，如何通过质性研究的研究问题来进一步将研究具体化。此外，我们还将讨论如何对研究引言中的这些部分进行调整，以适应本书所讨论的质性探究的五种取向。

本章要讨论的问题

- 研究难题、研究目的、研究问题之间的相互关系是怎样的？
- 应该如何写作研究难题的陈述，以反映出特定的质性研究取向？
- 应该如何写作研究目的的陈述，以表明研究取向的定位？
- 应该如何表述研究的中心问题，以用赋码的方式表明并预示研究的取向？
- 应该如何表述研究的子问题，以便将中心问题分成几个部分？

将研究难题、目的、问题在研究中相互关联

对方法论一致性（methodological congruence）（参见第3章的初步描述）的展示可以从明确要研究的难题开始，接着推进到研究的主要目的，并详细阐述指导具体研究设计的研究问题。这些决定（即难题、目的和问题）为随后与研究方法相关的决定提供了基础。为了对这一过程提供帮助，我们在图6.1中提供了一个指导框架。第一，研究者要确定一个难题，并撰写对所研究难题的陈述，接下来这个研究难题就要聚焦于研究的主要目的。第二，研究者要提出研究的目的陈述（在后文，我们将这一陈述称为目的陈述，也有一些研究者称之为研究目标），推进对主要研究目标的讨论，而研究目标要通过具体的研究问题来进行操作化。随后，研究的子问题与中心问题会继续指导研究设计。我们将此视为一个不断聚焦的过程，这在五种取向中是类似的，然而此后的章节还要讨论一些它们的区分性特点。如图6.1所示，在说明资料收集方法及资料分析策略的选择时，将它们联系在一起很重要，这么做可以明确要讨论的具体研究问题，也可以明确主要的研究目的，并对所确定的研究难题进行探究。

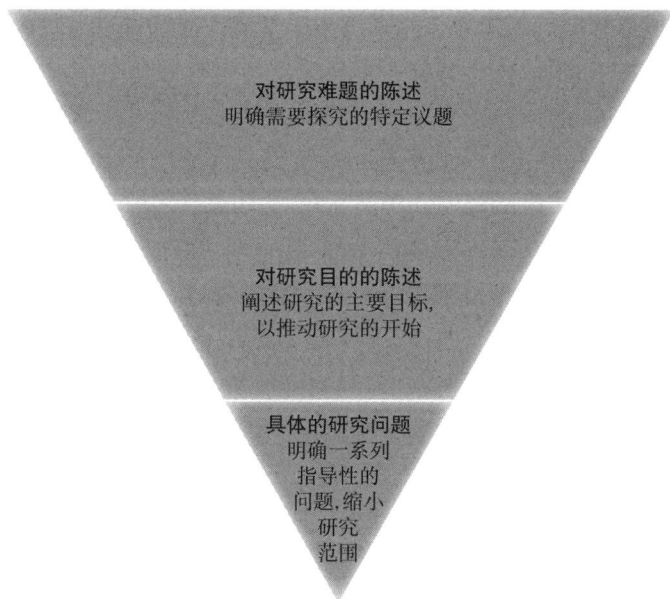

对研究难题的陈述
明确需要探究的特定议题

对研究目的的陈述
阐述研究的主要目标，
以推动研究的开始

具体的研究问题
明确一系列
指导性的
问题，缩小
研究
范围

图6.1　将研究难题、研究目的和研究问题相互关联

研究难题的陈述

　　如何开始进行一项质性研究？你是否意识到所有优秀的研究都是从需要解决的议题或难题开始的？质性研究是从对所研究的难题或议题的介绍开始的。"难题"这个术语也许稍显用词不当，不熟悉学术写作的人在写作这一部分时可能会很痛苦。与其把这一部分称为难题，不如把它称为研究的必要性，或者说进行研究的合理性，这样可能会更清楚一些。质性研究中研究难题这部分的作用是提出对某个特定议题或难题进行研究的必要性或合理性。对研究难题的讨论是一项质性研究的起点。但是在一项优秀的质性研究中，实际的研究难题会受到开篇第一段中其他一些成分的影响。下面，我们将对一些开篇段落进行分析，并展示可以如何对这些段落进行修改，以适应五种取向。

　　考虑一下如何对一项质性研究进行介绍。我们首先来看看图 6.2 中对高中生吸烟进行多案例研究所设计的模型。要撰写优秀的研究引言，在开始往往需要对优秀研究论文的开篇段落进行分析（参见 Creswell, 2014）。如前文所述，优秀的引言隐含着作者所使用的模型或模板。这种引言的模型可以被称为"缺陷型引言模板"（Creswell, 2014, p. 111）。之所以用这个名字，是因为它集中关注当前研究文献中的缺陷，以及研究将如何进行以推进已有研究。现在我们知道质性研究不仅能够推进已有研究，而且可以为那些不被重视的群体发声，可以挖掘出对中心现象的深入理解，可以带来一些特定的成果，如故事、现象的本质、理论的生成、对群体的文化生活的描述以及对案例的深入分析。在图 6.2 中，你会看到优秀的研究引言的五个要素：主题、研究难题、关于这一难题的研究文献中的证据、这些证据的缺陷、这一难题对特定读者的重要性。还可以加入目的陈述（本章后面要讨论的主题之一），作为引言的第六个要素。

　　优秀的研究引言的要素如下所示：

1. **在开头用几句话或一段话，提出研究主题或一般的主题类别，以引起读者的兴趣**。优秀的开篇句——在文学创作中被称为"叙事钩"（narrative hook）——会通过陈述当下的热点话题、推进一些关键争议、使用数据或者引用前沿研究等方式来引起读者的兴趣。我们不建议第一句话就使用引文，因为这不仅需要读者把注意力集中于引文的核心思想，而且还需要用引文奠定基调并开启下文。而你需要做到的是，在第一句话之后就对研究所关注的主题进行一般性的讨论（关于进一步的讨论，参见 Creswell, 2016）。

1.提出主题

· 探究关于高中生吸烟的观念与不当观念。

2.讨论研究难题

· 烟草使用是美国癌症发病的主要原因（McGinnis & Foefe, 1993）。尽管近年来成人吸烟率已经下降，青少年吸烟率事实上却提高了。根据疾病控制与预防中心的报告，中学生的吸烟率从1991年的27.5%上升到了1995年的34.8%（USDHHS, 1996）。如果不能有效逆转这一趋势，预计美国最终将会有500万人在成年前死亡（CDC, 1996）。

3.概述学术研究文献

· 之前对青少年吸烟的研究主要集中于四个重要的主题。一些研究考察了年轻人是如何开始吸烟的，发现他们从初中就开始吸烟了（例如，Heishman, et al., 1997）。另一些研究关注学校里预防吸烟的措施。这类研究引向了数个以学校为基础的预防项目和干预措施（例如, Sussman, et al., 1995）。与大量对成年人戒烟的研究形成对比的是，对青少年"戒烟"行为的研究较少（Heishman et al., 1997）。在关于青少年吸烟的研究中，对吸烟的社会情境与社会影响的研究也不多（Fearrow et al., 1998）。例如，青少年吸烟可能是发生在工作相关的情况下，或者在父母或监护人中至少有一人吸烟的家庭中，还可能发生在青少年的社交场合，或是中学附近"安全"的吸烟场所（McVea et al., in press）。

4.指出明显的缺陷

· 很少有研究会直接将中学的社会情境作为研究的场所。在中学期间，学生形成了朋辈群体，这可能会影响青少年的吸烟行为。朋辈通常在总体上对行为具有强有力的社会影响，而且成为体育运动队、音乐团体或者"垃圾摇滚""粉丝"榜中的一员，会影响对吸烟的看法（McVea et al., in press）。学校是老师、学校行政人员及行政、政策、绝烟草使用并强制实施吸烟政策的地方（O'Hara et al., 1999）。现有的对青少年吸烟的研究主要是定量研究，关注的是吸烟的结果以及跨理论模型（Pallonen, 1998）。然而，质性研究可以通过学生在烟草方面的经历（reswell, in press）。此外，质性探究也提供了让中多视角的复杂分析，可以关注不同中学里特定的学校情境会如何影响学生在烟草方面的经历（reswell, in press）。此外，质性探究也提供了让中学生作为研究合作者的机会，这样的资料收集程序可以提高所收集到的学生观点的效度，避免其受到研究者成人视角的影响。

5.向读者论证研究的重要性

· 通过检视多种学校情境，使用质性取向，并让学生充当研究合作者，我们可以更好地理解中学里的青少年对吸烟的观念与不当观念。有了这样的理解，研究者可以更好地选择变量，并发展出关于吸烟行为的模型。学校行政人员和教师也可以设计干预项目以为戒烟或止吸烟的态度。学校管理人员也可以为戒烟项目提供协助。

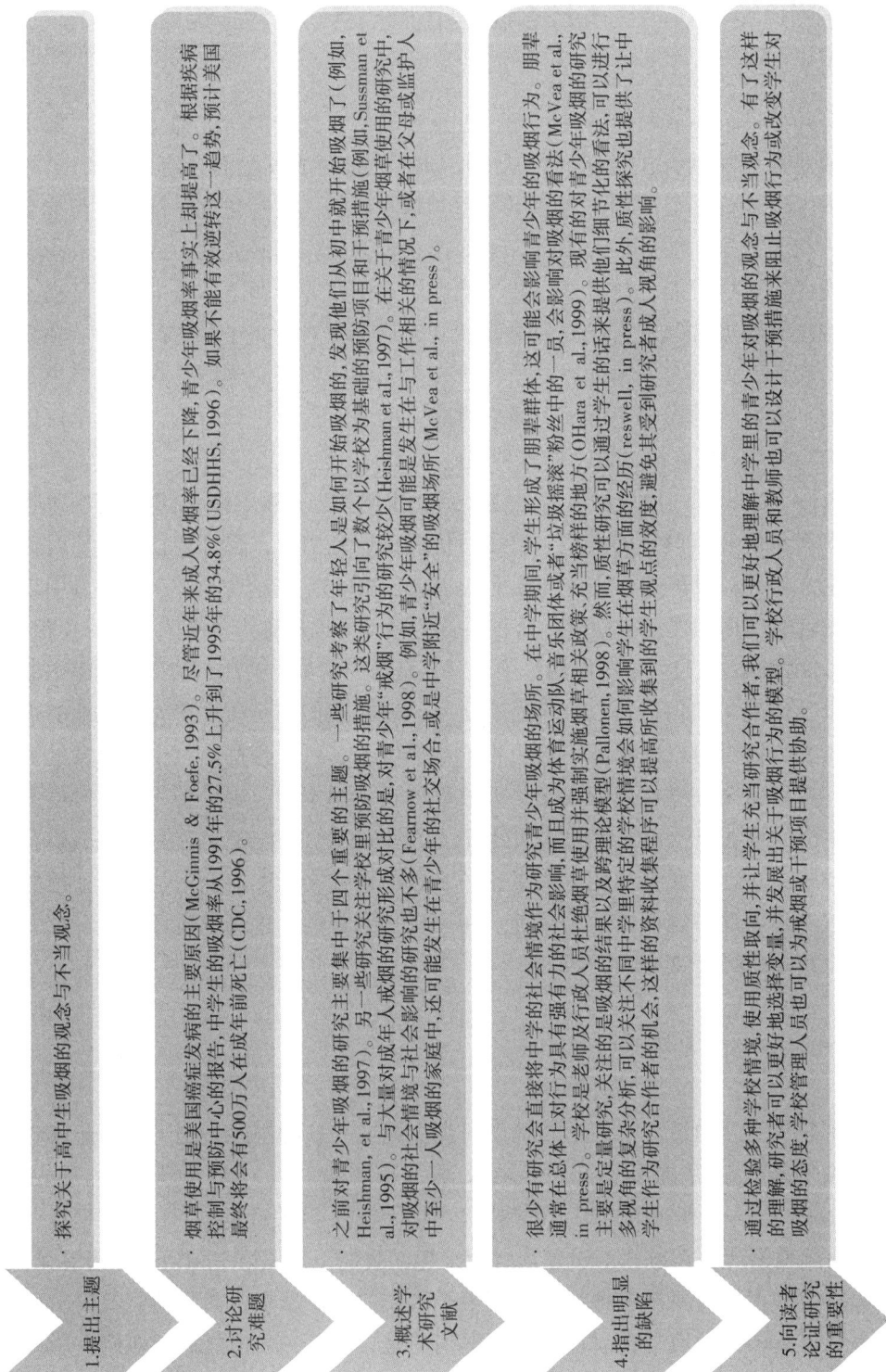

来源：改编自 McVea, Harter, McEntarffer, and Creswell, 1999。

图6.2　研究难题小节（引言）的范例

2. **对研究难题或议题进行讨论，明确研究的必要性。**读者只需要知道你打算在质性研究中讨论的议题或关注点。提出研究难题的另一种方式是把对下述问题的回答作为一种论证：你打算研究的主题为什么很重要？按照这种方式，你可以向读者表明你的研究的重要性（Ravitch & Riggan, 2012）。质性研究方法的书籍（如 Creswell, 2012; Marshall & Rossman, 2015; Ravitch & Mittenfelner Carl, 2016）提出了将研究难题进行定位的一些方式。研究难题可以是来自个人经历的议题、与工作相关的难题、导师的研究安排或者学术研究文献（Creswell, 2014）。我们认为研究难题应该来自真实的生活或研究文献中的空白，或者二者兼有。真实生活的难题可以是学生由于朋友、家庭和学校的要求，在族群身份认同上不断挣扎，如陈的研究（Chan, 2010；附录二），也可以是个体努力理解 AIDS 或 HIV 意味着什么（Anderson & Spencer, 2002；附录三）。研究的必要性也可以来自现有研究文献的缺陷或空白，研究者会在他们已发表研究的 "未来的研究" 小节或者引言部分提到这些文献中的空白。如巴里特（Barritt, 1986）所言，研究的合理性并不在于要像自然科学研究那样发现新元素，而是要增强人们对经验的意识，这些经验很可能在之前被遗忘或者被忽略了。通过增强人们的意识并创造对话，研究就有希望更好地帮助人们理解事物在其他人眼中的表现方式，并通过这种洞察改进实践（Barritt, 1986）。在对话和理解之外，质性研究还可以带来深入的理解，可以填补现有研究文献中的缺陷，可以创造出新的思考方式，可以让处于社会边缘的个体发声，或者可以对未被充分研究的群体或总体的相关议题进行评估。

3. **对学术研究文献进行概述。**简要讨论近年来对研究难题进行了讨论的相关证据。有人直接研究过这个难题吗？或者，有人在宽泛的意义上对这个难题进行了研究，或者对相关的主题进行了讨论吗？研究开始前，需要综述多少研究文献？尽管在这个问题上人们有不同的看法，但质性研究者（例如，Creswell, 2012; Marshall & Rossman, 2015; Ravitch & Mittenfelner Carl, 2016）都认为应当对研究文献进行综述，这样研究者就可以给出关注研究难题的理由，并将自己的研究定位于当下关于这一主题的研究文献之中。我们发现，用可视化的方式来描绘我们的研究在更大范围的研究文献中的位置，是很有帮助的。例如，研究者可以绘制出已有文献的可视化图表，如研究地图（Creswell, 2014），并在图表中明确研究文献所讨论的主题，以及研究者计划进行的研究如何契合现有的研究文献体系，或是如何扩展已有的体系。我们并不认为在这一部分需要提供研究的细节，如研究者在完整的文献综述中发现了什么，但要在这一部分陈述对这一难题进行了讨论的一般研究文献，你也可以称其为研究文献的各种派别。如果没有任何学术派别的研究文献讨论过这一难题，那么可以讨论最接近研究主题的那些现有文献。希望还没有人做过很好的相关质性研究，也没有或很少有研究直接涉及了本研究所关注的主题。

4. **使用现有的文献或讨论，指出证据中的缺陷**。指出对研究难题的理解还存在哪些方面的不足。可以提到一些理由，如资料收集方法不当、需要进行研究，或现有研究不充分。在引言中陈述现有研究的缺陷，然后再插入与五种质性取向之一相关的信息。例如，在叙事研究中的难题陈述中，研究者可以提到需要讲述个人故事以了解关于研究难题的个人经历。在现象学研究中，研究者认为需要更加了解特定的现象以及与该现象相关的个体的共同经历。在扎根理论研究中，研究者可以表明，我们需要理论来对过程进行解释，因为现有理论不够充分，或是没有针对所研究的总体的相应理论，或是对某一存在的总体而言，需要对理论进行修正。在民族志研究中，难题陈述要强调为什么对特定群体的文化行为或对群体被边缘化、被销声的方式进行描述并诠释是很重要的。在案例研究中，研究者可以讨论对一个或多个案例的研究将如何为某个议题或某些关切提供信息。在所有的这些阐述中，研究者在陈述研究难题时都应当将它与研究所要采用的特定的质性研究取向联系起来。

5. **向读者论证研究的重要性**。表明读者或利益相关人士将如何从对难题的研究中获益。要考虑不同的读者类型，并逐一指出他们可以通过研究获得的好处。读者可以是其他研究者、政策制定者、该领域的从业人员，或学生。

接下来，引言就进入了目的陈述，因为此时读者对要研究的难题已经有了清晰的理解，明确了研究的必要性，并受到激励，想要继续阅读，以了解研究的总体意图（目的）以及研究将要回答的问题类型（研究问题）。

目的陈述

设计与取向之间的相互关系在目的陈述中也有体现。目的陈述是关于研究的主要目标或意图，换而言之就是研究的"路线图"。作为质性研究中最重要的陈述，目的陈述必须被精心构建，并用清晰且简明的语言来撰写。不幸的是，许多研究者的目的陈述都很不清晰，导致读者不得不多花时间来理解一项研究。这是不应该的，所以我们接下来准备了目的陈述的"模板"，包含几个句子和一些需要填充的空格（也可参见 Creswell, 1994, 2009, 2012, 2014）。

这项＿＿＿＿＿＿（叙事、现象学、扎根理论、民族志、案例）研究旨在＿＿＿＿＿＿（理解？描述？发展？发现？）位于＿＿＿＿＿＿（研究

地点）＿＿＿＿＿＿＿关于＿＿＿＿＿＿（参与者）的＿＿＿＿＿＿（研究
的中心现象）。在研究的这一阶段，＿＿＿＿＿＿（研究的中心现象）将被
一般性地定义为＿＿＿＿＿＿（关于中心现象的一般性定义）。

如这个模板所示，我们会使用一些术语，以赋码的方式表明质性研究的特定
取向。目的陈述中会出现以下内容：

● 作者会提到研究类型，以此确定研究使用的特定质性取向。取向的名称首
先会出现在开篇段落里，预示在资料收集、分析及报告写作等方面要使用
的探究方法。

● 作者使用表明研究者的行动及研究取向焦点的一些词汇，以赋码的方式来
进行段落写作。例如，质性研究会使用一些特定词汇来赋码，如理解经验
（用于叙事研究）、描述（用于案例研究、民族志研究和现象学研究）、赋予
意义（用于现象学研究）、发展或生成理论（用于扎根理论）以及发现（用于
所有的取向）。研究者会在目的陈述中使用这些词汇，以此表明所选择的取向
（表6.1）。这些词汇不仅指示了研究者的行动，也表明了研究的焦点及结果。

表6.1　用于对目的陈述进行赋码的词汇

叙事研究	现象学	扎根理论	民族志	案例研究
·叙事研究 ·故事 ·关键时刻 ·生活经验 ·时间序列	·现象学 ·描述 ·经验 ·意义 ·本质	·扎根理论 ·生成理论 ·发展理论 ·命题 ·过程 ·实质理论	·民族志 ·文化共享群体 ·文化行为与语言 ·文化描绘 ·文化主题	·案例研究 ·有界 ·单一或集合案例 ·事件、过程、项目、个体

● 作者确定了中心现象。中心现象是指研究要探究或考察的那个中心概念。
质性研究者在研究开始时，只关注一个概念（如关系实践，教师需要就教
学关系与经历过学业失败的学生进行协商；如在英国出生的、巴基斯坦裔
和孟加拉裔的、工人阶层的穆斯林中的年轻男性这一文化共享群体的行
为）。当研究者在田野中获得了一些经验，就可以在群体之间进行比较并寻
找联系，进而在对中心现象进行初步探讨之后开始分析。

● 作者可以预先估计参与者和研究地点，不管参与者是单个个体（即叙事研
究或案例研究）、多个个体（即扎根理论或现象学）、群体（即民族志）或
者地点（即案例研究中的项目、事件、活动或场所）。

我们建议加入对中心现象的一般性定义。这个定义是一个暂时的、初步的定义，研究者希望借此作为研究的起点（Clandinin, 2013）。这样的定义不大可能提前做出特定的判断。例如，在叙事研究中，研究者可以先确定要收集的故事类型，如生活阶段、童年记忆、从青春期向成年期的过渡、参加匿名的戒酒互助会，甚至兄弟死亡后发生的家庭剧变（Ellis, 1993）。在现象学研究中，要探讨的中心现象是明确的（van Manen, 2014），例如，明确的现象可以是悲伤、愤怒，甚至下棋的意义（Aanstoos, 1985）。扎根理论确定的中心现象可以是所考察的过程的中心概念（Corbin & Strauss, 2015），如过去的关系对丧偶后再婚的夫妻的影响（Brimhall & Englom-Deglmann, 2011）。在民族志中，研究者可以确定要考察的关键文化概念（通常是来自人类学的文化概念），如角色、行为、文化适应、沟通、神话、故事，或者是研究者在研究一开始打算在这一领域增加的其他概念（Wolcott, 2008a）。最后，在案例研究中，如在内在性案例研究（Stake, 1995）中，研究者可以确定案例的边界，明确案例时间和空间的边界；如果是工具性案例，那么研究者就可以明确并界定案例中将要考察的议题。

下面的几个目的陈述的范例展示了质性研究五种取向的**赋码**（encoding）方式，以及为后文铺垫的方式（也可参见 Creswell, 2012, 2016）。

范例6.1　叙事研究的目的陈述

注意在下面每一个范例中生活经验是如何被强调的：

1. 单个个体以及个体的生活史：

　　研究者描述并分析了一名智力障碍男性建构其生活史的过程（Angrosino, 1994, p. 14）。

2. 事故受害者的家人与朋友以及他们的反应：

　　我在这里讲述的故事是关于我在卢瑞城（我的出生地，也是雷克斯的居住地）的家人与朋友对这起意外悲剧的反应和应对（Ellis, 1993, p. 712）。

范例6.2　现象学研究的目的陈述

在下面的范例中，可以看到现象是如何被清晰地描述的：

1. 一组男性的父亲角色：

　　本研究将探究与年轻母亲一起养育孩子的、已经成为或即将成为父亲的年轻男性关于他们的父亲角色的信念、态度和需求（Lemay, Cashman, Elfenbein, & Felice, 2010, p. 222）。

2. 个体赋予一次医疗经历的意义：

　　该现象学研究的目的是探究在中西部的一家主要的移植中心里罹患肾衰竭的人们赋予他们等待移植的经历的意义（Brown, Sorrell, McClaren, & Creswell, 2006, p. 120）。

范例6.3 扎根理论研究的目的陈述

在下面的范例中，研究者通过探究研究过程来推进理论：

1. 个体的领导身份认同：

本研究的目的是理解个体在建立领导身份认同的过程中的经历（Komives, Owen, Longerbeam, Mainella, & Osteen, 2005, p. 594）。

2. 一群女性在孤立的场景中提升复原能力：

本研究的目的是探讨女性如何在地理、社会、政治、经济和历史的情境中保持健康（Leipert & Reutter, 2005, p. 50）。

范例6.4 民族志研究的目的陈述

下面的范例力图对文化共享群体进行描绘：

1. 雇员的"球场"文化：

这篇论文要考察体育场馆的雇员如何在工作和谈话中强化棒球在社会中的特定意义，这将展示工作与谈话如何创造并维持球场文化（Trujillo, 1992, p. 351）。

2. "节制派"（straight edge，sXe）运动①的核心价值：

本文将填补研究文献中的空白，以"节制派"运动的群体核心价值为中心来对"节制派"运动进行经验描述（Haenfler, 2004, p. 410）。

范例6.5 案例研究的目的陈述

下面的范例展示了理解有界系统的研究焦点：

1. 对技术整合的多案例研究：

本研究的目的是描述与当地公立大学联合办学的三所小学如何运用相似的物力与人力组合来提高技术整合的水平（Staples, Pugach, & Himes, 2005, p. 287）。

2. 关于校园对枪击事件的回应的内在性案例研究：

本文所呈现的研究是质性案例分析，描述并诠释了校园对一次枪击事件的回应（Asmussen & Creswell, 1995, p. 576）。

---

① "节制派"运动（straight edge，sXe，也译为"直刃族"运动）是20世纪80年代在美国兴起的一个亚文化群体的运动。当时在美国的年轻人中，吸毒成了一种风潮。一支硬核朋克乐队（Minor Threat）发行了一首名为"straight edge"的歌曲，歌词对吸食当时流行的各种毒品进行了嘲讽。这种表达得到了一些朋克乐队以及年轻人的赞同，他们提倡戒绝吸毒、吸烟、酗酒及随意性行为等，以确保对自己身体的控制、确保精神清明。"straight edge"本意是用来画直线的扁直条形工具：这类工具中标有刻度的那一类，就是常见的直尺；更简单的，就是没有刻度的扁直条。这个亚文化群体以此命名，是为了强调其宗旨是要回归简单生活。——译者注

研究问题

在质性研究中提出研究问题是为了将研究目的聚焦于几个在研究中要讨论的问题。我们对目的陈述与研究问题进行了区分，这样就可以清楚地看到我们是如何对二者进行概念化和构建的。另一些研究者会将二者结合在一起，更经典的做法是在期刊论文中只陈述研究目的，而不涉及研究问题。然而，在许多质性研究类型中，如在硕博学位论文中，研究问题与目的陈述是不同的，二者会被单独陈述。我们又一次发现研究问题提供了对探究取向进行赋码并进行铺垫的机会。

中心问题

关于质性研究如何提出问题，有些研究者提供了建议（如 Creswell, 2014, 2016; Marshall & Rossman, 2015）。质性研究的问题是开放式的、逐步推进的、不定向的。质性研究的问题用更明确的术语重述了研究目的，通常是以"什么（what）"或"怎么样（how）"而不是"为什么（why）"的形式来提出问题的，这样就可以对中心现象进行探讨。这是因为"为什么"是表明可能的因果方向的语言，而非开放式的。"什么"或"怎么样"则显然是开放式的。研究问题的数量要少（5~7 个），并且要采用多样的形式，从"壮游"（grand tour）式的问题（Spradley, 1979, 1980），如"跟我说说你自己"，到更具体的问题。

我们建议研究者将整个研究都简化为单一的总体性的**中心问题**和若干个**子问题**。草拟中心问题通常需要进行大量的工作，才能满足中心问题所需的广度，以及以传统训练为基础的提问倾向。为了提出总体性的中心问题，我们建议质性研究者尽可能地提出最宽泛的问题来讨论他们要研究的难题。

中心问题可以用五种探究取向的语言来进行赋码。莫斯（Morse, 1994）在综述研究问题的类型时对这个议题提出了明确的看法。尽管莫斯没有对叙事研究或案例研究进行讨论，但她指出人们会在民族志研究里看到关于文化的描述，在扎根理论研究里看到过程的问题，在现象学研究里看到意义的问题。例如，我们可以通读第 5 章所涉及的五项研究，看看我们是不是可以找到或者想象它们的中心研究问题。我们会立刻意识到学术期刊论文通常不会提出中心问题，而是用目的陈述来予以替代，这是学术期刊论文的通常做法。然而，如果被要求思考它们的中心问题，这种做法仍然是很有帮助的。在下面的范例中，我们提供了我们提出的关于附录中的五项研究的研究问题（或者是作者的版本）。以第 5 章里的研究为基础，再加上其他范例，我们可以展示每种取向的研究问题。

范例 6.6　叙事研究的研究问题

注意下列叙事研究的研究问题如何强调对生活经验的关注：

1. 陈（Chan, 2010；附录二）写下了她收集的华裔移民学生爱梅的故事：

　　爱梅在学校里、在她的朋辈群体中、在她的家庭里经历了怎样的关于族群身份认同的冲突故事？

2. 尼尔森（Nelson, 1990）记录了两位非裔美国女性的生活叙事，比较了她们的符码转换模式：

　　在 20 世纪后半期，美国非裔女性作为美国文化的参与者所经历的符码转换及其他情境化暗示的模式与作用是什么？

范例 6.7　现象学研究的研究问题

注意下列现象学研究的研究问题如何将焦点集中于对现象的描述：

1. 安德森和斯宾塞（Anderson & Spencer, 2002；附录三）对艾滋病患者如何呈现并想象他们的疾病进行了讨论：

　　确诊艾滋病的男性和女性赋予他们的疾病以怎样的意义？

2. 帕迪拉（Padilla, 2003, p. 415）讨论了长期失能的女性对其生活经验的意义的描述：

　　对那些在多年前头部受伤的女性来说，失能的生活经验是怎样的？

范例 6.8　扎根研究的研究问题

注意下列扎根理论研究的研究问题很明确地表明了其研究目标在于提出理论：

1. 哈里等（Harley et al., 2009；附录四）明确表明他们要解释非裔美国女性将体育锻炼整合到其生活方式中的过程：

　　哪种行为过程理论可以解释 15 名非裔美国女性如何将其体育锻炼整合到生活方式中？

2. 布里姆豪等（Brimhall et al., 2011）明确表明他们要提出对丧偶后再婚的过程的理解：

　　什么样的关系过程理论可被用于描述之前的婚姻关系对丧偶后再婚的夫妻的影响？

范例 6.9　民族志研究的研究问题

注意下列民族志研究的研究问题如何寻求对文化共享群体的描述：

1. 马克·安·格尔和海伍德（Mac an Ghaill & Haywood, 2015；附录五）呈现了一群在英国出生的巴基斯坦裔和孟加拉裔的工人阶层的年轻男性在三年时间内所身处的不断变化的文化状况：

续表

对在英国出生的、巴基斯坦裔和孟加拉裔的、工人阶层的年轻男性而言，与他们的族群、宗教及文化归属等相关的核心信念是什么？这些年轻男性如何建构并理解他们关于家庭、学校及社会生活的（特定地理区域）经历？如何理解他们在快速变化的英国的成长过程，以及其与快速变化的地方社区的互动？

2. 亨弗勒（Haenfler, 2004）表明其要描述"节制派"运动的成员的核心价值观：

"节制派"运动的核心价值是什么？其成员如何建构并理解他们作为亚文化成员的主观经验？

范例6.10　案例研究的研究问题

注意下列案例研究的研究焦点很明显是理解有界系统：

1. 弗里林（Frelin, 2015；附录六）表明其要追踪一名教师在特定的学校项目中与那些经历过学业失败的学生就教学关系进行协商的实践：

什么样的关系实践与专业实践能够帮助教师及其他学校工作人员协助学生克服障碍并在学校中更成功？

2. 阿斯穆森等（Asmussen et al., 1995）在引言部分列出了五个引导式的中心问题来描述并诠释校园对枪击事件的回应：

发生了什么？哪些人参与了对事件的回应？在事件发生后的8个月中出现了哪些回应主题？什么样的理论建构能够帮助我们理解校园对枪击事件的回应？哪些理论建构对这个案例来说是独特的？（Asmussen et al., 1995, p. 576）

范例6.10展示了对个体经历的描述，并在随后呈现了关于校园中人们各种回应的主题。正如这些范例所示范的那样，作者可以提出一个中心问题，也可以不这么做，尽管所有研究即便没有明确说明，也暗含着中心问题。相较于使用目的陈述，学术期刊论文使用中心问题来引导研究的情况更少。然而，在研究生个人的研究项目中，如硕博学位论文，当前的趋势是，既要写出目的陈述，也要写出中心问题。

子问题

研究者通常会列出少数几个子问题，将中心问题向某些探究领域推进。例如，"作为大学教授意味着什么？"这样一个中心问题，可以用以下不同主题的子问题来进行分析："在教室里，作为大学教授意味着什么？作为研究者呢？作为硕士论文的导师呢？作为系所的同事呢？"在这个例子中，子问题集中于大学教授承担的不同角色或责任，如教师、研究者、导师、同事。子问题本质上与中心问题是一致的，将中心问题分成几个组成部分。如果大学教授还扮演着其他被指定的角色，那么子问题也会有所变化，如学校行政人员或实习督导。子问题在资料收集的过程（如访谈或观察）中有助于为中心问题提供信息。

下面是关于提出子问题的一些建议：

● 提出少数几个子问题，进一步完善中心问题。我们建议一般要有5~7个子问题。新问题可以在资料收集的过程中产生，而且与所有质性研究问题一样，这些子问题在研究进行的过程中可以发生改变或者成为新问题。

● 把子问题作为将中心问题分成不同部分的手段。问问你自己："如果要把中心问题分成一些我愿意探讨的领域，那么会是哪些领域呢？"民族志提供了很好的例证。沃尔科特（Wolcott, 2008a，p. 74）指出，"壮游"式的问题或者中心问题，如"这里发生了什么"，只有"在哪些方面"这类细节足够充实时才能进行讨论。

● 提出以"怎么样"或"什么"开头的开放式子问题。这些词语的使用方式应当与中心问题的情况类似。

你提出的子问题可以集中于对中心现象进行进一步分析，这与你选择的质性研究类型有关。在叙事研究中，子问题可以进一步探讨故事的意义。在现象学研究中，子问题有助于确立所研究现象的本质的多种成分。在扎根理论研究中，子问题有助于将不断浮现的理论进一步细节化。在民族志研究中，子问题可以将你打算研究的文化共享群体的各方面细节化，如成员仪式、成员间的交流、成员的经济生活方式，诸如此类。在案例研究中，子问题会讨论案例的一些要素或者你力图理解的议题。下面的范例呈现了在附录文章中引导研究进行的子问题。

范例6.11　叙事研究的子问题
陈（Chan, 2010；附录二）所收集的华裔移民学生爱梅的故事中的子问题如下： 　　学校经历对爱梅的族群认同有什么影响？这些影响是如何产生的？ 　　与朋辈的互动可能会如何影响爱梅的族群认同？ 　　爱梅描述了哪些对她的族群认同有影响的家庭经历？

范例6.12　现象学研究的子问题
安德森和斯宾塞（Anderson & Spencer, 2002；附录三）对理解艾滋病患者如何呈现并想象他们疾病的子问题如下： 　　得知确诊了艾滋病意味着什么？ 　　确诊艾滋病这件事会带来什么麻烦？又有什么好处？ 　　患者最初是如何意识到自己的诊断或疾病的？

范例6.13　扎根理论研究的子问题

哈里等（Harley et al., 2009；附录四）解释非裔美国女性将体育锻炼整合到其生活方式中的过程的子问题如下：

女性如何将体育锻炼整合到其生活方式中？

对女性而言，将体育锻炼整合到其生活方式中的最大挑战是什么？

女性将体育锻炼整合到其生活方式中的动力有哪些？

范例6.14　民族志研究的子问题

马克·安·格尔和海伍德（Mac an Ghaill & Haywood, 2015；附录五）对在英国出生的、巴基斯坦裔及孟加拉裔的、工人阶层的年轻男性在三年时间里所身处的不断变化的文化状况进行了记录，其中的子问题如下：

群体成员认为与其族群认同相关的核心信念是什么？

群体成员认为哪些经历影响了他们的族群认同？

群体成员认为哪些社会经历影响了他们的核心信念？

范例6.15　案例研究的子问题

弗里林（Frelin, 2015；附录六）追踪了一名教师在特定的学校项目中与那些经历过学业失败的学生就教学关系进行协商的实践，其中的子问题如下：

这名教师认为哪些关系实践有助于学生克服在学校中遇到的阻碍？

这名教师认为哪些关系实践能帮助学生成功？

哪些专业教师实践对学业成功有帮助？

在第7章中，我们将考察所有取向共有的资料收集阶段，并讨论五种取向的资料收集的不同之处。

本章要点

1.你"看到"作者如何聚焦并介绍他们的质性研究了吗？从附录二到附录六中挑选一篇质性研究的论文，按照以下要求进行练习。

（1）从找出研究难题陈述中的五个要素（图6.2进行了概述）开始。注意哪些要素容易确认，哪些较难确认。

（2）接下来，找到期刊论文中的目的陈述。注意其中使用的赋码词汇（如果有的话）以及关于质性取向、中心现象、参与者与研究地点的信息（如果有的话）。

（3）最后，采用本章提供的模板重写一段目的陈述，并与期刊论文中的目的陈述进行比较。注意这两段陈述之间的相同与不同之处。

2. 你能采用本章所提供的模板来写作目的陈述吗？

以麦克维等（McVea et al.，1999）在图6.2中的难题陈述为基础，写一段现象学研究的目的陈述。接下来选择另一种取向来写作另一段目的陈述。

McVea, K., Harter, L., McEntarffer, R., & Creswell, J. W. (1999). Phenomenological study of student experiences with tobacco use at City High School. *High School Journal, 82*(4), 209–222.

3. 你能看出作者在研究引言中将各部分关联在了一起吗？阅读不同领域中采用了不同取向的质性研究论文，如埃利斯（Ellis, 1993）的叙事研究、勒枚等（Lemay et al., 2010）的现象学研究、科迈乌斯等（Komives et al., 2005）的扎根理论研究、丘吉勒（Trujillo, 1992）的民族志研究以及斯德普思等（Staples et al., 2005）的案例研究，按照以下要求进行练习。

（1）从确认研究所探讨的研究难题、研究目的、引导具体研究的研究问题开始，注意哪些容易确定，哪些较难确定。在什么程度上，这三个方面在方法论上是存在一致性的？

（2）接下来，仔细阅读研究引言，看看论文是如何介绍研究难题的。可以对研究难题陈述的五个要素（图6.2进行了概括）在论文中的运用进行评估。注意哪些要素比较容易发现，哪些较难发现。

（3）然后，看看研究引言如何陈述研究目的。可以对赋码词汇的使用以及质性取向、中心现象、参与者及研究地点等相关信息进行评估。

（4）最后，阅读论文，确认研究问题。对中心研究问题与子问题的结合程度进行评估。

Ellis, C. (1993). "There are survivors": Telling a story of sudden death. *The Sociological Quarterly, 34*, 711–730. doi: 10.1111/j.1533–8525.1993. tb00114.x

Komives, S. R., Owen, J. E., Longerbeam, S. D., Mainella, F. C., & Osteen, L. (2005). Developing a leadership identity: A grounded theory. *Journal of College Student Development, 46*(6), 593–611. doi: 10.1353/csd.2005.0061

Lemay, C. A., Cashman, S. B., Elfenbein, D. S., & Felice, M. E. (2010). A qualitative study of the meaning of fatherhood among young urban fathers. *Public Health Nursing, 27*(3), 221–231. doi: 10.1111/j.1525–1446.2010.00847.x

Staples, A., Pugach, M. C., & Himes, D. J. (2005). Rethinking the technology integration challenge: Cases from three urban elementary schools. *Journal of Research on Technology in Education, 37*(3), 285–311. doi: 10.1080/15391523.2005.10782438

Trujillo, N. (1992). Interpreting (the work and the talk of) baseball. *Western Journal of Communication, 56*, 350–371. doi: 10.1353/csd.2005.0061

4. 你能为一项质性研究写一段各部分相互关联的引言吗？按下面的步骤来进行撰写：

（1）用几句话陈述作为你研究焦点的难题或议题。

（2）讨论那些提供证据表明研究这一难题很必要的研究文献。

（3）选择一种研究取向，按照五种研究取向中相关的具体要求，陈述你要研究的难题的合理性。

（4）通读你的初稿，使用研究难题陈述的五个要素（图6.2进行了概述）来引导你进行修改。注意哪些要素容易采纳，哪些较难采纳。

（5）采用本章中的模板来写作目的陈述。注意哪些因素容易确认，哪些较难确认。

（6）采用本章提出的建议来建构研究问题。需要特别注意的是，用"怎么样"或"什么"来写出你的中心问题。接下来，考虑你是否包括了中心问题的四个要素：中心现象、参与者、研究地点和探究取向。将"什么"与中心现象搭配，并仔细思考你写下的问题，判断它是不是一个合适的中心问题。写出你的研究可以讨论的最宽泛的且最简洁的问题。再将你的中心问题分成几个子主题。接下来，考虑根据这些子主题，你会向参与者询问哪些类型的问题，使用这些问题来指导你写出研究的子问题。

5. 通读你的引言部分的三个主题，思考如何明确地将它们整合在一起。

小　结

在这一章里，我们讨论了与一项质性研究的介绍及聚焦相关的三个主题：难题陈述、目的陈述和研究问题。我们首先描述了各部分相互关联的需求及其实际运用的指导框架。我们讨论了对质性研究的每一部分进行设计的一般特点，还将这些主题与本书关注的五种取向联系在一起。难题陈述部分应当提出研究主题，讨论研究难题，概述关于研究难题的研究文献，指出这些文献的缺陷，并向能够从了解这个难题中获益的读者论证研究的重要性。在对已有文献的缺陷进行讨论时，研究者可以插入与其取向有关的特定信息。例如，研究者可以讨论讲述那些故事的必要性、发现经验"本质"的必要性、提出理论的必要性、描述文化共享群体生活的必要性，还有运用案例来探讨某个议题的必要性。目的陈述部分可以采用固定格式的模板。这份模板应当包括要采用的质性取向的

类型，并且加入可以表明所采用的取向的词汇。研究问题可以被分为一个中心
问题及 5 ~ 7 个子问题，这些子问题将中心问题分成不同的探究部分。中心问题
应当以赋码的方式表明所采用取向的意图，如叙事研究中故事的发展、扎根理
论中提出的理论。子问题也可以在资料收集过程中被作为访谈的中心问题，或
者用于指导观察。

扩展阅读

有一些阅读材料可以扩展本章所讨论的五种取向简要概述和期刊文章的比
较。我们在这里继续补充每种取向的书目（也可参见第 1 章和第 4 章）。这些书
单并不完备，我们鼓励读者在书末的参考文献中寻找补充阅读材料。

Creswell, J. W. (2016). *30 essential skills for the qualitative researcher.* Thousand Oaks,
　　CA: Sage.

克雷斯维尔这本最新的书将各种研究技能组织在一起，以一种新颖的方式
为质性研究者提供了指导。通过这种方式，研究者可以方便地获得特定技能的
信息。这本书对质性研究的初学者特别有帮助。

Richards, L., & Morse, J. M. (2012). *README FIRST for a user's guide to qualitative
　　methods* (3rd ed.). Thousand Oaks, CA: Sage.

两位作者提供了对质性研究进行思考、计划及实施的可用资源。我们发现
书中关于各取向的研究问题的讨论特别有用，其细致地展现了不同取向在问题
的提出上的差异。

Marshall, C., & Rossman, G. B. (2015). *Designing qualitative research* (6th ed.). Thou-
　　sand Oaks, CA: Sage.

两位作者在这本书的最新版本中扩展了质性研究当前所讨论的议题及设计
的范围，增加了这本书可用于实际操作的资源。书中以结合紧密的小事例，展
示了潜在的研究问题，对开题答辩很有帮助，提供了独特的视角。

Ravitch, S. M., & Mittenfelner Carl, N. (2016). *Qualitative research: Bridging the concep-
　　tual, theoretical, and methodological.* Thousand Oaks, CA: Sage.

两位作者提供了关于质性研究过程的可用资源。这本书的创新之处在于第
11 章，这一章为思考质性研究的伦理问题以及研究的关系特质提供了重要的
指导。

第7章　资料收集

对质性资料的收集进行思考时，一个典型反应是关注资料的实际类型以及收集资料的程序。然而，资料收集还包括更多的内容。资料收集意味着需要预见相关的伦理问题（包括获得准入的许可），选择合适的质性抽样策略，发展出对信息进行记录的方法，对田野中出现的议题进行回应，以及安全地存储资料。仅就所收集资料的实际类型而言，研究者通常会选择只进行访谈与观察。正如本章将要展示的那样，质性资料来源的组合相当广泛。我们鼓励研究者在标准的访谈与观察之外，使用更新颖的、更创新的方法。此外，这些新形式的资料以及质性资料收集过程中的新步骤也应当对质性研究的五种不同取向所预期的结果保持敏感。

我们发现用可视化的方式来呈现资料收集的阶段，对所有的取向来说都是很有帮助的。这些相互关联的资料收集活动的"环"能最好地展示资料收集的过程，这一过程中的活动包括并超越了资料的收集。这一章将从呈现资料收集环（即粗略介绍每种资料收集行为）开始。这些资料收集活动包括确定研究地点或研究个体、进入田野并保持融洽关系、进行目的抽样、收集资料、记录信息、探讨田野中的议题，以及保存资料。接下来，我们将讨论五种探究取向的资料收集活动有何差异。在这一章的最后，我们会对五种取向的资料收集进行比较，并进行一些总结。

本章讨论的问题

- 质性研究的资料收集过程总体上有哪些步骤？
- 收集资料时，关键的伦理考量有哪些？
- 研究者如何发现要研究的个体或地点？
- 接触研究个体并建立融洽关系有哪些典型的议题？
- 哪些决定会影响目的抽样策略的选择？
- 通常需要收集哪些类型的信息？
- 信息是如何记录的？
- 资料收集中有哪些常见的议题？
- 信息一般是如何保存的？
- 在资料收集中，五种取向有哪些异同？

资料收集环

　　我们通过可视化来展示资料收集是一系列相互联系的活动，这些活动的目标是收集高质量的信息以回答不断浮现的研究问题。如图7.1所示，质性研究者在资料收集过程中要进行一系列的活动。尽管我们是从确定研究地点或研究个体开始的，但读者也可以从这个环的其他点开始。最重要的是，我们希望你能考虑到资料收集过程通常包括多种活动，这些活动超越了通常提及的访谈和观察。我们将伦理放在资料收集环的中间，强调在不同阶段都必须注意伦理问题。

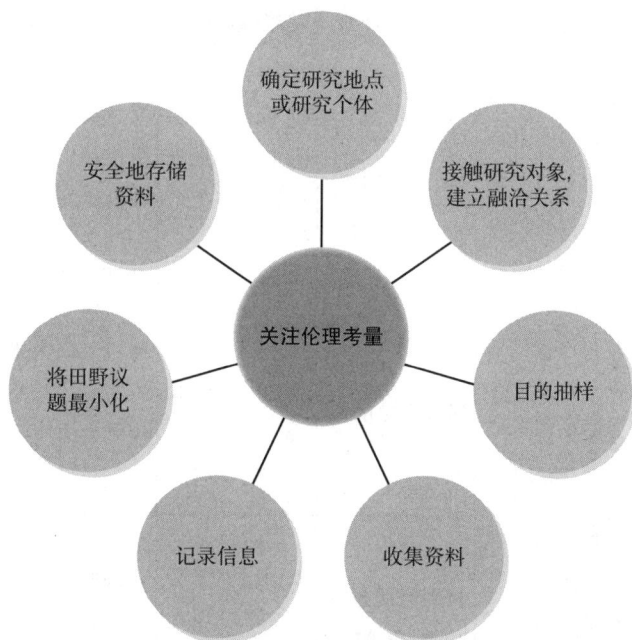

图7.1　资料收集活动

　　资料收集过程中的一个重要步骤是找到要研究的个体或地点，接触研究个体并建立融洽关系，这样参与者才会愿意提供高质量的资料。在这个过程中密切相关的一步是决定对研究地点或研究个体进行**目的抽样**（purposeful sampling）的策略。这不是可以帮助研究者对总体进行统计推论的概率抽样，而是有意识地选择了一群人，他们可以向研究者提供所关注的研究难题的最佳信息。因此，研究者应当确定哪种类型的目的抽样策略最适用。

　　一旦研究者选定了研究地点或研究个体，就需要决定最合适的资料收集方法。就资料的形式以及资料收集、记录的方式而言，在质性研究中已经有越来越多的选择。例如，多种类型的访谈可以收集不同的互动，进而影响所记录的信息。质性研究者通常会从多于一个信息来源进行资料收集。为了指导资料收集，研究者会使用记录资料的工具，研究者也需要准备记录资料的表格，如访谈提纲或观察提纲。研究者也需要预先估计在资料收集中可能出现的议题，即田野议题①。这些田野议题可能是难题，如资料不合适、必须提早离开田野或研究地点，或信息丢失。最后，质性研究者还必须决定如何存储资料，以方便找到资料，并避免损坏或丢失。

我们接下来要对七种资料收集活动一一进行讨论。我们会讨论每种资料收集活动的一般程序，还会讨论每种探究取向的资料收集活动。如表 7.1 所示，在五种探究取向中，这些资料收集活动既有相似之处，也有不同之处。

表 7.1　五种取向的资料收集活动

资料收集活动	叙事研究	现象学研究	扎根理论研究	民族志研究	案例研究
传统上，研究对象是什么（地点或个体）？	单个个体，可接触，并且因其所经历的故事而与众不同	经历了同一现象的多个个体	对同一行动进行了回应或参与了中心现象过程的多个个体	文化共享群体的成员，或群体的代表成员	有界系统，诸如过程、活动、事件、项目，或多个个体
接触研究个体并建立融洽关系的典型方式是怎样的？	获得个体的允许，从档案中获取信息	找到经历过所研究现象的人	找到同质样本	通过看门人进入，赢得信息提供者的信任	通过看门人进入，赢得信息提供者的信任
研究者如何选择要研究的地点或个体（目的抽样的策略）	多种策略，通常取决于研究者个人（如便利的、政治上重要的、典型的、关键的案例）	找到经历过这一现象的个体，即"标准"样本	找到同质样本，"以理论为基础"的样本，即"理论"样本	找到研究者属于"陌生人"的文化共享群体，即"代表"样本	找到一个或多个"案例"，即"非典型"案例、"最大差异"案例或"极端"案例

① 在翻译中，译者区分了中文里混用的几个概念，特别是在翻译英文时。议题（issue）指的是需要关注的一些方面；难题（problem）指的是尚未解决的困难，既包括现实中的难题，也包括理论讨论中涉及的难题；问题（question）指的是需要寻求答案的各种疑问，既包括经验层次的问题，如田野中发生了什么，也包括理论层次的问题，如哪些因素影响了田野中的人际互动。这里的田野议题，指的是研究者在田野工作中需要关注的方面，既包括在田野中遇到的困难，也包括在田野工作中的具体方法和策略等。——译者注

资料收集活动	叙事研究	现象学研究	扎根理论研究	民族志研究	案例研究
通常要收集什么类型的信息（资料的形式）？	文档和档案材料、开放式访谈、主题式日志、参与观察、闲聊（通常都是针对单个个体）	与一定数量的个体（如 5~25 个）进行访谈	主要访谈 20~30 人，以获得理论的细节	参与观察、访谈、收集文化共享群体的物品和文档	涉及 1~4 个案例的多种形式，如文档和记录、访谈、观察，以及物品
信息是如何被记录的（记录信息）？	笔记、访谈提纲	访谈，通常对同一个体要进行多次访谈	访谈提纲、田野笔记、备忘录	田野笔记、访谈提纲和观察提纲	田野笔记、访谈提纲和观察提纲
资料收集中常见的议题有哪些（田野议题）？	材料的可获取性、记录及材料的真实性	将研究者的经历悬括起来、访谈的安排	访谈议题（如访谈的安排、访谈的开放程度）	田野议题（如反思性、反应、互惠、"过于本土化"、泄露隐私、欺瞒）	访谈议题与观察议题
信息通常是如何保存的（存储资料）？	文件夹、电子文档	访谈记录、电子文档	访谈记录、电子文档	田野记录、访谈记录、电子文档	田野记录、访谈记录、电子文档

资料收集的伦理考量

不管采用哪种质性探究取向，质性研究者都要面对很多伦理问题，这些伦理问题会出现在田野中的资料收集过程、资料分析过程及质性研究报告的传播过程中。在第 3 章，我们对其中一些进行了讨论，但在质性研究的资料收集阶段，伦理问题是很突出的（参见表 3.2 对质性研究中伦理问题的概括）。计划并进行一项合乎伦理的研究意味着研究者对研究中所有预见到的及不断出现的伦理问题都进行了思考和讨论。通常这些伦理问题与合乎伦理研究的三个指导原则有关：尊重人（即隐私和知情同意）、考虑身心健康（即伤害最小化和互惠最大化）以及公正（即不偏不倚地对待参与者、加强包容性）。研究者要确保参与者的匿名，如用数字或化名来代表每个研究个体。为了获得参与者的支持，质性研究者需要告知参与者他们是在参与一项研究。研究者还要向参与者说明研究的目的，研究者不应在研究的性质方面有任何**欺瞒**（deception）。如果研究主题很敏感，参与者知道研究主题后不愿意参加研究，应该怎么办？另一个类似的问题是参与者所提供的信息是否要全部记录。尽管在多数情况下，研究者会在分析时删除许多信息，伦理上的问题在于：某些信息如果被记录下来，就可能伤害参与者。一名研究者研究了被监禁的美国印第安人，她就有这样的经历。她在一次访谈中获知她的参与者正在计划"越狱"。这名研究者认为，如果她汇报了这件事，就会辜负参与者对她的信任，所以她保持了沉默。幸运的是，越狱并未发生。最后，我们还要讨论近来受到更多关注的事项：我们如何以适当的方式获取并记录信息。要做到这一点，研究者有责任熟悉研究情境及参与者，并尊重不同的知识系统以及不同的互动方式。关于使研究适应多样的情境并契合边缘人群，有不少优秀的文献（如 Chilisa, 2012; Clandinin et al., 2006; Stanfield, 2011）。

在开始资料收集之前，研究者的一项关键工作是寻求并获得**伦理审查委员会**（Institutional Review Boards）的许可（Creswell, 2012; Hatch, 2002; Sieber & Tolich, 2013）。这项工作的目标是向伦理审查委员会提供证据，表明研究设计遵循了委员会关于伦理的研究指南。多数质性研究可以免于冗长的审查（如加快审查或全面的审查），但涉及未成年人（即参与者在 18 周岁及以下）的研究，或对高风险、敏感人群的研究（如艾滋病患者），就会需要进行细致的审查。这个过程需要提交细致的、冗长的申请，审查的时间也会相当长。审查的过程包括提交一份开题报告，其要详细说明研究程序，包括如何选择研究地点及研究个体、如何接触研究个体、获得研究许可，还要包括如何记录、保存并使用收集得到的信息。表 7.2 概括了与资料收集活动相关的伦理问题，我们在后面会再对这些程序做进一步讨论。

表7.2 资料收集活动中的伦理问题及需要描述细节的实例

资料收集活动	预见并解决伦理问题的实例	需要描述细节的实例
研究地点或个体	研究地点的选择可能会引发关于研究者权力的问题（如在自己的工作场所进行研究），应考虑不受权力影响的其他选择	对研究地点或个体的选择陈述理由并明确程序
接触研究对象，并建立融洽关系	获得当地人的同意才能进入研究地点。明确是否需要额外的审查过程，确定看门人以获得帮助	对进入研究地点、获得许可陈述理由并明确程序
	告知参与者研究的程序以及他们的权利。向合适的个体征求他们参与研究的知情同意	明确个体知情同意的程序
	熟悉研究情境及总体。发现需要尊重的文化、宗教、性别及其他差异	对建立融洽关系陈述理由并明确程序
抽样策略	参与者在知晓研究目的的情况下，理解他们为什么被邀请参与研究	陈述样本选择的理由，明确招募程序
资料形式	了解资料收集将对研究地点产生影响，但其是适合参与者的方法	陈述选择资料来源的理由
	考虑研究者如何从参与者处收集信息，提供参与研究的合适报酬，并留意互惠的机会	明确资料相关的程序

续表

资料收集活动	预见并解决伦理问题的实例	需要描述细节的实例
记录程序	意识到资料记录可能具有破坏性，要告知参与者相关措施，以维持信任	对资料记录陈述理由并明确程序
田野议题	考虑多种议题，如进入田野、资料形式是否合适、信息收集的程序	多样
资料保存	将资料和材料保存在安全的地点，注意有意识地使用资料	明确资料管理的程序及使用方式

研究地点或研究个体

我们经常被问及这个问题：研究者如何确定所研究的地点或个体？而我们的回答通常都会涉及研究决定采用的取向。就叙事研究而言，研究者需要找到一个或多个个体来研究，这些个体应当是可接触的，愿意提供信息，他们因其成就或因其平凡而显得与众不同，或者是，他们有助于理解要探讨的特定现象或议题。布鲁默（Plummer, 1983）推荐了两种来源的个体可供研究。一种是实用的取向，参与者是偶遇的、从一项更宽泛的研究中找到的，或者是自愿参与的。还有一种来源，其中，研究者可以确定处于冲突的文化之中的"边缘人"、对所处的年代有影响的"大人物"，或者是"普通人"，将其作为更大的人群中的一个例子。吉根（Gergen, 1994）还提出了一种视角，他认为叙事要"走向存在"（p. 280），其并不是个人的产物，而是要将其作为关系的一个侧面，是文化的一部分，是性别、年龄等社会角色的反映。因此，询问哪些个体可以成为参与者则未能关注到正确的问题。相反，叙事研究者应当关注不断浮现的故事，意识到所有人都有故事要讲。然而，戴尤特（Daiute, 2014）认为，对叙事意义的把握是从时间维度及空间维度的选择开始的。在考虑叙事研究中的研究个体选择时，还有一个有益的建议是：考虑探究的焦点的是一级叙事还是二级叙事（Elliott, 2005）。在一级叙事中，个人讲述的故事是关于他们自己的经历；在二级叙事中，研究者可以建构出其他人的经历（如传记），或者呈现许多人生活的集体故事。

在现象学研究中，参与者可能都位于一个研究地点，尽管这并不必要。更重要的是，这些参与者必须都经历过所研究的某种现象，并且能够详细叙述他们的生活经验（van Manen, 2014）。研究个体的特征越多样，研究者就越难找到共同的经验、主题，以及对所有参与者而言的经验的总体本质。就扎根理论研究而言，研究个体可能不在同一个研究地点，实际上，如果参与者是分散的，他们也可以提供重要的情境信息，这有助于在研究的主轴编码阶段提出范畴。研究个体应当是研究者所研究的过程或行动的参与者。例如，克雷斯维尔和布朗（Creswell & Brown, 1992）访谈了全美国各大学的32名系主任，他们都曾经指导过他们所在系的教师队伍。在民族志研究中，单一的研究地点是很重要的，在这里，一个完整的文化共享群体发展出了共享的价值、信念及假定（Fetterman, 2010）。研究者需要确定要研究的群体（或者用一个或多个个体作为群体的代表），参与者最好对研究者而言是"陌生人"（Agar, 1986），而且是可接触的"陌生人"。对案例研究而言，研究者需要选择一个或多个研究地点，如项目、事件、过程、活动、单一个体或多个个体。尽管斯特克（Stake, 1995）将个体作为合适的"案例"，我们在研究单一个体时，还是会采用叙事传记取向或生活史取向。然而，对多个个体的研究——其中，每个个体都被界定为一个案例，并且会被界定为集合案例研究——都是可以被接受的研究实践。

学生经常会问的问题是：他们是否可以研究他们自己的组织、工作地点或他们自己？这样的研究可能会带来权力议题，对研究者、参与者及研究地点而言都是冒险。例如，要研究自己的工作场所，就会带来这样的问题：当资料收集的行动可能涉及研究者与参与者之间权力不平衡的问题时，是否能收集到高质量的资料？尽管研究自己的"后院"通常很便利，其也扫除了资料收集的许多障碍，但如果研究者汇报了令人不快的资料，或者参与者披露了可能给组织或工作地点带来负面影响的隐私信息，那么这项研究就可能危及自己的工作。高质量的质性研究的标志之一是报告了多样的视角，这些视角包括各种视角的完整光谱（参见第 3 章中关于质性研究的特征的小节）。在研究自己的组织及工作地点需要持谨慎态度方面，有些研究者跟我们的看法一致。格莱森与珀什金（Glesne & Peshkin, 1992, p. 21）质疑了考察关于"你自己的后院——在你自己的机构中，或在朋友或同事中"的研究。他们认为这样的信息是"危险的知识"，对"局内人"研究者而言是政治化的、有风险的。如果有必要研究自己的组织或工作地点，我们通常建议要使用多种有效性策略（参见第 10 章），以确保这一记录准确且富有洞见。

研究你自己则是另一回事。正如第 4 章里的讨论，自我民族志提供了研究你自己的取向或方法。有一些关于自我民族志的很有帮助的书，这些书讨论了个人故事可以如何与更大的文化议题融合在一起（参见 Ellis, 2004; Muncey, 2010）。埃利斯（Ellis, 1993）的故事讲述了她自己在她的兄弟突然去世后的经历，展示了个人情感的力量，展示了使用文化视角来讲述自己的个人经历。我们建议打算研究他们自己以及自己亲身经历的研究者采用自我民族志或传记回忆录作为进行研究的学术程序。

研究准入以及融洽关系

质性研究涉及对一个或多个地点的研究，也就需要获得研究这些地点的许可，以确保资料收集的便利。获得研究地点的进入许可与研究个体的接触许可也包括几个步骤。不管采取何种探究取向，都需要获得伦理审查委员会的批准，特别是在美国。这就意味着既要获得大学或学院伦理审查委员会的批准，也要获得研究地点中的个体的许可。在一些案例中，还需要获得如学校委员会或医院的研究评审委员会等组织机构的同意。在研究报告或开题报告（如果适用的话）中，需要明确陈述已经获得了许可。例如，"本研究获得了俄亥俄州立大学伦理审查委员会的批准"（Harley et al., 2009, p. 99；附录四）或"在获得大学的伦理审查委员会以及城市医院的人类被试审查委员会的批准后，研究者找到符合选择标准的患者，并邀请他们参与研究"（Anderson & Spencer, 2002, p. 1340；附录三）。

作为研究审查申请的一部分，研究者会包括他们将在研究中使用的材料的实例。对知情同意书的样例进行考察是很有帮助的。在质性研究中，参与者必须阅读知情同意书并签字。图7.2是知情同意书的范例。

学习质性研究的经历：一项质性案例研究

亲爱的参与者：

以下信息供您参考，以便您确定是否要参加这项研究。您应当意识到您可以自由决定参加与否，或者在任何时候从研究中退出，这都不会影响您与院系、导师或内布拉斯加大学林肯分校的关系。

这项研究的目的在于理解在大学的博士课程中学习质性研究的过程。这项研究的程序是单一的整体案例研究设计。在研究的这一阶段，质性研究的学习过程的一般定义是：在课程的不同阶段中，对课程的认知以及对质性研究的理解。

这项研究将收集三个时间点的资料：课程初期、课程中期、课程后期。资料收集将包括文档（由学生和教师写作的日志条目、学生对课程及研究程序的评价）、影音材料（课堂教学的录像）、访谈（学生之间访谈的记录）以及进行教室观察的田野笔记（由学生和教师完成）。参与资料收集的人包括本课程的教师和学生。

在参与研究前，或在参与研究的过程中，如果您有任何问题，请不要犹豫，直接提问。研究完成后，我们很乐意与您分享我们的发现。但是，您的名字不会以任何形式与本研究的发现联系在一起，只有研究者会知道您作为研究参与者的身份。

这项研究中并无已知的危险和/或不适。您能从参与研究中获得的收益包括关于学习质性研究的经历的相关信息、参与到一项质性研究中的机会，以及与参与资料详细分析的其他学生一起共同合作撰写文章的机会。如果本研究被发表，署名处将表明本课程的所有学生都参与了这项研究。

请您签名，确认您完全了解了这项研究程序的性质及目的。这份知情同意书的复印件将供您保存。

日期：

参与者签名：

图7.2 人类被试参与研究的知情同意书

这类知情同意书要求包括一些特定的部分，诸如下列各条：

● 参与者有在任何时候自愿退出研究的权利

- 研究的中心目的以及资料收集所采用的程序
- 对参与者隐私的保护
- 研究中已知的与参与者有关的风险
- 参与者可以期望从研究中获得的收益
- 参与者以及研究者的签名

　　获得准入许可也意味着找到了一些个体，其可以协助进入研究地点，并帮助进行资料收集。获得准入许可并建立融洽关系，会因所采用质性取向的不同以及所找到的参与者的不同而不同。对叙事研究而言，只有当参与者同意参与到研究之中时，研究者才可能从这些人那里获得信息。研究者应当告知参与者选择他们参加这项研究的原因，确保参与者可以匿名（如果他们希望匿名的话），并且还应该告诉参与者这项研究的目的是什么。这种开诚布公有助于建立融洽的关系。要获得传记型的文档及档案也需要获得许可，在有些情况下，可能还需要经过长途旅行，如拜访图书馆以获得纸质文档。

　　在现象学研究中，研究样本包括经历过所研究现象的个体，获得参与者参与研究的书面许可也很重要。在安德森和斯宾塞（Anderson & Spencer, 2002；附录三）关于患者对艾滋病的理解的研究中，在艾滋病患者专属的三个研究地点（一家医院的门诊部门、一所长期护理机构及一家居住设施）中有58人参与了研究。这些参与者都是确诊的艾滋病患者，年龄在18岁以上，可以用英语交流，在一项精神状态的小测试中得分超过22分。在这类研究中，获得许可，以便接近这些易受伤害的个体，动员他们参与研究，是很重要的。

　　在扎根理论研究中，需要参与者提供研究许可。同时研究者应当与参与者建立融洽的关系，这样参与者才有可能披露他们对行动或过程进行回应的细节化视角。扎根理论研究者是从同质性样本开始的，参与者都经历过某一现象或过程。在关于参与体育锻炼的扎根理论研究中，哈里等（Harley et al., 2009；附录四）与两个地方性的非裔美国女性的校友联谊会建立了联系，并参加了她们的会面来招募参与者。在民族志研究中，田野准入的起点是"看门人"。看门人是指文化群体的成员或者拥有文化群体的局内人身份的个体。研究者最初接触的就是看门人，他们会将研究者引介给其他参与者（Atkinson, 2015）。这类看门人的一个例子是马克·安·格尔和海伍德的民族志研究（Mac an Ghaill & Haywood, 2015；附录五）中的两名年轻男性，他们帮助研究者与所要研究的群体进行了初次接触。

　　如果是要接近边缘群体的话，看门人就特别重要，这是出于克雷斯维尔（Creswell, 2016）所指出的信任、文化和语言等原因。慢慢地接触看门人及相应的文化系统，对研究这一文化的"陌生人"而言，是明智的做法。对民族志与案例研究而言，看门人需要知道关于研究的一些信息，如博格丹和毕克林（Bogdan & Biklen, 1992）所指出的那样，其通常包括研究者对以下问题的回答：

- 为什么挑中了这个研究地点？
- 在研究过程中，研究者会在这里做什么？研究者会在研究地点花多长时间？
- 研究者的出现会引起混乱吗？
- 研究结果将如何被报告？
- 看门人、参与者以及研究地点能从这项研究中获得什么（互惠）？

目的抽样的策略

在质性研究的目的抽样中，需要注意下列三方面的考虑，这些考虑在不同的取向中存在差异。这些考虑是关于选择什么样的参与者及研究地点的决定，是关于特定抽样策略类型的决定，是确定研究样本容量大小的决定。

样本中的参与者　在叙事研究中，研究者考虑更多的是选择什么样的个体作为样本：研究个体可能是因为可接触，所以便于研究；研究个体可能在政治上具有重要性，能吸引其他人的注意力，或其属于边缘群体；研究个体只是典型的普通人。所有的研究个体都需要有关于他们生活经历的故事可说。研究者可以有几个选项，取决于参与者是边缘人物、大人物还是普通人（Plummer, 1983）。学校里的一些女性愿意成为参与者，提供关于基于性别的暴力、贫穷及艾滋病等方面的信息（Simmonds, Roux, & ter Avest, 2015）。研究她们很便利，但这种研究同时也提供了重要的描述：在非裔社区中，围绕宽泛的性别议题中，有哪些类型的挑战。张爱梅是加拿大华裔移民家庭的学生，研究她有助于理解学生、老师、父母叙事中的族群认同（Chan, 2010；附录二）。

然而，我们发现现象学研究的抽样策略所涉及的范围要更小。所有的参与者都需要有关于所研究的现象的经历，这是根本要求。当所研究的个体被视为经历过这一现象的人的代表时，标准抽样很合适。在扎根理论研究中，研究者会选择那些有助于理论发展的参与者。科宾和斯特劳斯（Corbin & Strauss, 2015）对理论抽样的定义是：所选择的参与者要有助于建立理论的开放编码及主轴编码。这一过程是从选择同质性的个体样本（如在童年时期遭受过虐待的女性）并对其进行研究开始的。在初步提出理论之后，就需要选择并研究异质性样本（如不同类别的支持群体，而不仅是在童年时期遭受过虐待的女性）。研究异质性样本的理由，是为了证实或证伪模型中的条件，这既包括情境条件，也包括中介条件。

就民族志研究而言，一旦研究者选择了某个文化群体所在的地点，下一步就是决定要研究谁、研究什么。因此，要在文化群体内部进行抽样。有些研究者针对这个步骤提出了建议。费特曼（Fetterman, 2010）建议以大网络的方式进行，研究者应当先与群体中的每个人打交道。民族志研究者要依靠他们自己的判断，根据他们的研究问题来选择亚文化成员或分析单位。研究者会利用各种机会（即机会抽样；Miles & Huberman, 1994）或者建立挑选个体的标准（即标准抽样）。按照哈默斯雷和阿特金斯（Hammersley & Atkinson, 1995）的说法，研究谁、研究什么这类决定，是以研究者获得了对下列各方面的一些了解为基础的：群体社会生活的时间序列、在人口学意义上可以代表这一文化共享群体代表的人、导致不同行为形式的情境。

在案例研究中，我们倾向于为集合案例研究挑选不寻常的案例，并采用最大差异法作为抽样策略，以呈现多样的案例并全面描述关于案例的多重视角。极端案例和偏差案例也可以组成集合案例研究，如对互联网毒品交易市场"丝绸之路"中不寻常的使用者的经历进行研究。

抽样策略的类型　质性研究使用了目的抽样的概念。这个概念意味着研究者所选择的研究地点或研究个体能够有目的地提供对研究难题或所研究的中心现象的理解。研究者需要做出以下决定：应当对什么人或什么事物进行抽样？抽样将采取何种形式？需要抽取多少人或多少地点？研究者还需要进一步做出判断：抽样是否与研究所采用的五种探究取向之一的相关信息保持了一致？

我们将从一些对抽样的一般评价开始，接下来将对五种取向的抽样进行讨论。关于应当对谁或者什么进行抽样这类决定，可以从马歇尔和罗斯曼（Marshall & Rossman, 2015）的概念化讨论中得到帮助。他们提供了四个方面的抽样作为示例：人、行动、事件和/或过程。他们也注意到在研究的过程中，抽样会发生变化，因此研究者需要保持灵活。尽管如此，研究者需要尽可能地提前考虑他们的抽样策略。我们倾向于按照质性研究的抽样层级来进行思考：研究者可以在研究地点这一层级进行抽样，可以在事件和/或过程这一层级进行抽样，也可以在参与者这一层级进行抽样。在优秀的质性研究计划中，需要呈现一个或多个层级，也应当明确每个层级。

关于应该采取哪种抽样形式这个问题，我们需要注意到有一些可用的质性抽样策略（表 7.3 列出了这些可能的策略）。这些策略各有名称和定义，在研究报告中，可以对这些策略进行描述。研究者也可以在一项研究中使用一种或多种策略。仔细阅读这一列表，**最大差异抽样**（maximum variation sampling）排在第一个，因为这一策略在质性研究中被普遍使用。采用这种抽样策略需要提前确定一些标准，这些标准对研究地点或研究个体进行了区分，接下来就可以按照这个标准来选择存在很大差异的研究地点或研究个体。之所以采用这种抽样策略，是因为研究者在研究的一开始就将差异最大化，这种做法可以增加研究发现反映出差异或不同视角的可能性，这是质性研究的理想状态。其他常用的抽样策略包括关键案例（这些案例可以提供与研究难题有关的特定信息）和便利案例（研究者可以接近这类研究地点或研究个体，而且资料收集相对容易）。

表 7.3　质性探究抽样策略的类型

抽样类型	目的
最大差异	记录研究个体或研究地点在某些特定特征上的多样变化
同质	关注、简化和促进小组访谈
关键案例	允许进行逻辑概推，并将信息最大化地用于其他案例
以理论为基础	阐述和考察某个理论的成分或整个理论
证实或证伪案例	展示初步分析，找到例外情况，并寻找变化
滚雪球或链条式	确定感兴趣的案例，从而了解其他信息丰富的案例
极端或偏差案例	了解所感兴趣现象的非常不寻常的呈现形式
典型案例	强调普通或平均
密度	找到信息丰富的案例，高密度地而非极端地展示要研究的现象
政治上重要	吸引了所期待的关注，或避免了不需要的关注
随机目的	可能的目的样本太大时，可以增加样本的可信度
分层目的	展示亚群体，便于比较
标准	寻找符合某些标准的案例，对确保质量很有帮助
机会	跟随新线索，利用意外的情形
组合或混合	通过三角互证来满足多种兴趣和需要，保持灵活性
便利	节省时间、经费和人力，但可能会牺牲信息和可信度

来源：Miles and Huberman, 1994, p. 28。

样本容量　在资料收集过程中，决定样本容量与决定抽样策略一样重要。质性研究中确定**样本容量**（sample size）的一般指南是：不仅要研究几个地点或个体，也要收集每个研究地点或个体的大量细节。质性研究的意图不是将信息一般化（某些形式的案例研究除外），而是要阐明其特性（Pinnegar & Daynes, 2007）。在这些一般建议之外，五种取向对样本容量都有各自特定的考虑。还可以参考盖斯特等（Guest et al., 2013）对不同形式的资料抽样的考虑所进行的讨论。

在叙事研究中，我们可以发现许多实例都只涉及 1 个或 2 个研究个体，除非要用更多的参与者来构建集体故事（Huber & Whelan, 1999）。在现象学研究中，我们可以看到参与者可以只有 1 名（Padilla, 2003），也可以多达 325 名（Polkinghorne, 1989）。杜克斯（Dukes, 1984）建议研究 3~10 名参与者和 1 个单一现象，而爱德华兹（Edwards, 2006）却研究了 33 个研究个体。在扎根理论中，我们建议可以包括 20~30 个个体，以便提出相对饱和的理论，但是这个数字也可以更大一些（Charmaz, 2014）。在民族志研究中，我们倾向于对一个文化共享群体进行定义清晰的研究，可以收集数量众多的物品、访谈和观察资料，直到明确了这个文化群体的运作方式为止。就案例研究而言，我们建议一项研究中的案例不超过 4 个或 5

个，这已经足以确定案例中的主题，并可以进行跨案例的主题分析。沃尔科特（Wolcott, 2008a）指出，只要多于 1 个案例，就会降低研究者可以提供细节的程度。

资料的形式

研究文献中不断出现新形式的质性资料（参见 Creswell, 2012; Merriam & Tisdell, 2015; Warren & Xavia Karner, 2015），但所有形式都可以被归入信息的四种基本类型之中：访谈（从一对一的个人互动到以互联网为基础的群体互动）、观察（从非参与式到参与式）、文档（从私人文档到公共文档）、影音材料（从照片到研究者参与制作的物品）。近年来，资料类型的数量一直在增加，图 7.3 展示了这些资料类型的概要。

访谈
- 进行一对一的访谈，可以在一个房间里，也可以通过互联网或电子邮件等平台来进行。
- 进行焦点小组访谈，可以在一个房间里，也可以通过互联网或电子邮件等平台来进行。

观察
- 作为参与者或观察者，进行观察。
- 从参与者转换成为观察者（反过来也可以），进行观察。

文档
- 在研究过程中，持续写作研究日志，或者请参与者撰写日志或日记。
- 检视个人文档（如信件、电子邮件、个人博客）。
- 分析组织机构的文档（如报告、工作计划、图表、医疗记录）。
- 分析公共文档（如官方备忘录、博客、记录、档案信息）。
- 考察自传和传记。

影音材料
- 请参与者拍摄照片或进行录像（即照片引导方法[photo elicitation]）。
- 在社交情景或个人情景中使用视频或影片。
- 检视照片或视频。
- 检视网站、推特、脸书的信息。
- 收集声音（如音乐、儿童的笑声、汽车喇叭声）。
- 收集电话或计算机相关的信息。
- 检视所有物或仪式物品。

来源：改编自 Creswell, 2016。

图 7.3　质性研究资料收集方法的概要

我们将这个列表分成了四种基本类型，尽管有些形式可能不容易被归入一个范畴中。近年来，出现了一些新形式的资料，如写作叙事故事时所记录的日志、使用电子邮件的信息、通过检视视频和照片来进行观察。特别值得注意的是，质性研究出现了一些新的程序，要求使用视听方式和数字方法（Bauer & Gaskell, 2007; Mitchell, 2011）。质性研究中以计算机为媒介进行的资料收集包括互联网焦点小组、通过电子邮件或文字聊天室进行的互联网访谈、互联网博客与生活日志（如在线的开放式日记）、互联网论坛以及社交媒体（Halfpenny & Procter, 2015; Markham & Baym, 2009; Warren & Xavia Karner, 2015）。一些民族志研究者在互联网上，通过电子邮件、聊天室的互动、即时信息、视频会议，以及互联网网站的图像和声音，进行了深入的质性研究（Garcia, Standlee, Bechkoff, & Cui, 2009）。通过互联网平台来收集质性资料的优点是节约了成本与时间，减少了旅行以及转录的成本。这种方式也给予了参与者时间与空间上的灵活性，他们有更多时间来思考并回应研究者的询问。这样，参与者也能够就所讨论的主题提供更深入的反思，有助于建立一种非威胁性的舒适环境，特别是在讨论敏感话题时，可以使参与者感到更加自在（Nicholas et al., 2010）。更重要的是，通过互联网收集资料提供了对难以接触到的群体进行研究的可能（由于现实中的限制、身体障碍、语言或交流壁垒），而这些群体原本处于质性研究的边缘（James & Busher, 2009）。

然而，互联网资料收集也引发了研究中的伦理关注，如参与者的隐私保护、新的权力分化、资料的所有权、真实性、资料收集中的信任关系（James & Busher, 2009; Marshall & Rossman, 2015; Nicholas et al., 2010）。特别值得注意的是与青少年有关的研究，如亚齐拉等（Jachyra, Atkinson, & Washiya, 2015）对青春期的男生使用社交媒体进行的民族志研究。此外，以互联网为基础的研究也对参与者及研究者提出了新的要求。例如，参与者需要懂一些计算机技术、能够使用互联网，而且需要具有流利的读写能力。在使用互联网信息时，研究者也必须采用新的观察方式，要在计算机屏幕上阅读文字，要加强诠释文本资料的能力，增强网络访谈的技能（Garcia et al., 2009; Nicholas et al., 2010）。

尽管在这类创新型的资料收集方面存在难题，我们还是鼓励研究者在设计质性研究时，加入全新的且富有创造力的资料收集方法，这会鼓励读者与期刊编辑对这类研究进行考察。一个范例是范德豪恩（van der Hoorn, 2015）的研究，他采用了以艺术为基础的研究方法（木琴和钟琴的即兴音乐演奏），以获得参与者对演奏经历的理解。随后进行的访谈则请参与者对即兴演奏部分进行解释，以此接近他们的经验。研究者还需要考虑视觉民族志（Marion & Crowder, 2013; Pink, 2001），或者在叙事研究中包括生活故事、比喻式的视觉叙事及数字档案的可能（参见

Clandinin, 2007)。我们认为"照片引导方法"很不错，研究者会向参与者展示照片（参与者自己的照片，或研究者拍摄的照片），并以发声影像（photovoice）的方式请参与者讨论图片中的内容。例如，古尔勒和奥格利维（Guell & Ogilvie, 2015）收集了英格兰剑桥镇19名参与者在上班通勤过程中的500多张照片。

特定的研究取向通常会引导质性研究者关注某些特定的资料收集方式，尽管这些特定的资料收集方式不应该被视为僵化的指示。对叙事研究而言，查尔尼娅维斯卡（Czarniawska, 2004）提到三种收集资料的方法：在讲故事时进行同期录音、通过访谈来引出故事、通过互联网等媒介来征集故事。克兰迪宁和康纳利（Clandinin & Connelly, 2000）建议通过来源广泛的资料集合来收集田野文本，包括自传、日志、研究者的田野笔记、信件、会话、访谈、家庭故事、文档、照片，还有个人-家庭-社会的物品。爱梅的族群认同的冲突故事（Chan, 2010；附录二）来自个人观察、访谈、田野笔记以及对事件的参与。就现象学研究而言，收集信息的过程首先是深度访谈（关于对长时间访谈的讨论，参见 McCracken, 1988），需要访谈大约10名参与者。研究的要点是要描述对少数经历过这一现象的人而言现象的意义是什么。通常会对每个参与者进行多次访谈。安德森和斯宾塞（Anderson & Spencer, 2002；附录三）就是这样做的，他们在18个月里进行了58次访谈，以此来考察患者对艾滋病的"认知呈现或印象"。除了访谈和自我反思以外，波尔金豪恩（Polkinghorne, 1989）还提倡收集研究项目之外的相关经历的信息，诸如来自小说家、诗人、画家、舞蹈编导的描述。我们特别推荐劳特巴赫（Lauterbach, 1993）关于母亲对婴儿的期望的研究，这一丰富的现象学研究采用了多种形式的资料收集方法。

就扎根理论研究而言，访谈在资料收集中占据中心位置。有一项研究访谈了33名大学系主任，每个访谈都进行了大约一小时（Creswell & Brown, 1992）。访谈之外的其他资料形式，如参与观察、研究者的反思或日志（备忘录）、参与者的日志、焦点小组，都可以被用于发展理论（Birks & Mills, 2015; Corbin & Strauss, 2015）。阿道夫、克鲁滕和霍尔（Adolph, Kruchten, & Hall, 2012）运用访谈、参与观察与文档来解释计算机软件的开发过程。然而，根据我们的经验，在扎根理论研究中，与访谈相比，这些形式多样的资料都属于从属位置。在民族志研究中，研究者通过观察、访谈、文档及物品来收集对行为的描述（Atkinson, 2015; Fetterman, 2010; Spradley, 1980），尽管观察与访谈是民族志研究中最常见的资料收集形式。对"节制派"运动核心价值的细节化描述，来自亨弗勒对这一运动长达14年的参与，其观看了超过250场音乐演出，访谈了28人，还从报纸上的报道、歌词、互联网及"节制派"的杂志等多种来源收集文档（Haenfler, 2004）。在五种取向中，我们认为，民族志对使用量化问卷调查、实验、测量作为资料收集方法的提倡是别具一格的。例如，勒孔特和申苏尔（LeCompte & Schensul, 1999）提倡在民族志中使用广泛的资料收集形式。他们总结了民族志资料收集的技术：观察、实验与重复测量、样本问卷调查、访谈、二手可视化材料的内容分析、启发式方法、影音材料、空间地图绘制以及网络研究。

跟民族志一样，案例研究的资料收集包括一系列广泛的流程，因为研究者要建立案例的深度图景。殷（Yin, 2014）在他关于案例研究的书中提及了资料收集的多种形式。他提到了六种形式：文档、档案记录、访谈、直接观察、参与观察、物品。为了表明校园枪击事件的案例研究采用了广泛的资料收集方法，阿斯穆森和克雷斯维尔（Asmussen & Creswell, 1995）使用了一个信息矩阵，矩阵的列是四种资料类型（访谈、观察、文档、影音资料），行是特定形式的信息（如多数学生、主要行政机构）。有丰富信息的案例研究尤其适用矩阵的形式，这种形式有助于研究者在各种探究取向中明确资料收集的深度及多样性。

如表7.3所示，在四种资料收集形式中，文档和影音材料通常被作为访谈和观察的补充。然而通过现有的个人文档、组织机构的文档以及物品，可以了解重要的历史信息与情境信息，认识到这一点很重要（Prior, 2003）。博格丹和毕克林（Bogdan & Biklen, 2006）将既有资料分为三类：个人文档（即个人制作的网站、电子邮件和博客）、官方文档（即组织机构制作的网站、手册和报告）、流行文化文档（即公众可以接触到的照片、杂志）。为了减少使用文档与影音材料所带来的挑战，我们建议要事先协商如何接触这些材料，根据资料的目的明确地界定纳入或排除的标准，并分配合适的时间来对材料进行检视与综合。

应当特别关注访谈和观察方法，因为它们经常被用于五种取向的研究。有一些对这两种方法进行专门讨论的书（如关于访谈的有：Brinkmann & Kvale, 2015; Rubin & Rubin, 2012；关于观察的有：Angrosino, 2007; Bernard, 2011）。因此，我们在此只强调基本的程序，我们向未来的访谈者与观察者推荐这些程序。

访谈 访谈被认为是以会话为基础的社会互动（Rubin & Rubin, 2012; Warren & Xavia Karner, 2015）。按照布林克曼和苛弗尔（Brinkmann & Kvale, 2015）的说法，在访谈中，即"在访谈者和访谈对象之间的互动中，知识得以建构"（p. 4）。质性研究访谈可以进一步被描述为"力图从研究对象的视角来理解世界，展示研究对象经历的意义，并揭示他们所生活的世界"（p. 3）。访谈什么人、问什么问题，这些都取决于研究的目的以及指导这项研究的研究问题。访谈问题通常是研究中的子问题，是采用访谈对象可以理解的方式来表述的。这些都可以被看作**访谈提纲**（interview protocol）的核心，访谈提纲的开始通常都是让访谈对象敞开心扉、畅所欲言的一些问题，而结尾通常则是"我还应该跟谁谈谈，以了解更多情况？"这类问题，或者是感谢参与者花时间接受访谈。考虑到进行一次高质量的访谈所必需的复杂技能，访谈经常会被认为是通过实践发展起来的一种"技艺"也就不足为奇了（Brinkmann & Kvale, 2015; Rubin & Rubin, 2012）。

互动进行得如何，则取决于所选择的访谈类型，而访谈类型千差万别。一对一的访谈，可以是访谈者与访谈对象在同一个房间，也可以使用技术手段进行面对面谈话，或者是通过电话交谈。另一种交谈方式是使用文字信息或在线聊天功能，以文本的方式进行互动。焦点小组的优势则体现在以下方面：访谈对象之间的互动很有可能会带来最高质量的信息；访谈对象彼此是类似的，而且愿意相互合作；收集资料的时间有限；访谈对象不愿意在一对一访谈中提供信息（Krueger & Casey, 2014; Morgan, 1997）。克鲁格和凯西（Krueger & Casey, 2014）对在互联网上使用焦点小组方法进行了讨论，包括聊天室焦点小组和论坛小组。他们讨论了如何组织互联网小组以及如何为这类小组准备问题。斯图亚特和威廉姆斯（Stewart & Williams, 2005）综述了社会研究中的互联网同步（真实时间）焦点小组及非同步（非真实时间）焦点小组。他们强调新技术的优势，如虚拟现实的应用程序，因为可以在很长一段时间内对参与者进行提问，访谈对象的人数可以很多，而且会出现更热烈的开放式交流。使用互联网焦点小组方法也存在一些难题，例如，很难获得研究个体的完全知情同意，难以招募研究个体，由于处在不同的时区，难以确定集合的时间。采用某些访谈类型可以更便利地接近访谈对象，但也要仔细地考虑这些类型的不足，这很重要。例如，有些类型缺少视觉交流，多数类型则要求研究个体可以毫不犹豫地说话并分享自己的想法，或者要求研究个体能熟练使用互联网技术（James & Busher, 2009）。表达不够清晰的、害羞的那些访谈对象，对研究者来说则构成了一种挑战，所获得的资料也没有那么符合要求。不管采用何种访谈形式，必须要创造出尽可能舒适的环境，在小组访谈的场景中，还要鼓励所有参与者发言，并限制可能主导会话的个别人。

研究者可以将访谈视为由一系列步骤组成的程序。有些研究者指出了进行质性访谈必需的步骤（Brinkmann & Kvale, 2015; Rubin & Rubin, 2012）。布林克曼和苛弗尔（Brinkmann & Kvale, 2015）提出了访谈探究的七个阶段，呈现了各步骤的逻辑顺序：探究的主题化、研究设计、访谈、访谈转录、分析资料、评估效度、评估信度、对研究发现的概推，最后是报告研究。鲁宾和鲁宾（Rubin & Rubin, 2012）所描述的七个步骤被称为"回应式访谈模式"。这种模式在所涉及的范围上与布林克曼和苛弗尔（Brinkmann & Kvale, 2015）的类似，但是他们认为先后次序并不是固定的，允许研究者改变要问的问题、所选择的研究地点以及要研究的情境。关于访谈步骤的这两种取向都涵盖了研究的多个阶段，从确定研究主题直至写作研究报告。我们下面要呈现的取向集中关注资料收集过程的细节，并承认这个过程是更大的研究序列中的一部分。图 7.4 概括了准备访谈与进行访谈的程序：

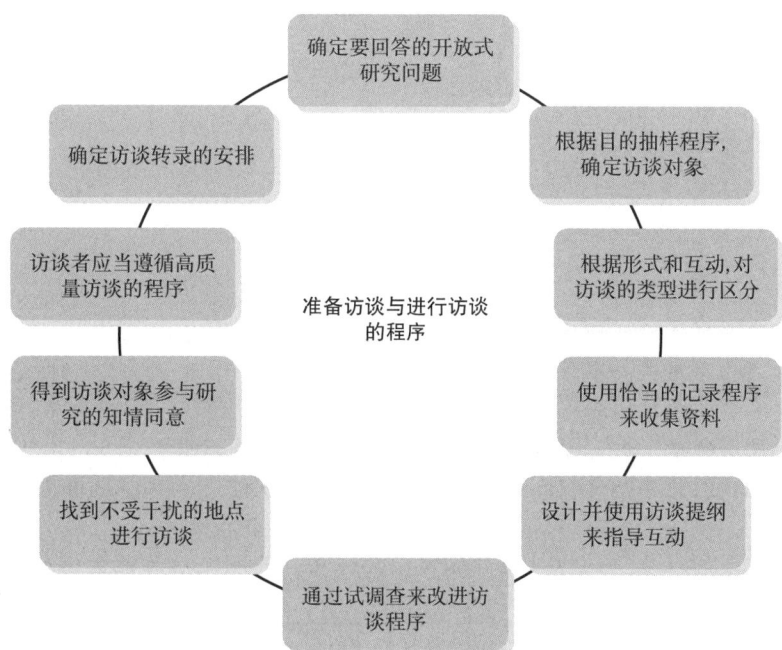

图7.4　准备访谈与进行访谈的程序

- 确定要通过访谈来回答的研究问题。这些问题是开放式的、一般性的，并关注对所研究的中心现象的理解。
- 根据之前讨论所提及的目的抽样程序（表7.3），确定能够最好地回答这些问题的访谈对象。
- 对访谈的类型进行区分，确定哪种形式更实用、什么样的互动能够收集到最有用的信息以回答研究问题。我们建议对所有可用的类型进行评估，然后决定在特定情境中最合适的类型。
- 在进行一对一访谈或焦点小组访谈时采用合适的记录方式来收集材料。我们建议使用可以灵敏记录访谈地点各种音效的录音设备，如领夹式麦克风或头戴式麦克风。我们还建议在小组访谈的环境中要使用多个录音设备，以放在不同的位置。
- 设计并使用访谈提纲或访谈指南（Brinkmann & Kvale, 2015）。使用大约 5~7 个开放式问题。在这些问题之间留下足够空间来记录访谈者对访谈对象评论的回应（参见图7.5中的访谈提纲范例）。

访谈提纲：校园对恐怖事件的回应

访谈时长：

日期：

地点：

访谈者：

访谈对象：

访谈对象的身份：

（简单描述研究项目）

问题：

　　1. 在这一事件的处理中，你处于什么位置？

　　2. 自从你参与这一事件后，发生了什么？

　　3. 这一事件对校园社区有什么影响？

　　4. 如果有的话，这一事件还会产生哪些更大的衍生后果？

　　5. 如果我们想要知道校园对这一事件回应的更多信息，可以跟谁交谈？

感谢参与访谈的人员。向他或她确保访谈会保密。声明之后可能会需要进行二次访谈。

图7.5　指导访谈的访谈提纲范例

- 通过试调查（pilot testing）来改进访谈问题及研究程序。桑普森（Sampson, 2004）在对货船上领航员的民族志研究中，采用了试调查来改进并发展其研究工具、测量观察者的偏见、提出访谈问题、收集背景信息，并修改研究程序。殷（Yin, 2014）建议，在案例研究中，采用试调查来改进资料收集计划，并建立访谈问题之间的相关性。进行试调查的案例是按照便利、准入及地理位置上的临近性等标准来进行选择的。

- 找到一个不受干扰的地方来进行访谈。如果可能的话，找到一个可以进行私人会谈并且可以录音的地点。

- 草拟需由伦理审查委员会批准的知情同意书，获得访谈对象参与研究的知情同意。在访谈的开始，要说明研究目的、完成访谈可能需要的时间、访谈对象退出研究的权利，并说明该研究将计划如何使用访谈结果（向访谈对象提供一份研究报告或研究报告的内容概要）。

- 作为访谈者，遵循高质量访谈的程序。严格遵守研究的界限，使用访谈提纲来指导提问，在特定的时间完成访谈，尊重访谈对象且有礼貌，提出一些问题或建议。最后的一个重要提醒是：好的访谈者在访谈过程中是一个好的听众，而不是一个经常说话的人。

- 提前确定访谈转录的安排。例如，如果需要转录的话，应当整理哪些内容？

如果要使用计算机软件将录音转换成文字，将如何进行校对？需要判断其是语言线索，还是无关词汇，或者只是一种表达方式（如"嗯"）。如果你不把某些东西放在访谈记录中，分析就会受到限制。

观察　观察是质性研究资料收集的重要工具之一。观察是指通过观察者的五种感观来关注田野场景中某一现象的行为，研究者通常会使用记录笔记的工具，并且是以科学目的来进行记录的（Angrosino, 2007）。观察是以研究目的及研究问题为基础的。研究者在此过程中可以观察物理场景、参与者、活动、互动、会谈以及研究者自己的行为。使用的感官，包括视觉、听觉、触觉、嗅觉和味觉。研究者应当意识到自己不可能记录所有的东西。因此研究者在观察的一开始可以宽泛地进行观察，然后再聚焦到研究问题。在某种程度上，观察者总会涉及自己正在观察的对象。

按照观察者参与以及观察的程度，通常可以区分出四种观察类型：

- **完全的参与者**。研究者完全投入，与其观察的人进行互动。这有助于研究者与观察对象建立更融洽的关系（Angrosino, 2007）。
- **作为观察者的参与者**。研究者参与到研究地点的活动中，但参与者的角色比观察者的角色更明显。这将有助于研究者获得局内人的视角以及主观资料。然而，这也可能使研究者不能专心记录资料，因为他或她也构成了活动的一部分（Bogdewic, 1999）。
- **非参与者或作为参与者的观察者**。研究者是所研究群体的局外人，需保持一段距离来进行观察并记录田野笔记。研究者能够在不直接参与活动或接触人的情况下记录资料（Bernard, 2011）。
- **完全的观察者**。研究对象不会看到或者注意到研究者。

作为一名优秀的质性观察者，研究者可以在观察中改变自己的角色，例如，在开始的时候作为非参与者，然后逐渐成为参与者，反之亦可。例如，参与观察使研究者有可能处于连续统中：从完全的局外人到完全的局内人（Jorgensen, 1989）。很多田野研究记录了研究者在民族志研究中将自己的角色从局外人转换为局内人的过程（Bernard, 2011; Jorgensen, 1989）。沃尔科特（Wolcott, 1994）对校长遴选委员会的研究展示了局外人的视角，当他观察并记录一所学校选择校长的过程中的各种事件时，他并没有成为委员会的交谈及活动的积极参与者。

在研究场景中进行观察是一种特殊的技能，需要考虑以下事项：对访谈对象的潜在欺瞒、印象管理、在陌生场景中研究者可能被边缘化（Atkinson, 2015）。与访谈类似，我们也将观察视作一系列程序性的步骤，图7.6概括了准备观察与进行观察的程序。

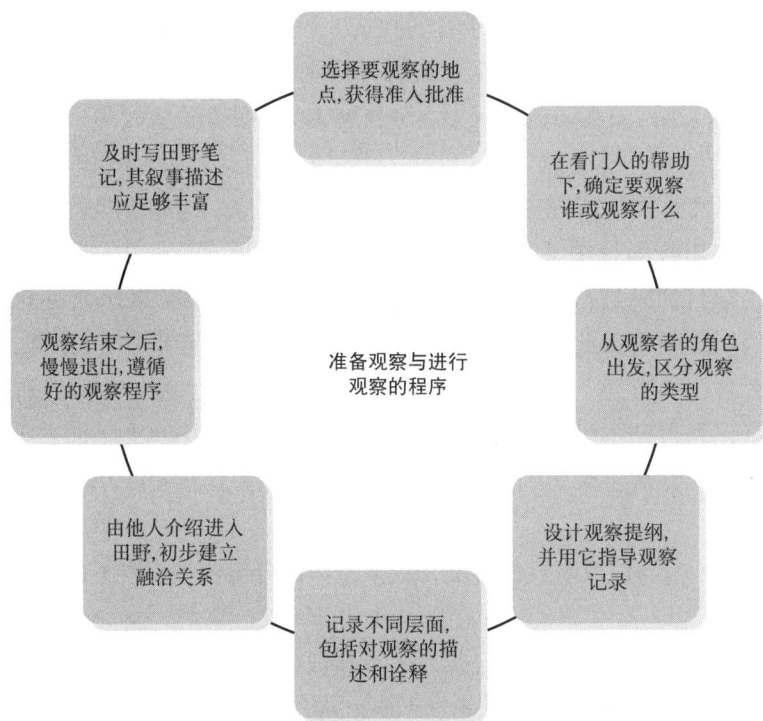

图7.6 准备观察与进行观察的程序

- 挑选一个要进行观察的地点。获得必要的许可，以便进入这个地点。

- 在观察地点中，确定观察谁、观察什么、在什么时候进行观察以及要观察多长时间。在这个过程中，看门人可以提供帮助。

- 在开始时，以假定的观察者角色为基础，对观察的类型进行区分。研究者的角色可以从完全的参与者（过于本土化）转换到完全的观察者。我们特别推荐在开始的时候作为局外人，随着时间的推移，逐渐成为局内人。

- 设计并使用**观察提纲**（observational protocol），以此作为在田野中记录笔记的方式。将描述性笔记和反思性笔记（即关于你自己的经历、直觉以及学识）都纳入观察提纲中。确保观察提纲的开头有观察的日期、地点、时长（Angrosino, 2007）。

- 记录不同层面，如对参与者、物理场景、特定事件和活动，以及研究者个人反应的描绘（Bogdan & Biklen, 1992）。描述发生了什么，并对这些内容进行反思，包括个人反思、洞见、看法、困惑、直觉、初步诠释以及突破点。

- 如果观察者是局外人，应找到介绍人，与参与者初步建立融洽关系，要做到被动且友善，在进行观察的初期，也应关注有限的对象。早期的观察可能只是单纯的观察，只需记少量的笔记。

- 作为观察者，应遵循好的观察程序。在观察结束后，逐渐从研究地点退出，感谢参与者，并告诉他们资料将如何被使用以及他们可以如何了解研究成果。

- 观察结束后，及时写田野笔记，其叙事描述应足够丰富。研究者要全面描述观察到的人与事（Emerson, Fretz, & Shaw, 2011）

记录的程序

在讨论访谈及观察的程序时，我们提到了要使用提纲，这是预先设计好的表格，用于记录在访谈或观察过程中收集到的信息。访谈提纲有助于访谈者在访谈过程中记录下访谈对象的回应。这也有助于研究者按照标题、开启访谈的信息、总结式观点、访谈结束的信息、感谢访谈对象等条目来组织自己的看法。图7.5是研究者用于枪击事件案例研究的访谈提纲（Asmussen & Creswell, 1995）。

这份访谈提纲除了包括这项研究的五个开放式问题之外，还体现了我们推崇的一些特点。以下是关于使用访谈提纲的一些建议：

- 使用标题来记录研究项目的重要信息，并提醒访谈者要关注研究目的。这个标题还可以包括与保密性相关的信息，并体现知情同意书中的其他内容。
- 在访谈提纲中，问题之间要留出空白。要意识到访谈对象可能不会直接回答所问到的问题。例如，研究者问的是第二个问题，而访谈对象的回答可能与第四个问题相关。在访谈对象说话时，准备好记下与所有问题有关的内容。
- 记住研究问题及其顺序，以减少不能与访谈对象进行目光接触的情况。在从一个问题转向另一个问题时，准备好恰当的语言过渡。
- 写下结束语，感谢访谈对象，如果需要的话，还要请访谈对象提供一些补充信息。

在观察过程中，使用观察提纲来记录信息。图7.7所示的提纲包括了一名学生在哈利·沃尔科特教授的课上做的笔记。我们所展示的不仅是一页观察提纲，而是一份内容充实且包括了所有内容的观察记录。这份提纲的标题给出了观察内容的相关信息，还设计了"描述性笔记"部分来记录对活动的描述。在"描述性笔记"这一列的某一格里，有一个方框，其中，观察者在力图按照时间序列总结教室里发生的活动。这是非常有用的信息，研究者可以列出在课堂上开展的各种活动的时间表。这份提纲中还有一列"反思性笔记"，用于记录过程、对活动的反思，以及对活动的总结，有助于在之后发展主题。这份提纲中间有一条线，将描述笔记和反思笔记分开。研究场景的草图以及相应的标签提供了额外的有用信息。

活动时长：90分钟	
描述性笔记	反思性笔记
一般情况：研究生在课堂上学习质性研究的经历是什么样的？	
参见教室布局，还有本页最后对空间场景的评论。	投影方面的细节：我很怀疑坐在教室后面的人能不能看清楚。
大约在下午5点17分，克雷斯维尔博士走进了坐满人的教室，向大家介绍了沃尔科特教授。课上的同学看起来都松了一口气。	在开始上课时，投影仪并没有连接上：我怀疑这会不会让大家走神（连接投影仪得额外花些时间）。
克雷斯维尔博士简单地介绍了沃尔科特教授的情况，特别强调了他的国际研究经历，还评论了他的教育民族志《校长办公室的那个人》（*The Man in the Principal's Office*）。	克雷斯维尔博士和沃尔科特博士迟到了：学生们看上去有点焦虑。这也许跟这节课改到5点开始上课有关（有些学生可能6点半有课或者有其他事）。
描述性笔记	反思性笔记
沃尔科特博士在开始时告知课上同学他现在正在撰写一项教育民族志的研究，并提到了两本书，以强调他的工作：《转换质性资料》（*Transferring Qualitative Data*）和《田野工作的艺术》（*The Art of Fieldwork*）。	克雷斯维尔博士与沃尔科特博士看起来关系很好，这是从他们多次的简短交流中看出来的。
沃尔科特博士在开始讲课之前，先就他的声音沙哑向大家道歉（很明显这是因为他一整天都在说话）。此时克雷斯维尔博士离开了教室，去取沃尔科特博士要用的投影仪幻灯片。 这个活动看起来有三部分： （1）演讲者对探测出纯粹的民族志方法这类论述提出了挑战。 （2）演讲者对"树形图"的论述，"树形图"描绘了教育学中质性研究所采用的多种策略和子策略。 （3）"元老"以轻松的方式回答课程问题，主要是关于学生潜在的研究项目以及沃尔科特博士之前写过的研究内容。	
第一个问题是"你怎样看待质性研究"，接下来的问题是"民族志在质性研究中处于什么位置"。	

图7.7　访谈记录表范例

不管研究者是否使用观察提纲或访谈提纲，根本的过程都是记录信息，或者按照洛佛兰德和洛佛兰德（Lofland & Lofland, 1995, p. 66）的说法，"像记录航海日志那样，正式地记录资料"。这个过程包括通过各种形式来记录信息，如观察的田野笔记、访谈的简单记录，还有各种文档，如绘制的地图、记录的统计数字、录像、录音等。在信息记录中还会出现一些非正式的记录，如初始的"便条"（Emerson et al., 2011）、每天的日志或总结、描述性总结（关于田野笔记的范例，参见 Marshall & Rossman, 2015; Sanjek, 1990）。这些信息记录形式在叙事研究、民族志研究和案例研究中都很常见。

田野议题

按照五种取向进行研究的研究者，在收集资料时，都会在田野遇到一些议题，研究者需要预见到这些内容。在过去几年里，由于诠释框架（参见第 2 章）已经得到了广泛讨论，关于田野议题的书籍和文章越来越多了。刚入门的研究者通常会觉得收集资料所需要的时间太长，也难以应对所收集到的资料的丰富性。我们提出一个现实的建议，初学者最好从有限的资料收集开始，并且要进行试调查来获得一些初步经验（Sampson, 2004）。这种有限的资料收集可能是由一两次访谈或观察组成的，这样研究者就可以估计收集资料所需要的时间。

要思考并预先估计在资料收集过程中可能出现的议题类型，一种方式是将这些议题与资料收集的不同方面联系起来，如（通过阻止）进入田野、观察的程序、访谈者与访谈对象之间的动态关系、收集文件与影音材料的可能。

（通过组织）进入田野　接近要研究的组织、研究地点及研究个体需要面临各种挑战。说服别人参与到研究中来、在田野地点建立信任及信誉、让田野中的人们有所回应，这些都是重要的挑战。在考虑研究地点是否合适时，也需要仔细考虑各种因素（参见 Weis & Fine, 2000）。例如，研究者可以选择跟他们自己利益相关的研究地点（如在自己的工作地点，对上级和下级进行研究），这种选择可能会影响在对资料进行编码及提出主题时采用多样视角的可能。研究者自己在群体中的特定"立场"，可能会阻碍他或她认可经验的所有维度。研究者在收集资料时也可能会听到或看到某些不舒服的事情。此外，参与者也可能担心他们的情况会暴露在社区之外的人眼前，这就可能使参与者不愿意接受研究者对这些情况的诠释。

与进入田野有关的另一个议题是伦理审查委员会，委员会可能不熟悉质性研究中的非结构式访谈，也不清楚与这类访谈有关的风险（Corbin & Morse, 2003）。韦斯和芬恩（Weis & Fine, 2000）提出了一个重要的问题：伦理审查委员会对一个项目的建议是否会影响研究者对叙事故事的讲述？

观察的程序　在观察过程中要经历的挑战类型与研究者在观察中的角色有关：研究者是参与者、非参与者，还是处于连续统中间的位置？在观察的各种安排中也存在很多挑战，例如，要记住写田野笔记，要准确地记录原话并写在田野笔记中，要判断从非参与者角色转变到参与者角色的时机（如果需要这种进行角色转换的话），要努力在研究地点不因过大的信息量而不堪重负，要学会如何将观察从宽泛的图景及时转换为聚焦的图景。参与观察已经引发了不少讨论（Ezeh, 2003; Labaree, 2002）。拉伯雷（Labaree, 2002）是大学学术委员会活动的参与者，他注意到这个角色给研究带来了方便，但也讨论了一些两难，如进入田野、将自己作为研究者的身份告知参与者、与其他人分享自己在研究中建立的关系、从研究地点抽身出来的努力。伊泽（Ezeh, 2003）是尼日利亚人，他研究的是尼日利亚不为人知的一个少数族群，奥林人（Orring）。尽管他在刚开始与这个群体接触时得到了支持，随着研究者不断融入这个社区，他感受到了更多的人际关系难题，例如，被指责是在偷窥、在给予物质礼物时要更慷慨、被怀疑在与社区中的女性幽会。伊泽指出，成为共同体的成员，并不能保证在田野中可以面对更少的挑战。

访谈者与访谈对象之间的动态关系　质性研究访谈中的挑战主要集中在进行访谈的机制。罗尔森、德玛拉斯和路易斯（Roulston, deMarrais, & Lewis, 2003）按时间序列记录了在为期15天的一个密集课程中，研究生在访谈时遇到的挑战。这些挑战包括：意料之外的参与者的行为以及学生提出新问题的能力，用语言组织问题并进行协商，处理敏感问题，整理访谈转录稿。索宁恩和乔金恩（Suoninen & Jokinen, 2005）从社会工作领域提出了一个问题：我们对访谈问题的语言组织是否会带来微妙的诱导性问题、回应或解释？

毫无疑问的是，访谈是很费力的，尤其是当经验不足的研究者被要求进行大量访谈时，如现象学研究、扎根理论研究和案例研究。设备议题也是访谈中的一大难题，在进行访谈前要提前准备好录音设备以及转录设备。在访谈中的提问过程中，也有一些访谈者需要注意的难题（如处理小的情绪爆发、破冰问题等）。许多经验不足的研究者在访谈中遇到困难时会很惊讶，也没有想到访谈转录需要花很长时间。此外，在现象学访谈中，提出恰当的问题，并让访谈对象讨论他们经验的意义，这些都需要研究者一方具备耐心与技巧。

近来对质性访谈的讨论强调，对访谈者与访谈对象之间的关系进行反思，是很重要的（Brinkmann & Kvale, 2015; Nunkoosing, 2005; Weis & Fine, 2000）。例如，布林克曼和苛弗尔（Brinkmann & Kvale, 2015）讨论了访谈中的权力不对称，他们认为访谈不应该被视为平等的两方之间进行的完全开放且自由的对话。相反，访谈本身就在访谈者与访谈对象之间建立了一种不平等的动态权力关系。在这种动态关系中，访谈对象受到访谈者的"统治"。访谈是这样一种对话：单向的，为研究者提供信息，以研究者的议程为基础，以研究者的诠释为目标，其也包含了访谈对象的"反控制"要素，因为他们会保留某些信息。为了对这种不对称进行修正，布林克曼和苛弗尔（Brinkmann & Kvale, 2015）建议以更偏合作的方式进行访谈，研究者与参与者在提问、诠释与报告研究这些方面享有平等的权利。

南库辛（Nunkoosing, 2005）对这些讨论进行了扩展。他对以下难题进行了反思：权力与反抗、真理与真实性的区分、知情同意的不可能，以及访谈者自我（他们的地位、种族、文化及性别）的投射。韦斯和芬恩（Weis & Fine, 2000）还提出了一个需要考虑的问题：访谈对象是否有能力清晰地表达那些干扰、压制、压迫他们的力量是什么？他们能否消除他们的历史、取向及文化认同？他们是不是选择了不暴露他们的历史，或者不愿意记录他们生活中困难的那些方面？这些问题与要点涉及了访谈者与访谈对象之间关系的本质，难以用可以应对各种访谈情况的实用决定来做出简单的回答。然而，这些问题确实使我们对质性访谈中应预见的各种重要挑战保持了一定的敏感。

最后一个要讨论的议题是，在访谈场景中，如在案例研究、现象学研究或民族志研究中，研究者是否要跟访谈对象分享自己的经历？这种分享可能会削弱现象学在建构参与者的意义时至关重要的"悬括"，也减少了案例研究及民族志研究中参与者之间的共享信息。

收集文档和影音材料的可能　在文献研究中，要注意的议题包括确定材料所在的地点（通常都会在较远的地方）、判断这些材料的公开程度，还有获得使用这些材料的许可（Marshall & Rossman, 2015）。对传记研究者而言，最基本的资料收集形式是从文档出发的档案研究，其中一些可能可以在线查阅。互联网技术带来了资料使用的增加和资料形式的发展，持续地提出了重要的伦理考量（Davidson & di Gregorio, 2011）。

当研究者要求一项研究的参与者在研究过程中撰写日志或者创建影音材料及文档时，就会出现额外的田野议题。撰写日志是案例研究与叙事研究中常见的资料收集方法。在撰写日志之前，应该给研究个体哪些指示呢？所有的参与者都愿意撰写日志吗？例如，可以清晰地用语言进行表达，但写作能力较为欠缺的儿童该如何撰写日志？研究者在对撰写日志的参与者的笔迹进行辨识时也可能会遇到困难。用录像来记录的话，也会给研究者带来一些挑战，例如，如何将空间里的干扰声音降到最小，如何确定摄影的最佳地点，还要决定是使用近景还是远景。

资料的保存与安全　我们很吃惊地发现，研究者在书籍和文章中很少讨论质性资料的保存问题。资料的保存方式可以反映出所收集到资料的类型，这也会因探究取向的不同而不同。在叙事生活史的写作中，研究者需要发展出一套文件系统来保存"手写笔记或录音带"（Plummer, 1983, p. 98），近年来，很多研究者也开始使用数字录音及文件。戴维森（Davidson, 1996）建议要对所收集的信息进行备份，要注意资料库的变化。这些合理的建议适用于各种类型的研究。鉴于质性研究中计算机的使用越发广泛，需要对质性资料的组织及保存给予更多的关注，不管这些资料是田野笔记、访谈记录，还是潦草的便条。有些质性研究者所使用的资料库相当庞大，所以资料的保存非常重要。在对资料处理的讨论中，兰伯特（Lambert, 2015, p. 105）指出，英国的"理解社会"（Understanding Society）大规模调查收集了海量的资料，如果不使用数字存储技术，就会难以处理这些资料，根据他的描述，这个资料集合包括"超过10万条回答的重复式长时间访谈，细致详尽的健康信息和社会信息……其是政府资助的几项类似规模的调查之一"。兰伯特总结了关于电子研究（e-resaerch）平台的关键挑战，对研究者而言，需要在质性研究中采用新的资料管理方法，这些方法将有助于使用资料，而且这些质性研究分析也可能有更强的社会影响。

下面列出了一些非常适用于质性研究资料存储与处理的原则：

● 经常对计算机文件进行备份（Davidson, 1996）。
● 使用高质量的录音带或录音设备来记录访谈中的信息，也要确保录音带适用于转录设备。
● 做一个主目录，列出收集到的所有类型的信息。
● 确保参与者的匿名性，在资料中隐藏他们的名字。如果有主目录的话，要确保将其单独存储。
● 画出一个资料集合的矩阵，以图示方法来定位并确定研究所需的信息。

五种取向的比较

回到表7.1，可以看到五种探究取向的资料收集，既有不同之处，也有相同之处。第一，就不同之处而言，跟其他取向相比，有些取向更直接地指向某些特定类型的资料收集方式。对案例案研究和叙事研究而言，研究者会使用多种形式的资料来构建深度案例或故事化的经验。对扎根理论研究和现象学研究而言，研究者主要依赖访谈来作为资料。民族志研究者强调参与观察及访谈的重要性，但正如之前所提到的那样，研究者也会使用多种资料收集形式。案例研究的研究者所采用的资料收集形式也是多样的。

第二，在五种取向中，资料收集的分析单位是不同的。叙事研究、现象学研究和扎根理论研究所研究的是个体；案例研究要考察的是参与到事件、活动或组织中的群体；民族志研究要研究的是整个文化系统，或者是文化系统中的亚文化。

第三，我们发现五种取向对田野议题的讨论侧重有所不同。民族志研究有大量关于田野议题的讨论（例如，Atkinson, 2015; Hammersley & Atkinson, 1995）。这可能反映了这种取向一直以来对一些问题的关注，如不平衡的权力关系、强加于参与者的客观的外在标准，以及对边缘群体不够敏感。叙事研究者并没有特别关注田野议题，但他们对如何进行访谈有自己的看法（Elliott, 2005）。所有的取向都对伦理问题进行了广泛的讨论。

第四，关于资料收集中的介入性，几种取向也有所不同。在现象学和扎根理论研究中，访谈的介入性不那么强，但在对个人叙事需求较高的取向中，访谈的介入要求更高。民族志要求在田野中停留很长时间，案例研究则要求沉浸于所研究的项目或事件。

这些差异并不能掩盖应当注意到的一些重要的共同点。所有由公共机构资助的研究都应该得到伦理审查委员会的批准，至少在美国及其他一些国家是这样的。另外，在多数取向中，访谈及观察的使用都处于中心位置。此外，资料记录的安排，如观察提纲和访谈提纲，也可以是相似的，不管采用何种取向（尽管提纲中所列出的问题会反映出特定取向所使用的语言）。最后，资料保存与资料收集的形式紧密相连，不管采用何种取向，研究者的基本目标都是发展出一套管理系统，以便有条理地检索资料，并做到安全存储。在第8章中，我们将以资料收集环为基础，考察资料分析螺旋，所有取向在这一点上也是相同的，我们还会比较五种取向的分析与呈现。

本章要点

1. 研究者在他们发表的质性研究中对资料收集进行了描述，你能看出其中的相同之处和不同之处吗？从附录二到附录六的质性研究论文中选择两篇。

（1）从确定七种资料收集活动（图7.1进行了概述）的证据开始，看看它们是否被运用于每一篇研究论文。注意哪些要素比较容易确定，哪些比较难确定。

（2）接下来对论文中资料收集活动的描述进行比较。注意哪些要素是相同的，哪些要素是不同的。

2. 你能找到作者在资料收集过程中将研究目的与资料整合在一起的证据吗？阅读不同领域中采用不同取向的质性期刊论文，如埃利斯（Ellis, 1993）的叙事研究、勒枚等（Lemay et al., 2010）的现象学研究、科迈乌斯等（Komiveset al., 2005）的扎根理论研究，还有斯德普思、普加齐和海姆斯（Staples, Pugach, & Himes, 2005）的案例研究。

（1）从确定研究所收集到的资料的形式开始，作者是如何陈述使用这些资料的理由的？

（2）接下来仔细阅读研究的引言部分，注意研究目的（如果有研究问题的话，也要注意研究问题）以及所采用的质性取向。

（3）然后，对以下问题进行评估：就研究的取向与目的而言，资料收集形式在什么程度上是合适的？简而言之，收集到的资料能否达到研究目的？为什么？

Ellis, C. (1993). "There are survivors": Telling a story of sudden death. *The Sociological Quarterly, 34*, 711–730. doi: 10.1111/j.1533–8525.1993.tb00114.x

Komives, S. R., Owen, J. E., Longerbeam, S. D., Mainella, F. C., & Osteen, L. (2005).Developing a leadership identity: A grounded theory. *Journal of College Student Development, 46*(6), 593–611. doi: 10.1353/csd.2005.0061

Lemay, C. A., Cashman, S. B., Elfenbein, D. S., & Felice, M. E. (2010). A qualitative study of the meaning of fatherhood among young urban fathers. *Public Health Nursing, 27*(3), 221–231. doi: 10.1111/j.1525–1446.2010.00847.x

Staples, A., Pugach, M. C., & Himes, D. J. (2005). Rethinking the technology integration challenge: Cases from three urban elementary schools. *Journal of Research on Technology in Education, 37*(3), 285–311. doi: 10.1080/15391523.2005.10782438

Trujillo, N. (1992). Interpreting (the work and the talk of) baseball. *Western Journal of Communication, 56*, 350–371. doi: 10.1353/csd.2005.0061

3. 你能画出质性研究资料收集环吗？查看图7.1列出的七种资料收集活动。画一个矩阵，描述你的研究项目中的所有七种资料收集活动。在矩阵中列出每一种资料收集活动的细节。可以遵循以下步骤：

（1）说出研究项目所关注的研究地点和/或个体，并用几句话陈述选择该研究地点及研究个体的理由。

（2）讨论你进入田野并与研究个体和/或看门人（如果有的话）建立融洽关系的过程。

（3）陈述目的抽样的策略和合理性，以反映出你的研究取向。

（4）描述你将收集的资料的形式，并根据你采用的取向陈述理由，表明使用这些形式是恰当的。

（5）概述你将用于记录资料的程序。

（6）对你开始进行田野工作后可能会出现的田野议题进行思考。做出一份计划以逐一解决这些田野议题。

（7）按照本章中的建议妥善保存资料，并初步给出你将遵循的程序。

（8）阅读对资料收集环中的资料收集活动的描述，仔细考虑那些之前没有注意到的伦理问题。

4. 你能把你对实际经验的理解运用到你研究项目的资料收集中吗？

5. 为你的研究设计出访谈提纲和观察提纲。进行一次访谈或观察，记录下你设计的提纲中所需要的信息。在完成访谈或观察后，明确在这次资料收集过程中对你造成挑战的田野议题。

小 结

在这一章里，我们讨论了资料收集过程的几个组成部分。研究者需要注意各种资料收集活动中的伦理考量。研究者要确定研究地点或研究个体；进入田野，并在研究地点或者与研究个体建立融洽关系；使用一种或多种质性研究的抽样方法来进行目的抽样；通过多种形式，如访谈、观察、文档、影音材料以及研究文献中提到的出现的新形式，来收集信息；提出记录信息的方法，如使用访谈提纲或观察提纲；预先估计并讨论从进入田野到伦理考量等田野议题；发展出一套系统来对资料库进行安全的存储和处理。五种探究取向在所收集信息的多样性、研究的分析单位、研究文献中所讨论的伦理问题的范围、资料收集中的介入性等方面都存在差异。不管采用何种取向，对研究者的根本要求是以合乎伦理要求的方式来收集并管理资料。这通常包括在研究开始前按制度规定从伦理审查委员获得研究许可，有些研究还需要获得组织批准，在研究过程中要按照申请中的描述，获得参与者的知情同意，在参与者同意的情况下进行录音/像，通过合理的方式存储资料。

扩展阅读

有一些阅读材料可以扩展本章对资料收集的简要介绍，包括一般性的资源和与特定的资料形式相关的材料。这些书单并不完备，我们鼓励读者在书末的参考文献中寻找补充阅读材料。

Creswell, J. W. (2012). *Educational research: Planning, conducting, and evaluating quantitative and qualitative research* (4th ed.). Upper Saddle River, NJ: Pearson.

作者介绍了进行质性研究的步骤，也介绍了进行量化研究的步骤。对已经具备一些研究经验，并且认为关于抽样与资料收集的讨论至关重要的研究者来说，这本书尤其有帮助。

Chilisa, B. (2012). *Indigenous research methodologies.* Thousand Oaks, CA: Sage.

作者描述了多种进行本土研究的方法，还提供了来自全球的案例研究来展示这些方法。作者也为在本土背景下做研究的那些研究者提供了一些实践指导。

Guest, G., Namey, E. E., & Mitchell, M. L. (2013). *Collecting qualitative data: A field manual for applied research.* Thousand Oaks, CA: Sage.

三位作者提供了与参与观察、深度访谈及焦点小组有关的细节化的程序。特别是，我们认为他们对文档分析的讨论、对不同资料形式的样本容量的讨论都是非常有用的指南。

Stanfeld, J. H., Ⅱ (Ed.) (2011). *Rethinking race and ethnicity in research methods*. Walnut Creek, CA: Left Coast Press.

在该书里，主编撰文描述了论文集中的作者们的个人生活和职业经历，以此强调他们对方法的使用，以及其中出现的实践议题。

与访谈有关的指南

Brinkmann, S., & Kvale, S. (2015). *InterViews: Learning the craft of qualitative research interviewing* (3rd ed.). Thousand Oaks, CA: Sage.

两位作者描述了访谈的七个步骤，以此来组织他们关于进行访谈的全面指导，这也是全书的组织结构。

James, N., & Busher, H. (2009). *Online interviewing*. Thousand Oaks, CA: Sage.

两位作者讨论了以计算机为媒介的访谈所面临的方法论与认识论的挑战。可以特别关注其中关于在虚拟环境中进行互联网访谈所涉及的伦理考量的讨论。

Krueger, R. A., & Casey, M. A. (2014). *Focus groups: A practical guide for applied research* (5th ed.). Thousand Oaks, CA: Sage.

该书对焦点小组访谈的计划与实施做了全面的综述。这个新版本还在提问方面进行了扩展。对在不同情境（如年轻的参与者、跨文化研究场景）下进行调和的技能的讨论，对读者来说特别有帮助。

Rubin, H. J., & Rubin, I. S. (2012). *Qualitative interviewing: The art of hearing data* (3rd ed.). Thousand Oaks, CA: Sage.

两位作者描述了他们的七步回应式访谈方法。在这本书里，可以看到两位作者丰富的访谈经历，该书也提供了他们从访谈中吸取的经验教训。

对观察与写田野笔记的讨论

Angrosino, M. V. (2007). *Doing ethnographic and observational research*. Thousand Oaks, CA: Sage.

作者提供了进行民族志研究的全面指导。特别值得注意的是他对伦理考量的讨论，还有对采用参与观察方法的田野研究者可使用的多种资料收集技术的描述。

Bernard, H. R. (2011). *Research methods in anthropology: Qualitative and quantitative approaches* (5th ed.). Walnut Creek, CA: AltaMira.

在这一全面的资源中，作者概述了抽样、资料收集及资料分析的步骤。我们发现他关于观察程序的指南特别有帮助。

Emerson, R. M., Fretz, R. I., & Shaw, L. L. (2011). *Writing ethnographic fieldnotes* (2nd ed.). Chicago, IL: University of Chicago Press.

三位作者提供了撰写和诠释田野笔记的实践指南。通过将所展示的实例结合在一起，三位作者描述了进行田野记录的艰难过程。

关于文档和影音材料的使用及相关议题的信息

Bauer, W. M., & Gaskell, G. D. (Eds.). (2007). *Qualitative research with text, image and sound: A practical handbook.* Thousand Oaks, CA: Sage.

这本手册中值得注意的内容包括关于视频、影片和照片的使用（第6章），关于会话（第11章）、图像（第13章和第15章）和音乐（第15章）的分析指南。

Merriam, S. B., & Tisdell, E. J. (2015). *Qualitative research: A guide to design and implementation* (4th ed.). San Fransisco, CA: Jossey-Bass.

这本书对质性研究的设计、实施以及写作而言是很有用的资源。特别值得注意的是他们对文档的描述，包括流行文化的文档（如卡通、电影）、视觉材料（如视频、网络媒介）、物质材料和物品（如工具、电器）。

Warren, C. A., & Xavia Karner, T. (2015). *Discovering qualitative methods: Ethnography, interviews, documents, and images* (3rd ed.). New York, NY: Oxford University Press.

两位作者描述了多种类型的文档及图像资料在抽样、收集和分析等方面的决定以及过程。

第8章 资料的分析与呈现

对质性研究者而言，对文本及其他多种形式的资料进行分析，是一项有挑战性的工作。决定如何以表格、矩阵及叙事形式来**呈现资料**，又在这方面增加了挑战。质性研究者通常将资料分析等同于对文本及图像资料进行分析，但分析过程其实要复杂得多。资料分析还包括对资料进行整理、对资料库进行初步通读、按**主题**对资料进行**编码**及整理、呈现资料，并形成对资料的一种**诠释**。这些步骤是相互联系的，所有与资料分析及呈现有关的步骤形成了一种活动螺旋。计算机能够辅助进行质性资料分析，因为计算机程序有助于完成这些目标——通常会更简单且更迅速地实现这些目标，但计算机程序对于分析工作的完成并不是必需的。巴顿（Patton, 2015, pp. 530-531）明确了计算机软件在资料分析过程中的角色，他说尽管"不少研究者很信赖运用计算机软件来进行分析，因为这么做可以使擅长使用软件进行分析的那些人在研究成果的产出量上实现飞跃，但是对质性研究而言，使用计算机软件并不是必需的。不管你用不用计算机软件来辅助分析，真正的分析工作其实都发生在你的头脑中"。

在这一章中，我们首先会对在资料分析与呈现过程中可能会遇到的关键伦理问题进行综述，之后会概述三种一般分析取向，我们可以看到一流的研究者如何遵循了相似的和不同的分析过程。接下来，我们将呈现一个可视化模型——资料分析的上升螺旋，我们发现将质性研究资料分析过程中的所有步骤概念化为一幅更大的图景是很有帮助的。我们将这个上升螺旋作为一种概念化过程，以便对五种探究取向中的每一种都进行深入探讨。我们还考察了每种取向的特定资料分析程序。然后，我们对质性分析中的计算机使用进行了讨论，包括衡量其优势与劣势。最后，我们介绍了四种计算机软件（MAXQDA、ATLAS.ti、NVivo 和 HyperRE-SEARCH），并讨论了在资料分析中使用计算机程序的共同点，还探讨了五种取向中的每一种资料编码模板。

本章讨论的问题

- 资料分析过程中，会出现什么伦理问题？
- 在质性研究中，常用的资料分析策略有哪些？
- 在质性研究中，整个资料分析过程可以如何被概念化？

- 每一种探究取向的特定资料分析程序是怎样的？它们之间有何差异？
- 哪些研究程序可以由质性分析的计算机程序来完成？在质性探究的不同取向中，这些研究程序有何差异？

资料分析的伦理考量

在资料分析与呈现的过程中，研究者会遇到的挑战之一是伦理问题，这些议题与两方面有关：保护参与者免受伤害、公开完整的研究发现（表8.1）。我们将对研究伦理的综述放在特定的分析策略之前，这是为了提醒我们仔细考虑所有探究取向中都存在的伦理问题（参见第3章的初步讨论）。为了保护参与者，研究者需要尽可能迅速地隐藏参与者的真名，避免在分析文件中包含参与者的身份信息。研究者也可以建立一些复合型的人物档案，以避免参与者在研究报告的文档中被辨认出来。在公开研究发现的过程中，研究者应当采用成员核查的策略来提高资料诠释的可信度，第10章将把这一程序作为有效性的关键步骤来进行讨论。邀请参与者参与资料分析，有助于在资料如何被诠释以及最终如何被呈现等方面与参与者建立合作关系。

表8.1　资料分析过程中要注意的伦理问题的实例

伦理问题的类型	预见和应对伦理问题的实例	如何将问题最小化的实例
保护参与者免受伤害	泄露可能对参与者有害的信息	隐藏真名或使用化名
	在有些情况下，可以通过资料追溯到特定来源	建立复合型的参与者档案
公开完整的研究发现	对分析程序进行讨论的可能相当有限，对如何呈现研究发现未达成一致	采用成员核查的策略，提供分享研究程序及结果的机会
	站在参与者一边，并且只公开积极的结果	呈现可以反映复杂图景的多种视角

三种分析策略

质性研究的资料分析包括准备并整理资料（即访谈转录的文字资料、照片形式的图像资料）以进行分析，然后通过编码及提炼编码的过程将资料简化为主题，最后以图形、表格或讨论的形式来呈现资料。在许多质性研究的书籍中，这都是研究者所采用的一般过程。毫无疑问，这一过程中存在一些变化。有一点很重要，需要注意：在这些一般过程之外，五种探究取向都有额外的资料分析步骤。在对五种取向的特定分析步骤进行讨论之前，记住这一点很有帮助：对所有形式的质性研究而言，一般性的分析程序乃是根本。

表8.2展示了三名质性研究者所描述的典型的一般分析程序。我们选择这三名作者是因为他们代表了不同的视角。麦迪逊（Madison, 2005, 2011）代表了批判民族志所采用的诠释框架，休伯曼和迈尔斯（Huberman & Miles, 1994）运用了在质性探究中有很长历史的系统分析取向，沃尔科特（Wolcott, 1994）所使用的是源自民族志及案例研究分析的更传统的取向。这三种有影响力的论述提出了许多相似的过程，也主张在质性研究的分析阶段存在若干不同取向。

表8.2　三名研究者提倡的一般资料分析策略

分析策略	麦迪逊（Madison, 2005，2011）	休伯曼和迈尔斯（Huberman & Miles, 1994）	沃尔科特（Wolcott, 1994）
一边阅读，一边做笔记		在田野笔记的边缘，写下阅读笔记	标记出描述中的特定信息
简述反思内容		在笔记里写下反思的段落	
概括田野笔记		根据田野笔记给出一份总结性表格	
处理词汇		使用比喻	
确认编码	使用抽象编码或具体编码	写下编码，撰写备忘录	
将编码简化为主题	确定突出的主题或模式	注意模式及主题	确定模式化的规则
计算各编码的频次		计算各编码的频次	
在不同范畴间建立联系		记录变量之间的关系，并建立证据的逻辑链条	
建立范畴与研究文献分析框架的联系			将来自研究文献的框架放在具体的研究脉络中
创建一个着眼点	为场景、观众和读者创建一个着眼点		
展示资料并报告资料	绘制分析框架的图示或图像	进行对照和比较	通过图表展示研究发现；在案例间进行比较；与标准案例进行比较

这三名作者都对一些中心步骤进行了评论，如对资料进行编码（将资料简化为意义片段，并对这些片段进行命名），将编码组合成更广泛的范畴或主题，并使用图表来展示和比较。这些都是质性资料分析的核心要素。

在这些要素之外，三名作者也展示了资料分析过程的一些不同阶段。例如，休伯曼和迈尔斯（Huberman & Miles, 1994）提供了分析过程中更细节化的步骤，如在田野笔记的边缘写阅读笔记、给出田野笔记的概述、记录不同范畴之间的关系。贝兹利（Bazeley, 2013）描绘了这些策略的实际运用，并在一些情况下对这些策略的运用进行了扩展，如参与者可以如何参与研究、视觉资料的使用、计算机软件的作用。然而，麦迪逊（Madison, 2011）指出必需创建一个着眼点，这里指的是给出一种立场以表明研究所采用的分析框架（如批判理论或女性主义）。这个着眼点在批判的、理论取向的质性研究中居于分析的中心位置。另一方面，沃尔科特（Wolcott, 1994）讨论了从资料中形成一套描述的重要性，还指出要将这一描述与研究文献及文化人类学中的文化主题联系起来。

资料分析的上升螺旋

资料分析并不是现成的，拿了就能用，相反，资料分析是根据需求设计、修改并"精心编排"的（Huberman & Miles, 1994）。资料收集、资料分析及报告写作的过程所涉及的步骤并不是界限清晰的，它们是相互联系在一起的，在一个研究项目中经常是同时进行的。贝兹利（Bazeley, 2013, p. 1）将资料分析的成功归结于早期的准备，他提醒研究者"从对它（你的研究项目）最初的构思开始，你所采取的步骤就将促进或阻碍你对所观察现象的诠释和解释"。其中的挑战之一是使资料分析过程清楚明白，因为质性研究者通常都在"做中学"（Dey, 1993, p. 6）。这导致了一些批评，这些批评认为质性研究在很大程度上是直觉式的，是不够严谨的，具有相对性，也有些批评认为质性资料分析依赖于"洞见（insight）、直觉（intuition）和印象（impression）"（Dey, 1995, p. 78），此三者的英文单词都是以"i"开头，所以被称为三个 I。不可否认的是，质性研究者保持了这种独特性和偶然性，他们以不同的技艺开展自己的研究，使用他们在田野工作中逐步发展出来的分析程序。尽管存在这种独特性，我们相信质性研究的分析过程依然要符合一般性的轮廓。

这一轮廓最好以上升螺旋的图形来表示，这是资料分析的螺旋。如图 8.1 所示，为了分析质性资料，研究者采用了在分析循环中不断推进的过程，而不是固定的线性取向。研究者从文本或视听形式（如图像、录音）的资料开始，然后以叙述或叙事结束。在此期间，研究者会涉及分析的若干方面，并一再循环。在每个螺旋内，研究者使用各种分析策略，以实现提出特定分析结果的目标，下一节将对此做进一步的描述（参见表8.3的概述）。

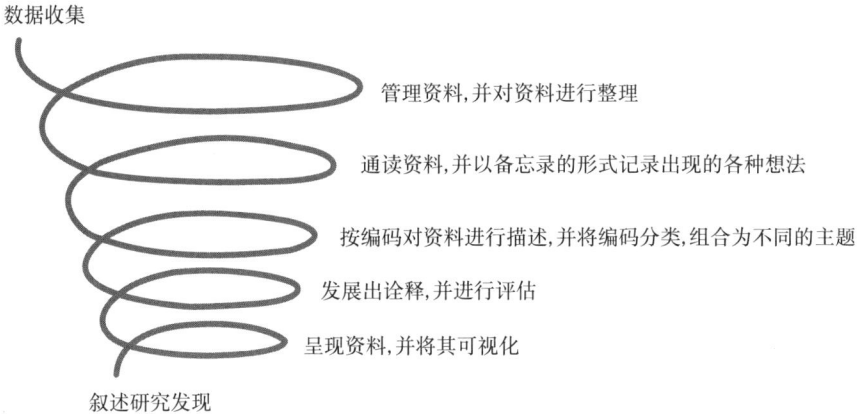

图8.1 资料分析螺旋

表8.3 资料分析螺旋的活动、策略和结果

资料分析螺旋的活动	分析策略	分析结果
管理资料，并对资料进行整理	准备好文件及单元	建立文件命名系统，整理资料库，其中包含文本、图像及录音的文件和单元
	确保文件存储的安全性	创建长期的文件保存计划
	选择分析模式	使用计算机软件、人工分析，或二者的混合
通读资料，并以备忘录的形式记录出现的各种想法	一边阅读资料，一边记笔记	书面备忘录将引导编码发展、持续性反思，以及对不同文件、问题或项目的概括
	简述反思内容	
	概括田野笔记	
按编码对资料进行描述，并将编码分类，组合为不同的主题	处理词汇	命名初始编码
	确定编码	列出编码范畴及对编码的描述
	运用编码	将编码分配给文本、图像和录音的单元
	将编码简化为主题	完成编码本
发展出诠释，并进行评估	在范畴/主题/分析群之间建立联系	情境化的理解与图示
	将范畴/主题/分析群与研究文献中的分析框架联系起来	理论与命题
呈现资料，并将其可视化	创建一个着眼点	矩阵、树形图与模型
	展示并报告资料	叙述研究发现

管理资料，并对资料进行整理

资料管理是资料分析螺旋的第一环，是整个过程的开始。在分析过程的早期，研究者通常会将他们的资料整理成电子文件，并建立一套文件命名系统。持续使用一套文件命名系统，可以确保从文本（或图像或录音）的大型资料库中找到需要的材料，不管是手动查找，还是通过计算机查找（Bazeley, 2013）。可按照资料形式、参与者、资料收集时间（还有资料的其他特点）搜索的电子报表或资料库，对有效地定位相关文件是很重要的。巴顿（Patton, 1980, p. 297）是这样说的：

> 质性方法所能带来的资料可谓浩瀚。当资料收集结束时，研究者会发现他们将面对数量巨大的信息，我发现没有办法让他们准备好应对这种情况。坐下来，从数页访谈记录或所有田野笔记的文件中理出头绪，可能是难以承受的。

除了整理文件，研究者还需要对资料进行转换，并制订出长期安全保存文件的计划。文件转换需要研究者对资料的各种恰当的文本形式（如词汇、句子、整个故事）做出决定，并确定影音资料的电子保存格式。格里布奇（Grbich, 2013）建议使用 JPEG 或 PDF 格式的文件来保存图像（如照片、报纸上的广告）及物品（如泥塑、布料）。研究者仔细思考这些早期的资料整理的方式是很重要的，因为这会潜在影响此后的分析。例如，如果研究者打算对文件进行比较，那么，单个文件最初是如何被创建的、（如果适用的话）是如何被上传到计算机软件程序中的，这些都会有影响。例如，最初的文件组织形式会促进或阻碍某些比较，如按照事件发生时间进行的比较，或比较多个参与者，或在不同形式的资料之间（如访谈、焦点小组、文档）进行比较。计算机程序能够辅助文件管理与分析工作，这一章后面的部分将讨论它们在这一过程中的作用。

通读资料，并以备忘录的形式记录出现的各种想法

在对资料进行了组织之后，研究者需要对整个资料库有所了解，以此继续推进资料分析。例如，阿加（Agar, 1980, p. 103）建议研究者"把所有的访谈记录完完整整地读几遍。将自己沉浸在这些细节中，在将访谈分成不同的部分之前，努力把握访谈的整体意义"。与此类似，贝兹利（Bazeley, 2013, p. 101）也将她自己阅读、反思、分析和探究的策略描述为"就像接触新资料那样的最初尝试"。在田野笔记或访谈记录的边缘，或在图片下方，记笔记或者写备忘录，能促进对资料库进行探究的最初过程。浏览文本，可以帮助研究者建立对整个资料的了解，而不是使研究者被限制在编码的细节之中。快速阅读有助于用新的方式来看待文本，"好像它们是由陌生人写下的"（Emerson, Fretz, & Shaw, 2011, p. 145）。

备忘录是指在阅读过程中想到的短句、想法或关键概念。迈尔斯、休伯曼和萨尔达娜（Miles, Huberman, & Saldaña, 2014, p. 95）描述了备忘录写作过程的作用：备忘录"并不是对资料的描述型小结，其旨在对资料进行综合，明确更高层次的分析意义"。与此类似，对数字形式的影音材料进行考察时，可以将记录各种想法的备忘录写在电子文件中，或与此对应的文本文件中。格里布奇（Grbich, 2013）建议使用下列问题来引导对材料的内容及情境的考察：这是什么？与这份材料产生相关的原因、时间、方式、主体是什么？这份材料要传达什么意义？影音资料的分析指南，既有一般性的指导（如 Rose, 2012），也有针对特殊形式的影音资料的资源——例如，关于图像，可查阅班克斯（Banks, 2014）的著述；关于电影和录像，可查阅米柯斯（Mikos, 2014）的著述及克诺布劳奇、图玛和施内特勒的著述（Knoblauch, Tuma, & Schnettler, 2014）；关于声音，可查阅梅德尔（Maeder, 2014）的著述；关于视觉资料，可查阅莫罗兹克、霍尔兹、范特思坦迪格的著述（Marotzki, Holze, & Verständig, 2014）。

撰写备忘录的程序被运用于校园枪击案的案例研究（Asmussen & Creswell, 1995）。首先，两名作者浏览了所有的资料库，以找出对材料进行组织的主要想法。接下来，作者浏览了田野观察笔记、访谈记录、物证痕迹以及影音材料。两名作者没有采用预先设定的问题，这样他们才能"看到"访谈对象到底说了什么。他们还对资料中呈现出的更大的看法进行了反思，并形成了初始范畴。这些范畴数量不多（大约10个），两名作者尝试寻找不同形式的证据来支持每一个范畴。此外，他们还发现了可以展示每个范畴中不同视角的证据（Stake, 1995）。本书讨论的内容与两名作者进行资料分析的经历存在一些共同点，我们都发现备忘录是值得投入时间的，可以作为创建数字化的、可检索且可检验的**核查追踪**（audit trail）的手段（Silver & Lewins, 2014）。第10章将讨论使用核查追踪作为记录思考过程的有效性策略，这可以澄清在一段时间内的一些理解。

下面是指导备忘录撰写实践的一些建议（也可参见 Corbin & Strauss, 2015; Miles et al., 2014; Ravitch & Mittenfelner Carl, 2016）：

- 在整个分析过程中优先考虑备忘录的撰写。撰写备忘录，要从对资料的初步阅读开始，并且将一直持续到对研究结论的撰写。例如，我们建议在每个分析阶段都撰写备忘录，还要经常回过头来读一读在早期分析过程中撰写的备忘录，以此追踪编码及主题发展的过程。迈尔斯等（Miles et al., 2014, p. 99）描述了撰写备忘录的紧迫性，"当突然有了个想法时，停止你正在做的任何事，撰写备忘录……将你各种类型的思考都写进备忘录，即便是那些模模糊糊、影影绰绰的想法"。

- 将备忘录的组织系统个人化。备忘录很快就会变得大而无当，除非撰写备忘录时研究者已经想好了一套组织系统。在研究者都强调备忘录重要性的同时，他们对备忘录撰写过程的指导却缺乏共识。研究者都是为了满足他们个人化的需要来撰写备忘录。例如，我们可以使用以与备忘录相关的文本单元为基础的一套系统，并给出反映其内容的说明性文字，以方便分类处理。在分析中，会用到三个层次的备忘录：

○ 片段式备忘录可以抓住在阅读特定词句时的想法。这种类型的备忘录有助于确定初始编码，这与拉维奇和卡尔（Ravitch & Carl, 2016）描述的预编码备忘录类似。

○ 文档式备忘录可以记录在回顾单个文件时想到的概念，或者记录在回顾不同类型文件时逐步发展出的各种看法。这种类型的备忘录有助于概括并确定主题的编码范畴，并且/或者在不同问题或不同资料形式之间进行比较。

○ 项目式备忘录记录了一个概念中不同看法的集合，或者记录了在整个研究项目的过程中概念之间是如何调适的。这种类型的备忘录类似科宾和斯特劳斯（Corbin & Strauss, 2015）所描述的总结式备忘录，这对推进研究非常有帮助，因为其可以帮助找到研究中所有的主要观点。

● 将资料检索的分类策略嵌入其中。研究者应当可以很方便地按照时间、内容、资料形式或参与者来对备忘录进行检索和分类处理。为了做到这一点，在撰写备忘录时，标注日期并建立可识别的说明性文字就非常重要。科宾和斯特劳斯（Corbin & Strauss, 2015）使用了概念式标题，以便对备忘录进行检索。

在结束这一小节时，我们要强调撰写备忘录对系统分析的补充性作用，因为它能帮助研究者追踪研究中各种想法的发展过程。反过来，这也使得质性资料分析过程与结果更具可信度，因为"质性研究者应当准备好展示这些信息，如敏锐的预感、直觉及偶然发生的事件，这些反过来又可以带来对任何既定研究的场景、情境及参与者的更丰富且更有力的解释"（Janesick, 2011, p. 148）。

按编码对资料进行描述，并将编码分类，组合为不同的主题

下一个步骤从分析螺旋中的阅读资料与撰写备忘录开始，推进到对资料的描述、分类与诠释。在这一环路中，形成编码或范畴（这两个术语在使用中可以互换）代表了质性资料分析的核心。在这里，研究者建立了细节化描述，运用编码，发展主题或维度，并按照他们自己的看法或研究文献中的视角提出诠释。细节化描述意味着作者要描述他们所看到的东西。这里的细节提供了现场感（in situ），也就是说，关于人、地点或时间的具体场景的情境。描述成了（在阅读并处理资料之后）开展质性研究的好方式，并在民族志研究及案例研究中扮演着重要的角色。

编码过程在质性研究中居于中心位置，这一过程包括弄清文本的意义，这些文本是通过访谈、观察及文档来收集的。编码包括将文本或视觉资料聚合为小的信息范畴，从一项研究所使用的不同资料库中搜集与编码相关的证据，并给编码加上标签。我们这里说的是"筛选"资料，我们并非会在一项研究中使用所有的资料，对于一些资料，我们可能会弃之不用（Wolcott, 1994）。不管资料库的大小，研究者会给出临时编码（比如25~30个左右）的简短列表，这些编码能与文本片段相对应。

研究新手在回顾他们的资料库时，倾向于提出非常详细的编码列表。我们建议用简短列表这种方式来推进研究，只在必要的时候扩展初始编码表。这种取向被称为精益（lean）编码，因为其从带有简略标签或编码的五六个范畴开始，然后在对资料进行回顾与再回顾的过程中再对编码进行扩展。不管资料库的大小，通常我们建议最终的编码表的信息范畴应控制在25个以内，最多不超过30个，我们发现我们自己会努力将这些范畴缩减合并成五六个主题，并最终将它们应用于叙事的写作之中。有些研究者最后提出了100或200个范畴——在复杂的资料库中很容易就能发现这么多范畴——那就需要竭力将它们缩减为五六个主题，这是多数研究发表的最终要求。就影音材料而言，应确定编码，并将资料与所研究现象的不同方面联系起来，以便把这些编码组合成主题。格里布奇（Grbich, 2013）关于影音材料编码过程的指南包含如下问题：什么样的编码最契合？出现了哪些新编码？能与其他资料来源联系起来的主题有哪些？

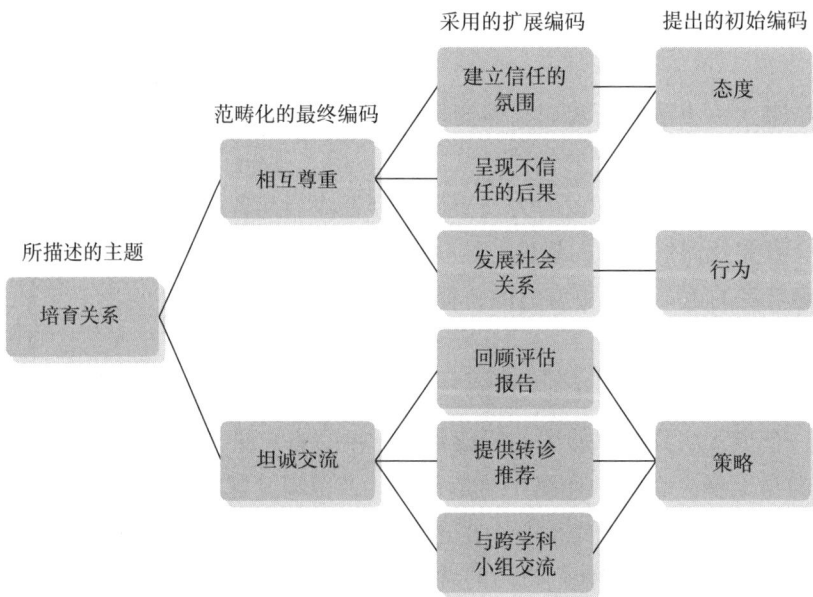

图8.2　"培育关系"主题的编码程序实例

图 8.2 是对教师、行政人员、护理人员和相关专业人员的 11 次焦点小组访谈及 3 次访谈所进行的分析，他们的工作是为在出生前遭遇过不同程度胎儿酒精紊乱的那些学生的教育成功提供支持（Job et al., 2013）。图 8.2 展示了编码过程，以描述三个主题中的一个（即培育关系）。其展示了主题的发展过程，从对三个初始编码（即态度、行为、策略）的命名开始，然后从三个编码扩展到六个编码，最后又缩减到两个编码范畴（即相互尊重、坦诚交流）。在发表的文章中，通过最终确定的两个编码范畴（有时被称为子主题），研究者对主题进行了描述，方法论讨论则包括对编码过程的一般性描述（不包含实例）。对博士学位论文来说，这并非不常见的方式，尽管一些博士学位论文会在附录中包含实例（关于案例研究的例子，参见 Poth, 2008）。

完成最终的编码列表并建立相应的描述，是**编码本**（codebook）（表 8.4 就是一个实例）的基础。编码本详细说明了每个编码的明确边界，在多个编码员的内部信度（第 10 章将对此进行讨论）评估中起了重要作用。编码本应当包括以下信息（改编自 Bazeley, 2013; Bernard & Ryan, 2009）：

- 编码的名称，如果需要的话，还应包括可以在空白处标注的简短标签
- 对编码的描述，通过使用纳入及排除的标准来界定边界
- 编码的实例，使用研究中的资料来展示

表 8.4　编码本条目的实例："培育关系"主题

主题	编码名称（简短名称）	定义	什么时候使用	什么时候不使用	文本片段的研究实例
培育关系	相互尊重（尊重）	证明个人贡献是"重要"的或是有价值的努力的证据	互动会引向或阻碍学生的成功或信任/不信任	指向结果——使用行动或培训——这些都是准备好的	"这是他们的地盘，我不（打算）进入那里，也不将我的意志强加（给他们）。"（Job et al., 2013）
	相关人员之间坦诚交流（沟通）	涉及与学生成功有关的沟通的任何证据	关于时机、质量及信息分享（报告、推荐、小组会议）频率的描述	指向支持——使用意识或可得性	"……我们必须开放，并且……愿意倾听，而不进行评判。我认为能做到这一点的话，所有的事都好办。但现在，仍然还有很多人喜欢评判。"

　　表8.4展示了用于引导"培育关系"这一主题发展的编码本。通过定义、指导编码使用的标准以及研究中文本片段的实例，这一展示提供了对两个编码范畴（即相互尊重、相关人员之间的坦诚交流）边界的描述。我们认为指导编码使用的标准特别有帮助。例如，在这个案例中，行动与准备是第二个主题（重组实践）的编码，意识与可得性是第三个主题（获得支持）的编码。这篇已发表论文的方法论中包括了对内部编码评估过程及结果的总体描述，但没有使用编码本。这并非不常见，发表的论文通常不会包括编码本。然而，我们作为论文导师、监督小组成员以及审查专家的经历告诉我们：质性研究者通常会使用编码本，其会在附录中提供实例。

　　在这一编码过程中，有几个议题很重要，需要进行讨论。第一个议题是质性研究者是否应该对编码进行计数。例如，休伯曼和迈尔斯（Huberman & Miles, 1994）建议研究者对资料编码进行初步计算，并确定编码在资料库里出现的频率。这一议题在今天仍然会引起争论，如海斯和辛（Hays & Singh, 2012, p. 21）所言，这是"相当有争议的主题"，因为一些（但是并非所有）质性研究者认为应该计算并报告编码在他们的资料库里出现的次数。这确实提供了关于出现频率的指标，通常是与量化研究或质性研究的系统取向相连的。在我们自己的研究中，我们也许也会看看每个编码出现的次数，以此作为参与者对某个编码感兴趣的指标，但是我们并不会在文章中报告这些计数。这是因为我们和其他一些研究者（例如，Bazeley, 2013; Hays & Singh, 2012）都认为计数所传达的是量化研究关注的数量及频率，与质性研究的关注点是相反的。此外，采用计数的方法意味着所有编码的重要性是相同的，忽略了进行编码的段落实际上可能代表相互矛盾的观点。

　　另一个议题是使用现存的或先验的编码来引导编码过程。对这一做法的反应也是混杂的。克拉布特里和米勒（Crabtree & Miller, 1992, p. 151）提出了编码策略的连续统，从"预想"的范畴到"逐渐浮现"的范畴。在健康科学中使用"预想"的编码或范畴（通常来自理论模型或研究文献）是很普遍的。但是，使用这些编码会将分析限于那些预定的编码，而不能像传统的质性方法那样，进行开放编码以反映参与者的观点。如果在分析中使用预定的编码方案，我们通常会鼓励研究者对在分析过程中出现的其他编码保持开放的态度。

　　还有一个议题是编码名称或标签的来源。编码标签可以有多种来源：它们可以是**见实编码**（in vivo codes），即，编码名称是参与者所实际使用的词汇；它们也可以是来自社会科学或健康科学领域的编码名称（如应对策略），这些名称是研究者提出的、对信息的最佳描述，或者来自我们赋予编码的隐喻（Bazeley, 2013）。在资料分析的过程中，我们鼓励质性研究者寻找可以用来描述信息并发展主题的编码片段。这些编码能够呈现以下方面：

● 所期待的信息，即研究者希望发现的信息

- 令人吃惊的信息，即研究者未意料到会发现的信息
- 对研究者、参与者和读者来说，在概念上有趣的或不寻常的信息

最后一个议题是质性研究者所编码的信息的类型。研究者寻找的可能是故事（如在叙事研究中），可能是个人经历或这些经历的情境（如在现象学研究中），可能是过程、行动或互动（如在扎根理论研究中），可能是对文化主题及文化共享群体运作的描述或范畴化（如在民族志研究中），可能是对特定案例的详细描述（如在案例研究中）。考察信息类型的另一种方式是采用解构立场，这一立场关注欲望和权力等议题（Czarniawska, 2004）。查尔尼娅维斯卡（Czarniawska, 2004）明确了解构主义所采用的资料分析策略，这一策略改编自马丁（Martin, 1990, p. 355）的著述，有助于集中关注在所有取向中要分析的质性资料的信息类别：

- 瓦解二分法，揭示这是一种错误的区分（如公共/私人、自然/文化）
- 对沉默——没有说出来的话——进行分析（如注意到在使用名词"我们"时被排除在外的人或事）
- 注意混乱和矛盾，明确文本在什么地方讲不通或者没有下文
- 关注文本中最奇异或最古怪的元素，找到被认为可信或可允许的界限
- 对隐喻进行诠释，并将其作为多重意义的丰富来源
- 分析双关语，其可能指向无意识的言外之意，通常在内容上与性有关
- 区分跟特定群体有关的"偏差"与一般意义上的"偏差"，用替代主要元素的方式来"重建"文本

在编码之外，对信息进行分类还可以将文本或质性信息拆分，寻找信息中的范畴、主题或维度。作为一种常见的分析形式，分类包括确定 5~7 个一般性的主题。质性研究中的主题（也被称为范畴）是指较大的信息单元，包括若干编码聚合在一起所形成的某些共同看法。反过来，这些主题，在我们看来又包含一组小主题或子主题，甚或子子主题，这些都在资料片段中有所体现。将信息简化成 5~7 "组"是很困难的，尤其是对大型资料库而言。我们的过程包括筛选资料，将它们简化为小的、可操作的一套主题，并将其写进最后的叙事中。质性研究新手所面临的关键挑战就是从编码飞跃到主题。我们提出了下列探索并发展主题的策略（受到贝兹利的启发，参见 Bazeley, 2013）：

- 使用备忘录来记录不断浮现的、与主题有关的看法。在处理资料时，要写备忘录，并且要包括相关编码的细节。例如，在对教育成就的研究中，早期的一份项目备忘录明确了关系很重要。但到了后来的编码过程，需要培育什么样的关系、如何培育这样的关系，才逐渐明确（Job et al., 2013）。

- 在编码时，要强调那些值得注意的引文。在确认编码之外，还要加入一段描述，说明这段引文为什么值得注意。例如，在初始编码中加入"值得注意的引文"这样一个编码，以便查找被认为值得注意的那些引文。这些"值得注意的引文"也有助于提出主题。研究者可以使用这个编码标签来标注计划用于研究报告的有趣引文，这样在写报告时就可以很方便地进行检索。

- 画出图示，呈现出编码之间或不断浮现的概念之间的关系。可视化方式对发现编码之间的重叠很有帮助。例如，在 ATLAS.ti（一种质性研究的计算机软件）中使用关系网示意图，可以将编码之间的关系展示出来，其也是发现编码之间可能存在重叠的工具。

- 拟出小结型陈述的草稿，反映资料中经常出现的或引人注目的方面。意识到资料中的重复或异常之处，有助于发现条件和结果之间的**模式**。

- 在转向关注诠释过程之前，认识到主题分析是编码的一种替代方式，这一点很重要。在我们自己的研究中，我们强调编码在主题的提出中起到了不可或缺的作用。贝兹利（Bazeley, 2013, p. 191）详尽地描述了这一观点："然而，在力图对质性资料进行诠释、分析和理论化的研究者中有一个共识：主题的提出，取决于已经完成了编码的资料。"

发展出诠释，并进行评估

研究者在进行质性研究时，要对资料进行诠释。诠释包括弄懂资料的意义，林肯和古巴（Lincoln & Guba, 1985）将此描述为"吸取的经验教训"。巴顿（Patton, 2015）认为诠释过程既需要创造力，也需要批判能力，这样才能通过仔细思考来判断在分析中出现的模式、主题及范畴的意义。质性研究中的诠释还包括要超越编码及主题，通过抽象来获得资料的更宽泛意义。这个过程从提出编码开始，再根据编码形成主题，然后将主题组织到更大的抽象单元中，以明确资料的意义。诠释有多种形式，如以预感、洞见和直觉为基础的诠释（若想了解在编码之间、概念之间建立联系的策略的更多细节，参见 Bazeley, 2013; Ravitch & Mittenfelner Carl, 2016）。诠释也可以被置于社会科学的构念或观念中，或者是与社会科学构念或观念相对照的个人观点的集合中。这样，研究者可以将他/她的诠释与更大范围的研究文献联系在一起。对持后现代主义及诠释主义取向的研究者来说，这些诠释被认为是暂时的、非结论性的、可质疑的。

在循环往复的诠释过程中，马歇尔和罗斯曼（Marshall & Rossman, 2015, p. 228）鼓励"谨慎的质性研究者要小心"地对待其他理解，这些理解所采用的策略包括通过与既有资料、相关研究文献或初始假设进行比较来挑战研究者自己的诠释。特别是对影音资料而言，可以采用策略来提出并评估对材料的诠释，以确定模式并发展出故事、总结或陈述。格里布奇（Grbich, 2013）建议使用下列问题来指导诠释：有哪些你没有意料到能发现的、令人吃惊的信息？哪些信息在概念上是有趣的，或者对参与者和读者来说是不寻常的？居于主导地位的诠释是什么？还有什么其他看法？

研究者可以在资料诠释的早期或者在核查追踪中（第10章将有更多讨论）获得同行的反馈。评估一下"我如何知道我知道什么，或者，我认为我知道什么"是很有帮助的，因为这要求研究者清晰地阐述他们在资料范畴中看到的模式。研究者可以使用示意图，在这一阶段以可视化的方式呈现概念之间的关系。在某些情况下，最终的研究报告也会采用这些呈现方式。

呈现资料，并将其可视化

在分析螺旋的最后一个阶段，研究者要呈现资料，以文本、表格或图形的形式一起打包呈现研究发现。例如，为了达到信息的可视化呈现，研究者可以使用比较表格（参见 Spradley, 1980）或矩阵，如用2×2的表格来比较男性与女性在研究所涉及的主题或范畴上的差异，或者用6×6的效果矩阵来展示辅助地点及类型（参见 Miles & Huberman, 1994; Miles et al., 2014）。矩阵的每一格都是文字，而不是数字。从这些内容出发，研究者使用多个矩阵对范畴进行比较与对照，以创建资料模式或范围的图像（Marshall & Rossman, 2015）。等级式树形图是另一种呈现方式（Angrosino, 2007），这种方式表现出了不同的抽象层次，树形图最上层的方框呈现的是最抽象的信息，树形图最底层的方框呈现的则是最不抽象的主题。图8.3展示了校园枪击案研究中（Asmussen & Creswell, 1995）的不同的抽象层次。这个图示展示了归纳分析的过程，从有多种来源的原始资料开始，接下来扩展到几个特定主题（如安全、拒绝），然后再到体现出社会心理学与心理学的两个视角的最为一般性的主题。

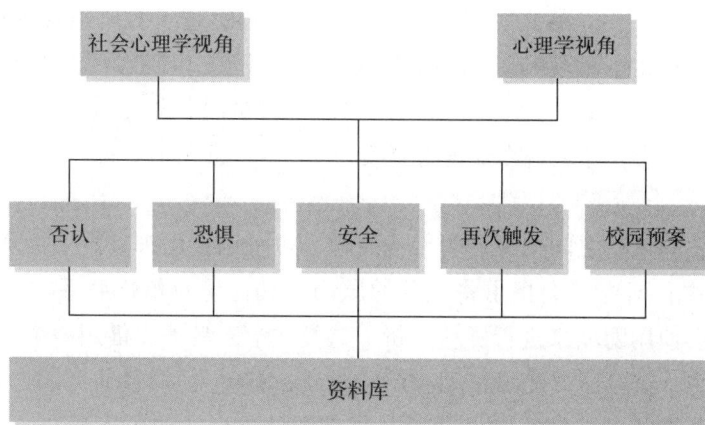

来源：Asmussen & Creswell, 1995。

图8.3 等级式树形图实例：校园枪击案的分析层次

考虑到研究者可用的展示方式非常多样，可能很难决定哪种形式最好。我们在下面列出了建立并使用矩阵展示的指导策略。我们相信下面这些策略是迭代式的，并且对矩阵以外的资料展示方式也是很有用的（改编自 Miles et al., 2014）：

- 在资料中进行搜索，挑选所要展示的资料的层次和类型。可以从对研究问题及可用资料的再考察开始。决定要使用哪些形式及类型的资料，例如，是使用直接引用、转述或研究者的解释，或者是这三者的任意组合。手动搜索或者使用计算机软件中的搜索功能来找到可用的材料。保留好记录，记下纳入或排除的标准，以此保留"'决策准则'的准确记录"（Miles et al., 2014, p. 116）。

- 写下最初形成的看法，并寻求反馈。选好行与列的标题，以此作为最初思考过程的一部分。确保平衡了信息的数量与类型，因为"更多的信息总比更少好"（Miles et al., 2014, p. 116）。请同事评阅你的初稿，并请他们提供反馈，提出关于其他资料展示方式的建议。

- 评估完整性与可读性，并在需要时进行修改。寻找忽视的领域或缺失的资料，如有必要，在展示时，清楚地呈现这些部分。如果可能的话，减少行与列的数量，一般不多于五六个，这样会比较好处理。在行或列中建立起群组，或者使用多种合适的展示形式。不要觉得你被所看到的形式束缚住了，而要"**考虑展示的形式**（think display）。改编或创建对你来说最合适的形式"（Miles et al., 2014, p. 114）。

- 注意所展示的各种模式以及可能的比较与聚类。使用多样的策略来检视展示形式，并概括最初的诠释。写作的过程对观点的精炼与澄清非常重要。各种展示形式都需要配上文字，因为图形这类展示形式"不会自己说话"（Miles et al., 2014, p. 117）。

- 再检查一下相应的文字，并核查结论。检查超越了对所呈现资料的描述式概述并提出了解释与结论的那些文字。接下来，核查跟原始资料或资料概述不一致的结论，因为"如果在你进行尝试时，结论在'最基础的层次'上不太可靠，那么就需要进行修改"（Miles et al., 2014, p. 117）。

明确了不同范畴之间关系的假设或命题，也可以被用来呈现质性资料。例如，在扎根理论中，研究者会提出将现象的原因与其情境及策略联系在一起的命题。最后，作者会使用隐喻来进行资料分析，这类文学工具可以借用一个领域的东西，将其运用于另一个领域（Hammersley & Atkinson, 1995）。质性研究的作者可以用隐喻式的分析来写作整个研究。关于资料呈现的新颖形式的更多看法，还有关于在影音材料分析中最好的资料呈现方式是怎样的，都可参见格里布奇（Grbich, 2013）的研究。

在这一点上，研究者可以将信息反馈给信息提供者，获得他们对初始概述及资料呈现的建议。在第 10 章中，我们将讨论这一程序，并以此作为关于研究有效性的关键步骤。

在不同探究取向中进行分析

可以认为在质性资料的分析过程中存在两个层面：第一个层面覆盖了整个过程，我们已经在一般性的螺旋分析中进行了描述；第二个层面是在这种一般性分析的基础上使用具体的程序。五种探究取向各有特定的程序，这些程序可以使资料分析超越"一般"的分析取向，进入更复杂、更高级的一套程序。从表 8.5 中可以看到我们对这些讨论进行组织的框架。我们强调了每一种取向，并讨论了每种取向特定的分析与呈现方式的特征。在这一讨论的最后，我们会再次强调这五种取向的重要异同。

表 8.5　不同研究取向的资料分析与呈现

资料分析与呈现	叙事研究	现象学研究	扎根理论研究	民族志研究	案例研究
管理资料，并对资料进行整理	·创建并组织资料文件	·创建并组织资料文件	·创建并组织资料文件	·创建并组织资料文件	·创建并组织资料文件
通读资料，并以备忘录的形式记录出现的各种想法	·通读文本，在边缘做笔记，并形成初始编码	·通读文本，在边缘做笔记，并形成初始编码	·通读文本，在边缘做笔记，并形成初始编码	·通读文本，在边缘做笔记，并形成初始编码	·通读文本，在边缘做笔记，并形成初始编码
按照编码对资料进行描述，并将编码分类，组合为不同的主题	·描述一组客观经验中的模式·确定故事，并描述故事的时间序列	·以"悬置"的方式来描述个人经验·描述现象的本质	·描述开放编码的范畴·挑选一个开放编码范畴，建构过程中的中心现象	·描述社会场景、行动者和事件；绘制场景的图景	·描述案例及其情境
发展出诠释，并进行评估	·确定故事中的"关键时刻"·确定情境材料	·提出重要陈述·将陈述组合为意义单元	·进行主轴编码：因果条件、情境、中介条件、策略、结果·发展理论	·分析资料，得出主题及模式化的规律	·使用范畴集合来建立主题或模式

续表

资料分析与呈现	叙事研究	现象学研究	扎根理论研究	民族志研究	案例研究
呈现资料，并将其可视化	·重述故事，并诠释故事更大的意义	·发展出纹理描述："发生了什么" ·发展出结构描述："这一现象是如何被经历的" ·发展出"本质"，使用复合描述	·进行选择编码，并将范畴相互联系起来，以发展出"故事"、命题或矩阵	·对研究发现进行诠释，并弄清其意义：文化是如何"运作"的	·使用直接诠释 ·发展出关于"了解到"的事物的自然主义概推

叙事研究的分析与呈现

我们认为里斯曼（Riessman, 2008, p. 11）的看法最贴切，里斯曼认为叙事分析"指的是对有共同故事形式的文本进行诠释的一系列方法"。应当分析叙事研究所收集的资料，分析这些资料所讲述的故事、逐渐展开的事件的**时间序列**（chronology），还有转折点或关键时刻。在这种宽泛的分析架构中，叙事研究者可以有多种选择。

叙事研究者可以在他/她的分析中采用文学定位。例如，使用一所小学里四年级的四名学生所讲述的科学教育故事，可以采用叙事研究的多种取向（Ollerenshaw & Creswell, 2002）。一个取向是尤森和奥兹肯（Yussen & Ozcan, 1997）提出的，这个过程包括分析文本资料中情节结构的五要素（即人物、场景、问题、行动和解决方案）。叙事研究者可以采用这一取向，将不同要素整合到故事之中。克兰迪宁和康纳利（Clandinin & Connelly, 2000）的三维空间取向分析了资料的三要素：互动（个人的与社会的）、持续性（过去、现在和将来）、情境（物理位置或故事讲述者的位置）。在奥利伦肖和克雷斯维尔（Ollerenshaw & Creswell, 2002）的叙事研究中，我们可以发现叙事分析的一些共同要素：用访谈或会话形式的田野文本来收集关于个人经历的故事、以叙事要素（如三维空间或情节五要素）为基础重述故事、按时间序列重写故事、整合关于参与者经历的场景或地点。

对叙事的分析也可以采用时间序列取向。邓津（Denzin, 1989）认为，研究者可以从传记式分析开始，确认主体生命历程中一系列客观存在的经验。找到粗略描绘个体生活的日志是分析的良好开端。在这种粗略描绘中，研究者可以寻找生命历程的阶段或经验（如童年、婚姻、工作），进而发展出个体生活的时间序列。从个体的日志和访谈中，可以看到故事与关键时刻。研究者在资料集（通常是访谈或文件）中可以看到具体的、情境清晰的传记材料。在访谈中，研究者会鼓励参与者展开个人故事中的不同部分，并要求他们将其生活理论化。这些理论可能跟职业模型、生命历程中的过程、社会世界的模式、传记的关系模型以及生命历程的自然历史模型等有关。接下来，研究者将源自叙事片段或范畴的更大模式及意义组织起来。戴特（Daiute, 2014）提出了意义建构的四种模式：相似、不同、变化或连贯。最后，个人传记被重构，研究者以此确定对参与者的生活有影响的因素。这样就可以写出强调以下三点的案例的分析式抽象内容：（1）个体生活的过程；（2）与这些生活经验有关的不同理论；（3）个体生活的独特性和一般性。嵌入在叙事分析及呈现过程中的是合作式的取向，其中，参与者积极参与研究（Clandinin 2013; Clandinin & Connelly, 2000）。

另一种叙事分析取向所关注的是叙事文本是如何构成的。里斯曼（Riessman, 2008）提出了四种分析策略的分类，可以反映出故事构成方式的多样性。研究者对资料收集过程中所说出来的以及所写出来的"事物"（what）进行分析，里斯曼称其为主题分析。她认为这种取向是叙事研究中最常见的形式，我们在附录二所收录的陈（Chan, 2010）的叙事研究中就可以看到这种方式。里斯曼（Riessman, 2008）的分类中的第二种形式被称为结构式，强调的是故事是"如何"被讲述的。这种类型带入了语言学分析，关注的是个人在讲述故事时为了达到特定效果所采用的形式与语言。话语分析以吉（Gee, 1991）的方法为基础，对故事讲述者的叙述进行考察，明确若干要素，如语音的序列、声音的音高，以及声调。里斯曼（Riessman, 2008）分类中的第三种形式是对话或展演分析，其中，谈话是由研究者与参与者交互进行的，或者是研究对象通过一些活动如诗歌或戏剧来主动进行展演。第四种形式是新兴的领域，采用对图像的视觉分析，或者将图像与文字放在一起进行诠释。其也可以是关于图像产生的故事，或者是不同观众对同一图像的不同看法。

在对张爱梅的叙事研究，也就是陈（Chan, 2010）在附录二中所呈现的对中国移民学生的研究中，分析是从主题分析开始的，这与里斯曼（Riessman, 2008）所叙述的方法类似。在对爱梅的学校进行简要描述后，陈接着讨论了几个主题，所有的这些主题都与冲突有关（如在家中使用的语言与在学校使用的语言之间的冲突）。陈对冲突的处理方式是分析关于这一现象的资料，并根据后现代主义的诠释视角发展出主题。陈还分析了超越这些主题的资料，并探讨了她自己作为叙事研究者从爱梅的经历中学到了什么。因此，在总体上，分析是以主题分析为基础的，但对冲突及研究者经历的介绍，为这一研究增加了发人深省的概念分析。

现象学研究的分析与呈现

对叙事分析的建议为质性研究者提供了一般性的模板。与此相反，在现象学中，学者提出了多种特定的、结构化的分析方法，特别是穆斯塔卡斯（Moustakas,

1994）。穆斯塔卡斯在他的书中讨论了几种分析取向，但是我们认为他对史蒂维克-科拉伊奇-基恩（Stevick-Colaizzi-Keen）方法的改编是最实际、最有用的取向。下面列出的是我们的取向，是对穆斯塔卡斯（Moustakas, 1994）所讨论的这一方法的简化：

- 描述个人对所研究的现象的经历。研究者从他/她自己所经历的这一现象的全面描述开始。这是将研究者的个人经历放在一边所做出的努力（无法完全做到这一点），这样就可以将注意力集中于研究参与者。
- 给出重要陈述的列表。研究者接下来会发现各种个体对这一主题的经历的陈述（源自访谈或其他资料来源）；把这些重要陈述都列出来（将资料水平化），将每个陈述都视作具有同样的价值；努力发展出不重复、不重叠的陈述的列表。
- 将重要陈述分类，组合成更大的信息单元。这些更大的单元也被称为意义单元或主题，提供了诠释的基础，因为其有助于建立聚类，并去除重复的部分。
- 建立对参与者在现象中经历了"什么"的描述。这被称为经验的纹理描述——发生了什么——其中包括逐字逐句的实例。
- 给出这些经历"如何"发生的描述。这被称为结构描述，研究者要仔细思考所研究的现象是在什么样的场景与情境中被经历的。例如，在对高中生吸烟行为的现象学研究中（McVea, Harter, McEntarffer, & Creswell, 1999），作者提供了关于吸烟现象在什么地方出现的结构描述，这些地方包括停车场、学校周边、学生更衣室、离学校很远的一些地点等。
- 写出对现象的复合描述。复合描述不但包括纹理描述，还包括结构描述。这些段落展示了经验的"本质"，呈现了现象学研究的最高层面。复合描述通常是很长的段落，要告诉读者参与者在经历这一现象时经历了"什么"以及他们是"如何"经历这一现象的（即情境）。

穆斯塔卡斯（Moustakas, 1994）是心理学家，他所研究的本质通常是心理学现象的本质，如悲痛或失去。乔治（Giorgi, 2009）也是心理学家，他的分析取向与史蒂维克、科拉伊奇和基恩（Stevick, Colaizzi & Keen）类似。乔治讨论了研究者如何读出整体的感觉、决定意义单元、将参与者的经验转化为心理学上的感知表达，并写出对本质的描述。在乔治的讨论中最有帮助的是一个范例，他在其中提供了他自己及另一名研究者分析的关于嫉妒的描述。

里曼（Riemen, 1986）的现象学研究倾向于遵从结构分析取向。在里曼对患者与护士照护的研究中，她提出了既包括男性也包括女性的照护互动与非照护互动的重要陈述。进而，里曼从这些重要陈述出发，对意义陈述进行了阐述，并将这些内容以表格的方式呈现。最后，里曼提出了关于这一经历本质的两段"详尽"描述——这是两个简短段落，里曼把它们纳入一张表格，并分别列出。本书第 5 章概述了安德森和斯潘塞（Anderson & Spencer, 2002；附录三）对艾滋病患者的现象学研究，两名作者采用了科拉伊奇（Colaizzi, 1978）的分析方法，其也是穆斯塔卡斯（Moustakas, 1994）讨论的取向之一。这一取向遵循了一般性的指南：对资料进行分析以找到重要词句，提出意义并将它们聚类成主题，再发展出对现象的详尽描述。

范梅南（van Manen, 1990, 2014）所使用的取向没有那么结构化，他的研究既满足了进行现象学分析的两个条件，也有恰当的研究问题和资料。首先，引导研究的现象学问题很关键，因为"如果问题缺乏启发式的清晰度，没有要点和力量，那么分析就会因缺乏反思式焦点而失败"（van Manen, 2014, p. 297）。其次，资料的经验特质很重要，因为"如果材料缺乏经验细节、不具体、不生动、不活灵活现，那么分析就会因缺乏实质性内容而失败"（van Manen, 2014, p. 297）。他对资料分析的讨论是从他所称的"现象学反思"开始的（van Manen, 1990, p. 77）。这种反思的基本观点是要抓住事物的本质意义。我们要反思的那些表达及形式来自多样的资料，如会话录音的转录、访谈材料、每天的记录或故事、晚餐时的谈话、正式的文本回应、日记、其他人写的东西、电影、戏剧、诗歌、小说等。范梅南（van Manen, 1990, p. 86）强调通过询问"这个例子是什么的例子"这一问题来获得对主题的理解。这些主题应当具有一些特定的特征，如焦点、对观点的简化、对生活经验的结构所进行的描述（van Manen, 1990, 2014）。这个分析过程包括阅读整个文本（整体阅读的取向）、寻找陈述或词句（选择性阅读或强调的取向），并检查每一个句子（细节化阅读或逐行阅读的取向）。注意到关于反思的四个指示也是很重要的：个体所感受到的空间（如现代银行）、物理与身体在场（如恋爱中的人看上去是什么样子的？）、时间（如过去、现在及将来这些维度），还有与他人的关系（如通过握手来交流）。最后，分析资料以提出主题、使用不同的取向来核查信息，并考虑反思的方法，这些都将提供生活经验的意义的明确结构。

扎根理论研究的分析与呈现

与现象学类似，扎根理论也采用了细节化的程序来进行分析。按照斯特劳斯和科宾（Strauss & Corbin, 1990, 1998；Corbin & Strauss, 2007, 2015）的研究，扎根理论的分析包括三个编码阶段：开放编码、主轴编码、选择编码。扎根理论提出了这样一套程序：发展出信息的范畴（开放编码）、将范畴相互连接起来（主轴编码）、建立一个"故事"将范畴联系在一起（选择编码），最后以一套话语式的理论命题作为结尾（Strauss & Corbin, 1990）。

在开放编码阶段，研究者对文本（如访谈记录、田野笔记、文档）进行考察，找到文本所支持的突出的范畴。通过持续比较的方法，研究者努力使范畴"饱和"，以便找到可以呈现范畴的实例，并且持续地寻找（和访谈），直到新获得的信息不再能提出对范畴的新理解为止。这些范畴是由子范畴组成的，这些子范畴被称为属性，呈现了范畴的多个视角。反过来，属性也是**维度化**（dimensionalized）的，并且是一个连续统。总体而言，这个过程就是将资料库简化为一系列主题或范畴，这些主题或范畴反映了扎根理论所研究的过程及行动的特征。

一旦提出了一组初始范畴，研究者就会将开放编码表中的一个范畴作为要研究的中心现象。按照这一目的所挑选出来的开放编码范畴通常是参与者广泛讨论的内容，或者是来自某个特定的概念兴趣，因为这些内容看起来在扎根理论所研究的过程中居于中心位置。研究者选出这个开放编码范畴（中心现象），明确其在理论中的中心特征，接下来再转向资料库（或收集更多的资料），以理解与这一中心现象有关的范畴。可以明确的是，研究者进行编码的过程被称为主轴编码，在这个过程中，研究者仔细检视了资料库（或者收集新的资料），以提供对特定编码范畴的理解，这些范畴与中心现象有关，或者可以解释中心现象。这些内容就是因果条件，它们影响了中心现象，影响了对现象进行讨论的策略，影响了形塑策略的情境与中介条件，还影响了采用这些策略所带来的结果。从这一编码过程中获得的信息，在接下来可以被组织成一个图形，也就是编码模式，可以呈现出所研究现象的理论模型。在这种方式中，理论是被建构或者被提出的。从这类理论出发，研究者可以提出命题（或假设）或陈述，将编码模式中的范畴关联起来。这一过程被称为选择编码。最后，在最宽泛的意义层次上的分析中，研究者可以画出条件矩阵。这个矩阵是一种分析的辅助手段——一个示意图，可以帮助研究者将大范围的与中心现象有关的条件与后果（如社会、世界）可视化（Corbin & Strauss, 2015; Strauss & Corbin, 1990）。我们很少看到这种条件矩阵真正被运用到研究之中。

要理解卡麦兹（Charmaz, 2006, p. 66）给扎根理论资料分析带来的不同，就应当注意她的这句话："避免强加迫不得已的框架。"她的取向是强调理论建构不断浮现的过程。她的分析步骤是从对资料的每个词句、每个片段进行编码这样的初始阶段开始的。在这个早期阶段，她感兴趣的是以分析的方式来处理这些初始编码，以理解过程及更大的理论范畴。初始阶段之后是集中编码，使用初始编码对大量资料进行筛选，通过分析来进行综合以及提出更宽泛的解释。她不支持斯特劳斯和科宾（Strauss & Corbin, 1998）所提出的主轴编码的正式程序，这些程序将资料组织成了条件、行动/互动、结果等。然而，卡麦兹（Charmaz, 2006, 2014）的取向是对范畴进行检验，并开始发展范畴之间的联系。她也认为应使用理论编码，这是格拉泽（Glaser, 1978）最早提出的。这一步骤包括确定范畴之间的可能联系，这些范畴是以预先理论编码群组（如原因、情境、秩序）为基础的。然而，卡麦兹（Charmaz, 2006, 2014）也指出这些理论编码必须在不断浮现的扎根理论中赢得自己的位置。卡麦兹所说的浮现的理论，指的是要强调理解，而不是解释。这种说法假定了：现实是不断浮现的、多层次的；事实和价值之间存在联系；信息是暂时的；对社会生活的叙事是一个过程。理论也可能以图形或叙事的形式被呈现，其中，所有的经验被放在一起，并展示出不同的意义。

呈现理论的特定形式各有不同，在对大学里的系主任的研究中，理论是以假设的形式来呈现的（Creswell & Brown, 1992）。在对非裔美国女性体育锻炼演进过程的研究中（附录四），哈里等（Harley et al., 2009）对理论模型的讨论是以一个三阶段的图形来呈现的。在哈里等的研究中，他们的分析借鉴了斯特劳斯和科宾（Strauss & Corbin, 1998）的研究，并建立了编码，再将这些编码组合成概念，进而形成理论框架。但是，他们并没有报告开放编码的特定步骤，文章的结果部分主要关注理论模型的阶段，还有对情境、条件的主轴编码步骤，并通过过程与计划的方法详细阐述了女性体育锻炼中最重要的条件。

民族志研究的分析与呈现

就民族志研究而言，我们推荐关注沃尔科特（Wolcott, 1994）提出的资料分析的三个方面：描述、分析以及**对文化共享群体的诠释**。沃尔科特（Wolcott, 1994, p. 28）相信对文化共享群体及场景的描述是好的民族志写作的开始：

> 描述是质性研究的基础……研究者在这里成了故事讲述者，邀请读者透过你的眼睛来看你所看到的东西……从呈现对场景及事件的直截了当的陈述开始。没有脚注，也没有插入分析——只有事实，仔细呈现，并在适当的细节化水平上进行有趣的关联。

从诠释的角度来看，研究者可能只会呈现一组事实，其他的事实与诠释则有待参与者及其他人来对民族志进行阅读。但是这一描述可以通过按照时间序列所呈现的信息来进行分析。作者通过逐步聚焦描述或时间序列来描述群体或个体"生命中的一天"。最后，其他技术还包括聚焦重要或关键的事件、写出有情节及人物的完整"故事"、把它写成一个"神秘事件"、考察群体内的互动、遵循分析框架，或通过参与者的看法来展示不同的视角。

对沃尔科特（Wolcott, 1994, p. 26）来说，分析就是一个分类的过程："质性研究的量化的一面。"这包括强调在描述阶段所介绍的特定材料，或者通过图表来展示研究发现。研究者也会通过斯普拉德利（Spradley, 1979, 1980）所提出的系统程序来进行分析。斯普拉德利主张建立分类学，绘制比较表格，并发展出语义学表格。最常见的分析程序可能是在资料中搜索模式化的规则，这也是沃尔科特（Wolcott, 1994）所提及的。其他的分析形式包括将文化群体与其他群体进行比较、按照标准来评估群体、在文化共享群体与更大的理论框架之间建立联系。其他分析步骤还包括对研究过程进行批判、提出对研究的重新设计。

对文化共享群体进行民族志诠释也是资料转换的步骤。在这里，研究者超越了资料库，并探讨了这样一个问题："可以通过这些资料来了解什么"（Wolcott, 1994, p. 36）。研究者详细讨论了读者提出疑问或问题的、反常的、比较式的诠释。研究者从资料中得出推论，并从理论中找到他/她的诠释的结构。研究者也就将诠释个人化了："这是我的理解"或"这就是研究经历对我的影响"（Wolcott, 1994, p. 44）。最后，研究者通过诗歌、小说、展演等表达方式来形成一套诠释。

费特曼（Fetterman, 2010）的民族志取向有多种分析形式。他并没有提出同步的程序，而是建议用一种来源的资料与另一种来源的资料进行三角互证，寻找思想与行为的模式，并聚焦于民族志可以用来分析整体文化的关键事件（如宗教安息日中的仪式）。民族志研究者也会绘制场景的地图、画出流程图、设计矩阵，有些时候还会采用统计分析来检验频率与数量。他们可能也会明确（crystallize）他们的想法，以便提出"平实的结论、新颖的见解，或者惊天动地的顿悟"（Fetterman, 2010, p. 109）。

附录五中的民族志是马克·安·格尔和海伍德的研究（Mac an Ghaill & Haywood, 2015），这一研究遵循了布劳恩和克拉克（Braun & Clarke, 2006）的主题分析方法。两名作者描述了一群孟加拉裔和巴基斯坦裔年轻男性的特定世代经历，这与他们族群的种族化以及他们对穆斯林含义的理解的变化是联系在一起的。这篇文章的最后一节进行了超越主题的、宽泛层次的抽象，讨论了这一群体如何理解他们在城市的急速变化时期所经历的社会排斥与文化排斥。两名作者将他们的结论置于他们自己的经历之中，他们花了三年时间来倾听这一群体的叙事，并拒绝"使用流行解释与学术解释"来呈现他们的身份认同（Mac an Ghaill & Haywood, 2015, p. 111）。相反，他们选择强调应当仔细思考并促进理解年轻人的参与、地方情境及更宽泛社会经济过程对身份认同建构的影响的方式。民族志的另一个例子在分析程序中采用了批判视角。亨弗勒（Haenfler, 2004）用细节描述了"节制派"对其他文化的核心价值观的抵抗，并讨论了与这些核心价值观有关的五个主题（如积极、干净的生活）。接下来，这篇文章的结论包括了对群体价值的宽泛诠释，如参与亚文化的个人化意义和集体意义。然而，亨弗勒对方法的讨论是从他自我披露的陈述开始的，这些明确自身位置的陈述说明了他的背景以及他对"节制派"社会运动的参与。在他按时间序列列出的1989年至2001年的经历中也可以看到他对自己定位的呈现。

案例研究的分析与呈现

对案例研究来说，就像民族志研究那样，分析是由对案例及其场景的详细描述构成的。如果案例是一系列有时间序列的事件，那么我们推荐分析多种资料来源，以确定案例发展过程中每一个步骤或阶段的证据。此外，场景特别重要。例如，在弗里林（Frelin, 2015；附录六）的案例研究中，她对信息进行了分析，以确定在特定的学校情境中——这里指的是针对有教育失败经历的学生的项目——什么样的关系实践是成功的。另一个例子是校园枪击案（Asmussen & Creswell, 1995），作者力图探讨这一事件是如何与其场景相适应的，即宁静祥和的美国中西部社区。

此外，斯特克（Stake, 1995）提出了案例研究中资料分析与诠释的四种形式。在范畴聚类中，研究者从资料中寻找实例的集合，希望与议题相关的意义会逐渐浮现。另一方面，在**直接诠释**中，案例研究者细察单一实例，从中发现意义，而不是在多个实例中寻找意义。这个过程是将资料抽出来，再将它们以更具意义的方式一起放回去。此外，研究者也会建立模式，并寻找两个或更多范畴之间的相互关联。这类关联可能会以表格的形式展示，可能是用2×2的表格展示两个范畴之间的关系。殷（Yin, 2014）指出，当研究者研究两个以上的案例时，跨案例综合可以被作为一种分析技术。他建议可以建立词汇表格，以按照某种一致的框架来展示来自不同案例的资料。这种做法意味着研究者可以在这些案例中寻找相似之处与不同之处。最后，研究者从资料分析中发展出**自然主义概推**（naturalistic generalizations），这种概推表明人们可以从案例研究中有所得，可以将研究发现应用于案例的总体，或者将研究发现应用于另一个相似的情境。

在这些分析步骤中，我们可以加入对案例的描述，关于案例各个方面的细节——"事实"。在弗里林（Frelin, 2015；附录六）的案例研究中，对关系实践的展示是按照时间序列来组织的，其描绘了关系协商的实践、信任与人性化的特质以及学生的自我印象。这篇文章的最后一节讨论了教师工作的复杂性与时间性，这些讨论借鉴了关于经历过学校失败的学生的研究文献，还讨论了与教师有关的研究发现是否可以被用来讨论类似情境中学校心理医生的作用。在校园枪击案中，为了提供另一种类型的记录，我们的研究详细记录了分析过程的更多细节（Asmussen & Creswell, 1995）。案例描述以枪击案两周后所发生的事件为中心，案例描述还强调了主要人物、地点及行动。接下来，资料被聚类为大约20个范畴（范畴聚类），再分成5个主题。这项研究的最后一节提出了关于主题方面的案例的概推，以及它们如何与已发表的校园暴力研究进行比较。

对五种取向进行比较

回看表8.2，五种取向的资料分析与呈现既有共同之处，也有各自的独特之处。在所有五种取向中，研究者通常都从创建并组织信息文件开始。接下来，这个过程就是通读信息，撰写备忘录，以便对资料有所了解，研究者也开始尝试弄清楚这些资料的含义。然后，除扎根理论外，所有取向都有一个阶段是以描述为主。在扎根理论中，研究者力图建构关于行动或过程的理论。

然而，五种取向之间存在一些重要的差异。扎根理论和现象学的资料分析有更细致、更明确的程序。民族志和案例研究的分析程序是相同的，叙事研究的程序则是最不结构化的。此外，在这一阶段所使用的术语，也表明了不同的取向所使用的语言不同（参见附录一中每种取向的术语表）。与扎根理论中的开放编码类似的有：现象学中确定重要陈述的第一阶段、案例研究中的范畴聚类。研究者需要熟悉这些分析术语的定义，并在所选择的探究取向中正确地运用它们。最后，对资料的呈现反过来反映了资料分析的步骤，叙事研究中的叙事，现象学中的表格式陈述、意义和描述，还有扎根理论中的可视化模型或理论，各有不同。

质性资料分析中的计算机使用

在 20 世纪 80 年代后期，出现了质性研究的计算机程序。在运用计算机对文本与图像资料进行分析的过程中，这些程序越来越精细，所发挥的作用越来越大。就手动编码或者使用计算机而言，质性资料的分析过程是一样的：研究者确定文本片段或图像片段，分配编码标签、在整个资料库中搜索带有相同编码标签的文本，并列出在同一编码下的那些文本片段。在这一过程中，是研究者而不是计算机程序在进行编码并推进范畴化。马歇尔和罗斯曼（Marshall & Rossman, 2015, p. 228）解释了计算机软件作为质性分析工具的地位："我们提醒大家注意，计算机软件只是一种工具，帮助完成分析中一些机械的和管理的层面。坚实的分析思考必须由研究者自己的内在硬盘来完成！"随着时间的推移，质性资料分析软件的不同选择及其不同类型的独特性都大幅扩展了，这使得质性研究新手难以确定计算机程序的选择。可以参见戴维森和迪格里高利（Davidson & di Gregorio, 2011）对质性资料分析软件发展历史的详细描述。

在质性资料分析中使用计算机是很值得考虑的。尽管对研究者而言，意识到计算机的局限也非常必要。对熟悉质性计算机软件的研究者来说，关键的考虑之一是预期的不同，因为在质性分析中"这些软件……不能替你做分析，与 SPSS 和 SAS 之类的统计软件能做多元回归是不一样的"（Weitzman, 2000, p. 805）。下一节将帮助读者熟悉质性资料分析中计算机的可用功能和选项。

优势与不足

研究者打算如何使用计算机程序来组织、编码、整理及呈现对资料的诠释，这是一个很关键的考虑因素。在我们看来，这是因为计算机程序向研究者提供了工具，可以将资料分类，并可以方便地找到资料中编码好的片段。我们认为计算机程序对大型资料库最有帮助，如 500 页以上的文本，尽管这些程序对小型资料库也很有价值。尽管并非所有质性研究者都对使用计算机感兴趣，但使用计算机程序也有一些优点。计算机程序可以做以下工作：

- 提供组织好了的文件存储系统，可以很方便地进行检索。研究者可以很方便地处理资料文件、备忘录和图表，这些内容都被系统存储在某个位置，系统创造了一个容器来容纳研究项目的资料以确定搜索范围。根据我们的经验，在定位整个文件或具有特定特征的文件方面，这一点特别重要。

- 有助于很方便地找到材料，以实现分类的目的。研究者能够快速地进行搜索，并找到材料，以便进行分类，不管这份材料是一个想法、一段陈述、一个短语或者一个词语。根据我们的经验，我们不再需要将材料剪贴在文件卡片上，并按照主题对卡片进行分类与再分类。我们也不再需要发展出一套详尽的"颜色编码"系统，即使用不同颜色将文本区分成不同的主题。可以很方便地通过计算机程序来完成文本搜索。一旦研究者确定了扎根理论中的范畴或案例研究中的主题，就可以使用计算机程序搜索范畴的名称，找到其他的实例，只要这些名称有在资料库中出现。

- 鼓励研究者更仔细地查看资料。通过逐行地阅读并思考每一句话与每一个观点的意义，研究者采用了更积极的阅读策略。根据我们的经验，没有计算机程序的话，研究者会随意浏览文本文件或访谈记录，并不会仔细地分析每一个看法。

- 以可视化的方式呈现编码及主题。计算机程序中的概念地图功能，使研究者可以将编码与主题之间的关系可视化，这对诠释很有帮助。根据我们的经验，交互模型的功能有助于研究者通过可视化呈现的方式来探讨关系并建构理论，这些可视化呈现通常都会被放在最终报告中。

- 将备忘录与编码、主题或文档联系起来，以进行便利的检索。计算机程序可以帮助研究者通过**超链接**（hyperlinks）的方式，很方便地找到与备忘录有关的编码、主题或文档。根据我们的经验，帮助研究者"看到"原始文件中编码好的片段对验证诠释非常重要。

- 保证研究团队成员合作进行分析，并实现共享。计算机程序使研究者可以很方便地看到分析文档，并与团队成员进行沟通，即使这些团队成员可能在地理上是分散的。根据我们的经验，没有计算机程序的话，研究者可能会在没有共同目标的情况下独立完成工作，也不能使用共同的编码，因为很难进行整合。

使用计算机程序还涉及以下方面，为这些不足之处付出的成本也很高：

- 必须花时间来学习如何安装并使用程序。研究者在学习如何使用程序上要投入时间和资源。有些时候这项任务会让人望而生畏，其超出了理解质性

　　研究程序所必需的学习内容。确实，有些人学习计算机程序，比另一些人
　　要容易，此前使用软件的经验会缩短学习的时间。使用不同的软件可能会
　　要求学习不同的术语与程序。根据我们的经验，我们能够很快地学会并使
　　用不同程序的基本功能（如导入文档、撰写备忘录），但是需要花一些时间
　　才能掌握特定的搜索、定位文件及绘图等功能。

- 使用计算机程序制造了距离，阻碍了创造力，因此妨碍了分析。有些研究
  者提到了一些忧虑，认为将一台机器放在研究者与实际资料之间，造成了
  令人不适的距离，阻碍了分析中有创造力的过程（例如，Bazeley & Jackson,
  2013; Gibbs, 2014; Hesse-Biber & Leavy, 2010）。为了缓解这些焦虑，我们采
  用了混合取向来使用计算机处理资料并进行最终编码，但初始编码是通过
  在纸质文稿的边缘做笔记来进行的。

- 做出改变，对某些人来说，是一种阻碍。尽管研究者可能会认为在计算机
  分析过程中发展出来的范畴是固定的，但这些范畴在程序中是可以改变的，
  这被称为重新编码（Kelle, 1995）。有些研究者可能会发现，改变范畴或移
  走不那么合适的信息时，计算机程序可能会很慢，或者会阻碍这一过程。
  根据我们的经验，我们欣赏有效地进行改变的能力，但我们也意识到在某
  些计算机程序中，要撤销改变是很难的。

- 在大多数时候，计算机所提供的分析指导很有限。尽管这个领域还处于发
  展之中，有一些书籍或录像能专门向新手提供帮助，但计算机程序的使用
  指南，就其易用性和可用性而言，各有不同。例如，可以参见扎根理论中
  关于计算机使用的讨论（Corbin & Strauss, 2015），或者关于模式分析中的步
  骤的相关论述（Bazeley, 2013）。

- 研究者需要自己承担责任，挑选符合他们需求的合适的计算机程序。研究
  者面临的挑战是了解计算机程序所提供的特别功能。根据我们的经验，有
  些时候很难预料什么功能会是最重要的。吉尔伯特、杰克逊和迪·格里高
  利（Gilbert, Jackson, & di Gregorio, 2014, p. 221）对人们过分关注计算机程序
  感到失望，他们认为研究者需要问以下问题，才能让计算机程序更好地服
  务于研究者："我将进行什么样的分析工作？有哪些不同的方式可以帮助我
  借助技术更好地完成这些工作？"

　　一个特定的计算机程序可能并没有研究者需要的功能，因此，研究者在购买
计算机程序时应进行比较，找到满足他们需要的程序。

如何确定是否使用计算机程序

　　为质性分析而设计的一系列软件与技术，通常被简称为CAQDAS，是计算机辅
助质性资料分析软件（Computer Assisted Qualitative Data Analysis Software）的缩写。

这些软件与技术可以给每个人都提供一些帮助，尽管使用这些软件与技术仍然还存在挑战。很有帮助的一个资源是CAQDAS网络项目（CAQDAS Networking Project）。资料分析螺旋的整个过程，如前文所述，基本上都可以手动完成，也可以使用计算机，或者通过这两种方式来进行。

对质性研究导论的教材进行回顾，可以发现大多数教材都涉及了（至少是潦草地涉及）质性分析中计算机程序的使用（例如，Hays & Singh, 2012; Saldaña, 2013; Silverman, 2013）。这些作者描述了质性资料分析中计算机程序的广泛使用。库卡兹（Kuckartz, 2014, pp. 121-122）认为："计算机程序已经发展起来了，其在质性研究中的使用也相对规范。在过去的二十年里，计算机辅助质性资料分析领域已被认为是社会科学方法论发展中最具创新性的领域。"可用资源数量的不断增长（如文本、博客及视频）、在已发表的论文中报告所使用的计算机软件，这些都使得研究者的决策更加容易。也有一些资源被开发出来，专门提供对质性分析中计算机程序使用的概览（如Kuckartz, 2014; Silver & Lewins, 2014）。通过这种方式，读者可以看到研究者对软件使用的看法。

---

1. 我将在质性资料分析中使用哪些专业知识？
   1）我能够提出编码、应用编码，并将编码分类组合成主题吗？
   2）我能够提出主题，形成对质性资料的诠释并进行验证吗？
   3）我需要在质性分析中发展其他的专业知识吗？
   4）有哪些与质性分析有关的其他资源，我需要花时间去学习？
2. 我对质性资料分析中的任一计算机程序的熟练程度如何？
   1）我所熟悉的计算机程序对我的研究目的来说合适吗？
   2）我能够使用计算机程序的某些功能来实现我特定的分析取向吗？
   3）我需要进行额外的培训吗？
   4）为了学会某个软件，我需要投入哪些额外的资源？
3. 我的研究所使用的资料库，其复杂程度如何？
   1）我的分析中要使用的文档的数量有多少？
   2）我的分析中会用到哪些文件格式？
4. 为了实现我的研究目的，我认为我的研究要用到哪些分析功能？
   1）我需要对编码、主题或文档进行比较吗？
   2）我需要在编码、主题或文档中寻找模式吗？
   3）我需要绘制示意图或使用其他可视化的呈现方式吗？
   4）我需要发展理论、故事或理解吗？
5. 我研究中的研究人员的配置是怎样的？
   1）我在分析的时候，会有研究团队吗？
   2）我们会需要将多个研究者的分析结果合并在一起吗？

图8.4 思考是否要在质性研究中使用计算机程序的五个问题

在图 8.4 中，我们提出了五个问题，引导研究者思考是否要在质性研究中使用计算机程序：已掌握的质性分析相关的专业知识、目前对任一软件的操作熟练程度、研究所使用的资料库的复杂程度、实现研究目的所必要的计算机程序的功能、研究人员的配置。

一些计算机程序及其功能

有不少可用于分析的计算机程序。其中一些是由个人在校园里开发出来的，还有一些则可以通过商业购买来获得。有些教材提供了有用的资源，谈及了可用的计算机程序，如西尔弗和卢因（Silver & Lewins, 2014）就描述了 7 种不同的程序，韦茨曼和迈尔斯（Weitzman & Miles, 1995）介绍了 24 种程序。按照不同取向的运作方式、功能及特征对这些程序进行比较是很重要的（参见 Guest, Namey, & Mitchell, 2013 中的表 11.1）。我们将着重介绍四款很受欢迎的商用程序，我们也对这些软件进行过细致的考察（参见 Creswell, 2012; Creswell & Maietta, 2002）。这四款程序是 MAXQDA、ATLAS.ti、NVivo 和 HyperRESEARCH。我们特意不提及软件的版本，以便对这些程序进行概括性的讨论，因为这些程序的开发者在不断地对程序进行升级。

MAXQDA 这款计算机程序可以帮助研究者对质性文本进行系统评估及诠释。这款程序也是发展理论与检验理论的强有力的工具。主菜单上有四个窗口：资料、编码或范畴系统、所分析的文本、基本或复杂搜索的结果。这款程序使用的是等级制的编码系统，研究者可以赋予文本片段不同的权重分值，以表明这一片段的重要性。也可以用这款程序很方便地撰写备忘录，以及存储不同类型的备忘录（如理论备忘录或方法备忘录）。这款软件也有绘制可视化图形的功能，可以绘制不同类型的概念地图，以呈现理论之间的关联、经验材料之间的联系以及资料间的依从关系。还可以将资料导出到统计程序，如 SPSS 或 Excel，MAXQDA 也可以导入这些统计程序的文件。同一个研究项目的多个编码员可以很方便地使用这款软件进行合作。这款软件还可以存储图像及视频片段，并对它们进行编码。移动设备版的 MAXApp 允许研究者使用智能手机进行资料收集、编码和备忘录撰写，这些都可以被直接传输，供进一步的分析。MAXQDA 是由德国的 VERBI 软件公司发行的。科宾和斯特劳斯（Corbin & Strauss, 2015）详尽展示了 MAXQDA 这款程序在扎根理论中的使用。这款程序有演示版，可以据此了解这款程序独特的功能。

ATLAS.ti 这款程序能帮助研究者组织整理文本、图表、音频及视频的资料文件，还能处理研究者的编码、备忘录和发现，这些都可以被放在一个项目里。此外，研究者还可以进行编码、注解，并比较信息片段。研究者可以通过一个互动式的边缘窗格来拖放编码。研究者可以快速地对与某个观点有关的所有资料片段及笔记都进行搜索、定位和浏览。重要的是，还可以建立独特的可视化网络，其允许研究者在概念地图中以可视化的方式将段落、备忘录和编码连接起来。资料也可以被导出为 SPSS、HTML、XML 及 CSV 等格式的文件。这款程序还可以让一组研究者共同进行一项研究，并比较每个研究者对资料的编码。弗赖泽（Freise, 2014）提供了专门针对 ATLAS.ti 功能的有用讨论。这款程序的演示版可供读者试用，这是来自德国的科学软件开发公司（Scientific Software Development）开发并提供的。

NVivo 这款软件是 QSR 国际的最新版本的软件。NVivo 结合了受欢迎的软件 N6（或称 NUD*IST 6）和 NVivo2 的功能。NVivo 可以帮助进行质性资料的分析、管理、作图及分析。其流畅的视图使得 NVivo 便于使用。资料库和各种文件都被存储在一个文件中，确保了存储安全；研究者可以很方便地使用多种语言；具有研究团队需要的合并功能；研究者可以很方便地管理资料并进行搜索。此外，这款软件可以用图表的方式来展示编码和范畴。NCapture 功能可以处理社交媒体资料，包括脸书、推特、领英里的档案资料。可以找到对 N6 到 NVivo 的软件发展历程的很好的综述（Bazeley, 2002），还有专门针对 NVivo 使用的资源（Bazeley & Jackson, 2013）。NVivo 由澳大利亚的 QSR 国际发行。可以使用试用版来看看并尝试这一软件的各种功能。

HyperRESEARCH 这款软件是易于使用的质性软件程序包，研究者可以进行编码和检索、理论建构，并对数据进行分析。目前这款软件具有处理多种介质及语言的进阶功能，研究者可以处理文本、图表、音频和视频资源，这使得这款软件成了有价值的分析工具。HyperRESEARCH 是一款可靠的编码–检索的资料分析程序。研究者也可以使用这一程序来绘制可视化图表。目前还有可添加的插件 Hyper-TRANSCRIBE，研究者可以以此对视频和音频资料进行转换。这一程序是由 Researchware 开发的，在美国可用。

还有其他可以考虑使用的程序：

1. 商用软件
- QDA Miner
  ○ 这款软件由 Provalis 开发，是为混合方法研究而设计的质性研究软件。
- Qualrus
  ○ Qualrus 由 Idea Works 开发，是为处理和分析文本、多媒体及网页而设计的。
- Transana
  ○ Transana 由威斯康星大学麦迪逊分校开发，可以对影音资料及静态图像进行质性分析。
2. 开源软件
- Open code
  ○ Open code 由瑞典于默奥大学开发，目标是遵循扎根理论的前期步骤。

3. 网页软件

● Dedoose

○ Dedoose 是由社会文化研究咨询公司（SocioCultural Research Consultants）开发的，是为了满足研究团队实时工作的需要。

五种取向的计算机程序使用

在回顾了这些计算机程序后，我们发现它们对五种取向的质性资料分析都很有帮助。计算机程序可以在以下方面提供支持：

● 存储并组织多种形式的质性资料。这些程序提供了存储质性资料的便捷方式。资料以文档文件的形式存储（在一些程序中，文档可以通过文字处理程序转化为 DOS、ASCII 或 RTF 格式的文件）。这些文档文件中的信息来自某些独立的信息单元，如一次访谈的文字记录、一组观察笔记，或从报纸上扫描的一则短文。对质性探究的所有五种取向来说，文档可以是一次访谈、一次观察或一个图像文件，这些都可以很方便地从资料库中找出来。

● 确定与一个编码或主题有关的文本或图像片段。使用计算机程序时，研究者仔细查看文本或图像、把多个图像列在一起或一次查看一个图像，并提出问题："这人在这里是要说（或做）什么？"接下来，研究者使用编码标签来标注文本或图像，这些编码标签使用了参与者的话语，采用了来自人文社会科学的术语，也可能创建了看起来与情境有联系的术语。在仔细查看了许多页的文本或图像后，研究者可以使用计算机程序中的搜索功能来找到符合编码标签的所有文本或图像片段。通过这种方式，研究者可以很方便地看到参与者如何以相同或不同的方式对编码或主题进行讨论。

● 检索并查看与两个以上编码标签有关的段落或片段。搜索功能可以扩展到两个以上的编码标签。例如，可以一起使用编码标签"双亲家庭"与"女性"进行搜索，可以找到女性对"双亲家庭"的讨论。或者，也可以一起搜索"双亲家庭"与"男性"，可以看到男性讨论"双亲家庭"的文本片段。共现关系的功能可以显示双重编码的频率。在检视这些编码组合的频率后，研究者可以使用计算机程序中的搜索功能对特定词汇进行搜索，看看它们在文本中出现的频率。通过这种方式，研究者可以从描述各取向焦点的特定词汇出发，以它们的使用频率为基础，提出新的编码或可能主题。例如，叙事研究中故事元素的模式、现象学中的重要陈述、扎根理论中多重视角的特征、民族志中的群体看法或行为、案例研究中的实例。

● 对编码标签进行比较，并将它们联系起来。如果研究者要对女性与男性进行搜索，那么就可以将女性与男性对"双亲家庭"的看法进行比较。计算机程序也就可以帮助研究者探讨资料库中编码或范畴的相互关系。通过这种方式，在发展出主题、模型以及与每种取向相关的抽象概念的过程中，研究者都可以很方便地定位与编码和范畴有关的资料片段。

● 协助研究者在不同的抽象层次上进行概念化。如本章前面的讨论，质性资料分析的过程是从研究者对原始资料（如访谈）的分析开始的，将资料转化为编码，然后再将编码组合为更大的主题。这些主题可以是质性研究中的"标题"，研究者也经常这样做。计算机程序提供了以谱系的方式来组织编码的方法，这样，更小的单元（如编码）就可以被放在更大的单元（如主题）下。在 NVivo 中，子编码与母编码的概念展示了两种抽象层次。通过这种方式，计算机程序帮助研究者建立起了分析的层次，并找出了原始资料与更宽泛的主题之间的关系。这样，就可以发展出叙事研究中的故事、现象学中的本质描述、扎根理论中的理论、民族志中的文化诠释以及案例研究中的案例论断。

● 呈现编码与主题，并将其可视化。许多计算机程序都包括绘制概念地图、图表以及进行聚类分析的功能，这样，使用者就可以绘制出编码、主题及其相互关系的可视化图形。通过这种方式，研究者可以持续地以不同方式进行尝试，并将这些编码与主题放在新的信息范畴下，以推进研究。此外，对不同版本的图表进行记录，也可以建立由分析过程日志组成的核查记录，如果需要的话，可以对分析过程进行再次考察（关于更多讨论，参见第 10 章）。

● 记录备忘录，并将其编码。计算机软件可以记录并存储不同形式资料的备忘录，如文本或图像片段、编码、文件及整个研究项目。通过这种方式，研究者可以在资料分析过程中创建编码表或写作质性报告，或者只是简单地记录出现的各种想法。

● 在五种取向中，创建资料编码模板，并进行应用。研究者可以提出符合所选择的取向的资料分析程序的预编码表。接下来，在使用计算机程序对资料进行分析的过程中，研究者可以找到符合编码的信息，或写下备忘录并发展成编码。在图 8.5 到图 8.9 中，克雷斯维尔（Creswell, 2013）提出了每种取向的编码模板，这些都符合各取向资料分析的一般结构。他将编码绘制成了等级式图形，但这些编码也可以被绘制成圆环或不那么线性的形式。将编码组织为等级形式，是计算机软件绘制概念地图的常见方式。

在叙事研究中（图 8.5），我们可以提出与故事有关的编码，如时序、情节或三维空间模型，还有故事中可能出现的主题。可以使用情节结构的取向或三维模型来进行分析，但我们把这两种方式都放在了图中，以明确分析的各种可能。直到研究者开启资料分析过程，他/她才能明确要使用哪种取向。研究者可以发展出一个编码或"故事"，并根据所分析的元素开启故事的写作。

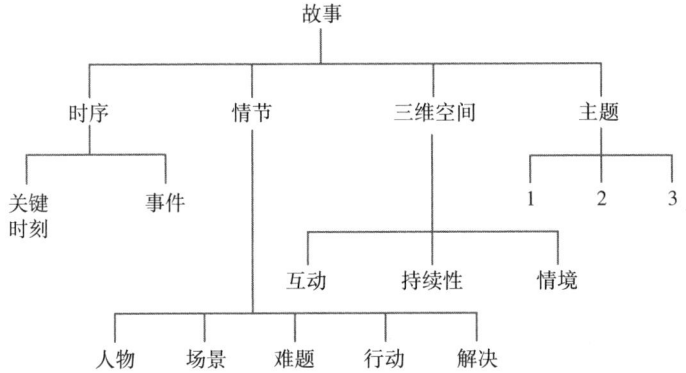

图 8.5 叙事研究的编码模板

在现象学研究的编码模板中（图8.6），我们在资料分析中使用了之前提到的范畴。我们对如下部分进行编码：悬置或悬括（如果使用了这种方法的话）、重要陈述、意义单元、纹理描述以及结构描述（两者可能都是以备忘录的形式记录的）。顶层编码"现象的本质"也是以备忘录的形式来记录"本质"，这将成为最后的书面报告中的关键描述。

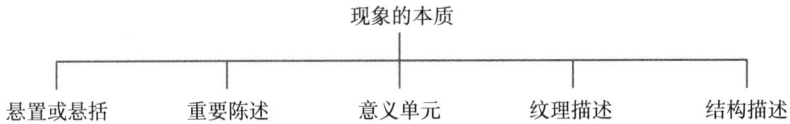

图 8.6 现象学研究的编码模板

在扎根理论研究的编码模板中（图8.7），我们包括了三个主要的编码阶段：开放编码、主轴编码和选择编码。我们也包括了条件矩阵的编码（如果扎根理论研究者使用了的话）。研究者可以运用顶层编码"理论描述或可视化模型"来创建与这一编码有关的过程的可视化模型。

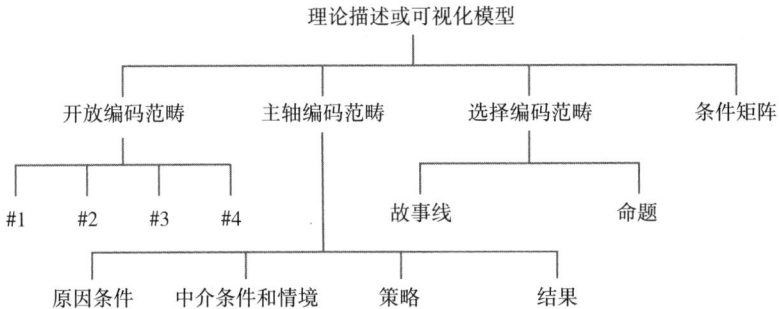

图 8.7 扎根理论研究的编码模板

在民族志的编码模板中（图8.8），我们包含了这样一类编码，这些编码可以与备忘录或关于民族志研究中的理论视角的文本参考信息有关，可以是关于文化描述与主题分析的编码，可以是与田野工作有关的编码，也可以是与诠释有关的编码。至于顶层编码"对文化共享群体的文化描绘——'如何运作'"，民族志研究者会以此来撰写总结性备忘录，对群体中的主要文化规则进行综述。

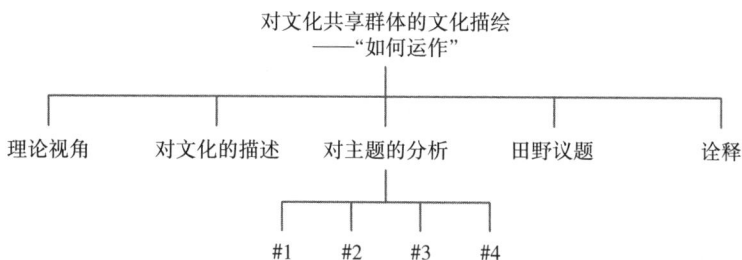

图 8.8　民族志研究的编码模板

最后，在案例研究编码的模板中（图 8.9），我们选择了多案例研究来展示预编码的具体情况。对每个案例来说，案例都存在于案例的情境及对其的描述之中。我们也在每个案例中将编码发展成主题，这些主题在跨案例分析中既有相同之处也有不同之处。我们最终包括了对所有案例进行评估和概推的编码。

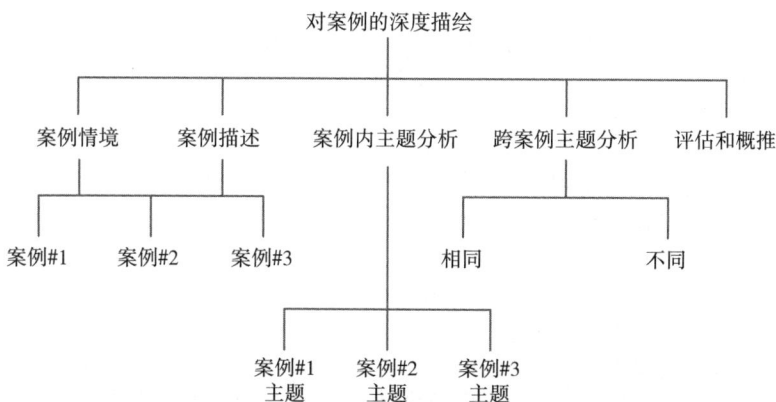

图 8.9　案例研究的编码模板（采用多案例或集合案例取向）

如何选择计算机程序

若有不同的计算机程序可用，研究者就需要做出决定，选择恰当的质性软件。所有的计算机程序基本上都能提供相似的功能，有些程序的功能要多一些。许多程序在官网上都有试用版，可以很便利地进行尝试。此外，现在有些计算机程序也提供指导资源。还可以找到使用这些程序的其他研究者，通过这种方式，你可以了解其他研究者对这些软件的看法以及使用经历。克雷斯维尔和梅尔塔（Creswell & Maietta, 2002）按照多个标准对几款计算机程序进行了评价。在图 8.10 中，我们列出了选择计算机程序的标准：使用简便；可兼容多种形式的资料文件；阅读和搜索文本的能力；撰写备忘录的功能；编码及核查；分类和范畴化的功能；绘制图表（如概念地图）的功能；文件的导入与导出；支持多个研究者使用且可以合并不同的资料库；存储和安全性。可以用这些标准来找到符合研究者需求的计算机程序。

---

1. 将计算机程序与你的研究整合在一起的难易程度如何？
   a. 就花销及必要的操作系统而言，这一程序是否易于访问？学习这一程序基本操作所需的技术支持和资源容易找到吗？进一步学习的可能性如何？
   b. 入门学习这一程序足够简便吗？可以方便地运行初始文件吗？
   c. 特定研究所需的关键功能容易使用吗？
2. 这一程序兼容多种资料格式的程度如何？
   a. 这一程序能够处理多种类型的文本与影音资料吗？
   b. 这一程序能够处理多种语言吗(如果需要的话)？
   c. 资料文档在导入后可以进行修改吗？
3. 这一程序可以提供怎样的阅读和搜索功能？
   a. 我能突出显示资料片段吗？
   b. 我能搜索特定的资料片段吗？
4. 这一程序提供了怎样的备忘录写作与检索功能？
   a. 我能给资料片段添加备忘录，并访问这些备忘录吗？
   b. 我能给资料编码、主题及文件添加备忘录，并访问这些备忘录吗？
   c. 我能给整个研究添加备忘录，并访问这些备忘录吗？
5. 这一程序能提供怎样的编码与核查功能？
   a. 我能发展编码吗？
   b. 我能方便地将编码用于文本或图像吗？
   c. 我能方便地展示与个别编码有关的资料片段吗？
   d. 我能方便地浏览这些编码，并进行修改吗？
6. 这一程序的整理与分类功能如何？
   a. 我能按照特定的编码来进行分类吗？
   b. 我能同时搜索多个编码吗？
7. 这一程序的绘制图表功能如何？
   a. 我能进行编码的可视化展示(即网络图、概念地图)吗？
   b. 我能进行模型或理论的可视化展示吗？
8. 这一程序导入或导出的功能如何？
   a. 我能导入量化数据库(如SPSS)吗？
   b. 我能将文字或图像的质性资料导出到量化计算机程序中吗？
   c. 我能导出相关编码的编码表吗？
   d. 我能导出可视化图表吗？
9. 这一程序可以提供怎样的合并、存储和安全功能？
   a. 两名或更多的研究者可以分析资料，然后再将分析内容合并吗？
   b. 研究项目文件容易备份吗？
   c. 有哪些安全功能？

来源：改编自 Creswell & Maietta, 2002, pp. 167−168。

图8.10　比较质性资料分析软件时，需要考虑的九个方面

本章要点

1. 你是否发现了研究者在他们已发表的质性研究中对资料分析过程描述的异同？从附录二到附录六中选择两篇质性研究的期刊论文。

（1）从确定五种资料分析螺旋（表 8.3 进行了概述）的证据开始，看看它们是如何被运用于每一篇期刊文章的。注意哪些要素容易确认，哪些较难确认。

（2）接下来对文章中资料分析的描述进行比较。注意哪些要素是相似的，哪些是不同的。

2. 在五种研究取向中，你能运用哪些一般性的编码策略来对文本进行编码，以便进行分析？

（1）为了进行这一步骤，需要先找到一份简短的文本文件，可以是访谈记录、观察的田野笔记，或者是文档（如报纸文章）的数字文件。

（2）接下来，阅读文本，将相关文本段括起来，撰写备忘录，并询问自己如下问题：

①这段文本讨论了什么内容？

②你希望在这个资料集中发现什么？

③你发现了哪些意料之外的信息？

④对参与者而言，哪些信息从概念上说是有趣的或不寻常的？

（3）应用本章的信息，并在下列问题的指导下，给出编码标签，并将编码标签标注于文本片段：

①哪些编码可能会合适？

②出现了哪些新的编码？

③有哪些编码与其他资料来源有关？

（4）最后，再次阅读被分配了编码标签的文本片段，并思考哪些编码能帮助你在研究中形成主题？

3. 在五种取向中，你能采用哪些一般编码策略对图像进行编码，以推进分析？

（1）为了完成这项工作，从你的某个研究项目中找一些图片，或者从期刊文章中选一些图片，并准备好数字文件。

（2）接下来问你自己如下问题，以核查这些图像，并撰写相关备忘录：

①这张图片里有什么？

②这张图片是出于什么原因、在什么时候、用什么方法、由谁制作的？

③图像要传达什么意义？

（3）使用本章的信息，并在下列问题的指导下，给出编码标签，并将编码标签标注于图像：

①哪些编码可能合适？

②出现了哪些新的编码？

③有哪些编码与其他资料来源有关？

（4）最后，再次回顾被分配了编码标签的图像，并思考哪些编码能帮助你在研究中形成主题？

4.在你使用质性资料分析软件时应该考虑哪些方面？

（1）根据你打算进行的某项质性研究，运用本章提出的问题来判断是否要使用计算机程序（图8.4）。

（2）运用本章比较质性资料分析软件时提出的问题（图8.10）来进行考虑，选择一两个最适合你研究需要的计算机程序。

（3）在所选择计算机程序的官网上，找到试用程序和资源，以帮助你开始使用计算机程序。

（4）试用这个程序。如果可能的话，导入一个小的资料库，试试这个程序与撰写备忘录、编码、分类、检索和绘制图表有关的功能。

（5）现在你可能已经尝试了不同程序的试用版，思考一下哪一款程序的功能对你最有用，为什么？

小　结

本章讨论的是资料分析与呈现。我们在开头先回顾了资料分析中的特定伦理考量，随后检视了三位研究者提出的分析程序，并指出了其在编码、发展主题、提供对资料的可视化呈现等方面的共同特点。我们也注意到了这些研究者的取向之间的差异。我们还展示了一般分析过程中的分析螺旋。这个螺旋包括如下方面：资料的管理和整理；阅读资料并以备忘录的形式记录出现的各种想法；描述编码并将编码组合为主题；发展出诠释并进行评估；呈现资料并将其可视化。接下来，我们对五种探究取向进行了一一介绍，讨论了它们各自的独特资料分析步骤如何超越了分析螺旋中的"一般"步骤。最后，我们描述了计算机程序能如何辅助进行资料分析与资料呈现，讨论了使用计算机程序的原则以及四款计算机程序的特定功能，呈现了计算机程序的共同功能以及五种探究取向编码的模板，并以计算机程序选择的标准作为结尾。

扩展阅读

有一些阅读材料可以扩展本章对资料收集的简要介绍，包括一般性的资源和与特定的资料形式相关的材料。这些书单并不完备，我们鼓励读者在书末的参考文献中寻找补充阅读材料。

关于质性资料分析程序及相关议题的信息

Bazeley, P. (2013). *Qualitative data analysis: Practical strategies*. Thousand Oaks, CA: Sage.

作者对质性资料分析进行了全面描述，其中包括她自己的实践策略的说明性实例。该书对各个层次的研究者都很有帮助，应将其作为基本阅读材料。

Flick, U. (Ed.). (2014). *The SAGE handbook of qualitative analysis*. Thousand Oaks, CA: Sage.

该手册提供了关于同一个主题的多种观点，这是一个很好的起点。主编提供了关于质性研究、分析策略、特定资料类型的基础指南。

Grbich, C. (2013). *Qualitative data analysis: An introduction* (2nd ed.). Thousand Oaks, CA: Sage.

作者介绍了研究者需要了解的背景、跟研究有关的过程、呈现研究发现的方式，并以此为基础组织了这本易于阅读的书籍。值得注意的是，她对编码（第 21 章）和根据数据进行理论化（第 23 章）的实际解释很有价值。

Hays, D. G., & Singh, A. A. (2012). *Qualitative inquiry in clinical and educational settings*. New York, NY: Guilford Press.

在这本质性研究的基础教材中，两名作者融入了有益的教学特色，如对潜在研究陷阱的警告。特别是，我们发现有关资料管理和分析的描述与实例很有帮助。

Miles, M. B., Huberman, A. M., & Saldaña, J. (2014). *Qualitative data analysis: A sourcebook of new methods* (3rd ed.). Thousand Oaks, CA: Sage.

在该书的这一版本中，第三名作者对前两名作者的开创性作品进行了更新。为了做到这一点，他扩展了本书的范围，纳入了叙事探究和自我民族志（及其他内容）。这本书对研究者来说属于必读书目。

Wolcott, H. F. (1994). *Transforming qualitative data: Description, analysis, and interpretation*. Thousand Oaks, CA: Sage.

在这一经典作品中，作者用九项具体研究描述了资料分析与呈现的过程。他强调了好的书面描述对研究成果的必要性。

关于使用质性资料分析软件及相关议题的信息

Bazeley, P., & Jackson, K. (2013). *Qualitative data analysis with NVivo* (2nd ed.) Thousand Oaks, CA: Sage.

两名作者使用了实例以为NVivo的运用提供全面的指导，包括入门、编码、诠释和绘制图表。

Friese, S. (2014). *Qualitative data analysis with ATLAS. ti* (2nd ed.). Thousand Oaks, CA: Sage.

作者提供了使用以QDAS方法为基础的ATLAS.ti的手把手指导，包括对研究对象的关注、收集及思考过程。

Kuckartz, U. (2014). *Qualitative text analysis: A guide to methods, practice and using software*. Thousand Oaks, CA: Sage.

作者是MAXQDA程序的开发者，他为三种质性文本分析类型（主题式、评估式、类型建构式）奠定了坚实的基础，还展示了计算机分析软件可以如何为分析过程提供帮助。

Silver, C., & Lewins, A. (2014). *Using software in qualitative research: A step-by-step guide* (2nd ed.) Thousand Oaks, CA: Sage.

在这个新的版本中，两名作者加入了不少实例，扩展了他们对计算机软件的概述，以在质性分析中将计算机软件的功用最大化。特别是，我们发现第3章中的总结对七种计算机程序进行了比较，这非常有帮助。

第9章 质性研究写作

撰写叙事报告将整个研究的各方面都联系在一起。借用斯特劳斯和科宾（Strauss & Corbin, 1990）的话，我们感兴趣的是一项研究的架构（architecture）：研究者是如何撰写自己的研究并将其组织起来的。我们也很欣赏斯特劳斯和科宾（Strauss & Corbin, 1990, p. 231）的说法：作者会使用"空间隐喻"将他们的完整报告或研究可视化。以空间化的方式来思考一项研究，研究者在写作时，会提出以下问题：产生一个想法，是不是就像围着一尊雕像绕圈，从多种相互联系的观点出发来研究它？还是像一步一步走下山？或是像穿过房子里的每一间房间？我们对珀利阿斯（Pelias, 2011）所说的实现（realization，作者的写作过程）和记录（record，完整的文本）很感兴趣，这一说法明确了我们可以如何让写作进程变得更加清晰。质性研究写作的过程可能被认为是含糊不清的，因为"我们可能不清楚我们拥有什么，或者不知道我们会走向何方"（Charmaz, 2014, p. 290）。简而言之，直到完成了报告的写作，我们才能明确写作过程。

在本章中，我们评估了质性研究的一般架构，然后邀请读者进入特定研究的房间来看看它们是如何被构建的。在这个过程中，我们在开头重新回顾了撰写质性研究的关键伦理考量。接下来，我们展示了四种写作策略，以讨论一项研究（无论何种取向）的相关议题：**反思性**（reflexivity）与呈现、受众、赋码、引文。随后，我们分别采用五种取向来对两种写作结构进行探讨和评估：整体结构（即报告或研究的整体组织）和嵌入结构（即研究者在报告中采用的特定叙事工具和技术）。我们再次以第5章中的五项研究作为实例，对整体结构与嵌入结构进行说明。最后，我们从四个维度比较了五种取向的叙事结构。在本章中，我们不会讨论语法和句法，但我们还是建议读者去阅读对这些相关主题进行了细致讨论的书籍（如 Creswell, 2014; Strunk & White, 2000; Sword, 2012）。

本章讨论的问题

- 在质性研究写作中，需要注意哪些伦理问题？
- 与质性研究写作有关的宽泛的写作策略有哪些？
- 五种探究取向各自采用的整体式写作结构是怎样的？
- 五种探究取向各自采用的嵌入式写作结构是怎样的？
- 五种取向的叙事结构有何差异？

写作的伦理考量

　　在对支撑质性研究写作的架构进行讨论之前，我们需要仔细讨论的是相关的伦理问题（参见第3章的初步讨论）。特别是，我们必须注意采用恰当的报告写作策略，并遵循研究发表的伦理要求（表9.1）。就恰当的报告写作策略而言，研究者需要对报告进行修订以适应各类受众，并使用适合目标受众的语言，这些内容都很重要。关于遵循研究发表的伦理要求，研究者则必须确保研究报告是真诚可信的，获得了所需的许可，还要确保相同的材料不会被用于其他出版物，并说明研究的资助者和受益者。

　　克雷斯维尔（Creswell, 2016）对"伦理要求核查清单"（APA, 2010, p. 20）进行了改编，其对写作很有帮助。所有质性研究者在撰写研究计划或研究报告时，都应当考虑这些问题：

- 我是否获得了其他研究者可能认为属于他们（所有权）的未公开的工具、程序及资料的使用许可？
- 我在研究报告的各部分中是否恰当地引用了其他已发表的研究？
- 我是否为回答关于研究伦理审查的问题做好了准备？
- 我是否为回答关于研究中知情同意及相关程序的问题做好了准备？
- 所有作者是否都通读了研究报告，并同意对其内容负责？
- 我是否恰当地保护了研究参与者、客户–患者、组织、第三方或作为信息来源的其他人的隐私？
- 所有作者是否就署名顺序达成了一致？
- 研究报告中涉及版权的材料是否都获得了使用许可？

表9.1　写作过程中需要注意的伦理问题的实例

伦理问题的类型	需预见并尽量避免的伦理问题的实例	如何减少麻烦的实例
采用恰当的写作策略	报告对目标受众来说不恰当的情况	修订报告，以适应各类受众
	使用不明确且迂回的语言来限制对报告的理解	使用对研究的目标受众而言恰当的语言
遵循研究发表所要求的伦理实践	在作者、证据、资料、发现及结论方面造假	撰写真诚可信的研究报告

续表

伦理问题的类型	需预见并尽量避免的伦理问题的实例	如何减少麻烦的实例
遵循研究发表所要求的伦理实践	报告内容未获得许可，或者存在剽窃的内容	遵循美国心理学会（APA, 2010）关于汇报或使用他人研究所需许可的指南
	重复发表或进行拆分发表	确保相同材料仅被用于单一出版物
	造成了利益冲突，但受益者不明确	说明研究的资助者及受益者

写作的若干策略

无疑，质性研究中的叙事形式是很丰富的。格莱森（Glesne, 2016）对叙事形式进行了综述，他指出叙事讲述的是故事，其模糊了小说、新闻报道和学术研究之间的界限。其他质性研究的形式也可以通过时间序列向读者展示，事件随着时间的推移逐渐展开，无论研究主题是关于文化共享群体，还是关于个体生活的故事叙述，或是研究一个项目或组织的演变。另一种形式是缩小或扩大焦点，采用照相机镜头的比喻，即全景、放大、缩小。有些研究报告主要依赖于对事件的描述，而另一些则讨论了一些"主题"或视角。叙事可以捕捉个体或群体"生活中典型的一天"。有些研究报告主要从理论出发，而另一些就如同斯特克（Stake, 1991）的"哈珀学校"研究，很少使用研究文献和理论。此外，自从克里福德和马尔库斯（Clifford & Marcus, 1986）编辑的民族志论著《写文化》（*Writing Culture*）出版以来，质性研究都要求研究者展示他们自己在写作中的角色、对参与者的影响，以及读者将如何阅读在报告中传达的信息。我们首先要讨论的是研究者的反思与呈现。

写作中的反思与呈现

跟几年前相比，质性研究者现在会更多地披露他们的写作过程。珀利阿斯（Pelias, 2011, p. 662）将反思性写作描述为"在族群上及政治上的自我觉醒，使研究者成为他们探究的一部分"。不再有无所不知、距离遥远的质性写作者了。如理查德森（Richardson & St. Pierre, 2005, p. 961）所言，研究者"不必试图扮演上帝，声称掌握普遍且不受时间限制的一般知识，作为无实体的全知全能的叙事者来写作"。通过这些全知全能的叙事者，后现代思想家"解构"了叙事，挑战式地指出了文本属于被争夺的地带，如果不说明作者隐藏的想法及作者自身生活的情境，就无法理解文本（Agger, 1991）。这一论题也得到了邓津（Denzin, 2001）的赞同，他主张在传记写作中采取"诠释"取向。作为对这种说法的回应，当今的质性研究者承认质性文本的写作不能与作者分离，其也与读者如何接收文本，以及文本如何影响研究参与者与研究地点息息相关。

我们如何写作，是对我们自己的诠释的一种反映，而这种诠释又以我们带到研究中的文化、社会、性别、阶级及个人政治为基础。所有的写作都是有"定位"的，而且是有立场的。所有的研究者都会形塑最终呈现的研究结果，质性研究者必须接受这种诠释，并在他们的写作中对此持开放的态度。如理查德森（Richardson, 1994, p. 518）所言，最好的写作方式是坦率地承认自己的"不可判定性"，所有的写作都有"潜台词"，这些潜台词将材料"置于"或"定位于"特定的历史时间和地点。在这种视角下，没有哪种写作居于"特权地位"，或者说比其他写作方式更胜一筹。事实上，写作是研究者与研究对象共同建构的产物，呈现了他们之间的互动过程（Gilgun, 2005）。

另外，关于写作对参与者影响的关注也增加了。参与者会如何看待最终的报告？他们会因此被边缘化吗？他们会被冒犯吗？他们会隐藏他们真实的感受和看法吗？参与者是否核查了材料？他们是否会挑战甚或反对研究者的诠释（Weis & Fine, 2000）？也许研究者的写作，在客观上，从科学的角度来说，导致了参与者的沉默，甚至研究者的沉默。查尔尼娅维斯卡（Czarniawska, 2004）和吉尔冈（Gilgun, 2005）指出这种沉默与寻求各种声音和视角的质性研究之间是矛盾的。

此外，写作也对读者有影响，读者也对叙述进行了诠释，并可能形成了与作者及参与者都完全不同的一整套诠释。研究者需要担忧特定人群会如何看待最终的研究报告吗？其实是读者做出了对事件的最终诠释，那么研究者还能给出任何类型的明确叙述吗？实际上，写作也可能是一场展演，将质性研究写成文本的标准写作形式已经扩展到分页写作、戏剧、诗歌、摄影作品、音乐、拼贴画、绘画、雕塑、拼布、玻璃彩绘以及舞蹈（Gilgun, 2005）。语言可能会"杀死"它所触及的一切内容，质性研究者也都知道，不可能真正地"说"什么（van Manen, 2006）。

韦斯和芬恩（Weis & Fine, 2000, p. 33）讨论了"一系列对批判意识进行自我反思的要点，即在质性写作中应如何体现研究者的责任感"。下列问题源自他们的主要观点，所有的质性研究者在写作中都应当考虑这些问题：

- 我应当记录人们所说的内容，还是承认他们有时候无法回忆或是选择不去回忆？
- 我的政治性反思需要在研究报告中有所体现吗？
- 我的写作将个体的声音及故事与他们所处的历史、结构及经济关系联系起来了吗？
- 我应当在何种程度上将参与者的言语理论化？
- 我是否考虑过我的写作可能会被用于进步型、保守型或压制型的社会政策？

● 我是否退守于那些消极的声音，并将我的责任与我的诠释分离？

● 在何种程度上我的分析（及写作）提供了常识或主流话语的另一种可能？

质性研究者需要在他们的写作中"定位"自己。这就是反思性这一概念的含义——作者努力理解自身的偏见、价值和经历，这些内容都被他们带进了质性研究之中。好的质性研究的一个特征是研究者明确地阐明了自己的"定位"（Hammersley & Atkinson, 1995）。我们认为反思性有两部分内容。研究者首先要讨论他/她自己在所研究的现象这一方面的经历，包括通过工作、学习、家庭动力机制等来谈论自己过去的经历。第二部分是讨论这些过去的经历如何影响了研究者对现象的诠释。由于这个过程很具挑战性且缺乏指导资源，这一部分会经常被忽视或遗漏（van Manen, 2014）。

我们建议撰写反思式笔记，记录研究者在研究过程中经历了什么——可以是资料收集过程中的观察，也可以是关于研究发现可能表明了什么的灵感，还可以是研究过程中参与者的反馈。通过使用质性计算机软件中的备忘录功能，可以很方便地找到并检索这些笔记。仔细阅读这些笔记，并讨论偏见、价值及经历如何影响了不断发展的理解，这实际上是在一项研究中保持反思性的核心。因为研究者不仅详细叙述了自己关于这一现象的经历，而且也意识到了这些经历可能会影响一项研究的发现、结论及诠释，这很重要。因此，质性研究文本的写作无法与作者、参与者及读者分离。将反思式评论放在一项研究中也是需要仔细考虑的。

反思式评论可以被放在质性研究中的一个或多个位置。常见的位置有：一项研究的开篇（或结尾）段落、作者讨论其在研究中的角色的方法讨论部分、穿插在整个研究中的个人评论部分。在现象学研究中，以个人陈述开篇，是很常见的，作者会说明他们的背景（参见 Brown, Sorrell, McClaren, & Creswell, 2006）。类似地，案例研究可以始于个人简介（参见 Stake, 1995），或者以一段结束语作为结尾（参见 Asmussen & Creswell, 1995）。作为方法描述的一部分，现象学研究者可能会说明他/她作为艾滋病相关的医疗服务人员或研究者的经历，以此表明这些经历的影响，并努力将这些经历悬括起来（参见 Anderson & Spencer, 2002；附录三）。最后，研究者还可以在引言部分、方法部分、研究发现或主题部分讨论自己的"定位"，这在民族志研究中很常见（参见 Mac an Ghaill & Haywood, 2015；附录五）。

作品的受众

要牢记一条基本准则：作者是为受众而写作的。如克兰迪宁和康纳利（Clandinin & Connelly, 2000, p. 149）所言："受众就站在作者身后看着，这样一种意识必须贯穿整个写作过程，贯穿整个书面文本。"因此，作者应当有意识地为研究的各类受众考虑（Richardson, 1990, 1994）。例如，蒂尔尼（Tierney, 1995）指出有四类潜在受众：同事、访谈及观察中涉及的人、政策制定者、一般大众。最近西尔弗曼（Silverman, 2013）区分了学术取向的同事与实践取向的同事的不同期望，前者希望从我们的研究中获得理论、事实及方法方面的洞见，而后者则希望寻求实践建议，以建立更好的程序或对既有实践进行改革。确定目标受众有助于在写作过程中做出选择。简单地说，研究报告的结构取决于你希望阅读你作品的读者。例如，费希尔和沃尔茨（Fischer & Wertz, 1979）在公共论坛发布了他们现象学研究的信息，他们通过多种方式展示他们的研究发现，以适应不同的受众。一种形式是一般的结构，长度为四段，他们承认这种形式舍弃了研究的丰富性与具体性。另一种形式是案例概要，每个案例都记录了一个个体的经历，长度为两页半。最近，麦肯齐、克里斯藤森和特纳（MacKenzie, Christensen, & Turner, 2015）讨论了他们在试图与原住民（参与者）交流他们的参与式研究的结果时所遇到的挑战。

拉维奇和米滕费尔纳·卡尔（Ravitch & Mittenfelner Carl, 2016）讨论了与研究目标及受众有关的14个问题。以下内容是对这些问题的修订，以帮助研究者在写作过程中做出决定，所有质性研究者在考虑他们的目标受众时都应该注意这些问题：

● 这项研究是面向哪些受众的？这些选择是基于哪些信息做出的？
● 我希望我的受众通过这个报告能够获得什么？
● 我的受众希望看到什么样的写作结构？
● 有其他受众可以从我的研究发现中获益吗？
● 我应当如何安排写作结构来满足其他受众的需求？

对我们的写作进行赋码

一个密切相关的主题是意识到语言对我们的质性文本的重要影响。我们用来对研究报告进行赋码的词语表明了我们认为读者的需要是什么。在本书的第6章中，我们讨论了如何对研究难题、研究目标、研究问题进行赋码；现在我们要讨论如何对整个研究报告进行赋码。理查德森（Richardson, 1990）研究了与已婚男性有外遇关系的女性，这项研究展示了作者如何按照不同的受众来组织研究报告，这些受众包括商业圈、学术圈的受众，关注道德或政治的受众。针对商业受众，理查德森（Richardson, 1990, p. 32）使用了如下文学方式来对她的研究进行赋码：

> 花哨的标题、有吸引力的封面、不使用专门化的术语、被放在边边角角的方法论、日常世界的隐喻与图像、书的腰封与序言材料对"外行"的关注。

针对关注道德或政治的受众，理查德森（Richardson, 1990, pp. 32-33）通过如下方式来进行赋码：

标题使用圈内人的词汇，如女性主义写作中的女性/女性主义；提及作者在道德或行动上的"资格"，如作者在参与式社会运动中的角色；提及道德与行动方面的权威；使用赋权的隐喻；书的腰封与序言材料关注这项研究与真实生活的关系。

最后，针对学术界的受众（如期刊、会议、学术书籍），理查德森（Richardson, 1990, p. 32）强调了以下内容：

突出显示作者的学术资格、参考文献、脚注、方法论小节，使用为学界熟知的学术隐喻与图像（如"交换理论""角色""分层"），书的腰封与序言材料与科学或学术传统有关。

尽管我们这本书强调的是学术写作，但研究者需要为学术界之外的受众对质性研究进行赋码。例如，在人文社会学科中，政策制定者可能是首要受众，这就要求写作必须减少与方法相关的内容，更精简，并关注实践和结果。

理查德森（Richardson, 1990）的做法展示了研究者应该如何对质性叙事进行赋码。这种进行赋码的方式需要包括下列内容：

● 整体结构并不需要遵循引言、方法、结论与讨论这样标准的质性研究形式。相反，方法可以被称为程序，结论可以被称为发现。事实上，研究者需要使用参与者的词汇来拟定各主题的标题，如校园枪击案中的"拒绝""再次触发"等说法（Asmussen & Creswell, 1995）。
● 写作的风格可以是个人化的、亲切的、"近距离"的、易读的、友好的，并面向广泛的受众。我们的质性研究写作应当努力达到"说服"的效果（Czarniawska, 2004, p. 124）。应该让读者觉得材料很有趣，能记得住，写作的内容很"抓人"（Gilgun, 2005）。
● 一定程度的细节能使研究报告无比生动，也就是**逼真**（verisimilitude）（Richardson, 1994, p. 521）。这个词表明，就文学而言，好的研究写得很"真实"、很"生动"，能让读者直接进入所研究的世界，如年轻人的文化情境，其不仅包括他们对反文化的反抗，还包括他们对主流文化的反抗（Haenfler, 2004）；也可以是移民学生所在的学校教室（Chan, 2010；附录二）。然而，我们必须承认：写作只是对我们所见所知的一种呈现。

写作中的引文

除了使用质性研究的语言对研究报告进行赋码之外，作者还要将参与者的声音带入研究之中。一个好的检验标准是：引文应尽可能具有说明性，而且研究者应当能够在文稿中对其进行情境化和诠释，将其整合到研究报告的文本之中（Brinkmann & Kvale, 2015）。作者通常会使用大量引文，我们发现理查德森（Richardson, 1990）对引文的三种类型的讨论非常有帮助。第一种是指吸引眼球的简短引文。这类引文非常易读、占的位置很少，在叙事者的文本中很突出，并且能够展示出不同的视角。例如，在对人们如何与艾滋病共生的现象学研究中，安德森和斯宾塞（Anderson & Spencer, 2002, p. 1347；附录三）大段引用了参与者的叙述来展示"不思考的魔法"这一主题：

> 这是病，但我不愿意承认我得了这病。因为如果你天天想着自己感染了HIV，它对你的打击就更大。这就像是个心理游戏。为了努力活下去，你就不要去想它。它不会出现在你的脑海里。

引文的第二种类型是嵌入式引文，研究者在分析中简单地引用短语。在理查德森（Richardson, 1990）看来，这类引文可以让读者为转变重点做好准备，或者展示一个观点，让作者（和读者）继续推进。哈里等（Harley et al., 2009, p. 103；附录四）在他们的扎根理论研究中使用了大量简短的嵌入式引文，因为这种引文占用的空间小，还能够用参与者的语言来提供具体的证据，为研究主题（如"启动阶段"）提供支撑。

> 许多女性都要兼顾事业和家庭，所以拥有属于自己的时间是体育锻炼的另一个重要益处。一名女性解释道："我有了一点儿属于自己的时间。我开始享受了，我开始爱上它了。"

第三种类型是更长的引文，被用来传达更复杂的理解。这种方式不容易操作，因为出版物的长度有限，而且较长的引文可能包含多种含义。读者需要被引导着"进入"引文，并被引导着"走出"引文，以关注作者希望读者看到的中心观点。弗里林（Frelin, 2015, p. 598；附录六）使用了较长的引文来描述时间对师生关系发展的影响：

> 你总是有时间跟学生待在一起，如果你看到什么东西不对劲，你可以坐下来跟他们谈。你总是可以跟学生进行恰当的谈话。总是可以这样。这很神奇，但在义务教育阶段的学校里，你不能这么做，你一个班有三十个学生，你还得匆匆忙忙赶着去上下一节课。

整体式和嵌入式的写作策略

在上述写作取向之外，质性研究者还需要说明他/她将如何组织研究报告的整体叙事结构、如何在报告中使用嵌入式结构，以便在所选择的取向中进行叙事。表9.2可以被作为后面讨论的指南，我们在其中列出了五种探究取向中的一些整体式和嵌入式的结构取向。

表9.2　五种取向中的整体式与嵌入式写作结构

取向	整体式写作结构	嵌入式写作结构
叙事研究	·灵活且不断发展的过程（Clandinin, 2013; Clandinin & Connelly, 2000） ·三维空间探究模型（Clandinin & Connelly, 2000） ·故事的时序（Clandinin & Connelly, 2000），或者信息的时间或片段顺序（Riessman, 2008） ·汇报参与者说了什么（主题）、他们是如何说的（故事的顺序），或者他们与其他人的互动（对话或表现；Riessman, 2008）	·顿悟时刻（Denzin, 2001） ·关键事件或情节（Czarniawska, 2004; Smith, 1994） ·隐喻与过渡（Clandinin & Connelly, 2000; Lomask, 1986） ·展望–回溯方法（Czarniawska, 2004; Denzin, 2001; Ellis, 1993; Huber & Whelan, 1999） ·多种叙事的脉络（Clandinin, 2013; Clandinin & Connelly, 2000） ·主题或范畴（Chan, 2010; Riessman, 2008） ·对话或会话（Chan, 2010; Riessman, 2008）
现象学研究	·"研究文稿"的结构（Moustakas, 1994） ·"研究报告"的形式（Polkinghorne, 1989） ·主题和分析式分析都始于现象本质；与其他作者合作；运用时间、空间及其他维度（van Manen, 2014）	·报告所研究现象的本质的图表（Anderson & Spencer, 2002; Grigsby & Megel, 1995） ·哲学式的讨论（Harper, 1981） ·有创造力的结尾（Moustakas, 1994）
扎根理论研究	·扎根理论研究的要素（May, 1986） ·开放编码、主轴编码和选择编码的结果（Strauss & Corbin, 1990, 1998） ·焦点是关于理论以及支持理论的那些论证（Charmaz, 2014）	·分析的范围（Chenitz & Swanson, 1986; Creswell & Brown, 1992; Kus, 1986） ·命题（Conrad, 1978; Strauss & Corbin, 1990） ·可视化图表（Harley et al., 2009; Morrow & Smith, 1995） ·情感、节奏、修辞问题、音调、步调、故事、唤起式写作（Charmaz, 2014）

续表

取向	整体式写作结构	嵌入式写作结构
民族志研究	·故事的类型（van Maanen, 2011） ·描述、分析和诠释（Wolcott, 1994） ·"主题式叙事"（Emerson, Fretz, & Shaw, 2011）	·措辞（Fetterman, 2010; Hammersley & Atkinson, 2007; Rhoads, 1995） ·"深"描（Denzin, 2001; Fetterman, 2010） ·逐字引用（Fetterman, 2010; Haenfler, 2004; Mac an Ghaill & Haywood, 2015） ·对话（Nelson, 1990）或场景（Emerson et al., 2011） ·文学手法，如不同言说者的声音、隐喻、反讽和明喻（Fetterman, 2010）
案例研究	·简介的形式（Stake, 1995） ·实质性案例报告的形式（Lincoln & Guba, 1985） ·案例的类型（Yin, 2014） ·以线性取向与非线性取向为基础的不同结构（Yin, 2014）	·时序法和漏斗法（Asmussen & Creswell, 1995; Frelin, 2015; Staples, Pugach, & Himes, et al., 2005） ·描述（Merriam, 1988; Merriam & Tisdell, 2015）

叙事研究的写作结构

就我们所阅读到的关于叙事研究的写作指导而言，我们发现作者不愿意推荐严格结构化的写作策略（Clandinin, 2013; Clandinin & Connelly, 2000; Czarniawska, 2004; Riessman, 2008）。相反，我们发现作者建议在结构上要努力实现最大限度的灵活性（参见 Ely, 2007），但又强调居于叙事研究中心的核心元素。为了实现这些要求，克兰迪宁（Clandinin, 2013, p. 49）指出，写作者应努力使叙事结构与特定的研究情境相匹配：

> 作为叙事研究者，我们必须保持开放，并表明参与者——还有我们——努力实现连贯性的方式，有些时候这些努力是成功的，有些时候则不成功。我们在撰写、共同撰写和商讨草稿和最终的研究文本时，要使我们的生活、参与者的生活以及我们在叙事研究中共同编织的生活中的多样性，以及叙事的连贯与否，都鲜明可见。

整体式结构 叙事研究者鼓励个体在写作形式上进行多种实验（Clandinin, 2013; Clandinin & Connelly, 2000）。研究者要想明确自己研究的叙事形式，可以先看看自己在阅读方面的个人喜好（如回忆录、小说），读读其他的叙事研究论文和书籍，还可以将叙事研究视为一种往复的写作形式，即一种过程（Clandinin& Connelly, 2000）。根据这些一般性的指南，克兰迪宁和康纳利（Clandinin & Connelly,

2000）回顾了两篇采用叙事研究取向的博士论文，这两篇论文的叙事结构是不同的。一篇论文提供了三名女性生活时序的叙事；另一篇论文采用了更经典的博士论文的写法，包括引言、文献综述和方法论。第二篇博士论文里的其余章节直接进入了讨论，讲述了作者与参与者相关的经历的故事。通读这两篇论文，我们很惊讶地发现两篇论文都反映出了克兰迪宁和康纳利（Clandinin & Connelly, 2000）所讨论的三维探究空间。如前文所述，这里的空间指的是文本，可以前后看看，往里看看，往外看看，并将经历定位于某个位置。例如，根据克兰迪宁的引述，第一篇博士论文是对两名参与者及作者的生活的研究，既包括她们过去在中国的生活，也包括她们现在在加拿大的情境。这个故事是按照下述方式展开的：

> （这篇论文）既回顾了她和她的两名参与者的过去，也展望了在新土地上她们是谁以及她们会成为谁这些迷思。作者既反思了她进行这一研究的个人原因，也对这项研究的社会意义进行了外推。她描绘了中国和加拿大的景观，以及她想象中自己居住的中间地带的风景。（Clandinin & Connelly, 2000, p. 156）

在克兰迪宁和康纳利（Clandinin & Connelly, 2000）这本书的后面，还有一个故事，即克兰迪宁就学生研究的叙事形式给出的建议。这一形式也与三维空间模型有关：

> 当他们来找克兰迪宁讨论他们逐步推进的文本时，她发现她自己的回应主要不是评论之前既有的和已被接受的形式，而是在回应在三维叙事探究空间中所提出的问题。（Clandinin & Connelly, 2000, p. 165）

注意在这一段中，克兰迪宁是在"提出问题"，而不是告诉学生如何推进研究。在这一段中还可以看到她如何回到三维探究空间模型更大的**修辞**（rhetorical）结构，将此作为思考叙事研究写作的框架。这一框架也表明了叙事研究报告中应当有时序，其中的顺序可以按时间组织，也可以按特定的事件片段来组织（Riessman, 2008）。

在叙事研究中，跟质性探究的所有形式一样，在资料收集程序、分析，以及研究报告的形式与结构之间，存在着密切的联系。例如，在主题式分析中的更大的写作结构中就可以呈现若干主题（Riessman, 2008）。在更结构化的取向中，如分析个体如何讲述故事，研究报告中要呈现的元素包括六个，里斯曼（Riessman, 2008, p. 84）将其称为"完全成形的叙事"，包括下面列出的元素：

- 故事的概述和/或要点
- 定位（时间、地点、人物、情况）

- 复杂的行动（事件的序列，或危机时刻或转折点的情节）
- 评价（叙事者对意义及情感进行评价）
- 解决方案（情节的结果）
- 尾声（结束故事的讲述，并将其带回到现在）

在关注言说者（如访谈者和访谈对象）之间问询式的叙事研究中，更大的写作结构将关注直接的言说与对话。此外，对话将包含展演的特征，如直接的演说、针对听众的旁白、重复、表意的声音、动词时态的转换。整个报告可以是诗歌、戏剧，或是其他戏剧化的展演形式。在前面的章节中，我们已经描述了展示叙事元素的叙事研究（参见 Chan, 2010；附录二）。我们鼓励各位回顾那些讨论内容，以明确研究呈现中的异同。

嵌入式结构　更微观层次的写作结构假定了更大的写作结构会增加实验性与灵活性，这与作者在组织叙事研究写作时可能采用的写作策略的一些要素有关。可以从一些相关论著中看到这一点（Clandinin, 2013; Clandinin & Connelly, 2000; Czarniawska, 2004; Riessman, 2008）。

叙事研究的写作不能屏蔽掉某些声音，最终也就给予某些声音相较其他声音更多的空间（Czarniawska, 2004）。此外，写作中也有空间要素，例如，在**展望-回溯方法**（progressive-regressive method；Denzin, 2001）中，传记作者以参与者生活中的一个关键事件为起点，接下来就会从这个事件出发进行前后研究，就像邓津（Denzin, 2001）对酒精上瘾者的研究那样。另外，也可以"拉近镜头放大局部"或"拉远镜头总览全景"，如从描述一个大的情境到描述一个具体的研究田野（如地点），接下来再用望远镜从该地点转向更大的地域（Czarniawska, 2004）。休伯和惠兰（Huber & Whelan, 1999）重述了一名教师关于认同建构的叙事，因为当这名教师在谈及近期的职业经历时，内容涉及了个人背景的影响。埃利斯（Ellis, 1993）对个人所经历的家庭剧变的叙事也类似，从她兄弟在飞机失事中死亡的创伤开始，叙事在对童年经历的描述和与飞机失事有关的描述之间转换。

写作可能会强调"关键事件"或顿悟时刻，这些被认为是在人们生活中留下印记的互动时刻与经历（Denzin, 2001）。邓津区分了四种类型：涉及个体生活"纹理"的主要事件；持续了一段时间的具有累积性或代表性的事件或经历；次要的顿悟时刻，其呈现了个体生活中的某个时刻；片段或再现的顿悟时刻，其涉及经历的重现。查尔尼娅维斯卡（Czarniawska, 2004）引入了情节的关键要素或情节化（emplotment），即对结构进行介绍的一种方式，以理解所报告的事件。

在叙事写作中还可以报告主题。史密斯（Smith, 1994）建议找到一个主题来指导所记录的生活的发展过程。这种主题来自先前具备的知识，或者来自对整个生活的回顾，尽管在将主要主题与不那么重要的或次要的主题区分开时，研究者总会遇到困难。克兰迪宁和康纳利（Clandinin & Connelly, 2000, p. 143）认为研究文本的写作处于简化论的边缘，这种取向包括"向下简化"到主题，研究者会在不同的参与者中寻找共同的脉络或要素。克兰迪宁（Clandinin, 2013）认为这些脉络对把多样的叙述组织起来非常重要。

特定的叙事写作策略还包括使用对话，如研究者与参与者之间的对话（Riessman, 2008）。在这种取向中，有时候叙事者所使用的特定语言会受到质疑，不能只看表面意思。对话是在研究中展开的，并且通常对话会以不同的语言呈现，既包括叙事者的语言，也包括英语翻译的版本。陈的研究（Chan, 2010；附录二）提供了一个实例，这是关于一名中国移民学生与同学、教师、家人之间关系的故事，研究者与这名学生之间的对话为每一个主题都提供了证据。每一个对话片段都有标题，说明会话的意义，如"苏珊不说福建话"（Chan, 2010, p. 117）。

其他的叙事修辞方法还包括使用过渡。洛马斯克（Lomask, 1986）认为过渡以自然时序的连接形式进入了叙事。作者通过词语或短语、问题（洛马斯克认为这是懒惰的做法）以及推动行动向前或向后的时间、地点转换，在写作中插入这些过渡形式。在过渡之外，叙事研究者还会使用"**预示**"（foreshadowing），经常是使用叙述式提示，表明某个事物就要出现了，或某个事件或主题在后面就要展开了。叙事研究者也会使用隐喻，克兰迪宁和康纳利（Clandinin & Connelly, 2000）认为隐喻就像是容器（即学位论文、期刊文章）中的汤（即对人、地点和事物的描述；对各种理解的论证；在空间、时间、场景和情节方面对人物进行的丰富叙述），他们使用这一隐喻来描述他们的叙事文本。

现象学研究的写作结构

进行现象学研究的作者（如 Moustakas, 1994; van Manen, 2014）对整体式写作结构的关注要超过对嵌入式写作结构的关注。然而，与所有形式的质性研究一样，我们可以从学术期刊中的研究报告、专著和书籍中学到很多。

整体式结构　穆斯塔卡斯（Moustakas, 1994）提出的高度结构化的分析取向，为现象学研究写作提供了一种具体形式。分析步骤包括确认重要陈述、建立意义单元、对主题进行聚类、推进纹理描述和结构描述，最后将纹理描述、结构描述与对经验的根本恒定结构（或本质）的详尽描述三者结合在一起进行收尾。根据我们的经验，采用高度结构化的取向对敏感主题（如"被冷落""失眠""成为犯罪行为的受害者""生活的意义""中年时自愿改变职业""盼望""在童年时期受过虐待的成人"；Moustakas, 1994, p. 153）进行现象学研究，是不常见的。但是我们认为资料分析程序引导研究者进入了那些方向，并提供了整体分析以及最终研究报告的组织结构。

思考穆斯塔卡斯所建议的研究报告的整体结构（Moustakas, 1994）。他对"撰写研究报告"中特定章节的内容提出了建议：

第1章：引言、主题陈述及大纲　这一章的主题包括：对将研究者引至研究主题的经验的自传式陈述、引起与该研究主题相关的困惑或好奇心的事件、研究主题的社会意义及重要性、对这一主题进行研究可以带来的新知识及专业贡献、研究者将获得的知识、研究问题、研究术语。

第2章：对相关研究文献的综述　这一章的主题包括：对所检索的资料库的回顾、对研究文献的介绍、挑选研究的程序、这些研究的实施过程以及研究过程中出现的主题、总结核心发现、陈述本研究与先前研究的差异（问题、模型、方法论和所收集的资料）。

第3章：研究模型的概念框架　这一章的主题包括：本研究将要使用的理论和概念、与研究设计有关的过程（第3章可以和第4章放在一起）。

第4章：研究方法论　这一章的主题包括：准备实施研究的方法和程序，资料收集、组织、分析和综合的方法和程序。

第5章：资料呈现　这一章的主题包括：资料收集中的逐字实例、资料分析、资料综合、水平化、意义单元、聚类论题、纹理描述和结构描述、经验的意义与本质的综合。

第6章：总结、研究意义与结果　这一章的主题包括：对研究的总结、陈述本研究的发现与文献综述的不同之处、对后续研究的建议、明确研究的局限性、对研究意义的讨论、有创造力的结尾（说明研究的本质及其对研究者的启示）。

第二种模式可以在波尔金霍恩（Polkinghorne, 1989）的论著中找到。他对"研究报告"进行了讨论。在这个模型中，研究者需要描述资料收集的程序，描述从原始资料推进到对经验的更一般描述的步骤。此外，研究者还需要纳入对既有研究的综述、贯穿研究主题的理论、对心理学理论及应用的意义。我们尤其推崇波尔金霍恩（Polkinghorne, 1989, p. 46）对这类研究报告影响的评论：

> 写出的报告应当对经验进行准确、清楚且明晰的描述。报告的读者在读完之后会有这样的感觉："我关于人们对此的经验是什么样的，有了更好的理解。"

现象学研究报告的整体式写作结构的第三种模型式是由范梅南（van Manen, 1990, 2014）提出的。他对"文本工作"（van Manen, 1990, p. 167）的讨论始于这样一种想法：对访谈记录进行组织和呈现，将其作为最终报告，这并不是好的现象学研究。相反，他推荐了研究写作的若干选择。研究可按照主题来任意组织，考察所研究现象的本质层面。也可以通过将文本资料再组织到更宏观的看法（如截然不同的看法）中，对研究进行分析性呈现，也可以集中关注对特定生活情境的描述。研究报告可以从本质描述开始，然后呈现本质如何显现的多样实例。另一些方式则包括在写作中加入与其他现象学研究者的对话，将对时间、空间、（有生命的）身体、与他人的关系等的描述组织在一起。最后，范梅南建议作者可以采用全新的方式来汇报他们的资料，或者组合多种方式。

嵌入式结构　就嵌入式修辞结构而言，研究文献提供了最好的证据。作者要在一项研究中呈现参与者经历的"本质"，可以通过一个短段落以叙事方式简单描绘，也可以把其中的信息包含在图表中。在一项关于护士护理经验的研究（Grigsby & Megel, 1995）中，后一种方式得到了有效的运用。另一种结构手段是通过讨论现象及其哲学假定来对读者进行教育。哈珀（Harper, 1981）采用这种方式描述了胡塞尔的主要原理，以及在现象学中研究"闲暇"的意义的优势。

最后，我们很欣赏穆斯塔卡斯（Moustakas, 1994, p. 184）的建议："撰写简明且有创造力的结尾，从知识的价值以及你的职业–个人生活的未来方向出发，说明研究的本质及其对你的启示。"尽管现象学家倾向于将自己悬括起来，以便将自己从叙事中排除出去，穆斯塔卡斯仍然很强调反思的作用，他认为只有这样，现象学心理学家才可以把一些内容带到研究中去，如在自传情境中抛出对初始难题的陈述。在前面的章节中，我们已经描述了遵循一般大纲的现象学研究（参见 Anderson & Spencer, 2002；附录三）。我们鼓励读者对这些内容进行回顾，看看这些研究的呈现方式有何异同。特别是安德森和斯宾塞的现象学研究关注了艾滋病患者如何看待他们的疾病，呈现了多种类型的整体式写作结构和嵌入式写作结构。这篇文章整体结构组织得很好，从对一名 53 岁的艾滋病患者的引述开始，接下来是研究引言、文献综述、研究方法和研究结论。这篇文章遵循了科拉伊奇（Colaizzi, 1978）的现象学方法，用图表的方式给出了重要陈述和意义主题。安德森和斯宾塞（Anderson & Spencer, 2002, p. 1349）以对现象的深入、详尽的描述作为结尾：

> 研究结果可以整合成关于艾滋病的基本图式。艾滋病患者的生活经验在开始时是害怕、担心身体损伤和个人损失。对艾滋病的认知呈现包括不可逃避的死亡、身体的损毁、进行战斗、患上慢性疾病。应对方法包括寻找"合适的药物"、照顾自己、接受诊断、将艾滋病从脑海中除去、求助于神灵、保持警惕。随着时间的流逝，多数人会习惯与艾滋病共存。患者的感受则包括从"毁灭性打击""悲伤""愤怒"，到"平和""不担心"。

在穆斯塔卡斯（Moustakas, 1994）的启发下，帕迪利亚（Padilla, 2003）的现

象学研究采用了类似的结构方法，这项研究是关于一名在 21 年前因头部受伤而致残的女性的生活经验。对这名女性的引述，不但位于研究的开篇与结尾，而且贯穿全文，唯一的例外是作者对研究项目背景的描述。

扎根理论研究的写作结构

从对扎根理论的期刊论文的回顾中，质性研究者可以推导出扎根理论写作的一般形式（或变体）。期刊论文的问题在于，作者提供的是研究的删节版，以符合期刊的标准。这样，读者在阅读某一特定研究时，就无法全面了解整个项目的情况。

整体式结构 在扎根理论中，最重要的是，作者必须要提出理论。要做到这一点，作者需要进行往复，"这意味着在不同小节之间来来回回，重新思考、修改，有些时候还需要重新组织和撰写"（Charmaz, 2014, p. 285）。在梅（May, 1986, p. 148）看来，"用严格的术语来说，研究发现就是理论，也就是说，一组概念以及将概念连接在一起的命题"。梅（May, 1986）还描述了扎根理论的研究程序：

- 研究问题很宽泛。在资料收集和分析过程中，研究问题会经历数次改变。
- 文献综述"既不会提供关键概念，也不会就研究假设提出建议"（May, 1986, p. 149）。相反，扎根理论中的文献综述表明既有知识中存在空白或偏见，这也就表明了进行这类质性研究的理由。
- 在研究过程中，研究方法逐步发展，因此，在研究过程中，早早开始撰写研究的方法论小节会遇到一些困难。然而，研究者可以从某处着手，描述自己关于抽样、研究场景以及资料收集程序的初步想法。
- 研究发现小节会呈现理论架构。作者会将已有研究文献作为参考资料，以表明理论模型从外部得到了支持。此外，实际的资料片段是以简介和引文的形式来呈现的，提供了有用的解释性材料。这类材料可以帮助读者在理论如何扎根于资料这一方面形成自己的判断。
- 最后的讨论小节会对本研究发现的理论与其他既有知识的关系进行讨论，还会讨论这一理论对此后研究和实践的意义。

斯特劳斯和科宾（Strauss & Corbin, 1990）也提供了宽泛的扎根理论研究写作指导。他们的建议如下：

- 写出一个清晰的分析式的故事。这是为了在研究的选择编码阶段使用。
- 在概念层次进行写作，相较于概念和分析式的故事而言，描述居于次要位置。这意味着读者看到的关于所研究现象的描述很少，更多的是在抽象层次上的分析式理论。

- 明确范畴之间的关系。这就是扎根理论的理论化部分，可以在主轴编码中看到这一部分的体现，研究者会讲述故事并提出命题。
- 明确各种变化及相关条件、结果等，以明确范畴之间的关系。在好的理论中，研究者会发现理论的不同条件及变化，这意味着对主轴编码的每个成分的多重视角或变化都有充分了解。例如，理论的结果是多样的、具体的。

更确切地说，在斯特劳斯和科宾（Strauss & Corbin, 1990, 1998）所提出的结构取向的扎根理论中，最终报告包括一些特定的内容：开放编码小节，这部分明确了研究者在资料中发现的各种开放编码；主轴编码小节，这部分包括一个理论图表以及对图表中每一部分（即因果条件、中心现象、中介条件、情境、策略和后果）的讨论。研究报告还要包括理论小节，研究者在这一部分提出理论命题，试图将理论图表中各种范畴的要素放在一起，或者对将范畴连接在一起的理论进行讨论。在前面的章节中，我们已经描述了遵循这个一般性大纲的扎根理论研究（Harley et al., 2009；附录四），我们鼓励作者对前述内容进行回顾，找到研究呈现中的异同。

对卡麦兹（Charmaz, 2006, 2014）而言，她对扎根理论研究写作的建议是不要那么结构化。她强调在理论发展过程中让各种想法逐渐浮现的重要性，可以通过修改之前的稿件，通过询问自己关于这一理论的各种问题（例如，你是否提出了这一理论中的各种概念的主要范畴？），通过建立关于这一理论的重要性的论证，通过对理论中的范畴进行仔细的检查，来做到这一点。因此，卡麦兹并没有给出一个扎根理论研究的写作模板，但她强调要将重点放在理论论证的重要性以及理论的性质上。

嵌入式结构 在扎根理论研究中，以叙事报告中的资料分析内容为基础，研究者的报告写作有所不同。例如，切尼兹和斯旺森（Chenitz & Swanson, 1986）讨论了六种扎根理论研究，这些研究在叙事报告的分析类型方面各有不同。在关于这些实例的前言中，他们提到分析（和叙事）可以涉及如下内容中的一个或多个：描述、通过开放编码建立范畴、在主轴编码中围绕一个核心范畴将多个范畴连接起来、提出实质性的低层次理论和/或与形式理论联系在一起的实质理论。

我们看到过包括一项或多项上述分析内容的扎根理论。例如，在对同性恋及其"出柜"过程的研究中，库斯（Kus, 1986）在分析中只运用了开放编码，并明确了出柜过程中的四个步骤：认同（在这一过程中，同性恋经历了激烈的身份认同转变）、认知改变（个体改变了对同性恋的负面观点，形成了正面看法）、接受（个体接受同性恋，将此作为积极的生活动力）以及行动（个体在接受自己作为同性恋后的行为，如自我披露、将同性恋纳入自己的朋友圈、参与同性恋事业的政治活动、参加同性恋群体的志愿服务）。与库斯关注过程不同，克雷斯维尔和布朗（Creswell & Brown, 1992）遵循了斯特劳斯和科宾（Strauss & Corbin, 1990）的编码步骤。他们首先考察了提高教师研究产出的主任所从事的教师发展实践。他们从开放编码开始，推进到主轴编码，完成了一个逻辑图示，并以有指向的形式（与空白形式相对）提出了一系列清晰的命题。

　　嵌入式写作结构的另一个特点是检验了扎根理论研究中对命题或理论关系进行陈述的那些形式。有些时候，这些是以"讨论"的形式出现的，或者是以叙事的方式来描述理论。斯特劳斯和科宾（Strauss & Corrbin, 1990, p. 134）在他们关于"保护性治理"的理论中就提供了这样的模型。另一个例子是康拉德（Conrad, 1978）关于学术界中学术变化的形式命题。

　　还有一种嵌入式写作结构是呈现"逻辑图示""微框架"或"整合性"图示，这样，研究者就以可视化模型的形式呈现了实际的理论。研究者在主轴编码阶段确认了这一结构中的要素，接下来讲述了主轴编码中"故事"的叙事版本。这一可视化模型是如何呈现的呢？莫罗和史密斯（Morrow & Smith, 1995）对在童年经历过性虐待的女性进行了研究，提供了这种图示的一个好的案例。他们的图示所展示的理论模型包括对因果条件的主轴编码、中心现象、情境、中介条件、策略和后果。这一图示中有带方向的箭头，指示从左到右的因果关系，即从原因到结果。箭头也表明情境及中介条件对策略有直接影响。这一可视化图形出现在研究接近结尾的部分，展示了这一研究得出的最终理论。哈里等（Harley et al., 2009；附录四）的研究展示了关于体育锻炼演进理论的可视化形式，这一理论主要是关于三个阶段（启动、转换和整合）的主要进程，同时还有另外两个进程，分别为改变回路和中止环路。

　　卡麦兹（Charmaz, 2006, 2014）提供了在扎根理论报告中很有用的一系列嵌入式写作策略，包括将分析性框架作为中心的方法。扎根理论研究的实例展示了如何将情绪及情感放在理论讨论中，使用直接的语言，采用读者可以理解的写作方式，如运用节奏与时间（如"时光荏苒"；Charmaz, 2006, p. 173）。卡麦兹还鼓励使用出乎扎根理论写作者意料的定义和论断。修辞类问题也很有帮助，写作还包括可以引导读者进入研究主题的节奏和语调。在扎根理论研究中，可以讲故事，整体写作应使用唤起式语言，以说服读者接受理论。

民族志研究的写作结构

　　民族志研究者在写作中大量运用了叙事建构的方法，从文本的性质如何影响研究主题，到作者所采用的"文学式"惯例和手段（Atkinson & Hammersley, 1994）。已有的研究文献详细讨论了民族志研究的一般框架和嵌入式结构。

　　整体式结构　民族志的整体式写作结构有多种形式。例如，范曼南（van

Maanen, 1988, 2011）提出了民族志的多种形式。一些民族志是以现实主义故事的形式写作的，这类报告提供了对所研究文化的直接、实际的描绘，其中没有多少关于民族志研究者如何生产出这些描绘的信息。在这类故事中，作者使用非个人化的观点来展现"科学""客观"的视角。告白故事则采用了相反的取向，研究者更加关注自己的田野经历，而非文化。最后一种类型是印象故事，是一种个人化讲述，"以戏剧化的形式来呈现田野案例"（van Maanen, 1988, p. 7）。在我们看来，印象故事既有现实主义故事的要素，也有告白故事的要素，呈现了有吸引力且有说服力的故事。告白故事和印象故事都采用第一人称的视角，是体现了个人风格的写作。范曼南认为还有其他不常用的故事，如批判性故事（关注宏大社会、政治、符号或经济议题）、形式主义故事（建构、检验、概化并展示理论）、文学故事（民族志研究者在写作时像记者那样，借用小说家虚构文体写作的技术）以及联合讲述的故事（研究的成果是由田野工作者与参与者共同写作的，共享且话语式的叙事是开放的）。

沃尔科特（Wolcott, 1994）的看法有些许不同，但仍然与更大的修辞结构有联系。他提出了好的质性探究的三要素，这既是好的民族志写作的核心要素，也是资料分析的步骤。首先，民族志研究者要写下对文化的"描述"，回答这个问题："这里发生了什么？"（Wolcott, 1994, p. 12）沃尔科特提供了有助于写出这类描述的技术：时间序列、研究者或叙事者的顺序、渐进式聚焦、重要或关键事件、情节和人物、互动中的群体、分析性框架、从多个角度讲述的故事。其次，在使用上述方式对文化进行描述之后，研究者要对资料进行"分析"。分析包括强调发现、展示发现、汇报田野工作的程序、确认资料中模式化的规律、将这个案例与已知案例进行比较、评估信息、在更大的分析性框架中将信息情境化、批判研究过程、提出对研究的重新设计。在所有的分析技术中，确认"模式"或主题是民族志写作的中心。再次，诠释是与修辞结构联系在一起的。这表明研究者可以扩展其分析、从信息出发进行推论、按照看门人的指导或建议行事、转向理论、重新聚焦于诠释本身、与个人经历相联系、对诠释过程进行分析或诠释、探究其他形式。在这些诠释策略中，我们认为对研究发现进行诠释的取向，既要放在与研究者自身经验相关的情境之中，也要放在关于这一主题的更大的学术研究的传统之中。

埃默森等（Emerson et al., 2011, p. 202）提出了民族志的更为细节化、结构化的大纲。他们将民族志研究的开展视为"主题式叙事"，是"分析性、主题式的，但通常是以相对松散的方式……是由一系列按主题组织的田野笔记摘录和分析性评论组成"的故事。这种主题式叙事是从对主要观点或包含多个特定分析主题的命题进行归纳来展开的，是贯穿整个研究的精心构思。这类民族志的结构如下：

- 首先是引言，要吸引读者的注意，并聚焦于具体研究。接下来研究者会将自己的诠释与学科中更宽泛的学术兴趣联系起来。

- 之后，研究者要介绍研究场景以及对此场景进行研究的具体方法。在这一部分，民族志研究者还需要说明进入研究场景并参与其中的细节，以及民族志研究者角色的优势与限制。
- 接下来，研究者提出分析性主张。艾默生等（Emerson et al., 2011）建议使用"摘录评论"（excerpt commentary）单元，这样作者可以加入分析性论点，提供关于这一论点来源的信息，使用摘录或直接引用，并对与分析性论点有关的引文进行分析性评论。
- 在结论部分，研究者思考并详细阐述在研究开始时所提出的论题。这一诠释可以根据所考察的材料对论题进行扩展或修订，也可以将论题与更一般的理论或当下的议题联系在一起，或者提出对论题、方法或研究假定的汇总评论。

在前面的章节中，我们已经描述了遵循这种一般性大纲的民族志研究（参见 Mac an Ghaill & Haywood, 2015；附录五），我们鼓励读者对这些内容进行回顾，看看这些研究的呈现方式有何异同。

嵌入式结构　民族志研究者使用的嵌入式修辞要素包括修辞格或"比喻辞格"（Fetterman, 2010; Hammersley & Atkinson, 2007）。例如，隐喻可以将社会行动作为戏剧，提供视觉及空间画面，或者拟剧式的人物刻画。另一种辞格是借代，民族志研究者呈现实例、示例、案例和/或简介，这些内容构成了整体的一部分且能代表整体。罗兹（Rhoads, 1995）的研究提供了关于校园兄弟会生活的民族志中有效的开篇简介的实例。民族志研究者还会使用这种讲故事的辞格对原因及后续进行考察，不管是宏大叙事还是更小的寓言故事。最后一种辞格是反讽，研究者强调要与参考文献及理性的竞争性框架进行对比。

更明确的修辞手段会对民族志中的场景进行刻画（Emerson et al., 2011）。作者可以纳入细节、"丰富的描写"（Goffman, 1989, p. 131）或"厚"描，这些可以创造出逼真的效果，让读者感觉他们经历了所描述的事件（Denzin, 2001; Fetterman, 2010）。研究"节制派"运动的核心价值观的民族志展示了很多这类写作惯例（Haenfler, 2004）。作者讲述了一个有说服力的故事，运用了多样的元素（如T恤上的口号）、"厚"描以及大量的引文。邓津（Denzin, 2001）讨论了在质性研究写作中使用"厚描"的重要性。他的意思是叙事"呈现了细节、情境、情感以及社会关系的网络……并唤起了情感和个人感受……可以听到互动中的个体的声音、感受、行动和意义"（Denzin, 2001, p. 100）。邓津所用的例子是苏达诺（Sudnow）对厚描的展示，邓津接下来还呈现了他自己的"薄描"版本。

　　　　坐在钢琴前，开始演奏和弦。和弦是一个整体，随着手指在钢琴上移动，这个和弦也就被视作完成这项任务所必需的"领域"……有和弦 A 与和弦 B，两者是截然不同的……和弦 A 的作品要求手用力按压……和弦 B……是开放且延展的……初学者从和弦 A 到和弦 B 的转换容易脱位。（Sudnow, 1978, pp. 9–10）

　　学习钢琴，对我来说很困难。（Denzin, 2001, p. 102）

　　民族志研究也包括对话，当使用所研究文化的方言与自然语言来写作时，对话就变得格外生动（例如，参见尼尔森 [Nelson, 1990] 关于黑人英语方言的文章或对"编码转换"的讨论）。作者还会依靠人物塑造，其中所呈现的人物在交谈、行动、与其他人产生联系。更复杂的场景会以速写、"生活的切片"（Emerson et al., 2011）或者更大的片段或故事的形式来呈现。

　　民族志作者要讲述"一个好故事"。对理查德森（Richardson, 1990）来说，"唤起式"实验性质性研究写作的形式之一是虚构式的呈现形式，作者在其中会运用文学手段，如闪回、向前追溯、不同的看法、人物深度刻画、语调转换、借代、对话、内心独白，有时候还会采用全知叙事者的视角。与此类似，沃尔科特（Wolcott, 2008a）强调应该运用讲述故事的技术，如游记、生活史，或者按照特定主题进行组织。

案例研究的写作结构

　　关于案例研究，我们要记住梅里亚姆（Merriam, 1988, p. 193）的忠告："案例研究的报告没有标准的格式。"毫无疑问，一些案例研究能产生理论，一些只是对案例的简单描述，还有一些从性质上说更具分析性，展示了跨案例或地点间的比较。案例研究的整体目标无疑影响了报告写作的更大结构。然而，我们仍然认为对一般形式进行概念化很有帮助，我们将使用案例研究的一些关键文本来作为指南。

　　整体式结构　研究者可以用简介来开启并结束案例研究，将读者引入案例。这是斯特克（Stake, 1995）建议的方法，他提供了一份质性案例研究应当包括的主题的概述。我们认为这是一种有益的方式，可以在好的案例研究中对这些主题进行讨论：

● 作者从一个简介开始。这样，读者就可以有间接的感受，了解所研究的事件与地点。
● 接下来，研究者要明确研究的议题、目标和方法，这样，读者就可以了解研究是如何进行的、作者的背景以及与这个案例有关的一些议题。
● 其后，是对案例及其情境的详尽描述——一组相对无争议的资料。这类描述要使读者有身临其境的感觉。

- 接下来，要讨论一些（关键）议题，这样，读者就能够理解案例的复杂性。这种复杂性是通过作者对其他研究的引用或者对其他案例的理解来建构的。
- 之后，要对几个议题进行进一步的探究。在这一点上，作者也要带入证实或证伪的证据。
- 展示论断。这是作者对案例理解的总结，还要说明最初的自然主义概推、通过个人经验得出的结论、为读者提供的间接经验，探讨这些内容是否在概念层面上做出了改变或提出了挑战。
- 最后，作者以结束语收尾，即经验笔记。这是要提醒读者：这篇报告是关于一个人遇到一个复杂案例的情况。

我们认为上面的这个一般性的大纲很有用，因为它提供了对案例的描述，呈现了主题、论断或研究者的诠释，从现实主义的场景开始并结束。在前面的章节中，我们已经讨论了遵循这种一般性的大纲的案例研究（参见 Frelin, 2015；附录六），我们鼓励读者对这些内容进行回顾，看看案例的呈现有何异同。

在林肯和古巴（Lincoln & Guba, 1985）的实质性案例报告中也可以看到类似的模型。他们描述了下列内容的必要性：对研究难题进行详细阐释、对情境或场景进行透彻描述、对这一情境中所观察到的进展与过程进行描述，还要描述地点的突出特征（需要深入研究的一些元素）以及探究的结果（"吸取的经验教训"）。

然而，在更一般的层面上，我们发现殷（Yin, 2014）关于案例研究类型的2×2表格很有帮助。案例研究是单案例或多案例，或者是整体式的（只有一个分析单位），或者是嵌入式的（有多个分析单位）。殷接下来指出，如果要研究关键案例、极端或特殊案例，或启发式案例，单案例研究是最合适的。不管是一个案例，还是多个案例，研究者决定对整个案例进行研究，这就是整体式设计，或者是研究案例中的多个次级单位（嵌入式设计）。尽管整体设计可能更抽象，但这种方式相较于嵌入式设计更好地把握了整个案例。然而，嵌入式的设计从对次级单位的考察开始，并允许采用细节化的视角，这样在田野工作过程中，研究问题也会开始转移或改变。

殷（Yin, 2014）还呈现了案例研究报告写作的几种可能结构。在一种线性分析取向中，殷认为标准的方式是，研究者讨论研究难题、方法、发现和结论。另一种可以采用的结构是对同一个案例进行数次重述，并比较对同一案例的不同描述或解释。时序结构则是按次序来呈现案例研究，例如，一些章节分别关注案例发展的早期、中期和晚期。理论也可以被用作框架，案例研究可以考虑不同的假设或命题。在悬念（suspense）结构中，案例研究的"答案"或结果及其意义是在初始的章节中呈现的，其余小节则集中于给出对这一结果的解释。最后的一种结构是一种无次序结构，作者在描述案例时并没有遵循特定的章节顺序。

嵌入式结构 作为特定的叙事手段，嵌入式结构对作者在写作中如何"标记"他们的研究有哪些影响？作者对情境与场景的描述可能会按照时序从更宽泛的图景聚焦到更小的图景。校园枪击案（Asmussen & Creswell, 1995）对真实校园事件的描述是从事态展开的城市开始的，接下来是校园，然后是校园里更小的教室。这是一种漏斗式的方式，将场景从平静的城市环境聚焦到潜在不稳定的校园教室，这种方式看上去使得这项研究符合了事件发生的时序。另一个例子是关于三所学校技术整合的多案例研究（Staples, Pugach, & Himes, 2005）。每一个案例都是从研究开始前就存在的技术情境开始的，接下来是研究过程中所发生的改变，最后以对将来的展望结尾。当事件展开并按照过程发展时，时序取向看起来是最好的方式；案例研究通常都会受到时间的限制，也会受到时间推移的情况下的各种重要事件的限制（Yin, 2014）。

有一项案例研究描述了一位教师与经历过学校教育失败的学生就教学关系进行协商的关系实践（Frelin, 2015；附录六），这也是一种单案例研究（Yin, 2014），对案例、主题及对案例的诠释都只有一种叙事。在其他一些研究（如 Chirgwin, 2015; Staples et al., 2005）中，呈现的是多个案例，其会分开讨论各个案例，但会进行一项整体的跨案例分析（Yin, 2014）。殷（Yin, 2014）提出的另一种叙事形式是提出一系列问题，然后根据案例研究的资料库来做出回答。

最后，研究者应当对他们案例研究中描述的比重以及分析、诠释或论断的比重有所把握（Merriam & Tisdell, 2015）。在对描述和分析进行比较时，梅里亚姆（Merriam, 1988）建议合适的比例应该是 6：4，或 7：3，描述要更多一些。对校园枪击案的考察表明三类要素各占三分之一：对场景与实际事件（以及枪击案发生后两周内的事件）的具体描述；五个主题；作者的诠释，以及在讨论小节提及的吸取的经验教训。作者必须做出决定：案例研究可以以描述材料为主，这是可信的，尤其当有界系统（即案例）相当宏大且复杂时。

不同取向的写作结构的比较

回看表9.1，我们会发现质性研究报告的写作存在多种多样的结构，主要的结构差异取决于研究者所选择的取向。

第一，我们对写作结构讨论的多样性印象深刻。我们发现五种取向的结构很少有交叉或共同之处。尽管在实践中，肯定会出现类似的情形。民族志研究者和叙事研究者所讨论的叙事辞格与文学元素，在不同的取向中都可以运用。第二，写作结构跟资料分析程序高度相关。现象学研究和扎根理论研究会严格地遵循资料分析的步骤。简单地说，我们要记住：在质性研究中将资料收集、资料分析与报告写作区分开，是很困难的。第三，重点是要强调，叙事的写作会因为取向的不同而存在差异，特别是嵌入式叙事结构。民族志研究者引导读者关注他们对叙事与文本建构的广泛讨论，现象学家和扎根理论的作者则很少讨论这一主题。第四，在某些取向（如扎根理论研究、现象学研究，可能还有案例研究）中，叙事结构在整体上是清晰、明确的。而在另一些研究（如叙事研究、民族志研究）中，叙事结构则很灵活，是逐步发展的。这一结论在总体上反映了五种探究方式中强结构化取向与弱结构化取向之间的不同。

本章要点

1. 你是否发现作者在他们已发表的质性研究中使用了一些宽泛的写作策略？从附录二到附录六中选择一篇质性研究的期刊论文。

（1）从确定所描述的四种策略（即反思与呈现、受众、赋码、引文）开始，看看它们是如何被运用于每一篇期刊文章的。注意哪些策略的影响容易确认，哪些较难确认。

（2）确定每篇论文的目标受众。思考：如果是不同的目标受众，还可以采用哪些策略？

2. 你了解质性研究特定取向的总体写作结构吗？你能运用这类结构来指导你自己的研究吗？从附录二到附录六中选择一篇符合你特定取向的质性研究论文。

（1）首先，通过确定其中各部分的流程来绘制整体结构图。这篇文章是如何开始的，是通过个人简介、对难题的陈述，还是文献综述来开篇的？接下来又是什么内容？这篇文章是如何结尾的？

（2）接下来认真看看每一部分，确认所采用的嵌入式策略，如隐喻、引文和图表。

3. 在质性研究中，你能否识别出"好"的写作的特征，从而对嵌入式写作结构有更深的理解？阅读采用了不同策略的质性研究期刊论文或书籍。如埃利斯（Ellis, 1993）在叙事研究中的展望-回溯方法、安德森和斯宾塞（Anderson & Spencer, 2002）在现象学研究中有创造力的结尾、莫罗和斯密斯（Morrow & Smith）在扎根理论研究中的可视化图表、罗兹（Rhoads, 1995）在民族志研究中的辞格，还有阿斯穆森和克雷斯维尔（Asmussen & Creswell, 1995）在案例研究中的漏斗法。

（1）重点关注作者所采用的嵌入式策略的实例，思考这一策略的有效性。

（2）这一策略还可以被用于其他取向吗？

（3）不同的受众会如何影响你对不同嵌入式写作结构的运用？

4. 你能确认厚描的特征，并将其运用于你对质性研究写作实践经验的理解中吗？要做到这一点可以看看小说中作者是如何对事件、事物或人物进行细致描写的。例如，可以看看哈丁的获奖小说《修补匠》（*Tinkers*；Harding, 2009）的第14页，读一读乔治如何在旧货甩卖会上修补一个破钟表。

（1）记录哈丁是如何进行身体描写的，包括对步骤（或行动）的描述、使用明显的行为动词、运用引述或引文、运用五感（视觉、听觉、味觉、嗅觉、触觉）来传达细节。

（2）在你的质性描述或主题中，使用这种方式来处理细节。

小 结

在这一章中，我们讨论了质性报告的写作。我们以对伦理考量的重新回顾为起点，接下来讨论了写作者必须注意的几个写作议题。这些议题包括：以反思性的方式写作并进行呈现、报告的受众、为读者赋码，还有对引文的使用。然后，我们对五种探究取向进行了逐一讨论，呈现了把整个研究组织在一起的整体式修辞结构，还有特定的嵌入式结构、写作手段、技术，这些都被研究者整合到了研究之中。列出了这些写作结构的表格呈现了关于写作结构的多样视角，反映了不同的资料分析程序及学科关系。我们以一些观察作为结论：五种取向的写作结构存在的差异、不同取向所反映出的差异、资料分析与报告写作之间的关系、每种取向的研究文献对叙事建构的强调，还有每种取向中研究的总体架构的结构化程度。

扩展阅读

前面章节已经提及了许多资源，包括质性研究写作与交流的策略和指导。我们在这里也会强调其中一些资源，主要是与程序有关的信息及与写作有关的议题。这些书单并不完备，我们鼓励读者在书末的参考文献中寻找补充阅读材料。

Denzin, N. K. (2001). *Interpretive interactionism* (2nd ed.). Thousand Oaks, CA: Sage.

在第2版中，作者扩展了他对如何"进行"诠释互动主义研究的指导，诠释互动主义可以使读者看到鲜活的生活经历。

Gilgun, J. F. (2005). "Grab" and good science: Writing up the results of qualitative research. *Qualitative Health Research, 15*, 256–262. doi: 10.1177/1049732304268796

作者展示了关于使用第一人称的有说服力的历史论点和当代观点，并对质性研究写作进行了指导。

Richardson, L. (1990). *Writing strategies: Reaching diverse audiences.* Newbury Park, CA: Sage.

作者提供了指导质性研究写作的重要资源，并表明写作应当根据目标受众进行调整。

Strunk, W., & White, E. B. (2000). *The elements of style (*4th ed.). Upper Saddle River, NJ: Pearson.

两名作者以容易理解的方式加上有细节描写的具体例子，展示了英语写作的原则。这是一本基础读物。

Sword, H. (2012). *Stylish academic writing.* Cambridge, MA: Harvard University Press.

作者向更多读者描绘了学者写作风格的要素。需要特别注意的是"有吸引力的标题"和"钩子和坠子"这两个章节。

Van Maanen, J. (2011). *Tales of the field: On writing ethnography* (2nd ed.). Chicago, IL: University of Chicago Press.

作者讨论了与文化书面呈现有关的写作风格。为了做到这一点，作者通过详细的实例与实践，为民族志研究者提供了有价值的建议。

Weis, L., & Fine, M. (2000). *Speed bumps: A student-friendly guide to qualitative research.* New York, NY: Teachers College Press.

两名作者提供了关于反思的出色论述。特别是，他们清楚地解释了质性写作对读者、受众及参与者的潜在影响。

Wolcott, H. F. (2008b). *Writing up qualitative research* (3rd ed.) Thousand Oaks, CA: Sage.

作者引导读者体验经过了时间检验的质性研究诠释与交流的过程。需要注意的是，作者在指南中强调了将信息写下来并组织在一起所需要的毅力。

第10章 有效性与评估的标准

　　质性研究者要努力达到"理解"，这种知识的深层结构来自亲自拜访参与者、在田野中花费大量的时间、努力钻研以获得细节化的意义。在研究过程中以及在研究结束之后，质性研究者都会问自己："我们的理解是正确的吗"（Stake, 1995, p. 107）或"我公开发表的那些叙述是'错误的'或不准确的吗"（Thomas, 1993, p. 39）。甚或是，找到正确答案是可能的吗？要回答这些问题，研究者就需要仰仗他们自己，仰仗参与者，并仰仗读者。包含着多种声音的话语在这里起作用，其有助于理解质性叙事的有效性与评估。

　　在这一章中，我们要讨论两个相互关联的问题：叙述是有效的吗？这是按什么标准来判断的？我们如何评估质性研究的质量？对这些问题的回答将帮助我们了解质性研究学术界中关于有效性的多种看法，以及拥有程序视角、诠释主义视角和后现代主义视角的研究者对评估的多元标准的讨论。

本章讨论的问题

● 在质性研究学术界，对有效性有哪些看法？

● 有哪些不同的程序可被用于建立质性研究的有效性？

● 质性研究中的信度是如何实现的？

● 评估质性研究质量的不同标准有哪些？

● 质性探究取向的不同类型在这些立场上有何差异？

质性研究中的有效性与信度

关于有效性的不同视角

　　学界对质性研究中有效性的重要性、如何界定有效性、用来描述有效性的术语以及建立有效性的程序等议题存在多种看法。我们将有效性视为逐步发展的建构的产物，这种看法表明对传统视角与当代视角的宽泛理解都是极为重要的，不仅对质性研究者而言，而且对质性研究读者而言，这些理解都能为他们提供指导性的信息。在表 10.1 中，我们按时间顺序列出了质性研究关于有效性的讨论中的一些视角。这些视角通过讨论量化研究的对应概念、后现代主义和诠释主义的视角、建构的重要性等，对质性研究的有效性进行了探讨。多数视角都使用了质性研究的术语来描述有效性，以将其与量化研究区分开；有些结合或综合了多种视角，或者运用隐喻将其形象化。在质性研究中关于有效性的认识不断发展的证据，在作者内部和作者间都显而易见。在此，我们将阐述我们自己的立场。

有些研究者在质性研究中寻找并发现了传统量化取向中的有效性的对应物。勒孔特和戈茨（LeCompte & Goetz, 1982）采用了这种取向，他们用质性研究中的有效性及信度等议题与实验研究和问卷调查中的对应概念进行比较。他们认为质性研究在科学界遭受了很多批判，因为质性研究不能在传统意义上"遵守信度与有效性的规则"（LeCompte & Goetz, 1982, p. 31）。他们将实验研究中对内在效度的威胁应用于民族志研究（如历史与发展过程、观察者效应、选择与回归、死亡、虚假结论）。他们进一步将对外在效度的威胁确定为"阻碍或减损了研究的可比较性或可转换性的那些影响"（LeCompte & Goetz, 1982, p. 51）。

有些研究者认为采用实证主义术语的作者能帮助质性研究在关注量化的传统世界中被接受。埃利等（Ely et al., 1991, p. 95）则认为，使用量化研究的术语倾向于采取防御的手段，如此一来搅浑了水，并且"实证主义研究的语言与质性研究所采用的语言不一致，或者说直接使用的话并不恰当"。林肯和古巴（Lincoln & Guba, 1985）采用了另一些术语，他们认为这些术语与自然主义研究有关。为了建立起一项研究的"可信赖性"（trustworthiness），林肯和古巴（Lincoln & Guba, 1985, p. 300）使用了一些独特的术语，如可信度（credibility）、真实性（authenticity）、可转换性（transferability）、可靠性（dependability）和可证实性（confirmability），将这些作为内在有效性（internal validation）、外在有效性（external validation）、信度（reliability）和客观性（objectivity）的"自然主义对应物"。为了使这些术语可操作，他们推崇这样一些技术，如延长在田野工作的时间，以及进行资料来源、方法与研究者的**三角互证**（triangulation），以建立可信度。为了确保研究发现在研究者与研究对象之间是可转换的，必须进行厚描。在信度之外，研究者还要寻求可靠性，即探讨研究结果是否会发生改变、是否稳定。自然主义研究者在确立资料的价值时更关注可证实性，而非客观性。可靠性与可证实性都是通过对研究过程的核查追踪建立起来的。我们发现林肯和古巴的标准在今天的质性研究报告中仍然很流行。

艾斯纳（Eisner, 1991）没有使用有效性这类术语，他构建的标准包括结构性确证、共识有效性以及引用适切性，以此作为判断质性研究可信度的证据。在结构性确证中，研究者使用多种类型的资料来支持或反驳研究中的诠释。如艾斯纳（Eisner, 1991, p. 10）所言："我们力求能增加可信度的证据，这会使我们对我们的观察、诠释及结论感到充满信心。"他将其与侦探工作类比，对这一观点进行了进一步说明：研究者将零零碎碎的证据整理成一个"有说服力的整体"。在这一阶段，研究者寻找那些反复出现的行为或行动，并思考否定的证据及相反的诠释。此外，艾斯纳还建议：为了展示可信度，证据的权重应该具有说服力。共识有效性则需要寻求他人的看法，艾斯纳（Eisner, 1991, p. 112）认为他人的看法是指"与其他有能力的人达成一致，对教育情况的描述、诠释、评估以及主题讨论都是正确的"。引用适切性表明了批判的重要性，艾斯纳将批判的目标描述为详细展示那些重要的主题，并带来更复杂的和更敏锐的感知与理解。

质性研究者也从后现代的角度对有效性重新进行了概念化。拉瑟（Lather, 1991）最初确认了四种形式的有效性（即三角互证、建构有效性、当面 [face] 有效性和催化 [catalytic] 有效性），以此作为"有效性的再概念化"。拉瑟（Lather, 1991, p. 66）认为目前"人文学科中范畴上的不确定性正在指向对有效性的再概念化"，他号召用"新的技术与概念来获得并界定真实可靠的资料，这样可以避免有效性这个正统概念的陷阱"。对拉瑟而言，社会科学研究报告的特征发生了变化，由带有严格论证结构的封闭叙事变成了更开放的叙事，这种开放叙事中存在漏洞及疑问，还有对情境性和片面性的承认。在《成就聪慧》（Getting Smart）一书中，拉瑟（Lather, 1991）描述了从多种资料来源、方法与理论体系出发的三角互证；建构有效性则承认了构念的存在，而并非将理论或构念强加于信息或情境；当面有效性引自基德尔（Kidder, 1982, p. 56）的著述，是指"'点击确认'及'是的，当然'，而非'是，但是'的经验"；催化有效性是指激励参与者了解现实并改变现实。

在一篇后来发表的文章中，拉瑟（Lather, 1993）使用的术语"有效性的四个框架"更加独特，与女性主义研究有更密切的联系。第一，反讽（ironic）效度是指研究者将真理视为一个难题。第二，逻辑倒错（paralogic）效度所关注的是不可判定、限度、悖论和复杂性，不再对事物进行理论化，而是以几乎无中介的方式直接披露其他声音。第三，块茎（rhizomatic）效度包括对忽视潜在结构或深层联系的派生、交叉及重叠处进行质疑。研究者也会质疑类型学、构念以及相互连接的网络，因为读者凭借这些内容可以从一个集合跳到另一个，最终从判断跳到理解。第四，效度是情景化的、具身性的，或丰满（voluptuous）的，这表明研究者更关注理解，而非仅记录他们不理解的东西。

其他研究者如沃尔科特（Wolcott, 1990, p. 136）很少使用有效性的术语，他认为"有效性既不能指导质性研究，也不能为其提供信息"。他并没有完全剔除有效性，而是将其置于更广阔的视角之中。沃尔科特（Wolcott, 1990, p. 146）的目标是确认"关键元素"，并"从这些元素出发找到可行的诠释"。他最终尝试的是理解，而非说服；他表达了这样一种观点：有效性使他的研究远离了理解正在发生什么。沃尔科特（Wolcott, 1990, 1994）认为有效性这个术语并没有抓住他所寻求的本质，他还说也许有人能够想出适合自然主义范式的术语，但是现在他认为理解这个术语似乎可以容纳上述观点（Wolcott, 1994）。

质性研究的诠释主义取向也对有效性进行了讨论，主要关注的是研究者的重要性，有效性中缺乏的真理讨论，以与参与者的协商与对话为基础的有效性，以及具有时间性、地点性且总是对再诠释保持开放态度的诠释（Angen, 2000）。安根（Angen, 2000, p. 387）指出在诠释主义研究中，有效性是"对一项研究的可信赖性以及好坏的判断"。她赞成对"是什么使得诠释主义研究值得我们信任"这一主题进行持续的开放对话。对有效性进行思考并非要明确做出关于这一主题的最终断言，也不应当要求每项研究都对此进行讨论。此外，她还提出了两种类型的有效性：伦理有效性和实质有效性。伦理有效性意味着所有的研究安排都必须思考其背后的道德假定、政治意涵与伦理意涵，还要平等对待多元化的声音。这也要求研究能够提出对问题的实践层面的回答。安根（Angen, 2000, p. 389）也指出诠释主义取向的质性研究应当做出"生成式的承诺"，并指出新的可能性、对新问题保持开放的态度、促成新对话，并对我们提出的问题提供非教条式的答案。要做到这一点，诠释主义取向的质性研究必须要拥有指向行动及变化的变革价值。实质有效性是指理解自己的研究主题、理解其他资源、理解在研究写作中对这一过程的记录。自我反思对研究的有效性是有帮助的。作为深思熟虑的诠释者，诠释主义取向的质性研究者与研究主体保持互动，共同创建诠释。从之前研究中获得的理解对探究也有实质性的帮助。诠释主义研究也构成了诠释链条，必须记录下来，让他人判断最终获得的意义是否值得信赖。目标受众必须与这些书面的叙述产生共鸣，这些叙述必须是吸引人的、强有力的且有说服力的。

惠特莫尔、蔡斯和曼德勒（Whittemore, Chase, & Mandle, 2001）对有效性的各种视角进行了综合，他们分析了关于有效性讨论的 13 本论著，并从这些研究中抽选出了关于有效性的关键标准。他们将这些标准分为首要标准和次要标准。他们发现了四个首要标准：可信度（研究结果是对参与者意义的准确诠释吗？）、真实性（是否听到了不同的声音？）、批判性（有对研究各方面进行批判性评价吗？）和完整性（研究者是否有做到自我批判？）。次要标准包括显性、生动、有创造力、彻底、一致和敏感。概而言之，按照这些标准，有效性的标准转向了叙事研究的诠释主义视角，强调研究者的反思以及研究者提出的挑战，包括对在研究过程中发展出来的各种观点进行质疑。

后现代主义视角采用了晶体这一隐喻的意象。理查德森和圣皮埃尔（Richardson & St. Pierre, 2005, p. 963）这样描述这一图景：

> 我认为后现代文本"有效性"的中心意象并不是三角形，三角形是刚性的、固定的二维物体。相反，中心意象是晶体，其将对称和实体与无限多的形状、变形、多面性和多角度等结合在一起。晶体可以生长和

改变，但它们不是无定形的。晶体是棱晶，可以反射外部，也可以在内部折射，创造出不同的颜色、图样，向不同方向投射不同的光束。我们所看到的，取决于我们给出反应的角度——并不是三角互证，而是晶体化。

最后一种视角来自林肯、莱恩姆和古巴（Lincoln, Lynham, & Guba, 2011）。他们对过去发展出来的多种视角进行了分析。他们认为效度标准的问题并不是说我们是不是应该有这类标准，也不是科学界应该采用谁的标准，而是说这一标准应当如何在社会科学家所预期的转型中发展起来。为了实现这一点，他们强调要建立真实性，而且是在平衡各种观点的视角中建立真实性；要提高参与者及其他利益相关者的自觉性，提高参与者采取行动的能力，并训练这些参与者采取行动。林肯、莱恩姆和古巴（Lincoln, Lynham, & Guba, 2011）也看到了通过晶体这一意象（其他学者也有类似的提法，参见 Richardson & St. Pierre, 2005）明确效度在理解隐藏假定方面的作用，因为晶体能反射并折射研究过程，如发现、看见、告知、讲故事和再现。最后，对这些研究者来说，效度是指通过这些标准与参与者之间形成的伦理关系，如将自己放在参与者的位置上、理解话语、鼓励发声，并自我反思。

考虑到这些多样的视角，我们概括了我们自己的立场。我们认为质性研究中的"有效性"就是对评估研究发现的"准确性"的尝试，最好是由研究者、参与者和读者（或其他评论人）来描述这些研究发现。这一观点也表明任何研究报告都是作者的再现。我们还将有效性视作质性研究的独特优势，通过长时间的田野工作完成的叙述、细节化的厚描、研究者与参与者在研究中的亲近关系，这些内容都增加了一项研究的价值或准确性。我们使用有效性这一术语来强调过程（参见 Angen, 2000），而没有使用验证（verification）这个有量化研究含义的概念，也没有使用具有历史感的词汇，如可信赖性和真实性（我们意识到了有许多质性研究的作者确实采用了这类词汇，如林肯和古巴 [Lincoln & Guba, 1985] 所提及的"持久力"；参见 Whittemore et al., 2001）。

表10.1 质性研究中关于有效性的观点和使用的术语

作者	观点	术语
勒孔特和戈茨（LeCompte & Goetz, 1982）	使用量化的实验研究与问卷调查中的对应概念，作为质性研究的概念	内在效度、外在效度、信度和客观性
林肯和古巴（Lincoln & Guba, 1985）	使用在多数情况下被应用于自然主义公理的术语	可信度、可转换性、可靠性与可证实性
艾斯纳（Eisner, 1991）	使用了另一些术语，提供了可用于判断质性研究可信度的理性标准	结构性确证、共识有效性、引用适切性

续表

作者	观点	术语
拉瑟（Lather, 1991）	采用四种类型，对效度重新进行概念化	三角互证、建构有效性、当面有效性、催化有效性
拉瑟（Lather, 1993）	采用了效度的四个框架	反讽效度、逻辑倒错效度、块茎效度、情景式或嵌入式的丰满效度
沃尔科特（Wolcott, 1990, 1994）	使用效度之外的其他术语，认为效度这个概念既不能指导质性研究，也不能为其提供信息	跟效度相比，理解是更好的形容
安根（Angen, 2000）	在诠释主义探究的情境中，使用了两种类型的有效性	伦理有效性、实质有效性
惠特莫尔、蔡斯和曼德勒（Whittemore, Chase, & Mandle, 2001）	运用效度的综合视角，将关键的效度标准分为首要的和次要的	首要标准：可信度、真实性、批判性、完整性 次要标准：显性、生动、有创造力、彻底、一致、敏感
理查德森和圣皮埃尔（Richardson & St. Pierre, 2005）	对效度进行重新概念化，采用隐喻的形式，将其视为晶体	将晶体视为发展中的、变化中的、转换中的、反思中的外部性，其中会产生折射
林肯、莱恩姆和古巴（Lincoln, Lynham, & Guba, 2011）	使用了真实性、越界和伦理关系	公平地呈现不同看法、提升意识和引发行动；潜在的假定和压制，可以从不同角度观察的晶体；与研究参与者的关系
克雷斯维尔和保斯（本书）	运用检验有效性的过程来评估研究发现的准确性，研究发现的最佳描述由研究者和参与者提供	这一过程涉及对多种质性研究策略的综合，如长时间的田野工作、厚描、研究者与参与者的亲近程度

我们承认质性研究中存在多种类型的有效性，研究者必须选择他们认为合适的类型及术语。我们建议研究者标注出他们关于有效性的术语及策略。有效性这一主题出现在质性研究的多个取向中（例如，Corbin & Strauss, 2015; Riessman, 2008; Stake, 1995），但我们不认为质性研究的五种取向在有效性上存在不同取向。最多也只是叙事研究不太关注有效性，而扎根理论研究、案例研究和民族志研究更关注有效性，特别是当这些取向的研究者打算采用系统程序时。我们建议无论选择哪种质性取向，都应当采用多种有效性策略。

我们对质性研究中有效性的框架进行讨论，是为了建议研究者采用已被广为接受的策略，记录下他们研究的准确度。我们将此称为有效性策略。

有效性策略

仅仅确定视角与术语是不够的，最终这些观点都要在实践中被转化为策略或技术。惠特莫尔等（Whittemore et al., 2001）将技术分为29种形式，将其运用于设计考量、资料生成、分析以及呈现。我们描述了质性研究者在讨论有效性时经常使用的九种策略，其改编自克雷斯维尔和米勒（Creswell & Miller, 2000）的著述，以提供我们如何应用这些策略的一般指导（图10.1）。

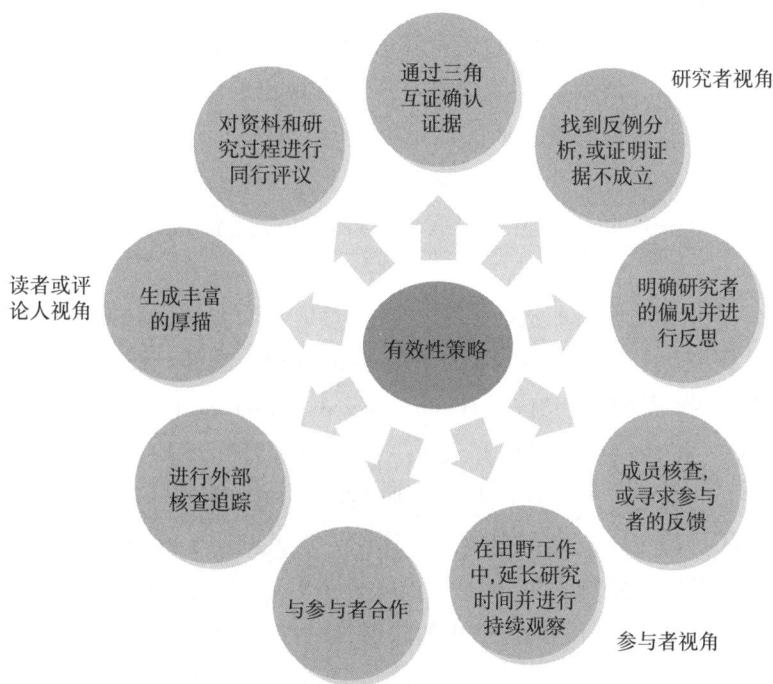

图 10.1　质性研究中的有效性策略

这些策略并没有按照重要性的顺序来排列，而是按照策略所代表的视角被分为三组：研究者视角、参与者视角、读者或评论人视角（Creswell, 2016）。我们建议质性研究者在任何研究中采用至少两种策略。下文将对此进行进一步讨论。

研究者视角　研究者所承担的多个任务之一是核查质性叙述的准确性。下列的有效性策略有助于研究者扮演好这一角色：

● 通过对多种资料来源的三角互证来确认证据。研究者要利用多种不同来源、方法、研究者和理论，以提供对资料的证据（Bazeley, 2013; Ely et al., 1991; Erlandson et al., 1993; Glesne, 2016; Lincoln & Guba, 1985; Miles & Huberman, 1994; Patton, 1980, 1990, 2015; Yin, 2014）。通常这一过程包括确认不同来源的资料，以阐明某个主题或视角。当质性研究者将证据定位为编码或主题在不同资料来源中的记录时，他们就是在对信息进行三角互证，确保他们研究发现的有效性。就这一有效性策略而言，我们从进行研究计划时就要开始思考多样的资料可以如何串联起来。接下来，当资料收集完毕，我们会进一步探索确认的证据，并在我们的诠释和写作中使用这些洞见。

- 找到反例分析，或证明证据不成立。随着探究的推进，研究者看到了相反的或竞争性的证据，会对工作假设进行修正（Ely et al., 1991; Lincoln & Guba, 1985; Miles & Huberman, 1994; Patton, 1980, 1990, 2015; Yin, 2014）。并非所有的证据都适用编码或主题的模式，那么就必须汇报这些反例分析。这么做的话，研究者才能提供对所研究现象的现实评述。在现实生活中，并非所有的证据都是正面的或是负面的，有些证据可能二者兼有。就这一有效性策略而言，我们承认我们倾向于关注这类证据，并重视我们所说的贯穿整个研究的"兴趣点"。我们发现这些要点通常就是写作讨论中的关键要点。

- 明确研究者的偏见或进行反思。研究者应当表明他们对偏见、价值以及他们从研究之外带到质性研究中的经验的理解，这样，读者就能够理解研究者进行探究时的定位（Hammersley & Atkinson, 1995; Merriam & Tisdell, 2015）。按照韦纳 - 利维和波珀 - 吉维恩（Weiner-Levey & Popper-Giveon, 2013）的说法，在这类澄清中，研究者要对可能影响研究的诠释与取向的过往经历、偏见、成见和定位进行评论，这就阐明了在质性研究中经常被忽视的所谓的"暗物质"。就这一有效性策略而言，我们记录并讨论我们的过往经历与研究视角之间所产生的联系，以将这种机会嵌入整个研究过程。

参与者视角　参与者在下列有效性策略中扮演着重要角色：

- 成员核查，或寻求参与者的反馈。研究者要征求参与者对研究发现及诠释的可信度的看法（Bazeley, 2013; Ely et al., 1991; Erlandson et al., 1993; Glesne, 2016; Lincoln & Guba, 1985; Merriam & Tisdell, 2015; Miles & Huberman, 1994）。林肯和古巴（Lincoln & Guba, 1985, p. 314）认为这是"建立可信度的最关键的技术"。这种取向在大多数质性研究中是显而易见的，包括将资料、分析、诠释及结论等拿给参与者看，让他们判断叙述的准确性和可信度。斯特克（Stake, 1995, p. 115）认为，参与者应当"扮演主要的指导角色，就像他们在案例研究中的行动角色那样"。参与者应当要求核查研究者的稿件，提供其他的视角，特别是在"关键性观察或诠释"（Stake, 1995, p. 115）方面。这么一来，参与者就需要扮演关键的角色，因为他们会被问及"目前的资料分析在呈现经验方面做得怎么样"（Hays & Singh, 2012, p. 206）。就这一有效性策略而言，我们在研究中会召集由参与者组成的焦点小组，并要求他们对叙述的准确性进行讨论。我们并不会将访谈记录或原始资料拿给参与者看，但会向他们提供包含了描述或主题的初步分析。我们感兴趣的是他们对我们所做的分析的看法，还有我们是否遗漏了什么内容（关于如何诠释参与者反馈的实践指南，参见 Richards, 2015）。

● 在田野工作中，延长工作时间并进行持续观察。研究者要以田野为基础做出决定：研究中突出的内容有哪些？哪些是与研究目标相关的？哪些构成了研究焦点？研究者与参与者及看门人建立起融洽的关系，了解本土文化和情境，对因他们自己或消息提供者的歪曲而衍生的错误信息进行核查（Ely et al., 1991; Erlandson et al., 1993; Glesne, 2016; Lincoln & Guba, 1985; Merriam & Tisdell, 2015）。费特曼（Fetterman, 2010, p. 39）指出："参与观察需要与所研究的人群进行近距离的长时间接触。"就这一有效性策略而言，在研究中，我们要在田野里花费尽可能多的时间，在开始收集资料前，我们就要尽可能地熟悉研究地点和参与者。

● 与参与者合作。研究者在整个研究过程中为参与者提供了多种机会，以不同程度参与到研究中。多种参与方式包括参与关键的研究决定，如发展收集资料的工具、为资料分析与诠释做贡献。参与者的参与程度是从低到高的一个连续统，他们的参与是以这样一种观点（越来越多的研究也是这么做的）为基础的：当参与者参与到研究之中时，这项研究更有可能获得支持，研究发现也可能得到运用（Patton, 2011, 2015）。就这一有效性策略而言，我们经常接受以社区为基础的参与式研究实践的指导，在参与式研究中，参与者也是共同研究者（进一步的讨论可参见 Hacker, 2013）。

读者或评论人视角　下列有效性策略包括与研究者之外的其他相关人士的贡献：

● 进行外部核查追踪。研究者应当推动外部核查追踪，对研究过程及研究叙述的产物进行检验，并评估其准确性（Erlandson et al., 1993; Lincoln & Guba, 1985; Merriam & Tisdell, 2015; Miles & Huberman, 1994）。核查人员应当与研究没有直接联系。要对研究结果进行评估，核查人员就需要对资料能否支持研究发现、诠释及结论进行检查。林肯和古巴（Lincoln & Guba, 1985）在方法上将这种核查与财政审计进行比较，这一程序为一项研究提供了某种评分者间信度。这一过程可以由创建文件记录来辅助，这些文件记录有些就是核查追踪的记录，西尔弗和卢因（Silver & Lewins, 2014, p. 140）

将此描述为"建立记录所有过程的日志，描述对整个分析有贡献的小小的分析飞跃"。就这一有效性策略而言，我们强调两个过程。首先，我们在研究的开始就建立了一个追踪文件，详细记录我们的关键决定，包括这些决定的理由以及可能的后果。其次，当资源允许时，我们会请一位核查人员对我们的研究过程与发现进行检查。

- 生成丰富的厚描。研究者允许读者就可转换性做出决策，因为作者对所研究的参与者及场景进行了细致的描述（Erlandson et al., 1993; Lincoln & Guba, 1985; Merriam & Tisdell, 2015）。有了这些细节化的描述，研究者就能够帮助读者将信息转换到其他场景，并判断研究发现是否"因其共同的特点"而可以被转换（Erlandson et al., 1993, p. 32）。厚描则意味着研究者在描述一个案例或论述一个主题时需要提供细节。在斯特克（Stake, 2010, p. 49）看来，"描述是否丰富要看它是否提供了充分的相互关联的细节"。通过物理描述、运动描述及活动描述，细节就会浮现出来。这也包括从一般看法到具体看法的描述，将细节相互关联起来，并使用明显的行为动词以及引文。就这一有效性策略而言，我们会在资料收集完成之后，花时间再看看我们的原始资料，以进一步增加描述（如情境描述等），这些内容在分析过程中可能会有帮助。

- 对资料与研究过程进行同行评议。研究者要找到"对研究或所探讨的现象很熟悉的人"来进行外部核查（Creswell & Miller, 2000, p. 129），与量化研究中评分者间信度的精神多少有些类似（Ely et al., 1991; Erlandson et al., 1993; Glesne, 2016; Lincoln & Guba, 1985; Merriam & Tisdell, 2015）。林肯和古巴（Lincoln & Guba, 1985）将同行评议人的角色描绘为"魔鬼的代言人"，他们会使研究者保持诚实，会就研究方法、意义及诠释抛出很难的问题，会富有同理心地倾听研究者的感受，为他们提供宣泄的机会。就这一有效性策略而言，我们会让同事和学生充当评议人（对我们的学生而言，我们会扮演评议人的角色），参与林肯和古巴（Lincoln & Guba, 1985）所说的同行评议会，在这个过程中评议人和研究者都要对评议进行书面记录。

对这九种程序进行总体检验（如图10.1涉及的讨论和概览），我们建议研究者在任何质性研究中至少采用两种策略。无疑，不同资料来源（假定研究者收集的资料多于一种）的三角互证、运用丰富的厚描方式进行写作、将写好的叙事整个拿给参与者进行成员核查，这些都是可执行的合理的简易程序，也是最受欢迎且最有效的程序。其他程序，如同行核查和外部核查，在应用时都更花时间，也可能会给研究者造成大量花费。我们也认为不同的效度视角（即研究者、参与者、读者和评论人）之间的差异可以被归因于研究者的哲学定位，也因此会影响其对有效性策略的使用（关于进一步的讨论，参见Creswell, 2016）。

信度的视角和程序

质性研究中的信度可通过多种方式进行讨论（Silverman, 2013）。如果研究者采用高质量的录音设备并将其转换成数字文件，那么信度就可以得到提高。此外，录音必须被转录，以标注其中细微但通常很重要的停顿和重复。进一步的编码可以是"盲"编，编码员和分析者在进行研究时，对项目主要负责人的期待与研究问题一无所知。西尔弗曼（Silverman, 2013）还支持使用计算机程序来协助资料的记录和分析。

我们在这里对信度的讨论主要聚焦于**编码员间一致性**（intercoder agreement），其以多个编码员对资料的分析为基础。在质性研究中，信度通常是指对资料集进行编码的多个编码员间的回应稳定性。发展编码并评估编码员之间的信度，以此作为分析的一部分，是很重要的（Kuckartz, 2014; Richards & Morse, 2012）。我们发现这种实践尤其会被应用于质性健康研究，以及研究者希望对高度诠释性的编码过程进行外部核查的质性研究形式之中。大量研究文献似乎都遗漏了实际上应进行的编码员间一致性核查（例外情况包括 Armstrong, Gosling, Weinman, & Marteau, 1997; Campbell, Quincy, Osserman, & Pederson, 2013; Miles & Huberman, 1994; and Miles, Huberman, & Saldaña, 2014）。一个关键议题是确定编码员实际上对什么达成了一致，他们是否在编码名称、被编码段落或同一段落的编码方式等方面达成了一致。我们也需要决定研究者是否要在编码或主题方面（或兼顾两者）达成一致（参见 Armstrong et al., 1997）。最后，我们必须仔细地诠释我们的发现，就像理查兹（Richards, 2015）所建议的那样，我们不能期望在长时间里或不同编码员间发现编码完全一致。无疑，这个过程中存在灵活性，研究者需要使取向与可用于编码的资源及时间相协调。

根据我们与多个编码员一起工作的经历，我们建议按照图10.2展示的程序来判断质性研究编码过程中的编码员间一致性：

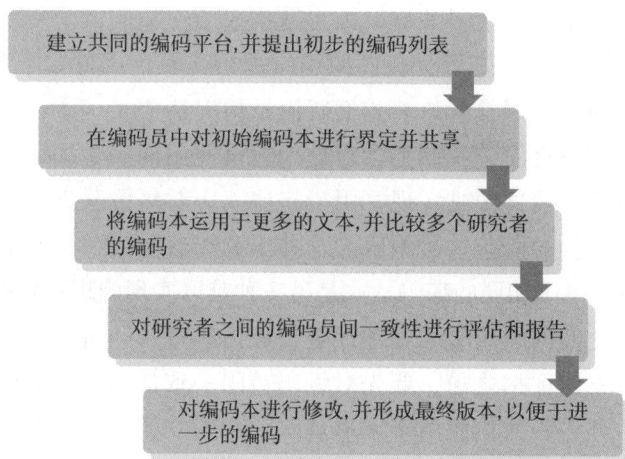

建立共同的编码平台,并提出初步的编码列表

在编码员中对初始编码本进行界定并共享

将编码本运用于更多的文本,并比较多个研究者的编码

对研究者之间的编码员间一致性进行评估和报告

对编码本进行修改,并形成最终版本,以便于进一步的编码

图10.2　质性研究中编码员间一致性的信度程序

- 建立共同的编码平台，并提出初步的编码列表。研究者要决定他们将使用哪种计算机程序，或者是采用纸笔记录的方法。一个共同的平台是很关键的，研究者在此可以分享他们初始阅读的成果以及初步的编码结果。在我们近期的研究中，我们通常会使用计算机辅助质性资料分析软件（MAXQDA、ATLAS.ti 或 NVivo，取决于各位研究者熟悉哪种软件），我们在研究开始时也会开展培训。接下来，每名研究者分别阅读几份访谈记录，给出初步的编码列表。正如第8章所讨论的那样，计算机软件的一些功能有助于创建这些列表。

- 在编码员中对初始编码本进行界定和共享。研究者要发展出对编码的共同理解，编制出"稳定"的编码本，这个编码本代表了四名独立编码员的编码分析。要做到这一点，例如，有三份文本（即文本A、文本B、文本C），在编码之后，我们要聚在一起，检查这些编码及其名称，还有每个研究者编码的文本片段。我们要开始编制主要编码的初始编码本。这个编码本包括每个编码的定义，还有每个编码所指向的文本片段。在这个初始编码本中，我们列出了主要编码和子编码。我们集中关注我们在资料库中找到的主要编码，而不是完整列表中的所有编码。随着分析的推进，我们会加入额外的编码。

- 将编码本运用于更多的文本，并比较多个研究者的编码。研究者先独立使用共同的编码本对其他文本进行编码，然后再比较他们的编码，对一致性进行评估。为了做到这一点，研究者必须就被用于比较的文本单位（如短语、句子和段落）达成一致，接下来每名研究者都独立对三份文本（即文本D、文本E、文本F）进行编码。由于已有研究文献中对诸如编码的恰当单位等并没有清晰的指南，共识很难达成（Hruschka et al., 2004）。为了明确他们探索性研究的流程，坎贝尔等（Campbell et al., 2013）建议由主要研究者确定作为编码单位的资料片段。通常在我们的工作中，我们认为就我们要编码的文本片段达成一致更重要，而不是对完全相同的段落进行编码。关于文本单位的决定很关键，因为这构成了对编码员间一致性进行界定的基础，我们也准备好了对我们的编码进行比较。因此，在我们的研究中，编码员间一致性通常意味着我们就以下情况达成了一致：当我们将一个编码用于一个段落时，我们都会对这个段落使用同一个编码。这是一种理想状态，我们相信这很难实现，因为有些人会对短段落进行编码，而另一些人则会对更长的段落进行编码。这并不意味着我们会将文本的同样几行放进括号里，赋予相同的编码，这是另一种难以实现的理想状态。

- 对研究者之间的编码员间一致性进行评估和报告。研究者在对编码员间一致性进行整体评估之前，要先对编码员间一致性的个别实例进行界定。在我们的研究中，我们倾向于采取现实主义的立场，看看不同研究者编码的段落，问问自己是否会根据编码本中的暂定性定义，将同一编码用于这一段落。答案或许是"是"，或许是"否"，我们可以就这一进行了编码的段落，计算所有研究者达成一致的百分比。我们力图让对这些段落的编码达到 80% 的一致性，这个比例是由迈尔斯和休伯曼（Miles & Huberman, 1994）提出的。迈尔斯等（Miles et al., 2014, p. 85）建议达到 85%~90% 的一致性，这取决于"编码方案的规模和范围"。在许多辅助质性资料分析的计算机软件中，可以找到方便在多个编码者之间进行计算的功能。另一些研究者可能实际计算出了关于一致性的卡帕信度统计量，但我们认为在我们发表的研究中报告这个百分比就足够了（关于测量编码员间一致性的三种不同方法的实践指南，参见 Creswell, 2016）。

● 对编码本进行修改，并形成最终版本，以便于进一步的编码。研究者对编码本进行核查与修订，以进一步区分编码的定义。在研究中，我们在对几份文本进行持续编码后，会对编码本进行修改，并对研究者已编码的段落进行再次评估，确定我们是否采用了相同或不同的编码。在关于编码员间一致性的过程中的每一个阶段，我们都希望文本片段的编码及主题的一致性能达到更高的百分比。接下来我们会将编码分散组织成宽泛的主题，并对主题采取相同的流程，以明确多个研究者按主题进行编码的段落是否使用了相同的主题。

评估标准

质性视角

在对质性研究文献中关于有效性的讨论进行回顾时，我们很惊讶地发现有效性有时候被用于讨论研究质量（例如，Angen, 2000）。尽管有效性固然是评估研究质量的一个重要方面，但其他标准也很有用。在回顾这些标准时，我们发现质性研究学术界中的标准也各有不同（关于质性研究评估的三种取向的对比，参见 Creswell, 2012）。我们首先会回顾三种一般性的标准，接下来将转向质性研究五种取向各自的特定标准。

豪尔和艾森哈特（Howe & Eisenhardt, 1990）提供了一种方法论视角，他们认为只有宽泛抽象的标准对质性研究（和量化研究）来说才是可能的。此外，例如，要判断一项研究是不是一项好的民族志研究，不能与对如下问题的回答分开：这项研究是否有助于增进我们对重要问题的理解？西尔弗曼（Silverman, 2013）则提出好的研究必须满足四个标准。以下的五个标准改编自豪尔和艾森哈特（Howe & Eisenhardt, 1990, p. 322）的著述，他们列出了研究者必须提出的问题：

● 是研究问题驱动了资料收集与分析吗（或者是相反的情况）？西尔弗曼（Sil-verman, 2013）所提出的好的研究的标准与此类似，即使用了"最适合研究难题的方法"。

● 资料收集与分析技术在何种程度上被充分运用（这里指的是在技术意义上）？西尔弗曼（Silverman, 2013）所提出的好的研究的标准与此类似，即给出"在经验上扎实的、可靠的、有效的研究发现"。

● 研究者是否明确说明了自己的假定（如研究者自己的主观性）？

● 这项研究是否有全面的依据（这项研究是稳健的吗？这项研究是否使用了公认的理论解释？是否讨论了已被证伪的理论解释）？西尔弗曼（Silverman, 2013）所提出的好的研究的标准与此类似，即研究思考"在理论上贯穿整个研究，而且会通过资料来实现这一点"。

● 研究在提供信息、提升实践方面是有价值的吗？该研究是否能保护参与者的隐私权和如实告知权，并以符合伦理的方式进行操作（也就是说，这项研究对"那又怎样"的问题有所回应吗，研究是否合乎伦理）？西尔弗曼（Silverman, 2013）所提出的好的研究的标准与此类似，即好的研究应该"在可能想到的地方，对实践和政策"有所贡献。

后现代主义的诠释框架构成了第二种视角，这是林肯（Lincoln, 1995）所提出的。她认为应当采用不断发展的标准来讨论研究质量。林肯追溯了她自己（还有她后来的合作者古巴）的思考过程，从发展平行的方法论标准的早期取向（Lincoln & Guba, 1985），到建立关于"公平"（对利益相关者观点的平衡）、共享知识和促进社会行动的标准（Guba & Lincoln, 1989），再到她现在的立场。这种新的不断发展的质量评估取向，是以三种全新承诺为基础的：与研究对象的新型关系、一系列立场、促进公正的研究愿景。以这些承诺为基础，林肯（Lincoln, 1995）接着确认了几种标准：

● 标准是由研究共同体确定的，如出版发表的指南。这些指南承认有多种研究取向，各种研究共同体都发展出了它们自己严谨的传统、沟通方式以及形成共识的工作方式。林肯（Lincoln, 1995）还指出，这些指南也可以将维护正统的研究知识和社会科学研究者排除在外。

● 定位这一标准引导了诠释主义研究或质性研究。关注立场方面的认识论，这意味着文本应该诚实且真实地呈现其自身立场以及作者定位。

● 另一个标准则是要符合研究共同体的规则。这一标准承认所有研究都是在共同体中进行的，也是写给共同体看的，并且要服务于共同体的目标。这样的共同体可以是女性主义思想、黑人学术研究、美洲原住民研究或生态学研究。

● 诠释主义研究或质性研究应当让参与者发声，这样他们的声音就不会被掩盖、被忽视，或者被边缘化。此外，这一标准要求文本应该呈现不同的声音或多样的声音。

● 将批判主体性作为标准之一，就意味着研究者必须在研究过程中强调自我意识，并致力于个人和社会的转型。这种"高质量的意识"能帮助研究者在研究之前、之中和之后理解其自身的心理状态和情感状态。

● 高质量的诠释主义研究或质性研究涉及研究者与研究对象之间的互惠。这一标准要求存在明确的共享、信任的相互关系。

● 研究者应当尊重从研究到行动的连续统中关系的神圣性。这一标准意味着研究者尊重研究中的合作与平等主义取向，"为其他人的生活方式提供空间"（Lincoln, 1995, p. 284）。

● 分享特权，这是承认在好的质性研究中，研究者会与他们所描绘的人共同分享他们的成果。这种分享可以是图书版税，或是共享出版发表的权利。

最后一种视角运用了开展质性研究的诠释主义标准。理查德森明确了她在审查要出版发表的社会科学论文及专著时会使用的多种标准（参见 Richardson & St. Pierre, 2005, p. 964）：

● 实质贡献：这项研究有助于增进我们对社会生活的理解吗？其展示了深入的社会科学视角吗？它看似"真实"吗？

● 美学旨趣：这份研究报告在美学上是成功的吗？采用创造性的分析实践是否开放了文本并得到了诠释主义回应？文本是否具有艺术性、令人满意、复杂，且不枯燥？

● 反思性：就主体性而言，作者既是文本的生产者，也是文本的产物，这是如何体现的？其中涉及自我意识和自我披露吗？作者是否对自己所研究的人的认知和讲述标准负责？

● 影响：这份研究报告在情感上或智识上对我有影响吗？它带来了新的问题吗？它有激励我继续写作吗？我是否尝试了新的研究实践？这是否推动了我的行动？

作为应用研究的方法论学者，我们倾向于采用方法论的评估标准，但我们也支持后现代主义和诠释主义视角。我们也赞成弗利克（Flick, 2014, p. 480）的说法："如何评估质性研究的难题尚未解决。"在已讨论了的所有视角中，似乎还缺少它们与质性探究的五种取向的联系。在上述提及的评估标准之外，还有哪些标准能够被用于评估高质量的叙事研究、现象学研究、扎根理论研究、民族志研究和案例研究呢？

叙事研究

在对"是什么构成了一项好的质性研究"进行讨论时，里斯曼（Riessman, 2008）和克兰迪宁（Clandinin, 2013）都指出要在参与者的叙事中寻求连贯性，但他们也承认这并不总是可能的。为了实现这一目标，里斯曼（Riessman, 2008, p. 189）提出了下列问题来评估叙事的连贯性：

- 生活史中的片段是连贯的吗？
- 理论论证的小节是相互关联且连贯的吗？
- 是否存在重要的研究空白和不一致之处？
- 诠释者的分析性叙述有说服力吗？

克兰迪宁（Clandinin, 2013, p. 211）通过描述她和维拉·凯恩（Vera Caine）所定义的试金石，提供了"判断并回应叙事研究"的不同方式：

> 有一种含义使我们注意到试金石，它能测试他人的优秀或真诚的品质。试金石也是一块坚硬的黑色石头，如碧玉或玄武岩，可以通过比较金银或其他金属在这些石头上留下的划痕，来检验它们的质量。我们想知道，如果我们以隐喻的方式对叙事探究进行触碰或刮蹭，会留下什么样的印记或划痕。（Clandinin & Caine, 2013, p. 191）

克兰迪宁（Clandinin, 2013）列出了12种试金石，并认为它们是不断发展的（关于试金石的详细描述，参见 Clandinin & Caine, 2013）。在图10.3中，我们列出了我们在"好"的叙事研究中会寻找的五个方面。

叙事研究做到了以下几点吗？
1. 关注一个个体？
 • 作者可以选择关注一个、两个或三个个体。
2. 收集关于重要议题的故事？
 • 作者可以关注由一个或多个个体讲述的故事。
3. 发展出时间序列？
 • 作者可以使用时间序列将故事的不同阶段或面向联系起来。
4. 讲述一个故事？
 • 作者可以通过故事来报告：说了什么（主题）；如何说（展开故事）；说话者如何进行互动或叙述。
5. 嵌入式反思？
 • 作者可以使用反思式思维与写作技巧将自己带入研究之中。

图10.3　"好"的叙事研究指南

在写作诠释主义自传时，邓津（Denzin, 1989, p. 26）感兴趣的主要是"如何在自传材料中确定并诠释一个主题"这类难题。他列出了一些写作指南：

> 处于互动中的个体的生活经验是社会学研究的适切主题。这些经验的意义最好是由经历这些的人们来提供。这样，传记中的方法、有效性、信度、可推论性及理论相关性都必须被放在一边，要先考虑意义和诠释。
>
> 传记方法的研究者必须学会使用文学诠释和文学批评的策略和技巧，也就是说，要将方法与对阅读及写作生活文本的关注放在一起，其中，文本被看作"叙事小说"。

当个人写作传记时，他或她会将自己写入其正在写作的主体的生活之中，就像读者是在通过写作者的视角来阅读一样。

因此，按照人本主义的诠释主义立场，邓津（Denzin, 2001）将"诠释的标准"作为判断传记质量的标准。这些标准是以尊重研究者的视角及厚描为基础的。邓津（Denzin, 2001）欣赏研究者以丰富的情境化方式（即对已展开情境的厚描）来阐明现象的能力，以此来展示经验的历史、过程及互动特点。此外，研究者的诠释也必须包括对现象的了解以及之前已建立的理解，尽管这样的理解总是不完全和未完成的。

对诠释和厚描的关注与传记写作中更传统的取向所建立的标准不同。例如，普卢默（Plummer, 1983）指出了与抽样、资料来源及叙述有效性有关的三类问题，以指导研究者开展好的生活史研究：

- 个体具有代表性吗？埃德尔（Edel, 1984）问了类似的问题：传记作者如何区分可靠的见证人和不可靠的见证人？
- 偏见（与参与者、研究者及二者间的互动有关）的来源有哪些？或者如埃德尔（Edel, 1984）所言，研究者应如何避免使他/她成为参与者的传声筒？
- 当参与者被要求阅读这些叙述时，当这些叙述被用来与官方记录进行比较时，当将这些叙述与其他参与者的叙述进行比较时，这些叙述是有效的吗？

现象学研究

应该用什么标准来判断现象学研究的质量？从关于现象学的许多文献中，我们可以看到多种标准，如对步骤（Giorgi, 1985）或者超验现象学的"核心事实"（Moustakas, 1994, p. 58）的讨论。我们发现多数现象学研究中都没有对标准的直接讨论，但在我们所阅读的研究中，可能波尔金霍恩（Polkinghorne, 1989, p. 57）和范梅南（van Manen, 2014）的讨论最接近，波尔金霍恩讨论了研究发现是否"有效"，范梅南则概括了有效性和评估标准。

在波尔金霍恩看来，有效性指的是这样一种概念：其观点是扎实的，得到了充分的支持。他问道："一般的结构描述提供了对个体特征与结构联系（这些在所收集的实例中都很明显）的准确描述吗？"（Polkinghorne, 1989, p. 57）他接下来还提出了研究者应问问自己的五个问题：

- 访谈者对参与者所描述的内容有影响吗（这些描述并未真正反映参与者的实际经验）？
- 访谈转录是准确的吗？传达了访谈中口头表达的意义吗？
- 在对访谈记录进行分析时，除了研究者提供的结论之外，还可以推导出其他的结论吗？研究者明确了这些不同的可能吗？
- 有可能从一般的结构描述到访谈记录，再到对经验的初始实例的具体内容及联系的叙述吗？
- 结构描述限定了情境吗？或者，这一结构描述一般也适用于在其他情境中的经验吗？

范梅南（van Manen, 2014, pp. 350-351）则认为下列问题是"检验现象学层次的效度"的方式：

- 这项研究是以有效的现象学问题为基础的吗？换句话说，这项研究是否论述了以下问题："人类的经验是什么样的？""这类或那类现象或事件是如何被经历的？"现象学问题不应当与对特定时间、地点中的特定总体、人或群体的经验研究混为一谈。此外，现象学也不能处理因果问题或理论解释。但是现象学可以研究特定的个体或群体，以理解某个现象学主题，如性别现象、社会政治事件或人类灾难的经验。
- 分析是通过经验层次上的描述性叙述与记录进行的吗（分析避免了采用主要由感知、看法、信念、观点等构成的经验材料吗）？
- 这项研究是恰当地以一手的现象学学术文献为基础的吗，而非主要依赖"可疑"的二手甚至三手资料来源？
- 这项研究是否避免了采用其他（非现象学）方法论所提出的有效性标准来使自己正当化？

范梅南（van Manen, 2014, pp. 355-356）也提出了评估现象学研究的标准：

- 启发式提问：文本是否会引发沉思和质疑（也就是拉丁语中的 *ti estin* [好奇

这是什么] 和 *hoti estin* [好奇它是否真的存在])？

- 描述的丰富性：文本中是否包含了丰富的且可确认的经验材料？
- 诠释的深度：文本是否提供了反思性的洞见，可以超越对日常生活想当然的理解？
- 独特的严谨性：文本一直是由对现象或事件的独特意义的自我批判问题来引导的吗？
- 强有力的且具强调性的意义：文本是否"说出"并强调了我们对具身化意义的感知？
- 经验式的觉醒：文本通过情感唤起式的语言和呈现式的语言唤醒了未经反思的原初经验吗？
- 本源的顿悟时刻：这项研究是否向我们提供了这样一种可能——对生命承诺及实践的伦理与民风可能帮助我们获得更深刻且独到的洞察，而且或许是一种直觉式的或灵光一现的把握？

在图 10.4 中，我们提出了判断现象学研究质量的五个标准。

现象学研究做到了以下几点吗？

1. 以简明的方式说明了要研究的明确的"现象"？
   - 作者可以使用现象学问题来引导研究。
2. 传达了对现象学的哲学原则的理解？
   - 作者可以将研究建立在一手的现象学学术文献的基础上。
3. 在现象学研究中使用资料分析的程序？
   - 作者可以采用穆斯塔卡斯 (Moustakas, 1994) 和范梅南 (van Manen, 1990) 所推荐的程序。
4. 就参与者经验的一般本质进行交流？
   - 作者可以对经验发生的情境进行描述。
5. 贯穿整个研究的嵌入式反思？
   - 作者可以解释反思性思考的过程和结果。

图 10.4　评估现象学研究质量的标准

扎根理论研究

斯特劳斯和科宾（Strauss & Corbin, 1990）明确了用于判断扎根理论研究质量的标准。他们列出了与一般研究过程有关的七个标准，还有与研究扎根于经验有关的六个标准。科宾和斯特劳斯（Corbin & Strauss, 2015, p. 350）提出了"检查要点"（checkpoint）这一术语，以此取代标准，他们"不喜欢使用标准（criteria）这个词，因为这会使得评估过程似乎过于教条，是一种'非此即彼'的评估方法"。

科宾和斯特劳斯（Corbin & Strauss, 2015, pp. 350–351）描述了指导研究者与评论人对扎根理论研究的方法论一致性进行评估的16个检查要点：

1. 目标样本的总体是什么？最初的样本是如何被选择的？

2. 抽样是如何进行的？收集了哪些类型的资料？是否有多个资料来源和多个比较组别？

3. 资料收集是否与资料分析交替进行？

4. 在资料收集和分析过程中是否考虑了研究伦理？

5. 资料收集所依据的概念是通过分析得出的（基于理论抽样），还是源自文献并在收集资料之前就建立的（不是真正的理论抽样）？

6. 是否使用了理论抽样？是否描述了抽样过程？

7. 研究者是否展现了对参与者和资料的敏感性？

8. 是否有备忘录的证据或示例？

9. 资料收集何时结束，或者说，何时结束对饱和度的讨论？

10. 是否描述了编码过程（包括理论抽样、概念、范畴和关系陈述的示例）？有哪些事件、突发情况或行动（指标）指向了一些主要范畴？

11. 是否存在核心范畴？是否描述了核心范畴是如何确定的？

12. 随着研究的进展，基于研究发现，研究设计是否有变化？

13. 研究者在研究过程中是否遇到了任何问题？是否涉及反面案例，这些资料是如何被处理的？

14. 关于方法论的决策是否明确，以便读者可以评判它们是否适用于资料收集（理论抽样）和分析？

15. 其他专业人士和参与者对研究发现有什么反馈？是否根据这些反馈对理论进行了更改？

16. 研究者是否有撰写研究日志或笔记？

科宾和斯特劳斯（Corbin & Strauss, 2015, pp. 351–352）还提出了17个检查要点，供研究者及评论人对扎根理论研究的质量和实用性进行评估：

1. 核心范畴是什么？主要的范畴之间是如何关联的？是否有描绘出了这些关系的图表？

2. 核心范畴是否有足够的可推广性，可用于研究其他群体和类似情境？

3. 每个发展出的范畴是否都根据其属性和维度展现了深度、广度和变化？

4. 在每个范畴下是否提供了描述性数据，以使理论足够翔实，从而帮助人们理解，并可将其应用于各种情况？

5.是否已经识别情境，并将其整合进理论分析中？条件和结果不应仅被作为独立章节的背景信息，而是应该被纳入实际分析中，并解释它们如何影响数据中的行动-互动。描述情境使潜在的理论使用者将理论发展的情境与他们可能想要应用理论的情境进行比较。

6.是否已将过程纳入理论中，并以行动-互动的变化来对应条件的变化？是否已将行动-互动与不同情境相匹配，展示理论在不同条件下可能的变化，从而可以应用于不同情境？

7.如何解释饱和度？何时才能确定以及如何确定范畴已经饱和？

8.研究发现是否与专业人士和参与者的经验相一致？即使不是每个细节都适用于他们，但参与者是否能在故事中看到自己的影子？

9.理论中是否存在让读者感到困惑的空缺或遗漏之处，让他们觉得似乎缺少了什么东西？

10.是否有对极端情况或反面案例的描述？

11.是否在理论中考虑了变化？

12.研究发现是否被以具有创造性和革新性的方式呈现？研究是否提出了新的见解，或者以新的方式整合了旧观念？

13.研究发现是否能够为实际情境提供见解，提供可用于制定政策、改变实践并增加专业性的知识？

14.理论发现有意义吗，在多大程度上具有意义？一项研究或调查完全有可能生成了理论，但并未产生有意义的发现。

15.研究发现是否有潜力成为相关社会和专业团体之间的讨论和思想交流的一部分？

16.是否清楚说明了研究的局限性？

17.是否提出了关于实践、政策、教学和应用的研究建议？

卡麦兹（Charmaz, 2014, pp. 337-338）对扎根理论研究所提出的理论的质量进行了讨论。她建议扎根理论研究者看看他们的理论，并询问他们自己下列评估问题：

- 对主要范畴的界定是不是完整的？
- 我是否已经发展出理论概念的主要范畴？
- 我是如何提高研究报告分析的深度与广度的？
- 在范畴之间、范畴与它们的属性之间，还有资料之间，我是否已经建立了强有力的理论联系？
- 我如何增进了对所研究现象的理解？
- 我的扎根理论研究做出了哪些新贡献？
- 我的分析与哪些理论难题、实质难题或实践难题最为密切相关？哪些受众会对这些内容最感兴趣？我应该如何应用这些分析？

● 这些分析对理论的深度与广度各有什么意义？对方法呢？对实质知识呢？对行动和干预呢？

还可以参考卡麦兹（Charmaz, 2014, pp.337-338）提出的关于扎根理论研究评估标准的指导问题，可以按四个类别来组织：可信度、原创性、共鸣性以及实用性。在图10.5中，我们描述了一般性过程的特点，还有对扎根理论研究进行评估时，我们所采用的概念之间的关系。

扎根理论研究做到了以下几点吗？

1. 集中关注对过程、行动或互动的研究？把它们当作理论的关键要素？
 • 将中心现象作为过程、行动及个体间的互动来研究时，研究者可以集中关注逐步展开的步骤。
2. 整合了从资料到更大的理论模型的编码过程？
 • 作者可以对资料收集进行描述，与资料分析交替进行，以建立起理论模型。
3. 以图表的形式来呈现理论模型？
 • 作者可以采用有创造力的方式、以创新的手段来呈现理论。
4. 发展故事情节或研究命题？这个命题与理论模型中的范畴有关，而理论模型则呈现了要进一步讨论的问题？
 • 作者可以提及在当前研究中逐渐浮现的整体图景，以此作为未来的研究发展方向的出发点。
5. 在研究的整个过程都使用了备忘录？
 • 作者可以描述在研究过程中被用来记录不断发展的想法的不同类型的备忘录或方式。
6. 研究者将其关于研究立场的反思或自我披露的证据嵌入到了研究中？
 • 作者可以描述研究日志或研究记录（或其他形式）如何记录了其在研究过程中的反思性思考。

图10.5　对扎根理论研究进行评估的要点

民族志研究

很少有民族志研究会明确对民族志质量进行评估的标准。相反，民族志研究者倾向于将民族志研究的"根本"描述为长期的田野工作，这样才能提出情境化的厚描，反映出多种资料来源的三角互证（Fetterman, 2010; Wolcott, 2008a, 2010）。理查德森（Richardson, 2000）与斯宾德勒和斯宾德勒（Spindler & Spindler, 1987）则是例外。

理查德森（Richardson, 2000, p. 254）描述了她评估民族志的标准：

- 实质贡献：这项研究有助于增进我们对社会生活的理解吗？研究者展示了深入地扎根（或嵌入）于人类世界的理解与视角吗？这一视角如何为建构文本提供信息？

- 美学旨趣：这份研究报告在美学上是成功的吗？采用创造性的分析实践是否开放了文本并得到了诠释主义回应？文本是否具有艺术性、令人满意、复杂，且不枯燥？

- 反思性：作者是如何写作这一文本的？信息是如何收集的？伦理问题是如何解决的？就主体性而言，作者既是文本的生产者，也是文本的产物，这是如何体现的？文本涉及自我意识与自我披露，以帮助读者对作者的观点做出判断吗？作者是否对自己所研究的人的认知和讲述标准负责？

- 影响：这份研究报告在情感上或智识上对我有影响吗？它带来了新的问题吗？它有激励我继续写作吗？我是否尝试了新的研究实践？这是否推动了我的行动？

- 现实表达：这一文本涉及对生活经验的充实的、具身化的感知吗？它是否看似"真实"——可信的关于文化、社会、个体或集体对"真实"的理解的描述？

斯宾德勒和斯宾德勒（Spindler & Spindler, 1987, p. 20）都是民族志研究者，他们强调，对民族志取向而言，最重要的要求是从"局内人的观点"对行为进行解释，在使用笔记、录音机与摄像机来记录这些信息时要保持系统性。这要求民族志学者将自己置于情境中，在观察与访谈之间维持持续的互动。斯宾德勒和斯宾德勒（Spindler & Spindler, 1987, p. 18）关于"好的民族志"的九个标准强化了上述看法：

标准一：观察是情境化的。

标准二：假设是在研究过程中、在现场（in situ）浮现的。

标准三：观察是长期的且多次重复的。

标准四：通过访谈、观察及其他探究程序，可以获得关于现实的局内人的观点。

标准五：民族志研究者以系统的形式从信息提供者–参与者那里获得了知识。

标准六：工具、编码、时间表、问卷、访谈安排，诸如此类，都是在研究现场生成的，是探究的结果。

标准七：跨文化的、比较的视角常常是未言明的假定。

标准八：民族志研究者要阐明对信息提供者而言不言自明和心照不宣的信息。

标准九：民族志访谈者在提问时不能预先设定参与者的回答。

这些要点以田野工作为基础，可以为民族志研究提供指导。此外，如洛夫兰德（Lofland, 1974）所指出的那样，研究要被定位于广泛的概念框架中；体现出新意，但无需过分强求；为研究框架提供证据；包含了具体的"具有事件意义"的互动事件、偶发事件、片段、轶事、场景以及不具有"超事件意义"的所发生的事情；展现出具体性与分析性、经验性与理论性之间的相互作用。在图10.6中，我们列出了我们会在"好"的民族志中寻找的七个标准。

民族志研究做到了以下几点吗？

1. 给出了文化共享群体关于身份认同的明确证据？
   - 作者可以描述群体的细节：这个群体是如何被选择的、如何通过看门人接近这个群体、这个群体是如何互动和沟通的。

2. 明确了这个文化共享群体需要考察的文化主题？
   - 作者可以明确一个文化主题，并明确选择这个主题的理由。

3. 描述文化群体的细节？
   - 作者可以使用有创造力的分析性实践来给出这些描述。

4. 就源自对这一文化群体的理解的主题进行交流？
   - 作者可以组织主题式叙事或故事。

5. 确定"在田野中"出现的反映了研究者与参与者之间关系的那些议题？反映研究报告诠释主义本质的议题？在共同建立的这一叙述中关于敏感性与互惠的议题？
   - 作者可以呈现这些田野议题，如此，它们就构成了对研究过程中的挑战的可信记录。

6. 解释文化共享群体在总体上是如何运作的？
   - 作者可以对文化共享群体如何运作的规则或概推进行描述。

7. 整合了研究者关于其在研究中位置的自我披露与反思？
   - 作者可以描述他们与这一群体相处的背景经历，描述他们对与这一群体互动的反思。

图10.6 "好"的民族志的标准

案例研究

案例研究的评估标准是斯特克（Stake, 1995）所提出的宽泛的"批判检查要点"。为此，斯特克（Stake, 1995, p. 131）分享了评估案例研究报告的标准：

- 研究报告易读吗？
- 研究报告整体协调吗？每个句子都构成了整体的一部分？
- 研究报告有概念结构（即主题或议题）吗？
- 研究报告的议题是以严肃的学术方式进行论述的吗？

- 案例的界定是否恰当？
- 对案例的呈现有讲故事的感觉吗？
- 读者有身临其境的感受吗？
- 引文的使用有效吗？
- 标题、图像、工具、附录和索引等的使用有效吗？
- 研究报告是否经过了精心编辑，得到了最后的润色？
- 作者提出了可靠的论断吗，既没有过分诠释，也没有误读？
- 对不同的情境给予了充分的注意吗？
- 呈现了充足的原始材料吗？
- 资料来源是否经过精心挑选，且数量充足？
- 观察和诠释看上去进行了三角互证吗？
- 研究者的角色和观点都很清晰吗？
- 目标受众的特征明确吗？
- 对各方都展示了同理心？
- 对个人意图进行了考察吗？
- 这项研究是不是会使某些人处于危险之中？

殷（Yin, 2014）讨论了案例研究中所呈现的描述的质量。他描述了可以作为范例的案例研究的几个特征。

- 重要：研究者集中关注的案例"并不常见，一般能够引起公众的兴趣"，或是强调"从理论角度、政策或从实践角度看，具有全国性意义"的议题（p. 201）。
- 完整：研究者是否清楚地界定了案例的边界、收集了大量的证据，并且在没有缺乏"某些工作条件的情况下"（如是否因为时间和资源的限制终止了研究）进行研究（p. 203）？
- 考虑不同的观点：研究者是否考虑到了竞争性命题，并力图在案例中从不同的角度收集证据？
- 展示充分的证据：研究者在报告案例时是否采用了使读者能够"对其优势进行独立判断"的方式（p. 205）？
- 以吸引人的方式进行写作：研究者是不是以"对结果进行广泛交流"的方式来呈现案例的——不论是在写作中还是在展示中（p. 206）？

在图 10.7 中，我们描述了我们评估"好"的案例研究的六个标准。

案例研究做到了以下几点吗？

1. 确定了要研究的案例？
   - 作者可以确定单个案例或多个案例的边界与时间范围。
2. 呈现了案例选择的理由？
   - 作者可以明确案例选择的合理性，如理解一个研究议题或描述内在优势。
3. 描述案例的细节？
   - 作者可以从对案例及其场景与情境的详细描述开始。
4. 阐明在案例中确认的主题？
   - 作者可以集中关注单个案例或多个案例呈现出的若干关键的主题式议题。
5. 报告了从案例分析中得出的论断和概推？
   - 作者可以就案例如何提供了对议题的洞察进行诠释，或者解释研究发现通常可以如何被应用于其他案例。有些时候可能会采用概述的形式或简介的形式。
6. 整合了研究者关于其在研究中位置的自我披露与反思？
   - 作者可以在整个研究中采用反思式思考和写作方式。

图10.7　评估案例研究的标准

对五种取向的评估标准进行比较

上述每个研究取向的标准各不相同，多少与各取向的程序有关。学界对叙事研究及其质量标准的讨论较少，而对其他取向的讨论会更多。通过借鉴每个取向相关的主要书籍，我们试图总结出各研究取向的评估标准。为了做到这一点，我们加入了我们自己的标准，我们也在我们自己的质性研究课程中使用这些标准来衡量采用五种取向的项目或研究。表10.2按照五个维度概述了五种取向的标准，并进行了比较。可以注意到一些潜在的相似之处。现象学、扎根理论和民族志通常将研究集中于单个现象、过程（或行动、互动）和文化共享群体。是的，一项研究也可以集中关注两个或三个案例，或者多个案例。这些研究程序使每个取向都具有差异化的特点：有些关注故事的收集（即叙事研究），有些特别重视文化主题（即民族志），有些关注案例的选择（即案例研究），有些的特征在于传达对哲学原则的初步理解（即现象学），有些则是将分析与资料收集及备忘录的使用结合起来（即扎根理论）。对一项研究进行核查时，可以明确其取向，可以通过其呈现方式，还有叙事研究中的故事时序、扎根理论中的理论图示、民族志中对文化共享群体如何运作的解释，还有案例研究中的论断来做到这一点。所有质性取向的共同点在于研究者的反思性和自我披露实践。

表10.2　五种质性取向评估标准的比较

标准	叙事研究	现象学研究	扎根理论研究	民族志研究	案例研究
研究的焦点是什么？	关注单个个体（或者两个或三个个体）	以简洁的方式阐明要研究的"现象"	研究作为理论关键要素的过程、行动或互动	确认文化共享群体	确认要研究的案例（或多个案例）
研究是如何推进的？	收集与个人生活有关的重要议题的故事	传达对现象学的哲学原则的理解；使用现象学所推荐的资料分析程序	整合从资料到更大的理论模型的编码过程；在整个研究过程中使用备忘录	明确根据这个文化共享群体可以讨论的文化主题；确定在田野中出现的议题	根据对研究结果的理解，合理性地进行案例选择；确认案例（或跨案例）的主题
研究是如何呈现的？	提出将故事的不同阶段或方面连接在一起的故事时序		以图表的形式呈现理论模型	针对源自对文化群体理解的主题进行交流	报告案例分析的论断或概推
研究的结果是什么样的？	讲述一个故事，这个故事汇报了如下方面：说了什么（主题）；如何说（展开故事）；说话者如何进行互动或叙述	交流参与者经验的总体本质，包括情境	发展故事情节或命题，在理论模型中连接范畴，并提出进一步的研究问题	描述文化群体的细节；解释文化共享群体在总体上是如何运作的	对（单个或多个）案例进行细节描述
研究者会将什么带入研究？	使用反思性思考及写作方式	将反思性嵌入整个研究中	自我披露，表明立场	将对其位置的反思整合进来	采用对其位置的反思

本章要点

1. 你能明确"厚描"的特点，以提出对案例、场景与主题在质性研究中呈现方式的更深入的理解吗？

（1）在小故事或小说中寻找细节描写。如果你找不到，可以看看米尔豪斯（Millhauser, 2008）《危险的笑声》（*Dangerous Laughter*）中关于"猫和老鼠"的故事。

（2）接下来，在米尔豪斯（Millhauser, 2008）的描述中找到细节化的物理轨迹、运动或活动描写。

（3）最后，明确作者如何将这些细节联系起来。

2. 你能明确可以提高你采用五种取向之一的研究的准确性的策略吗？阅读采用了不同策略的质性学术期刊论文或书籍。

（1）找出采用了策略的实例，并思考其有效性。

（2）这一策略能被有效地应用于其他取向吗？

（3）不同的取向会如何影响你对多种有效性策略的使用？

3. 你可以采用怎样的编码员间一致性程序来评估编码员之间的信度？

（1）为了进行这一实践，找到一个包含简短文本的文件，可以是访谈记录，可以是观察后录入计算机的田野笔记，也可以是文档的数字文件（如报纸上的报道）。

（2）接下来，让两个或更多编码员仔细阅读文本，并记录他们的编码。然后阅读所有编码员都进行了编码的段落，看看他们的编码是否相似或一致。

（3）回顾我们在图 10.2 中提出的关于编码员间一致性的程序，看看哪些运用起来比较容易，哪些更具挑战性。

4. 你了解五种取向中可以被用于研究评估的关键特征吗？选择一种取向，找到采用这种取向的期刊论文，并看看你是否可以在这篇文章中找到这种关键特征。

小 结

在这一章里，我们讨论了质性研究中的有效性、信度和质量标准。有效性在不同取向间差异相当大，例如，有些强调所使用的质性研究术语与量化研究术语类似，有些使用特定的术语，有些使用后现代主义与诠释主义的视角，有些对不同视角进行了综合，有些涉及基于隐喻式意象的描述，还有一些结合了这些视角对效度的讨论。信度在质性研究中的运用也有多种方式。最常见的方式之一是使用编码员间一致性，即多个编码员进行分析，然后比较他们的编码片段，建立起资料分析过程的信度。本章描述了关于编码员间一致性的细节化程序。此外，存在多种标准来确立质性研究的质量。这些标准是以程序视角、后现代主义视角和诠释主义视角为基础的。五种探究取向的每一种都有特定的标准，本章对此也进行了讨论。最后，我们提出了我们用来判断研究质量的标准，我们对五种取向进行了分别讨论和比较。

扩展阅读

前面章节已经提及了许多资源，包括与质性研究的评估、有效性和信度相关的视角和指南。我们在这里也会强调其中一些资源。这些书单并不完备，我们鼓励读者在书末的参考文献中寻找补充阅读材料。

关注有效性视角的资源

Angen, M. J. (2000). Evaluating interpretive inquiry: Reviewing the validity debate and opening the dialogue. *Qualitative Health Research*, *10*, 378–395. doi: 10.1177/104973230001000308

作者追溯了效度的源流，并就其在诠释主义视角中的应用提出了建议。作者将效度与可信赖性等术语以及有效性策略联系在了一起。

Lincoln, Y. S., Lynham, S. A., & Guba, E. G. (2011). Paradigmatic controversies, contradictions, and emerging confluences. In N. K. Denzin & Y. S. Lincoln (Eds.) , *The SAGE handbook of qualitative research* (4th ed., pp. 97–128). Thousand Oaks, CA: Sage.

在这一章中，作者回顾了更早版本的手册中的许多议题，并在对效度和伦理的讨论中推进了他们对真实性的关键作用的看法。

Lincoln, Y. S., & Guba, E. G. (1985). *Naturalistic inquiry*. Beverly Hills, CA: Sage.

在这一经典文本中，作者描述了今天还在使用的质性研究有效性的其他术语。这对许多研究者来说都是必读书目。

Whittemore, R., Chase, S. K., & Mandle, C. L. (2001). Validity in qualitative research. *Qualitative Health Research*, *11*, 522–537. doi: 10.1177/104973201129119299

在对13项质性研究的效度议题所进行的探讨中，作者总结了关键的有效性标准，并将其组织成4个首要标准和6个次级标准。这篇文章也对质性研究中效度议题的发展历史进行了全面描述。

关注信度视角的资源

Armstrong, D., Gosling, A., Weinman, J., & Marteau, T. (1997). The place of inter-rater reliability in qualitative research: An empirical study. *Sociology, 31*, 597–606. doi: 10.1177/0038038597031003015

作者以六名研究者对评分者信度的判断作为起点，讨论了编码员间一致性的检测程序。值得注意的是，他们关注的是与编码一致性有关的关键议题。

Campbell, J. L., Quincy, C., Osserman, J., & Pederson, O. K. (2013). Coding in-depth semistructured interviews: Problems of unitization and intercoder reliability and agreement. *Sociological Methods & Research, 42*, 294–320. doi: 10.1177/0049124113500475

作者提出了探索性研究中编码信度的实际程序。特别值得关注的是关于编码员对所编码文本既有的知识的可能影响的相关讨论。

Richards, L. (2015). *Handling qualitative data: A practical guide* (3rd ed.). Thousand Oaks, CA: Sage.

作者提供了指导研究者发展质性资料的可靠编码与有效诠释的有用信息。这一文本是按照设定、处理及理解资料来组织的。

Silverman, D. (2013). *Doing qualitative research: A practical handbook* (4th ed.). Thousand Oaks, CA: Sage.

作者提供了计划并开展高质量质性研究的实践指南。特别值得注意的是他对信度的讨论，还有贯穿全书的例证。

关注质性评估标准的资源

Howe, K., & Eisenhardt, M. (1990). Standards for qualitative (and quantitative) research: A prolegomenon. *Educational Researcher, 19*(4), 2–9. doi: 10.3102/0013189X019004002.

作者对质量标准进行了重要的讨论，涉及研究的推动力、方法能力、明确研究者的假定、研究许可、实践和理论意义。该书是理解历史发展的重要文献。

Lincoln, Y. S. (1995). Emerging criteria for quality in qualitative and interpretive research. *Qualitative Inquiry, 1*, 275–289. doi: 10.1177/107780049500100301

在这本书中，作者将研究者与参与者的关系作为衡量质量的标准之一，如将符合诸如互惠之类的伦理准则作为必要的标准。

Richardson, L., & St. Pierre, E. A. (2005). Writing: A method of inquiry. In N. K. Denzin & Y. S. Lincoln (Eds.), *The SAGE handbook of qualitative research* (3rd ed., pp. 959–978). Thousand Oaks, CA: Sage.

作者在评估标准方面提出了两个独立但互补的视角。书中隐藏的"宝石"是在创造性分析写作实践那一章末尾的讨论。

第11章 "故事转化"与结论

在案例研究、叙事研究、现象学研究、扎根理论研究或民族志研究之间，故事可以如何进行转化？在本书中，我们建议研究者明确质性研究的程序以及质性探究不同取向的差异，这并不是在建议方法先行或方法论先行。事实上，我们看到了研究中有两条平行的轨道：研究的实质内容与方法论。随着对质性研究兴趣的增加，研究者所进行的研究得以严谨地推进，他们也注意到了各探究取向的不同程序，这是很重要的。

取向有很多，其研究程序在书籍和文章中也有众多记录。一些作者会澄清他们的取向，有些作者则会提及他们的偏好。无疑，质性研究不能被简化为某种类型，这已经被今天围绕质性研究的多种声音与话语所证实。在这一话语之外，还有哲学、理论及意识形态立场的多种视角。为了捕捉质性研究的本质，我们将研究刻画为三个相互联系的圆圈，如图11.1所示。这些圆圈包括探究取向、研究设计程序，以及哲学、理论框架与假定。这三个元素的相互作用促成了一项复杂、严谨的研究。

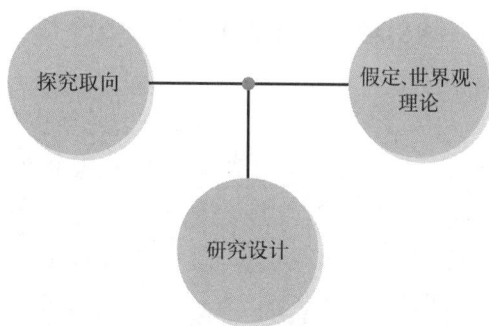

图11.1 质性研究三个组成部分的图示

故事转化

在这一章里，我们要再次突显不同探究取向之间的差异。但是我们不再采用前面章节中将各种取向并列的做法。我们将关注全新的方向，将校园枪击案的案例研究（Asmussen & Creswell, 1995）"转化"为叙事研究、现象学研究、扎根理论研究与民族志研究。

通过不同的探究取向对故事进行转化，提出了这样一个议题：研究者是否应当为特定的研究难题匹配特定的探究取向？社会科学与人文学科中的很多研究强调了这一关系，我们也认为应解决这一议题。但是就本书的目的而言，我们对这个议题的态度是提出一个"一般性"的研究难题——"校园是如何回应的？"——接下来，我们建立了特定难题的一些具体形式。例如，要研究的特定难题是"单个个体对枪击事件的回应"，这就与"作为文化共享群体的几名学生是如何回应的"这类特定难题不同。但是这两种形式都是对一般议题（校园对事件的回应）的回应。我们讨论一般性难题是因为我们不太了解校园各方如何回应暴力，我们更不了解校园里的不同群体如何回应潜在的暴力事件。了解这些信息，有助于我们设计出更好的计划，以便对这类难题进行回应，同时也能促进对教育场景中的暴力的研究。这就是下面要完整呈现的校园枪击案的中心难题，也是该研究的最初形式（Asmussen & Creswell, 1995）。接下来，在开始进行"故事转化"之前，我们会简单回顾这一研究的主要维度。

案例研究

校园对学生枪手的回应
Campus Response to a Student Gunman[①]

凯利·J.阿斯穆森（Kelly J. Asmussen）
约翰·W.克雷斯维尔（John W. Creswell）

随着校园暴力事件的增加，学界也出现了一些针对这一主题的学术研究。例如，学者讨论了种族[12]、求爱与性强迫[3, 7, 8]，以及新生欺凌暴力[24]等议题。受美国大学人事协会（American College Personnel Association）委托，罗克（Roark）[24]以及罗克和罗克（Roark & Roark）[25]研究了大学校园中身体暴力、性暴力与心理暴力的形式，并提出了预防性的策略指南。罗克（Roark）[23]还提出了一些标准，可以帮助高中学生评估他们想申请的大学校园的暴力程度。在国家层面，时任总统布什在1989年11月签署了"学生知情权和校园安全法案"（P.L. 101-542）。这一法

---

① 来源：本章里呈现的这份材料转载自 *Journal of Higher Education*, 66 (5), 575–591. doi: 10.2307/ 2943937。获得了俄亥俄州立大学出版社的使用许可。

案要求大学向学生、雇员及申请人提供安全政策和校园犯罪统计的年度报告[13]。

在不断升级的校园暴力中有一种形式很少受到关注，那就是与学生相关的枪支暴力。最近的校园报告表明：暴力犯罪，从偷盗与入室盗窃到攻击与凶杀，在大学里呈上升趋势[13]。大学校园受到了杀戮事件的冲击，如爱荷华大学[16]、佛罗里达大学[13]、蒙特利尔的协和大学和蒙特利尔综合理工大学[22]。这类事件引起了人们的高度重视，如心理创伤、校园安全、对校园生活的破坏。除了偶尔出现的新闻报道，关于校园对这类悲剧的回应的学术研究很少。要理解这些，必须借助于公立学校关于枪支暴力的文献。这类文献讨论了学校干预的策略[21, 23]，对个别学校的事件进行了案例研究[6, 4, 15]，还讨论了学生将武器带到学校的难题[11]以及杀戮造成的心理创伤[32]。

对校园针对暴力的回应进行研究，不仅是为了建立进一步研究的概念框架，也是为了确认校园对此进行回应的策略和预案。我们必须更好地理解参与这次事件且受到这次事件的影响的各部分人群的心理和组织层面的议题。深入的质性案例研究对事件情境进行了探讨，有助于阐明对一些概念和实际作用的理解。本文所呈现的研究是质性案例分析[31]，描述并诠释了校园对一次枪击事件的回应。我们询问了以下探索性的研究问题：发生了什么？哪些人参与了对事件的回应？在事件发生后的八个月中，出现了哪些与回应相关的主题？什么样的理论建构能够帮助我们理解校园的回应？哪些构念对这个案例来说是独特的？

事件和回应

这一事件发生在美国中西部城市的一所大型公立大学的校园中。十年前，这座城市被称为"全美最佳城市"。但是近年来，攻击和凶杀案件的增长打破了这座城市在正常状况下的宁静氛围。一些暴力案件甚至牵涉了这所大学的学生。

引发这项研究的事件发生在十月的一个星期一。一名43岁的研究生注册了一门高级精算学课程，在上课前的几分钟，这名研究生带着一把朝鲜战争时期的军用半自动步枪走进了教室，这把步枪装有30发30毫米口径子弹的弹匣，这名学生口袋里还装了一个30发子弹的弹匣。当时这门课的34名学生中有20人已经到了教室，他们中的大多数正在安静地阅读学生报纸。授课老师还在去教室的路上。

这名枪手用枪指着学生，扫过教室，扣动扳机。枪卡壳了。枪手试图解决卡壳问题，他在讲台上敲击枪托，立刻再次开枪，但枪还是没响。这时，多数学生已经意识到发生了什么，都趴在地板上，推翻课桌，试图躲在后面。20秒钟后，一名学生朝枪手扔出一张课桌，学生从枪手身边跑过，跑到大厅，最终跑出教学楼。枪手匆忙离开教室，走出教学楼，钻进了他停在附近、特意没熄火的汽车里。不到一小时，警察在枪手所居住的附近的小镇里抓获了他。尽管他在之后的一段时间一直被监押，等候审讯，但他的动机尚不清楚。

校园警察和学校行政人员最先对事件做出回应。校园警察在接到求助电话后的三分钟内就到达了现场。警察花了几分钟在教学楼外对学生进行询问，以获得对枪手的准确描述。大学行政人员的回应是宣布在事件发生大约四个小时后的下午四点召开新闻发布会。校园警察的负责人、学生事务办公室的副主任，还有两名学生，在新闻发布会上对事件进行了描述。当天下午，学生事务办公室联系了学生健康与员工帮助项目的工作人员，并指示他们要为任何寻求帮助的学生或员工提供服务。学生事务办公室还为那门精算学课程安排了新的教室，以便继续开展这个学期的学习。法律事务办公室取消了那名枪手的入学资格。第二天，在按常规安排进行的一次全校委员会会议上，学校行政人员对该事件进行了讨论。在这个星期里，学生事务办公室收到了数个来自学生或教师的电话，涉及"受到干扰"的学生或者令人不安的学生关系。员工帮助项目的咨询人员请教了一位专门处理创伤及教育危机的心理学家，但仅有一位学生立即与学生健康咨询人员预约见面。校园报纸和地方报纸持续刊登与事件有关的故事。

那门精算学课程按照正常安排在两天后与四天后上课，两名县检察官、校园警察负责人、两名学生心理健康咨询人员，都到教室与师生见面，组织了"情况说明"会。这些情况说明会专注于确保学生完全了解案件的审理过程，并让学生和教师一个一个地谈论他们的经历，探讨他们对这件事的感受。事件发生的一个星期后，这门课的学生恢复了正常的上课形式。在这段时间中，有几名学生，主要是关注一般意义上的暴力的女生，与学生健康中心的咨询人员见面约谈。这些咨询人员还回答了数十名家长的问题，这些家长询问了校园的咨询服务以及安全程度。有些家长也给学校行政机构打电话以咨询校园安全程序。

在事件发生后的几个星期，教职员工校园简讯上刊登了数篇关于后创伤恐惧与心理创伤的文章。学校行政部门给大学董事会写了一封信，报告了这一事件的实际情况。学校行政部门也给学校工作人员和学生发送了邮件，提供关于防范犯罪的信息。至少有一个学院的院长给员工发送了关于"学生异常行为"的备忘录，有一位系主任要求并举行了咨询人员与工作人员参加的教育小组讨论，商讨如何确认并处理学生的"异常行为"。

在之后的几个星期中，有三个不同的员工群体向为教职员工提供服务的员工帮助项目寻求了咨询服务。第一个群体或多或少被直接卷入了这起攻击事件，或者是在事件当天看见了枪手，或者是认识那名枪手。这一群体很关心如何获得专业帮助，无论是为学生还是为那些在群体中承受着创伤影响的个体。第二个群体由"无声联系"的人员组成，他们并未被直接卷入事件，但都经历了情感上的创伤。这一群体意识到他们的恐惧是枪击事件的结果，他们希望在情况恶化前处理好这些恐惧。第三个群体在之前经历过精神创伤，这一事件引发了他们的恐惧。员工帮助项目在随后一个月中对几名学校雇员予以特别关注，但没有新的群体或延迟压力案例出现。员工帮助项目的咨询人员表示每个群体的反应都是正常的。在一个月内，尽管关于该事件的公共讨论减少了，但员工帮助和学生健康咨询人员开始强调需要建立一个校园协调预案来处理当前及未来的暴力事件。

研 究

在事件发生两天之后，我们就开始了我们的研究。我们研究的第一步是制订研究计划，寻求学校行政部门和伦理审查委员会的批准。我们详细地说明了我们不会干涉枪击事件的调查，也不会干涉向咨询人员寻求帮助的学生及员工的治疗进度。我们也把研究局限于校园内各群体的反应，而没有扩展到校园外的群体（如电视和报纸的报道）。这项研究的边界与探索性质性案例研究的设计是一致的[31]，选择这一研究类型是因为评估校园对枪击事件回应的模型与变量都不明确。按照建构主义传统，这项研究包含了特定的范式假定：不断浮现的设计、情境依赖的探究、以归纳法进行的资料分析[10]。我们还限制了研究的时间（八个月），并且只研究一个案例（校园社区）。与案例研究设计一致[17,31]，我们将学校行政人员和学生报纸的记者作为最初访谈的多种信息来源，访谈使用了半结构式的提纲，其中包括五个问题：你在这一事件中扮演什么角色？在你卷入这一事件之后，发生了什么？这一事件对大学社区有哪些影响？如果存在的话，这一事件有哪些更大的后果？我们应当跟什么人交谈，以便了解学校对这一事件的更多回应？我们也收集了观察资料、文档和视觉材料（参见表1中的信息和来源）。

表1 资料收集矩阵：按来源区分的信息类型

信息/信息来源	访谈	观察	文档	视听材料
卷入的学生	是		是	
多数学生	是			
主要行政部门	是		是	
校园警察	是	是		
教职员工	是	是	是	
普通员工	是			
学校设施		是	是	
新闻记者/报纸/杂志	是		是	是
学生健康咨询人员	是			
员工帮助项目咨询人员	是			
创伤专家	是		是	是
校园商务			是	
董事会成员			是	

我们的叙事结构是"现实主义"故事[28]，描述了细节，结合了对信息提供者叙述的引用，并陈述了我们对事件的诠释，特别是在组织议题及心理学议题框架中的诠释。为了确保描述与诠释足够准确，我们将案例的初步草稿交给被挑选出来的信息提供者，寻求他们的反馈，并将他们的评论包括在最终研究中[17, 18]。我们还通过小组访谈来收集反馈，我们会询问下列问题：我们对事件与回应的描述准确吗？我们所确认的主题和构念与你的经历一致吗？我们遗漏了什么主题和构念吗？校园预案是必需的吗？如果是的话，应当采取什么形式呢？

主 题

否 认

几周之后我们进入了事件发生的教室。我们并没看到被推倒在地的课桌，相反，我们发现它们井然有序，教室也做好了授课或讨论的准备。教室外的走廊有些狭窄。我们已经明确：在十月的那个星期一，学生迅速逃离教学楼，并没有意识到那名枪手也同样从这一通道离开。在事件中，走廊上的许多学生看上去都不知道发生了什么，直到他们看到或听说教学楼里有枪手。然而具有讽刺意味的是，学生看上去忽视了或否认了这一事实，即他们处于危险之中。在离开教学楼后，学生没有寻找可能更安全的躲藏地点，他们三三两两地聚集在教学楼外。没有学生设置障碍，把自己反锁在教室或办公室里，也没有人认为枪手有可能返回而远离教学楼以保持安全距离。"大家都站在空地上，待在那儿不动。"一名校园警察说道。由于未能注意到可能的危险，班级同学聚在教学楼外，紧张地进行交谈。少数学生情绪崩溃，大哭。当被问及他们的心情时，其中一名学生说："我们多数人都在开玩笑。"学生间的对话使得他们相信他们远离了事故，仿佛这只是件小事，好像没有人曾经真正处于危险之中。一名进行调查的校园警察对学生的行为毫不意外：

> 人们在发生这类事件后，就站在周围，这并非不常见。美国人渴望刺激，有一种病态的好奇心。这就是为什么你会看到在糟糕的事件发生后，有一些旁观者在附近晃荡。他们看上去并不清楚他们正处于潜在的危险之中，也不愿离开，直到他们受到伤害。

这一描述与心理健康咨询人员所报告的反应一致：初期的超现实主义第一反应。在心理咨询人员主持的情况说明会上，一名女学生说："我以为枪手一开枪，枪口就会弹出来个小旗子，然后他会说'砰'。"对她来说，这件事就像是个梦。在这种气氛下，枪手目标班级的学生没有任何人在事件发生后的24小时内给学校心理健康中心打电话，尽管他们知道可以从那里获得什么服务。相反，学生描述了他们去找朋友，或者去酒吧的经历，他们后来才意识到这一事件的严重性。一名学生说他在电视新闻里看到事件发生当晚的教室照片时才感到恐惧和愤怒。

尽管有些家长在电话咨询中表达了对事件的关切，但家长的一些评论可能强化了学生对事件严重性的否认。一名学生说他的家长有过如下评论："我对你遇到这样的事毫不奇怪。你总是把自己卷进这种事里！"或者"你又没受伤。有什么大不了？忘了这事！"一名学生表示出于他母亲对这件事的忽视，他经受了更大的创伤。他希望能找到一名他信任的人，愿意坐下来听他说说。

恐　惧

我们去教室参观，发现了第二个主题：对恐惧的回应。在事件发生的几个星期后，我们发现教室门上仍然贴着一张通告，告知这门课的教室被换到了另一个教学楼中，通告中并未说明是哪个教学楼，学生需要去问隔壁办公室的秘书才能得知新的上课地点。就是在这间没有被公开的教室里，在事件发生两天之后，两名学生心理健康咨询人员、一名校园警察负责人和两名县检察官在课堂上与学生见面，对恐惧、反应和感想进行了相关讨论。对恐惧的回应在第一次情况说明会上就有所涉及，这一话题也在第二次情况说明会上继续出现。

对多数学生来说，直接的恐惧主要是来自这样一种想法：这名被指认的攻击者有可能会被保释。学生觉得这名攻击者有可能对某些学生心怀怨恨，如果他获得保释的话，他可能会试图报复。"我觉得再来上课的话，我会感到害怕。学校可以换教室，但没有什么能够阻止他发现我们在哪儿！"一名学生这样说道。在第一次情况说明会上，校园警察负责人就打消了这种恐惧心理，他通报了在初期的调查庭审中，法官拒绝了保释。这一通报能帮助学生确认他们是安全的。校园警察负责人认为必须让学生了解枪手的状况，因为有几名学生给他的办公室打电话，说如果枪手被释放的话，他们会很担心自己的安全。

在第二次情况说明会上，出现了另一种恐惧：另一位攻击者在这门课上攻击的可能性。据一位咨询人员说，某名学生对这种潜在危险的反应特别激烈，在该事件发生后，"他发现自己走进教室会坐在一张可以清楚看到门的课桌旁。他开始把每间教室都当作'战场'"。在第二次情况说明会上，学生听起来很愤怒，他们表示自己感到被冒犯，最终他们开始承认他们觉得不安全。然而，尽管学校已经发出公告，表示所有学生都可以进行免费咨询，但只有一名女学生立刻寻求了心理健康服务。

学生在情况说明会上所表达的恐惧反映了校园对大都市区域暴力行为增长的一般性关注。在枪击事件前，在附近的一座城市中，有三名年轻女性和一名男性被绑架，后来被发现死亡；一名大学橄榄球运动员精神疾病发作，恶劣地殴打了一名女性，他后来又经历了一次复发，被警察在混乱中开枪击中；就在十月枪击事件的三周之前，一名女大学生在被绑架后被残忍地杀害，城市中还出现了另外几起凶杀案件。如一位学生新闻记者所评论的那样："整个学期都充斥着暴力。"

安 全

城市中涉及大学生的暴力以及发生在学校教室的枪击事件使得通常很平静的学校受到了冲击。一名心理咨询人员准确地概括了多数人的感受："当学生走出那间教室，他们的世界就开始变得混乱；世界变得非常随意，一些事情发生了，夺走了他们的安全感。"对安全的关心成了许多信息提供者的主要反应。

学生事务办公室的负责人在描述行政部门对这一事件的回应时，把在那间教室里的学生的安全列为他的首要目标，其后才是必须向新闻媒体提供事件细节、帮助所有学生缓解精神紧张，还有提供关于安全的公开信息。当谈及安全议题以及校园中出现枪支的情况时，他提到学校正在考虑一项政策，要统一保管学生打猎用的枪支。在事件发生四小时后，学校召开了新闻发布会，不但向新闻界通报了事件的细节，而且也表明了需要确保校园安全。此后，学校行政部门很快就进行了一次关于校园安全的信息行动。校园董事会的成员都收到了对事件进行描述的信件（有一位董事会成员问："这样的事怎么会发生在这所学校？"）。学生事务办公室给所有的学生都发了一封信件，告知学生学校安全办公室各方面的信息，还有办公室可以提供的服务。学生健康中心的心理咨询与服务部门印发了他们服务项目的彩色宣传册，在事件发生的一周内寄给了学生。宣传册强调他们的服务"值得信赖、便捷、专业"。学生法律事务办公室建议各院系以多种方式应对在课堂上表现出异常行为的学生。每周印刷的教职员工校园简讯上强调行政人员必须针对与此次事件有关的创伤后恐惧做出迅速回应。学校报纸引用了一位教授的评论："我非常震惊，在这样的环境里，发生了这样的事情。"针对人们对行为异常的学生或雇员的担忧，校园警察部门做出了回应：在任何时间，只要有学生和员工表示忧虑，就派出便衣警察在校园内值守。

事件发生十天后，校园内安装了紧急呼救系统：蓝色警报。蓝色警报是 36 个10 英尺高的紧急呼救装置，装有明亮闪烁的蓝灯。这些装置在事件发生之前就已经得到了使用批准，安装的特定位置也是在调查前就已经确认好的。"这些呼救装置将会成为注意的焦点，"学校电话系统中心的主任指出，"我们希望这些装置也能降低犯罪率。"有些学生打电话给学校行政部门，表达了对照明较差区域内的树木及灌木的忧虑，作为回应，这些区域的树木和灌木很快被修剪了。

学生和家长也对安全问题做出了回应。在事件发生后的一周内，至少 25 名家长致电学生健康中心、学校警察部门和学生事务办公室，询问学生可以获得什么样的服务。许多家长被这一事件的新闻报道吓坏了，要求学校立刻做出答复。他们要求确保这类事件不会再次发生，并确保他们的孩子在校园中的安全。无疑，在事件发生后的那个星期里，许多家长也给他们的孩子打了电话。校园里的学生对安全忧虑的回应方式是：组织志愿者小组，在夜间护送校园中的任何人，无论男女。

地方商家在这一事件带来的安全需求中看到了商机，并企图从中获利。关于自我保护课程和保护性设备的多种形式的广告占据了好几个星期的报纸版面。学校和地方俱乐部提供的自我保护课程很快就满员了，俱乐部还开设了新课程，作为对大量追加要求的回应。学校书店的便携防狼工具和口哨很快就卖光了。学校警察部门还收到了一些学生的请求，希望购买手枪随时保护自己。这些要求没有被批准，但不清楚是否有学生购买了枪支。当地商店里的移动电话的销售量迅速上涨，多数购买者是女性，但一些男性也在通过这类物品寻求安全和自我保护。并非意料之外的是，有些物品的价格涨了40%，这种新需求得以变现。对其他学生的访谈集中于对这类安全产品的购买：他们花了多少钱、如何正确地使用这些产品、如果需要使用这些产品的话可以如何使用，还有这些产品是不是真的必要。

再次触发

在我们希望获得学校行政部门和伦理审查委员会批准的最初的研究计划中，我们计划这项研究至少会持续三个月。我们认为，对于这一事件的整个过程来说，这个时间长度很合理。但是在与心理咨询人员的早期访谈中，他们向我们推荐了一位专门处理教育场景中的"创伤"的心理学家。正是这位心理学家提到了"再次触发"这一主题。现在，在事件发生八个月后，我们开始逐渐理解：通过"再次触发"，十月发生的事件如何对这个校园产生了长期影响。

这名心理学家将再次触发解释为一个过程：新的暴力事件会导致人们重新体验恐惧、否认以及对个人安全的威胁等感受，这些都是他们在最初的事件中所经历过的。心理咨询人员和暴力研究专家也表明，人们应当准备好看到这类情感在将来的某个时点被再次触发，如攻击发生的周年，或者报纸或电视报道再次提到这一事件时。这些专家认为，冗长的司法程序可能会通过法律手段"让案件一直悬而未决"，这可能引起长期的再次触发效应，因此也对治疗过程造成极大阻碍。他们还提及，受害者看到法庭的公正判决，也会影响可能出现的情感问题的治愈与解决。

在这篇文章中，很难找到十月事件再次触发的具体证据。但是通过观察18年前发生的一起类似的暴力枪击案的影响，我们发现了这一过程的潜在后果。一名研究生携带一支步枪进入学校，打算向系主任开枪。这名学生希望报仇，因为多年前他未能通过这名教授开设的某门课程的考试。对这次预谋袭击的司法处理延续了多年，逮捕、起诉、监禁。这名学生不止一次尝试执行他的计划，但每次都遭遇了反应迅速的行政人员的阻挠，他们不愿告诉这名学生那名教授在什么地方。幸运的是，这名学生从来没有开枪，最后被羁押逮捕。

作为威胁目标的教授经受了严重的心理创伤，不仅在这些重复发生的事件过程中，在攻击者被捕后，他的精神创伤也仍在持续。这名教授认为，处理犯罪的司法系统的复杂程序并没有起到应有的作用，这使他感到承受了更大的伤害。直到今天，每一条报道枪击事件的新闻都会再次触发他因原初创伤而引发的感受。学校从未向他提供专业帮助，他自己主动寻求了心理咨询服务。18年后，他所在的院系也仍然受到影响，建立了一些不成文的规定，例如，如何应对不满意的学生、不透露这名教授的工作安排等。

校园预案

我们与心理学家讨论了向卷入十月事件的个体进行相关信息的"情况说明"的过程[19]，在讨论中，学校对这类事件的准备这一问题浮出了水面。考虑到各种各样的群体与个体受到了这一事件的影响，我们资料中出现的最后一个主题是：全校范围预案的必要性。一名心理咨询人员认为："如果出现了25~30人的死亡，那我们就会难以承受。我们需要一个动员大家的沟通计划。考虑到当下的暴力情况，这将会是对学校制度的一个有益补充。"从我们的访谈看来，很明显，回应这一事件的各方之间应当采取更有效的沟通方式。当然，如一位校园警察所言："我们不可能在每个教学楼里整天都安排警察巡逻！"但是，有不少人提到了应该在整个校园范围内做好准备。

令人吃惊的是，处理这类枪击事件的正式预案是缺乏的，考虑到学校有处理各种紧急事件的预案：炸弹袭击、化学物品泄漏、火灾、地震、爆炸、雷雨、辐射事故、龙卷风、危险品泄露、暴风雪，还有各种紧急医疗状况。此外，我们发现，在十月枪击事件中，学校各单位有自己实际采用的行动方案。例如，警察有一套程序，并且使用了这套程序来处理枪手及现场学生的问题；员工帮助项目的咨询人员向教职员工进行情况通报；在事件发生后，学生健康中心的心理咨询人员采用了两次情况说明会的形式与那门课的学生交谈。我们关心的问题是：全校范围的预案应包括哪些内容？应如何制订和评估？

如表2所示，采用我们在案例中所收集到的证据，我们列出了计划中应当涉及的基本问题，还将这些问题与创伤后压力、校园暴力以及灾难研究等研究文献（关于对公立学校研究的类似文献，参见 Poland & Pitcher[21]）进行了比较。校园预案要加强各单位之间的沟通，其基本要素应当包括：这一预案的合理性是什么？哪些人应当参与预案的制订？预案应当如何协调？应当包括多少工作人员？应当遵循哪些特定程序？这些程序应该包括对危机的即刻响应、确保校园安全、与校外群体协调、为受害者提供心理咨询服务。

表2　来自案例的证据、校园预案中的问题及参考文献

来自案例的证据	预案中的问题	有用的参考文献
咨询人员表达了需求	为什么要制订预案？	Walker (1990)；Bird et al.（1991）
多个部门对事件进行了回应	哪些人应该参与预案制订？	Roark & Roark (1987)；Walker (1990)

续表

来自案例的证据	预案中的问题	有用的参考文献
各部门的领导都有自己的规定	应当由一个办公室来领导进行协调吗？	Roark & Roark (1987)
事件中数个部门实行了自己的行动方案	应当允许学校各部门制订自己的行动方案吗？	Roark & Roark (1987)
学生在回应这一事件时提出的问题	预案应当覆盖哪些类型的暴力？	Roark (1987)；Jones (1990)
在我们的访谈过程中出现的群体或个体	如何确认哪些人可能受到事件影响？	Walker (1990)；Bromet (1990)
校园警察、学校行政部门的意见	哪些条款向事件所涉人员提供了安全保障？	
事件发生之后校园环境的变化	怎样使得学校物理环境变得更安全？	Roark & Roark (1987)
学校行政部门的意见	应当如何向外部公众（如媒体、商家）通报事件？	Poland & Pitcher (1990)
心理咨询人员和创伤专家提出的议题	事件受害者可能会有哪些心理方面的后遗症？	Bromet (1990)；Mitchell (1983)
创伤专家提出的议题	事件对受害者有哪些长期影响？	Zelikoff (1987)
学生健康中心咨询人员采用的程序	应当如何向受害者进行情况说明？	Mitchell (1983)；Walker (1990)

讨　论

　　否认、恐惧、安全、再次触发，还有制订全校范围的预案，这些主题可以进一步组成两个范畴：学校社区对枪击事件的组织回应和心理或社会心理回应。从组织层面看，学校各单位对事件的回应，既展现了松散的联动[30]，也体现了相互依赖的沟通。诸如领导力、沟通、权威这些议题都在案例分析中出现了。此外，也出现了环境回应，因为校园被改造成了一个对学生、员工来说更安全的地方。允许各单位以自主运作的方式对危机进行回应的同时，也需要集中化的预案来推进组织变化，以适应各单位之间合作与协调的需求。

　　谢里尔（Sherrill）[27]提出的回应校园暴力的模型，强化了我们案例中的证据，但也与我们的情况有所不同。例如，谢里尔所讨论的对作恶者采取惩戒行为、为受害者组织集体咨询，以及在校园社区进行安全教育，这些内容也是在我们的案例中很明显的因素。然而，谢里尔还提出了我们的信息提供者没有提到的议题，如为那些最早到达现场的人所准备的工作程序、应对非学生身份的加害者或受害者、保存对事件的记录与文档、根据机构的规模与性质来调整回应、将事件与药物或酒精滥用联系起来。

此外，我们通过阅读关于组织回应的研究文献而预期会出现的议题，在我们的案例中也未出现。除了零星的新闻报道（主要集中于枪手），关于学校行政部门对事件回应的报道很少，这与我们从罗克和罗克（Roark & Roark）[25]的研究中得到的印象并不一致。也没有提及成立专门的学校部门（如校园暴力资源中心）来处理将来的事件，负责报告暴力事件[25]或举办年度安全听证会[20]。除了校园警察提到州卫生局准备派遣一组受过良好训练的创伤专家来帮助紧急事件处理人员应对这一悲剧，没有其他讨论涉及与社区各机构建立正式联系，以便为悲剧事件提供协助[3]。我们也没有听说会建立"指挥中心"[14]或指派危机协调人[21]，这是危机处理专家推荐采取的行动。

在心理和社会心理层面，学校的应对则回应了那些直接被卷入事件的学生以及间接受到事件影响的学生、员工的心理需求。过程中不仅出现了否认、恐惧和再次触发这些预料之中的心理议题[15]，性别群体和文化群体的议题也有涉及，尽管在我们的研究中，这些并没有被作为基本主题进行讨论。与研究文献中的判断（暴力行为在我们的文化中常常是被接受的）不同，我们发现，在我们研究中，信息提供者都对校园及社区中不断升级的暴力表示了关注和忧虑。

教职员工在这件事上明显保持了沉默，包括教师评议会在内也是如此，尽管我们期待学校的这一治理机构能够主持并处理学生或教职员工在教室里的异常行为这一议题[25]。有些信息提供者推测，由于教职员工不关心这个议题，所以他们对其的态度比较消极。但是对这种消极态度的另一个解释是因为他们不确定应该做什么以及应该要向什么人协助。在学生那里，我们也没有听到他们关于后创伤压力释放的"应对"策略，这些策略包括放松、体育锻炼以及建立正常的例行程序[29]。尽管在与信息提供者初期的访谈中出现了性别与种族议题，我们却没有发现对这些议题的直接讨论。如布罗米特（Bromet）[5]所言，当涉及个人对创伤的回应时，应当考虑不同道德传统中的人们的社会文化需求。至于性别，我们确实听说最早向学生健康中心寻求心理咨询服务的都是女学生。也许我们所研究的这个"近距离脱靶"的案例很特殊。我们不知道如果出现了死亡，校园各方将如何回应，虽然创伤心理学家认为"没有死亡的创伤跟出现死亡的创伤一样严重"。此外，与其他探索性案例分析一样，这个案例的可推论性是有限的[17]，尽管主题的可推论性具有一定的可能性。我们的信息都来自自我报告，我们也不能访谈所有直接受到影响的学生，因为这会干扰学生的治疗以及案件的调查，这些也是这项研究存在的难题。

尽管有这些局限，我们的研究还是详细描述了学校对暴力事件的回应，对相关研究文献有所贡献。在这个回应过程中出现的事件，可以是此后研究的"关键事件"，如受害者的反应、媒体通报、说明过程、校园变化以及校园预案的发展。与枪击事件有关的校园暴力研究并不多，这项研究奠定了新的研究基础，确认了将来的研究可以探讨的研究主题及概念框架。在实践层面，这项研究对希望找到预案来回应校园暴力的学校行政人员有所帮助，这项研究集中关注了应当在这类预案中讨论的问题。为数众多的不同人群都受到这一枪击事件的影响，这一点表明了校园危机应对的复杂性，应当让大学工作人员意识到做好准备的必要性。

后　记

在进行这项研究时，我们问我们自己：如果有人被杀害，我们还能接近信息提供者吗？这个"近距离脱靶"的事件提供了一个独特的研究机会，可以但也仅能粗略地对出现死亡的事件进行估计。我们能进行这项研究也很侥幸，因为我们中的一名研究者曾经在矫正机构工作过，所以有与枪手（就像我们案例中的这一名枪手一样）直接接触的经验；我们中的另一名研究者曾经是爱荷华大学的学生，对1992年在那里发生的另一起暴力事件的场景与环境都很熟悉。这些经历显然影响了我们对这一案例的判断，并将我们的注意力吸引到了校园第一时间的反应，还有诸如恐惧与否认这类心理反应。在写作这篇文章时，学校已经举行了讨论会，讨论修订校园紧急情况预案和对关键事件应对团队的构想。咨询人员聚在一起讨论了类似事件中不同单位之间的行动合作。警察也与教师及各系员工合作，帮助确认有潜在暴力倾向的学生。我们认为，作为这项研究的结果之一，学校管理人员看到了一个事件中可能会有大量的学校机构卷入，而且这些机构是相互关联的。这一事件的周年纪念已经过去了，没有新事件发生，学校报纸上也没有相关报道。关于那名枪手，他仍然被监禁，在等候审判。因为他曾经威胁过一些学生，我们不知道如果他被释放的话，他会不会要报复我们，因为我们把这件事写成了文章。校园各方对十月事件的回应仍在继续。

参考文献

1. Asmussen, K. J. "Weapon Possession in Public High Schools." *School Safety* (Fall 1992), 28–30.

2. Bird, G. W., S. M. Stith, and J. Schladale. "Psychological Resources, Coping Strategies, and Negotiation Styles as Discriminators of Violence in Dating Relationships." *Family Relations*, 40(1991), 45–50.

3. Bogal–Allbritten, R., and W. Allbritten. "Courtship Violence on Campus: A Nationwide Survey of Student Affairs Professionals." *NASPA Journal*, 28 (1991), 312–18.

4. Boothe, J. W., T. M. Flick, S. P. Kirk, L. H. Bradley, and K. E. Keough. "The Violence at Your Door." *Executive Educator* (February 1993), 16–22.

5. Bromet, E. J. "Methodological Issues in the Assessment of Traumatic Events." *Journal of Applied Psychology*, 20 (1990), 1719–24.

6. Bushweller, K. "Guards with Guns." *American School Board Journal* (January 1993), 34–36.

7. Copenhaver, S., and E. Grauerholz. "Sexual Victimization among Sorority

Women." *Sex Roles: A Journal of Research*, 24 (1991), 31–41.

8. Follingstad, D., S. Wright, S. Lloyd, and J. Sebastian. "Sex Differences in Motivations and Effects in Dating Violence." *Family Relations*, 40 (1991), 51–57.

9. Gordon, M. T., and S. Riger. *The Female Fear*. Urbana: University of Illinois Press, 1991.

10. Guba, E., and Y. Lincoln. "Do Inquiry Paradigms Imply Inquiry Methodologies?" In *Qualitative Approaches to Evaluation in Education*, edited by D. M. Fetterman. New York: Praeger, 1988.

11. Johnson, K. "The Tip of the Iceberg." *School Safety* (Fall 1992), 24–26.

12. Jones, D. J. "The College Campus as a Microcosm of U.S. Society: The Issue of Racially Motivated Violence." *Urban League Review*, 13 (1990), 129–39.

13. Legislative Update. "Campuses Must Tell Crime Rates." *School Safety* (Winter 1991), 31.

14. Long, N. J. "Managing a Shooting Incident." *Journal of Emotional and Behavioral Problems*, 1 (1992), 23–26.

15. Lowe, J. A. "What We Learned: Some Generalizations in Dealing with a Traumatic Event at Cokeville." Paper presented at the Annual Meeting of the National School Boards Association, San Francisco, 4–7 April 1987.

16. Mann, J. *Los Angeles Times Magazine*, 2 June 1992, pp. 26–27, 32, 46–47.

17. Merriam, S. B. *Case Study Research in Education: A Qualitative Approach*. San Francisco: Jossey–Bass, 1988.

18. Miles, M. B., and A. M. Huberman. *Qualitative Data Analysis: A Sourcebook of New Methods*. Beverly Hills, Calif.: Sage, 1984.

19. Mitchell, J. "When Disaster Strikes." *Journal of Emergency Medical Services* (January 1983), 36–39.

20. NSSC Report on School Safety. "Preparing Schools for Terroristic Attacks." *School Safety* (Winter 1991), 18–19.

21. Poland, S., and G. Pitcher. *Crisis Intervention in the Schools*. New York: Guilford, 1992.

22. Quimet, M. "The Polytechnique Incident and Imitative Violence against Women." *SSR*, 76 (1992), 45–47.

23. Roark, M. L. "Helping High School Students Assess Campus Safety." *The School Counselor*, 39 (1992), 251–56.

24. ——. "Preventing Violence on College Campuses." *Journal of Counseling and Development*, 65 (1987), 367–70.

25. Roark, M. L., and E. W. Roark. "Administrative Responses to Campus Violence." Paper presented at the annual meeting of the American College Personnel Association/National Association of Student Personnel Administrators, Chicago, 15–18 March 1987.

26. "School Crisis: Under Control, " 1991 [video]. National School Safety Center, a partnership of Pepperdine University and the United States Departments of Justice and

Education.

27. Sherill, J. M., and D. G. Seigel (eds.). *Responding to Violence on Campus*. New Directions for Student Services, No. 47. San Francisco: Jossey–Bass, 1989.

28. Van Maanen, J. *Tales of the Field*. Chicago: University of Chicago Press, 1988.

29. Walker, G. "Crisis–Care in Critical Incident Debriefng." *Death Studies*, 14 (1990), 121–33.

30. Weick, K. E. "Educational Organizations as Loosely Coupled Systems." *Administrative Science Quarterly*, 21 (1976), 1–19.

31. Yin, R. K. *Case Study Research, Design and Methods*. Newbury Park, Calif.: Sage, 1989.

32. Zelikoff, W. I., and I. A. Hyman. "Psychological Trauma in the Schools: A Retrospective Study." Paper presented at the annual meeting of the National Association of School Psychologists, New Orleans, La., 4–8 March 1987.

案例研究

上面的这项案例研究（Asmussen & Creswell, 1995）呈现了校园对一起枪击事件（一名学生企图向他的同班同学开枪）的回应。两位作者的案例写作采用了林肯和古巴（Lincoln & Guba, 1985）及斯特克（Stake, 1995）所说的"实质性案例报告"的形式。这种形式要求对难题进行详细阐释，对情境或场景以及观察到的过程进行透彻的描述，对重要的主题进行讨论，最后还要明确"吸取的经验教训"（Lincoln & Guba, 1985, p. 362）。在对案例及关于大学校园暴力的研究难题进行介绍之后，作者对场景及枪击事件发生后两周内各种事情的时间序列进行了详细描述。接下来，他们呈现了重要的主题，包括否认、恐惧、安全、再次触发以及校园预案。在逐步展开这些主题的过程中，作者将这些更具体的主题结合成两个概括式的主题：组织主题和心理或社会心理主题。阿斯穆森和克雷斯维尔（Asmussen & Creswell, 1995）通过访谈事件经历者、观察、查找文档与视听材料来收集资料。案例研究是从向学校提出研究计划开始的，而案例的结尾则提出了这个中西部校园可以采纳的经验，还有这个学校及其他学校将来在设计校园恐怖事件应对预案时可以使用的一组特定问题。

关于这个案例中特定的研究问题，作者问了以下问题：发生了什么？哪些人与对事件的回应有关？在八个月里，对事件的回应中浮现了哪些主题？什么样的理论建构有助于我们理解校园的回应？发展出的哪些构念是这个案例特有的？阿斯穆森和克雷斯维尔（Asmussen & Creswell, 1995）在事件发生两天后进入了田野，并没有采用任何事先设定的理论视角来引导研究问题或结论。这篇文章首先对事件进行了描述，通过不同的抽象层次对事件进行了分析，并就将事件情境与更大的理论框架联系起来提供了一些诠释。关于案例分析的有效性，作者使用了多种资料来源对主题进行讨论，还挑选了一些参与者核查最终叙述，或者说采用了成员核查的方式。

叙事研究

对于同一个一般性的难题，我们可以如何采用叙事取向中的诠释主义传记研究来进行探讨？我们不再需要确认校园不同人群的回应，而是应当集中关注一个个体，如事件所涉课程的那名授课教师。我们可以尝试给这项研究拟一个题目："兄弟对峙：一名非裔美国教授的诠释主义传记"。这名授课教师与枪手一样都是非裔美国人，他对这一事件的回应可以被放在种族与文化的情境中。因此，作为诠释主义传记研究者，我们可以询问以下研究问题：这门课的非裔美国教师的人生经历是怎样的？这些经历如何形成并影响了他对这一事件的回应？这种传记取向依赖于对一个个体的研究，并将个体放在其所处的历史背景中。我们已经讨论了生活事件或"顿悟时刻"，这些都是从参与者告诉我们的故事中挑选出来的。我们的取向也就将"故事重述"：按照事件的先后次序来叙述这名教师与枪手的交往。我们可能会使用克兰迪宁和康纳利（Clandinin & Connelly, 2000）以及克兰迪宁（Clandinin, 2013）的三维空间模型，通过个人、社会、互动三种成分来组织故事。此外，也可能有一个情节能将整个故事串联一起，就像理论视角那样。这个情节可能会涉及种族、歧视、边缘化之类的议题，还有这些议题如何在美国非裔文化中发生影响、在黑人文化与其他文化之间发生影响。这些视角可能会影响这名教师对课堂上那名学生枪手的看法。我们组织这个报告的方式也可以是先讨论我们自身的一些信念，然后再讨论这名教师的信念，还有他的个人经历所带来的改变。例如，他还在继续教书吗？他在课堂上谈论过他的感受吗？他会将这个情况作为来自所属种族群体内部的一种挑战吗？至于研究的有效性，我们对这名授课教师的叙事会包括对情境的细节化描述，以此解释这一经历的历史特点与互动特点（Denzin, 2001）。我们也承认任何对这名教师的回应的诠释都是不完整的、未完成的，我们呈现的是我们作为非非裔的美国人与非非裔的加拿大人的自身视角。

现象学研究

与在传记中研究单个个体不同，我们可以研究几名学生，并讨论心理现象学传统中的某个心理学概念（Moustakas, 1994）。我们的标题可以暂定为"学生在差点发生的校园悲剧中对恐惧的理解"。我们的假定是这样的：学生在事件过程中，事件发生后的短时间内、几个星期后都使用了恐惧这个概念。我们可以讨论以下问题：学生们经历了什么样的恐惧？他们是如何经历恐惧的？他们如何理解恐惧的含义？作为现象学研究者，我们假定人们的经验对那些经历过的人是有意义的，而且人们的经验可以被有意识地进行表达（Dukes, 1984）。因此，我们把要研究现象（恐惧）以及要使用的哲学取向（我们希望研究这些学生经验的意义）都带入这项研究。我们将与 10 名以上学生进行长时间的访谈，我们将采用穆斯塔卡斯（Moustakas, 1994）所描述的步骤对这些访谈进行分析。我们将从描述我们自己的恐惧以及与此有关的经验开始（悬置），并将此作为明确我们自己在研究中位置的方式，承认我们不能完全将我们自己从所研究的情况中去除。接下来，在阅读了所有学生的陈述之后，我们将找出一些重要的陈述或引文，讲述他们对恐惧的理解。这些重要的陈述将聚合在一起，构成更宽泛的主题。我们的最后一步是写出一个长段落，提供关于这些学生经历的内容（纹理描述）以及他们经历的方式（结构描述）这两方面的叙事描述，并将这两种描述结合成一个更长的描述，明确他们经验的本质。这将是讨论的终点。

扎根理论研究

如果需要提出或修改一个理论来解释校园对这一事件的回应，我们可以采用扎根理论取向。例如，我们可以围绕某个过程来提出理论，对一些学生来说，事件发生之后的经历是"超现实"的，这些经历是学生行动与回应的结果。这项研究的题目可以暂定为"校园枪击事件中的学生超现实经历的扎根理论解释"。我们可以引用对超现实经历的讨论来介绍这项研究：

> 在心理咨询人员主持的情况说明会上，一名女学生说："我以为枪手一开枪，枪口就会弹出来个小旗子，然后他会说'砰'。"对她来说，这件事就像是个梦。

我们可以研究如下问题：学生在事件发生后立刻出现的这种"超现实"经历的现象，可以用什么理论来解释？这些经历是怎样的？是什么导致了这些超现实经历？学生会采用什么策略来应对这些超现实经历？他们的策略带来了什么后果？哪些特定的互动议题以及更宏大的情况影响了他们的策略？与扎根理论的结构取向一致，我们要看看学生如何互动并对事件进行回应，并不会将特定的理论取向带入资料的收集和分析。相反，我们的目标是发展或生成理论。在这项研究的结果小节，我会先确认我所发现的开放编码范畴。然后，我会描述我们如何将这项研究集中于一个中心范畴（如这个过程中的梦境元素），并将这个范畴作为这个过程理论的主要特征。这个理论可以被呈现为可视化模型，在这个模型中，我们可以纳入对中心范畴有影响的因果条件、围绕中心范畴的中介因素与情境因素，还有作为中心范畴结果的特定策略与结果（主轴编码）。我们会推进对学生超现实经历中梦境元素进行解释的理论命题或假设（选择编码）。我们会评估科宾和斯特劳斯（Corbin & Strauss, 1990, 2015）所讨论的两个因素（研究过程是否周全、研究发现是否扎根于资料），以此来判断研究的有效性。

民族志研究

在扎根理论中，我们的焦点是提出扎根于资料的理论。在民族志中，我们的焦点不再是发展理论，而应该转变为描述并理解校园共同体作为文化共享群体的所作所为。为了确保研究的可操作性，我们在开始可以叙述这个不可预料的事件如何在校园社区的成员中触发了可以预料的回应。这些社区成员是按照他们的角色来进行回应的，因此我们可以了解到一些公认的校园微观文化。学生也是这种校园微观文化的一部分，他们也构成了一定数量的更微小的文化或者次文化。因为这门课上的学生一个学期（16周）都在一起，他们有足够的时间发展出一些行为模式，并且可以被视为一个文化共享群体。此外，我们还可以研究整个校园社区，这个社区是由一系列群体组成的，这些群体对事件的回应各不相同。

假定整个学校构成了一个文化共享群体，这项研究的标题就可以是"回归正常：校园回应枪击事件的民族志"。从这个标题可以发现，这项研究将直接以一种矛盾的视角切入。我们可以问下列问题：这一事件如何在受影响的群体中带来了可预期的角色表现？将整个校园作为一个文化系统或文化共享群体，个体和群体应当扮演什么角色？一种可能性是他们在事件发生后以可预期的行为方式行动，希望学校回归正常。尽管没有人能预料事件的发生或者事件本身的性质，但事件的发生使整个学校社区运转起来了，人们都按照可预期的角色表现来行动。行政人员没有关闭校园，也没有发出"天塌下来了"之类的警告。校园警察没有召开咨询会，尽管心理咨询中心这么做了。然而，心理咨询中心只服务于学生群体，并不涉及其他人，如警察或保安（这些人在这里被边缘化了），但他们在校园里也会感到不安全。概括而言，在事件刚刚发生时，学校各个群体都按照可预期的方式行事。

确实，学校行政人员在事件发生后按常规举行了新闻发布会。此外，可预期的是，警察在进行案件侦查，学生最终也还是很不情愿地与他们的家长联系。校园在慢慢地恢复正常，这是一种回归日常事务的努力，回归到稳定的状态，或者如系统研究者所言，回到内部平衡的状态。在这些可预期的角色行为中，可以看到文化的作用。

在我们进入田野后，我们会努力与社区成员建立良好关系，而不是继续将他们边缘化，也不会因我们不必要的在场而扰乱环境。在校园里，这是一个很敏感的时期，很多人都在崩溃边缘。我们可以探讨在文化共享的校园内的"多样性的组织"以及个体与群体的"维持"行动这类文化主题。华莱士（Wallace, 1970, p. 23）将"多样性的组织"定义为"在文化上组织起来的任何社会边界之内，多元的习惯、动机、人格和习俗，实际上共同存在"。我们的资料收集包括长时间观察人们帮助校园恢复正常的可预期的活动、行动和角色。这项研究的资料收集将主要依赖于访谈，还可以观察作为事件发生地点且被报纸报道过的那间教室。最终我们对文化共享校园的叙事将与沃尔科特（Wolcott, 1994）的三个部分一致：对校园的细致描述、对"多样性的组织"和维持的文化主题进行分析（也许会使用类型学或比较；Spradley, 1979, 1980），以及诠释。我们的诠释不会使用冷漠的术语来措辞，不会是对事实的客观报告。相反，我们的诠释会记录我们自己的经历，如在为无家可归者准备的流动厨房中所感受到的不安（Miller, Creswell, & Olander, 1998），还有我们自己在"安全"的中西部小镇长大的个人生活经历。作为一项研究的结束，我们可以使用"夕阳中的独木舟"方法（来自与沃尔科特在1996年11月15日的个人交流），或者是更强调方法论取向的结束方式，如请参与者核查我们的叙述。下面给出的是"夕阳中的独木舟"方法：

> 在民族志研究准备好之前，事件的新闻价值就会淡去。但如果民族志研究者关注的是校园文化，事件本身的影响就不是很大。然而，如果没有这一事件，民族志研究者对其所处社会（也可能是自己的校园）进行研究，可能不容易"发现"人们在日常中以可预期的方式行动。这只是因为那就是我们所期待的人们的行动方式。"在家"进行民族志研究必须要找到使熟悉的东西看起来陌生的方式。一个令人不快的事件能使得普通的角色行为更容易被注意到，人们是在以可预期的方式回应不可预期的环境。这些可预期的行为方式就是文化。

更关注方法论的结尾则如下：

> 我们的一些"事实"或假设也许需要（也经得起）核查或检验，看看我们是否有在这一方向上进行分析。如果我们想更诠释主义一些，那么我们也许可以"尝试"对人们的一些描述进行叙述，他们所表现出的谨慎以及例外可以被放在我们最终的记录中，以此表明事物比我们呈现的还要复杂。

结　论

本书的开篇提到，在美国科罗拉多州的韦尔市举办的一次质性研究研讨会中，我们提出了一个"引人注目"的问题：探究取向将如何影响研究设计？第一，最明显的方式之一是研究的焦点。如第4章所讨论的那样，理论与对现象或概念的探讨不一样，与深度案例不一样，与建立个体或群体描绘也不一样。请再仔细地阅读表4.1，明确五种取向的差异，特别是研究的焦点。

但是，这并不像表面上那么泾渭分明。对个体的单一案例研究既可以采用叙事研究的取向，也可以采用案例研究的取向。一个文化系统可以被作为民族志来进行探讨，而一个更小的"有界"系统，如事件、项目或行动，则可以被作为案例来研究。两者都是系统，如果研究者要进行微观民族志研究，就出现了一个难题：是应该将其作为案例来研究，还是民族志呢？当研究者希望研究文化行为、语言或物品时，对系统的研究就可以按照民族志来进行。

第二，诠释方向贯穿了整个质性研究。我们不能仅是站在一旁，"客观"地对待我们的所见和所写。我们的文字来自我们自己的个人经历、文化、历史和背景。当我们去田野收集资料时，我们需要为参与者及研究地点考虑，需要对我们的角色进行反思，需要明确我们的角色如何影响了我们的所见、所闻和所写。最终，我们写下的是我们对事件、人物及行动的诠释，这只是我们的诠释。我们应该承认参与者、读者及其他阅读我们记述的人会有他们自己的诠释。按照这种视角，我们的写作只能被视为一种话语，结论是暂定的，而且会持续地变化与发展。质性研究确实有诠释主义元素，并且它还贯穿了整个研究过程。

第三，探究的取向影响了具体研究中研究设计的程序所使用的语言，特别是研究设计中研究引言、资料收集及分析阶段所使用的语言。我们将这些术语放在第6章，讨论了如何组织文字来陈述不同取向的目标与研究问题。第9章继续推进了这一主题，我们讨论了各种研究取向对文本的赋码。附录一中的术语表也可以强化这一主题，附录一是一个很有用的术语表，列出了每个研究传统的研究者可能会在其研究语言中使用的那些术语。

第四，研究取向还要考虑被作为研究对象的参与者，这一点在第7章中进行了讨论。一项研究的参与者可以是一两个人（即叙事研究）、一群人（即现象学和扎根理论），或者是整个文化（即民族志）。案例研究应当适用于所有三个类别，研究者可以研究单个个体、事件或更大的社会场景。依旧是在第7章中，我们强调了各取向在资料收集方面的差异，有些主要使用单一来源的信息（即叙事访谈、扎根理论访谈、现象学访谈），有些则包括多种来源的信息（即民族志包括观察、访谈和文档；案例研究包括访谈、观察、文档、档案材料和视频）。尽管这些资料收集形式并不固定，但我们可以发现一些一般性的模式，可以对这些取向进行区分。

第五，各取向之间最显著的区别在于资料分析阶段，这一点在第8章中进行了讨论。资料分析的跨度则从无结构取向到结构化取向。那些不那么结构化的取向包括民族志（斯普拉德利 [Spradley, 1979, 1980] 的研究是例外）和叙事研究（如克兰迪宁和康纳利 [Clandinin & Connelly, 2000] 的建议、邓津 [Denzin, 1989] 提出的诠释形式）。更结构化的取向是有系统程序的扎根理论，还有现象学（参见 Colaizzi, 1978; Dukes, 1984；Moustakas, 1994）和案例研究（参见 Stake, 1995; Yin, 2014）。这些程序为质性研究报告中资料分析的整体结构指明了方向。此外，取向也影响了资料分析中可留给描述的相对权重。在民族志、案例研究和传记中，研究者采用了实质性描述；在现象学中，研究者的描述就更少；而在扎根理论中，研究者似乎根本不会使用描述，而是选择直接推进到资料分析。

第六，探究的取向影响了最后写出的作品，还有叙事所采用的嵌入式修辞结构。这解释了为什么质性研究看起来差异很大，而且写作方式如此不同，这些内容在第9章中进行了讨论。例如，研究者要不要出现在文本中。尽管所有质性研究项目都强调反思，但在更"客观"的扎根理论中，研究者就很少出现。相反，研究者在民族志研究中居于舞台中心，在案例研究中也会如此，在这两类研究中"诠释"都起到重要作用。

第七，各取向对研究质量进行评估的标准各有不同，这是第10章所讨论的内容。尽管在确保有效性的程序中存在一些重合，但每个研究传统都有各自对研究价值进行评估的标准。

概而言之，在设计一项质性研究时，我们建议研究者采取质性探究多种取向中的一种来进行设计。这意味着设计过程的构成（如诠释框架、研究目标和问题、资料收集、资料分析、报告写作、有效性）将反映出所选择取向的程序，也将按照所选择取向的赋码方式及特点来组织。这并不是严格地要求研究者不能将取向混在一起应用，如扎根理论的分析流程可以被用在案例研究的设计中。"纯净性"（purity）并不是我们的目标。但在本书中，我们还是建议读者首先要清晰地了解所有的取向，然后再将它们结合起来，并明确每一种研究的严格程序都各有其合理性。

我们发现这五种取向既有区分也有重叠，但是按照本书所建议的某种取向的程序来设计一项研究，将提高研究项目的精密性，并向质性研究的读者传达一种方法论方面的专业性。

本章要点

1. 你能将已经写好的质性研究的故事通过另一种质性探究取向进行转化吗？

2.本章呈现了对校园回应枪击事件进行研究的五种可能方案，你能找到、界定并描述其中的专业术语吗？

（1）明确每一种研究方案，并对其中的专业术语进行界定和描述。

（2）需要帮助的时候，可以查阅附录一的术语表，找到相应的定义。

附录一 术语表

本术语表中的定义包括了在本书中使用并界定了的关键术语。这些术语都有很多界定方式，但对我们来说（我们希望对读者来说也是如此），最实用的定义是展示了本书的内容及参考文献的那些界定。我们按照探究取向（叙事研究、现象学研究、扎根理论研究、民族志研究、案例研究）对这些术语进行分组，然后在每一组内再按拼音字母进行排序。在术语表的最后，我们列出了在五种不同取向中都通用的一般性的质性术语。本术语表之外的其他术语，可以参见分别由吉文（Given, 2008）和施万特（Schwandt, 2007）编纂的质性研究工具书。

1. 叙事研究

单个个体（single individual） 这是叙事研究所研究的人。这个人，可以是不同凡响的人，也可以是普通人。这个人的人生可以是平凡的，可以是伟大的，可以是挫败的，可以是短暂的，其可能未得到赞扬，但取得了惊人的成就（Heilbrun, 1988）。

顿悟时刻（epiphanies） 在个体生活中会有一些特殊事件，这些事件代表了一些转折点。根据影响的不同，这些时刻可以进行排列，从次要的顿悟时刻到主要的顿悟时刻，这些时刻可以是积极的，也可以是消极的（Denzin, 1989）。

故事（stories） 参与者在访谈中对情况进行描述时所浮现出的各种层面，通常会有开头、中间和结尾，这样研究者就能够捕捉到完整的想法，并将其原封不动地整合到质性叙事之中（Clandinin & Connelly, 2000; Czarniawska, 2004; Denzin, 1989; Riessman, 2008）。

故事重述（restorying） 这是对叙事资料进行分析的一种取向，研究者重述个人经历的故事，这些新故事一般都有开头、中间和结尾（Ollerenshaw & Creswell, 2002）。

口述史（oral history） 在这种传记研究方法中，研究者从一个或几个人那里收集个体对事件、事件原因和事件影响的回忆。这些信息可以通过录音来收集，也可以通过去世的人或还活着的人写下的东西来收集。这类研究通常被限制在明确的"现代"范围内，限于可以接触到的人（Plummer, 1983）。

历史情境（historical contexts）　研究者在这些情境中对参与者的生活进行呈现。这些情境可以是参与者的家庭、社会，或者是参与者所处时代的历史、社会或政治趋势。

生活史（life history）　这是一种传记写作的形式，研究者根据被告知的内容，汇报这个人生活的丰富记录（参见 Geiger, 1986）。因此，被研究的个体是鲜活的，其在现在的生活受到个人历史、制度历史和社会历史的影响。研究者可以使用不同的学科视角（Smith, 1994），如将个人生活作为文化表征来进行探究，就像人类学的生活史那样。

生命历程阶段（life course stages）　指个人生活阶段或关键事件，这些是传记作者的焦点。

时间序列（chronology）　这是一种常见的方法，采用叙事的形式，作者根据个体的年龄，按阶段或步骤来呈现个体的生活。

叙事研究（narrative research）　这是质性研究的一种取向，既是产物也是方法。这是对一系列事件的故事、叙事或描述的研究，这一系列事件记录了人们的经历（Pinnegar & Daynes, 2007）。

展望-回溯方法（progressive-regressive method）　这是进行叙事写作的一种方法，研究者从参与者生活中的一个关键事件开始，然后从这个事件出发，向前、向后开展研究（Denzin, 1989）。

传记研究（biographical study）　这是对单个个体及其经历的研究，这些经历或者是有人告诉研究者的，或者是在文档和档案材料中找到的（Denzin, 1989）。我们使用这个术语来指向宽泛的叙事写作文体，包括个人传记、自传、生活史和口述史。

自传（autobiography）　这种形式的传记写作是一个人自己写下的或者以其他形式记录的、关于其个人生活的叙事记录（Angrosino, 1989a）。

自我民族志（autoethnography）　这种形式的叙事是由作为研究主体的个体写作并记录的（Ellis, 2004; Muncey, 2010）。芒西（Muncey, 2010）将自我民族志界定为这样一种观念：多层意识、脆弱的自我、一致的自我、在社会情境中对自我进行批判、屈服于主流话语、有引起共鸣的可能性。

2. 现象学

本质的、不变的结构（或本质）（essential, invariant structure [or essence]）这是现象学研究者的目标，将经验的纹理意义（什么）和结构意义（如何）都还原为代表了所有参与者经验的简要描述。所有的个体都经历过，因此，它是不变的，是还原到了各种经验的"本质"（Moustakas, 1994, van Manen, 2014）。

超验现象学（transcendental phenomenology）据穆斯塔卡斯（Moustakas, 1994）所言，胡塞尔支持超验现象学，之后这也成了穆斯塔卡斯的指导概念。在这种方法中，研究者将对所调查现象的预判放在一边。研究者依赖于直觉、想象和普遍结构来获得关于经验的图像，研究者会使用穆斯塔卡斯（Moustakas, 1994）所提出的系统分析方法。

结构描述（structural description）从现象学资料分析的前三个步骤开始，研究者写出描述，记录现象是"如何"被研究中的个体所经历的（Moustakas, 1994）。研究者写出对经验的"结构"描述，陈述现象是如何被经历的。这包括寻找所有可能的意义、寻找不同的视角，还有改变关于现象的参考框架，或使用富有想象力的变化（Moustakas, 1994）。

诠释现象学（hermeneutical phenomenology）这种形式的现象学的目标是解读生活（诠释）以及生活经验的"文本"（van Manen, 1990）。

确定研究视域（horizonalization）这是现象学资料分析的第二步。研究者列出所有跟主题有关的重要陈述，并给予这些陈述同等的重视（Moustakas, 1994）。

生活经验（lived experiences）现象学研究中的这一术语是要强调人们个体经验的重要性，而人是有意识的（Giorgi, 2009; Moustakas, 1994）。

实践现象学（phenomenology of practice）描述了"现象学中意义赋予方法的发展与阐明"，这是以范梅南（van Manen, 2014）指出的现象学基本文献中的实践示例为基础的。

纹理描述（textural description）从现象学资料分析的前三步开始，研究者要记录下经历了什么，这是对个体所经历的意义的描述（Moustakas, 1994）。

现象（phenomenon） 这是现象学家所研究的中心概念，是指研究主体所经历的概念，可能包括心理学概念，如悲痛、愤怒或爱。

现象学反思（phenomenological reflection） 按照范梅南（van Manen, 2014）所言，这包括两个过程：悬括（撤回）和还原（意义建构）。

现象学研究（phenomenological study） 这类研究描述了几个个体关于某个现象（或主题或概念）的经验的共同意义。在这类质性研究中，研究者将各种经验还原为一个中心意义或经验的"本质"。

现象学资料分析（phenomenological data analysis） 研究文献中呈现了多种现象学资料分析的方法。穆斯塔卡斯（Moustakas, 1994）综述了这些方法，并提出了他自己的方法。我们认同穆斯塔卡斯的改编，其中包括研究者要将个人经验带入研究、记录重要陈述和意义单元、发展出达到经验本质的描述。乔治（Giorgi, 2009）则在他的书中提出了一种严格但也更开放的方法。

悬置或悬括（epoche, or bracketing） 这是"现象学还原"的第一步。在资料分析的过程中，研究者要竭力将所有预先设定的经验都放在一边，以便更好地理解参与者的经验（Moustakas, 1994）。

意识的意向性（intentionality of consciousness） 对客体的意识总是有意向的。因此，在看见一棵树的时候，"我的意向性经验结合了这棵树外在的样子，还有我意识中的树，而我的意识是以记忆、图像和意义为基础的"（Moustakas, 1994, p. 55）。

意义聚类（clusters of meaning） 这是现象学资料分析的第三步。研究者将各种陈述进行聚类，组成主题或意义单元，去掉重叠及重复的陈述（Moustakas, 1994）。

哲学视角（philosophical perspectives） 这些特定的哲学视角提供了现象学研究的基础。这些视角来自胡塞尔在20世纪30年代的写作成果。这些视角包括：研究者要用比传统经验式的量化科学更宽泛的视角来进行研究；悬置自己对经验的预设；通过研究者自己的角度对研究客体有所经历（即对客体有意识），同时也将其视为真的"在那儿"；使用抓住"本质"的一些陈述来汇报个体赋予经验的意义（Stewart & Mickunas, 1990）。

3. 扎根理论

饱和（saturate, saturated, or saturation）　　在扎根理论研究的范畴发展和资料分析阶段，研究者力图找到更多的事件和行动，为范畴提供支持。在这个过程中，他们会走到这么一个节点：范畴饱和了，研究者不再能发现可以增加对范畴理解的新信息。

编码范式或逻辑图示（coding paradigm or logic diagram）　　在主轴编码中，中心现象、因果条件、情境、中介条件、策略和结果都被呈现在可视化图示中。这一图示有文字框以及表明行动过程与流向的箭头。将这个图示视为主轴编码是很有帮助的，这是扎根理论研究发展出的理论模型（参见 Harley et al., 2009）。

策略（strategies）　　在主轴编码中，这是指特定的行动或互动，其是作为中心现象的结果而出现的（Strauss & Corbin, 1990）。

持续比较（constant comparative）　　这是扎根理论研究中的一个早期术语（Conrad, 1978），指研究者确定事件和行动，持续地将它们与逐渐浮现的范畴比较，进而发展范畴并使之饱和。

范畴（category）　　这是扎根理论分析的信息单元。范畴包括事件、偶发事件、现象的实例（Strauss & Corbin, 1990），其被赋予了简短标签。当研究者分析扎根理论的资料时，在所谓的开放编码阶段，他们的分析在开始会导向一些范畴的形成。接下来，在主轴编码中，分析者会将范畴联系起来，并形成可视化模型。

见实编码（in vivo codes）　　在扎根理论研究中，研究者使用访谈对象的词语作为编码或范畴的名称。这些名称很抓人，能够立刻吸引读者的注意力（Strauss & Corbin, 1990, p. 69）。

建构主义扎根理论（constructivist grounded theory）　　这种形式的扎根理论源自质性研究的诠释主义传统。因此，跟扎根理论的传统取向相比，它没有那么结构化。建构主义取向结合了研究者的观点；揭示了与嵌入性的隐藏网络、情境和关系有关的经历；使得权力、沟通和机会的等级都清晰可见（Charmaz, 2006）。

结果（consequences）　　在主轴编码中，这些是参与者所采取的策略的后果。

这些结果可以是积极的、消极的或中立的（Strauss & Corbin, 1990）。

开放编码（open coding）　这是扎根理论研究者在资料分析过程中的第一个步骤。其中包括获取资料（如访谈记录），对资料进行划分并将其放在信息范畴中（Strauss & Corbin, 1990）。建议研究者尝试提出少量范畴，慢慢将数量减少到大约 30 个编码，然后将它们组合成研究中的重要主题。

理论抽样（theoretical sampling）　在扎根理论研究的资料收集中，研究者根据参与者对理论发展的贡献来选择要研究的个体样本。通常这个过程是从同质的相似个体的样本开始的，随着资料收集的进行以及范畴的出现，研究者转向异质的样本，以便明确：在何种样本条件下，范畴可以成立。

命题（propositions）　命题即假设，通常是指向性的形式，将研究中的范畴联系起来。命题来自主轴编码模型或者范式，如假定为什么某个特定的原因影响了中心现象，中心现象反过来又影响了特定策略的使用。

判别式抽样（discriminant sampling）　这是在扎根理论研究的后期，在研究者已经发展出模型之后的一种抽样形式。相关问题如下：如果从跟我最初访谈对象类似的人那里收集到了更多的信息，这个模型会如何维持？因此，为了证实这个模型，研究者所选择的场所、人和/或文件"将最大可能地证实故事线、范畴之间的关系，并充实不完善的范畴"（Strauss & Corbin, 1990, p. 187）。

情境（context）　在主轴编码中，这是一组特定的条件，策略出现在其中（Strauss & Corbin, 1990）。这些条件在本质上是特定的，与行动和互动很接近。

实质层面的理论（substantive-level theory）　这是一种低层次的理论，可以直接应用于当前的情况。这一理论是从研究中发展出来的，这类研究会对"某个特定情境"中的现象进行研究（Strauss & Corbin, 1990, p. 174）。研究者将这种形式的理论与更抽样、更偏应用型的理论区分开，后面这类理论包括中层理论、宏大理论或正式理论。

属性（properties）　这是扎根理论研究分析中的另一种信息单元。扎根理论研究中的每一个范畴都可以被分成一些属性，这些属性展示了范畴的宽泛维度。斯特劳斯和科宾（Strauss & Corbin, 1990, p. 61）将它们视为"关于范畴的特性或特征"。它们出现在开放编码分析中。

提出或发现理论（generate or discover a theory） 扎根理论研究是发展理论的过程，而不是检验理论的过程。研究者可能会从他们希望修正的暂定性理论开始，或者在开始根本没有理论，研究者的目标是将研究"扎根于"参与者的观点。在每种情况下，理论发展的归纳模式将会起作用，提出或发现理论的整个过程扎根于田野中参与者的观点之中。

条件或结果矩阵（conditional or consequential matrix） 这是通常在扎根理论研究后期绘制的图表，呈现了与所研究现象有关的条件和结果。它使得研究者不但能够区分而且能够连接不同层次的条件和结果，而主轴编码模型明确了这些条件和结果（Strauss & Corbin, 1990）。在扎根理论研究的资料分析中，这是不常见的步骤。

维度化（dimensionalized） 这是扎根理论研究中所分析的信息的最小单元。研究者确定各种属性，并将其放在一个连续统中，或将它们维度化，以明确这一属性的极端可能。维度化的信息出现在"开放编码"分析中（Strauss & Corbin, 1990）。

选择编码（selective coding） 这是对信息进行编码的最后阶段。研究者确定中心现象，并系统地将其与其他范畴联系在一起，验证这些关系，并补充需要精炼及发展的那些范畴（Strauss & Corbin, 1990）。我倾向于发展出"故事"，陈述这些范畴，并展示它们的相互关系（参见 Creswell & Brown, 1992）。

因果条件（causal conditions） 在主轴编码中，研究者在资料库中确认了一些条件范畴，它们导致或影响了中心现象的出现。

扎根理论研究（grounded theory study） 在这种类型的研究中，研究者提出了关于现象的抽样分析架构，这一理论可以解释一些行动、互动或过程。这主要是通过以下方式完成的：收集访谈资料、多次去田野（理论抽样）、努力发展出关于信息的范畴并将其联系起来（持续比较），以及提出实质理论或特定情境的理论（Strauss & Corbin, 1990）。

中介条件（intervening conditions） 在主轴编码中，这是指宽泛条件，比情境还宽泛，策略就出现在其中。中介条件可以是社会、经济和政治力量，它们影响了对中心现象进行回应的策略（Strauss & Corbin, 1990）。

中心现象（central phenomenon） 这是主轴编码的一个方面，形塑了可视化理论、模型或范式。在开放编码中，研究者通过对开放编码范畴进行检验，然后挑选其中最具有概念旨趣的、参与者讨论最频繁的、信息最"饱和"的范畴，选出中心范畴，并以此来发展理论。研究者接下来会将它放在扎根理论模型的中心，并将它标记为中心现象。

主轴编码（axial coding）　在编码过程中，这个步骤位于开放编码之后。研究者采用开放编码的范畴，确定中心现象，然后回到资料库来确定：（1）什么引发了这一现象出现；（2）行动者采取了何种策略或行动来进行回应；（3）什么情境（特定的情境）和中介条件（宽泛的情境）影响了策略；（4）这些策略带来了什么后果。整个过程是将信息的范畴与中心现象的范畴联系在一起（Strauss & Corbin, 1990, 1998）。

撰写备忘录（memoing）　这是扎根理论研究中的过程，研究者写下与不断发展的理论有关的想法。写下的东西可能是初步的命题（假设）、关于逐步浮现的范畴的想法，或者主轴编码中范畴间联系的某些方面。总的来说，这些以书面形式记录的分析，有助于理论的形成（Strauss & Corbin, 1990）。

4. 民族志

参与式观察（participant observation）　民族志研究者以多种方式收集资料，但主要方法是观察文化共享群体，成为文化场景中的参与者（Jorgensen, 1989）。

沉浸（immersed）　民族志研究者通过长时间（通常是一年）的田野工作，逐渐沉浸于田野。研究者是否会丧失自己的视角而"过于本土化"，是民族志研究文献中进行了很多讨论的田野议题。

对文化共享群体的分析（analysis of the culture-sharing group）　在民族志的这一步骤中，民族志研究者在资料分析中发展出主题——文化主题。这个过程需要总览所有的资料，并将资料划分成一系列共同的主题，这些主题得到了资料中的证据的支持（Wolcott, 1994）。

对文化共享群体的描述（description of the culture-sharing group）　民族志研究者的首要工作是简单地记录对文化共享群体、事件和行动的描述，这些都可以展示文化（Wolcott, 1994）。例如，可以提供事实叙述、绘制场景的图片，或者整理出事件的时间表。

对文化共享群体的诠释（interpretation of the culture-sharing group）　研究者对文化共享群体的意义进行诠释。研究者通过使用研究文献、个人经历或理论视角来诠释信息（Wolcott, 1994）。

反思性（reflexivity）　这表明作者意识到了其带入质性研究的偏见、价值和经验。通常作者会在文本中对此进行清晰的说明（Hammersley & Atkinson, 1995）。

非参与者或作为参与者的观察者（nonparticipant or observer as participant）研究者是所研究群体的局外人，在观察和记录田野笔记时都要保持距离。研究者记录资料时可以不直接参与活动或不直接与人们接触。

关键信息提供者或参与者（key informants or participants）　研究者是从这些人开始进行资料收集的，因为这些人了解的信息很多，方便接触，能够提供其他信息的线索（Gilchrist, 1992）。

结构（structure）　这是民族志研究者试图了解的、关于社会-文化系统或群体的主题或概念。它指的是社会结构或者群体的构型，如社会文化群体的家族关系或政治结构。这类结构可以通过组织结构图来展示（Fetterman, 2010）。

看门人（gatekeeper）　这是资料收集中的术语，是指研究者在进入群体或文化地点之前必须拜访的人。为了进入田野，研究者必须得到这个人的许可（Hammersley & Atkinson, 1995）。

客位（etic）　这个术语是指当研究者报告其个人看法时，在民族志中汇报并记录的信息类型。当研究者报告参与者的看法时，使用的术语是主位（Fetterman, 2010）。

民族志（ethnography）　这是对完整的文化或社会群体（或群体中的一个或多个个体）的研究，主要以研究者在田野中的观察及长时间田野工作为基础。民族志研究者倾听并记录参与者的声音，目标是要进行文化描绘（Thomas, 1993; Wolcott, 1987）。

批判民族志（critical ethnography）　这种类型的民族志考察了社会中关于权力、声望、特权和权威的文化系统。批判民族志研究者关注来自不同阶级、种族和性别的边缘群体，倡导以满足这些参与者的需求为目标（Madison, 2011; Thomas, 1993）。

欺瞒（deception） 这是一个在田野工作中会出现的议题，但是自从美国人类学协会 1967 年制订伦理准则后，这已经不是难题了。欺瞒是指研究者故意欺瞒参与者以获得信息。这种欺瞒包括掩盖研究目的、不透露与研究目的有关的重要信息或秘密收集信息。

田野工作（fieldwork） 在民族志资料收集中，研究者在"田野"进行资料收集，进入可以研究文化共享群体的一个或多个地点。通常这包括长时间、以不同程度沉浸于文化群体的行动、事件、仪式和场景（Sanjek, 1990）。

完全的参与者（complete participant） 研究者完全可以与其观察对象互动。这可能有助于研究者建立与观察对象之间的融洽关系（Angrosino, 2007）。

完全的观察者（complete observer） 研究者没有被参与者看到或注意到。

文化（culture） 这个术语指的是一种抽象物，是不能被直接研究的某些事物。通过观察并参与到文化共享群体中，民族志研究者可以看到"运作中的文化"，并提供对其的描述和诠释（Wolcott, 2010）。从行为、语言和物品中都可以看到文化（Spradley, 1980）。

文化共享群体（culture-sharing group） 当民族志研究者试图理解并诠释人们的行为、语言和物品时，文化共享群体构成了一个分析单位。民族志研究者通常都关注整个群体，共享所学到、所获得行为的群体，以明确群体是如何"运作"的。一些民族志研究者将专注分析社会-文化系统这部分，并从微观民族志入手。

文化描绘（cultural portrait） 民族志研究的一个关键要点就是要写出文化共享群体或个体的整体观点。民族志的最终成果应当是更为宏观的描绘，或者是对文化场景的概览，以呈现各种复杂性（Spradley, 1979）。

物品（artifacts） 这是民族志研究者关注的焦点，他们会研究人们制造和使用的东西（文化物品），如衣服和工具（Spradley, 1980）。

现实主义民族志（realist ethnography） 文化人类学家进行民族志研究的传统取向，这一方法要求研究者作为"客观"的观察者，以冷静的、无所不知的立场来记录事实并叙述研究（van Maanen, 1988）。

行为（behaviors）　这是民族志研究者在力图理解人们所作所为（文化行为）时的关注焦点（Spradley, 1980）。

语言（language）　这是民族志研究者在分辨人们说了什么（言说信息）时所关注的焦点（Spradley, 1980）。

整体（holistic）　民族志研究者假定研究是要获得关于社会群体的全面且完整的图景。这可能包括群体的历史、宗教、政治、经济和/或环境。在这种方式中，研究者会将群体的信息放在更大的视角中或将研究"情境化"（Fetterman, 2010）。

主位（emic）　这个术语是指民族志研究者在汇报参与者的看法时，在民族志中汇报并记录的信息类型。当研究者报告自己的个人看法时，所用的术语是客位（Fetterman, 2010）。

作为观察者的参与者（participant as observer）　研究者参与了研究地点的活动，并且参与者的角色比研究者的角色更明显。这可以帮助研究者获得局内人的视角和主观资料。然而，研究者在参与这些活动时，可能无法专注于记录资料。

5. 案例研究

案例（case）　这是案例研究的分析单位，包括对现实生活、当下情境或场景中的特定案例的研究（Yin, 2009）。案例可以是事件、过程、项目或几个人（Stake, 1995）。案例可以是关注的焦点（内在性案例研究），或者是议题，也可以是用来展示案例的案例（Stake, 1995）。

案例的情境（context of the case）　在对案例的分析和描述中，研究者将案例放在其场景中。这个场景可以是广义概念化的（如宏大的历史、社会、政治议题），也可以是狭义概念化的（如直系亲属、空间位置、研究时间；Stake, 1995）。

案例描述（case description）　这意味着按照研究者的记录，简单地陈述关于案例的事实。这是质性案例研究中资料分析的第一步，斯泰克（Stake, 1995, p. 123）称之为叙事描述。

案例内分析（within-case analysis）　这种类型的分析可以被应用于单个案例研究或多个集合案例研究。在案例内分析中，研究者分析每一个案例的主题。在对多个案例的研究中，研究者可以在跨案例分析中在多个案例之间进行案例内主题的比较。

案例研究（case study research）　这种类型的研究包括对现实生活、当下情境或场景中的案例的研究（Yin, 2009）。

案例主题（case themes）　案例研究的一种主要研究发现。按照斯泰克（Stake, 1995）的说法，这些可以被称为范畴聚类。在案例研究资料分析过程中发展出的更大的范畴是由多个事件累积的。

地点内（within-site）　在挑选案例研究的地点时，可能会选中单个地理位置，这种研究的类型被称为地点内研究。相反，案例研究也可以在多个地点进行，被称为多地点研究。

多地点（multisite）　挑选案例研究的地点时，可能会选中不同的地理位置，这种研究的类型被称为多地点研究。相反，案例研究也可以只在单一位置进行，被称为地点内研究。

多种信息来源（multiple sources of information）　好的案例研究的特征之一是使用多种不同的信息来源，确保案例的"深度"。例如，殷（Yin, 2009）建议研究者在案例研究中使用六种不同类型的信息。

工具性案例研究（instrumental case study）　这种类型的案例研究关注特定的议题，而不是案例本身，案例就成了更好地理解这个议题的载体（Stake, 1995）。我们将第11章的校园枪击案研究（Asmussen & Creswell, 1995）作为工具性案例的例子。

集合案例研究（collective case study）　这种类型的案例研究是由多个案例组成的。它可以是内在性的，也可以是工具性的，但其关键特征是研究者考察了多个案例（如多案例研究，Stake, 1995）。

跨案例分析（cross-case analysis）　这种形式的分析适用于集合案例（Stake, 1995; Yin, 2009），研究者对多于一个的案例进行考察，包括对跨案例主题进行考察，确认对所有案例来说共同的主题和有差异的主题。当研究者研究多个案例时，这通常是案例内部分析之后的分析步骤。

论断（assertion）　这是分析的最后一步，研究者要明确资料的意义，并按照个人看法或研究文献中的理论或构念，提出对资料的诠释。

模式（patterns）　这是案例研究中资料分析的一个方面，研究者建立模式，寻找两个或更多模式之间的联系，以建立起一些范畴（Stake, 1995）。

目的抽样（purposeful sampling）　这是案例研究中的一个主要议题。研究者必须明确在选择一个（或多个）案例时所采用的抽样策略，并明确采用这种策略的理由。这既适用于研究案例的选择，也适用于案例中的信息抽样。我们采用休伯曼和迈尔斯（Huberman & Miles, 1994）的抽样策略清单，并将其运用于本书中的案例研究及其他探究取向。

内在性案例研究（intrinsic case study）　这种类型的案例研究关注对案例的研究，因为案例承载了内在的或不寻常的意义（Stake, 1995）。

嵌入式分析（embedded analysis）　在这种资料分析方法中，研究者会选择案例的某个分析层面来进行呈现（Yin, 2009）。

有界系统（bounded system）　研究所选择的案例是有边界的，通常被时间和地点限制。它也有相互联系的部分，可以形成一个整体。因此，适合研究的案例既是"有界"的，也是一个"系统"（Stake, 1995）。

整体分析（holistic analysis）　在这种资料分析方法中，研究者对整个案例进行研究（Yin, 2009），然后呈现与整个案例有关的描述、主题、诠释或论断。

直接诠释（direct interpretation）　这是案例研究中诠释的一个方面，研究者看到单个实例，确定其意义，而不再寻找多个实例。这个过程是将资料放到一边，然后再以更有意义的方式将它们结合在一起（Stake, 1995）。

主题分析（analysis of themes）　在进行了描述之后，研究者会按特定的主题来分析资料，将信息汇集成观点的大聚类，并提供细节来支持主题。斯泰克（Stake, 1995, p. 123）把这种分析称为"议题的发展"。

自然主义概推（naturalistic generalizations）　在对案例的诠释中，研究者采用案例研究来使案例可理解。这种理解可以是读者从案例中发现的，或者是从其他案例的应用中看到的（Stake, 1995）。

6. 一般性质性术语

本体论（ontological） 这是关于现实本质的哲学假定。它涉及这样一个问题：什么时候事物是真实的？答案是：在质性研究中，当事物是在一定情境中的行动者的头脑里建构而成的，那么它就是真实的（Guba & Lincoln, 1988）。因此，真实并不是就"在那里"，不是与行动者的头脑分离的。

逼真（verisimilitude） 这是好的文学式研究的标准，写作看似"真实"和"生动"，可以让读者直接置身于所研究的世界中（Richardson, 1994）。

编码（coding） 这个过程是将文本或可视化资料汇聚成小的信息范畴，在一项研究所使用的不同资料库中找到支持编码的证据，接下来再给编码指定标签。

编码本（codebook） 也被称为主编码表。这个文档里包含对一项研究中的编码及范畴的记录，以确保对编码的使用保持一致。这些编码或是由单个研究者进行编制的，或是由整个研究团队进行编制的。

编码员间一致性（intercoder agreement） 这个术语表明研究者会核查他们编码的信度。这包括编码一致性，即多个编码员进行编码，并核查他们所编码的部分，以此建立资料分析过程的信度。

变革主义框架（transformative framework） 采用这种诠释框架的研究者认为知识不是中立的，知识反映了社会中的权力和社会关系，因此知识建构的目标是协助人们来改善社会（Mertens, 2003）。这些人包括边缘化群体，如女同性恋、男同性恋、双性恋、跨性别者、酷儿，还有需要更有希望的积极心理学及弹性的群体（Mertens, 2009）。

超链接（hyperlinks） 在质性分析软件中，超链接允许使用电子式的交叉引用，可以很方便地在资料库的两个节点连接路径之间实现链接。

呈现资料（represent the data） 这是资料分析过程中的一个步骤，将研究发现（编码、主题）集合在一起，以文字、图表的方式呈现出来。

反思性（reflexivity） 质性研究写作的一种取向，作者要意识到自己带到质性研究中的偏见、价值和经验。在写作反思性的段落时，研究者会讨论其所经历的中心现象，还有这些经历如何潜在地形塑了研究者所提供的诠释。这类段落可以被放在质性研究最终报告的不同部分（如方法小节、简介、贯穿全文、结尾）。

范式（paradigm） 这是研究者所采取的哲学立场，提供了指导行动的一系列基本立场（Denzin & Lincoln, 1994）。对采用范式的人而言，它界定了"世界的本质、个体在其中的位置、与世界的关系的各种可能性"（Denzin & Lincoln, 1994, p. 107）。邓津和林肯（Denzin & Lincoln, 1994, p. 13）进一步称之为"包含研究者认识论、本体论、方法论前提的网络"。在这一讨论中，我扩展了这个"网络"，将价值论假定也包含在其中。

方法论（methodology） 这个假定表明质性研究者以一定的方式将研究过程概念化。例如，质性研究者依赖参与者的看法，并在这些看法所出现的情境中对它们进行讨论，以归纳的方式提出看法，实现从具体到抽象的转化（Creswell, 1994, 2009）。

方法论一致性（methodological congruence） 这个术语描绘了研究目的、问题和方法之间的相互联系，它们是一个整体，而不是碎片式的部分（Morse & Richards, 2002; Richards & Morse, 2012）。

访谈提纲（interview protocol） 访谈提纲是质性资料收集中的一种表格，其中，研究者对访谈中的活动进行指导，并记录访谈对象提供的信息。它包括开篇语、主要的实质性问题（通常是5~7个研究子问题，以方便访谈对象回答的方式被表述）和访谈结束的指示语。

赋码（encoding） 这个术语是指作者指出其写作中的一些特征，以帮助读者知道可以期待什么。这些特征不仅对读者有帮助，也可以协助作者运用读者的特定思维习惯和专门知识（Richardson, 1990）。这些特征可以是总体结构、编码词汇、图像以及其他给读者的"指示牌"。在本书中，这些特征包括特定取向的术语和程序，这是研究设计中各层面（如目的陈述、研究的子问题、方法）的语言的组成部分。

观察提纲（observational protocol） 这是在质性资料收集中使用的一种表格，用来指导观察并记录观察资料。观察提纲通常由两列组成，一列是描述笔记，一列是反思笔记。研究者在这个表格中记录在观察中得到的信息。

核查追踪（audit trail） 这种记录可以让研究者追溯其得到最终发现的过程。

后实证主义（postpositivism）　这个诠释主义视角具有简化论的要素，是逻辑性的、经验性的、因果导向性的，是基于之前的理论确定的。

后现代主义（postmodernism）　这一诠释视角被认为有一组有共同的理论和视角（Slife & Williams, 1995）。后现代主义者推动了对19世纪的启蒙运动以及20世纪早期强调技术、理性、推理、普遍性、科学与实证主义的科学方法的回应和批判（Bloland, 1995; Stringer, 1993）。后现代主义者断言知识应当被放在当今世界的条件中，放在阶级、种族、性别和其他群体归属的多元视角中。

互惠（reciprocity）　这是好的资料收集应该做到的一个方面，作者通过向参与者提供酬谢来回馈他们。这些酬谢可以是金钱或礼物，或是其他形式的酬谢。这种观点认为研究者应当回馈参与者，而不是从参与者那里获取资料然后离开，不提供任何回报。

价值论（axiological）　这一质性研究的假定认为，所有的研究都有价值，包括研究者的价值系统、理论、所采用的范式，研究者或参与者的社会规范或文化规范（Creswell, 2009; Guba & Lincoln, 1988）。相应地，研究者要在研究中承认这些价值，并对其进行讨论。

酷儿理论（queer theory）　这是一种诠释主义视角，可被用于质性研究，其关注男同性恋、女同性恋或同性恋的身份认同，以及这些内容在文化上、历史上是如何构成的，如何与话语联系在一起，如何与性别和性征交叠在一起（Watson, 2005）。

理论或理论取向（theories or theoretical orientations）　这些内容可在研究文献中发现，对研究者希望在研究中发现的事物提供了一般的解释，或者是提供了一副透镜，通过这副透镜可以看到这项具体研究中的参与者和共同体的需求。

美学旨趣（aesthetic merit）　当使用创造性的分析实践来写作文本，并期待得到诠释主义回应时，这段文本在美学上是成功的。文本具有艺术性、令人满意、复杂，且不枯燥。

目的陈述（purpose statement）　这一陈述通常位于质性研究的引言部分，研究者提出研究的主要目标和意图。其可以被看作整个研究的"路线图"。

目的抽样（purposeful sampling）　这是质性研究采用的主要抽样策略。它意味着研究者选择研究个体和地点，是因为其从目的上有助于理解研究难题以及这项研究的中心现象。

女性主义研究取向（feminist research approaches）　女性主义研究方法的目标是建立合作式关系而不是剥削式的关系，将研究者放在研究中以避免客体化，进行那些变革主义研究（Olesen, 2011; Stewart, 1994）。

批判理论（critical theory）　这是在质性研究中使用的一种诠释主义视角，研究者的研究内容包括：通过诠释社会生活的意义对社会制度及其转型进行研究；支配、异化和社会斗争这类历史难题；对社会的批判以及对新可能性的展望（Fay, 1987; Madison, 2011; Morrow & Brown, 1994）。

批判种族理论（critical race theory）　这是在质性研究中使用的一种诠释主义视角，集中关注种族以及种族主义如何被深刻地嵌入美国社会的框架之中（Parker & Lynn, 2002）。

诠释（interpretation）　在质性研究中，这个术语代表质性资料分析的一个阶段，包括超越编码与主题来进行抽象思考，以把握资料更宏大的意义。

诠释框架（interpretive framework）　指导研究者在研究进行中的行动的信念或框架。

认识论（epistemological）　这是质性研究的另一个哲学假定。这表明了研究者和参与者之间的关系是相互关联的，而不是相互独立的。研究者和参与者之间的关系并非"保持距离"，而是"紧密"的。例如，这种紧密是通过田野中的时间、合作以及研究对象对研究者的影响来体现的。

三角互证（triangulation）　研究者使用多种不同的资料来源、方法、调查者和理论，以提供切实的证据来证实研究的准确性。

社会公正理论（social justice theories）　这些倡导/参与式理论力图带来对我们社会中社会公正议题的改变或讨论。

社会建构主义（social constructivism）　在诠释框架中，质性研究者力图理解他们所生活和工作的世界。他们发展出了关于他们经验的主观意义，这些意义指向特定的客体或事物。这些意义是多样的，引导研究者寻找看法的复杂性，而不是将意义局限于几个范畴或观点。那么，研究目标就是尽可能多地依赖于参与者对情境的看法。通常这些主观意义在社会意义上以及在历史意义上都是可以协商的。

社会科学理论（social science theories）　这些是社会科学家用来解释世界的理论解释（Slife & Williams, 1995）。它们以社会科学领域积累的经验证据为基础，这些领域包括社会学、心理学、教育学、经济学、城市研究和传播学。作为一系列相互关联的概念、变量和命题，它们可以解释、预测并提供对世界上各种现象的概推（Kerlinger, 1979）。它们具有广义上的应用性（如宏大理论），或者狭义上的应用性（如不那么重要的工作假设；Flinders & Mills, 1993）

失能诠释视角（disability interpretive lens）　失能是关注人类差异的一个维度，而不是将其视为缺陷的维度。作为一种人类差异，失能的意义是社会建构的产物（即社会对个人的回应），失能只是人类差异的一个维度。

实用主义（pragmatism）　这个诠释主义视角关注探究的结果（行动、情境、探究的后果），而不是先行条件。关心应用（"什么起作用"）和难题的解决方案。实用主义并不关注方法，研究的重要方面是所研究的难题以及就这个难题所提出的问题。

实质贡献（substantive contribution）　一篇文章有实质贡献，意味着它对我们关于社会生活的理解有帮助，它展示了有深厚基础的社会科学视角，并且看似"真实"。

探究取向（approaches to inquiry）　这是指质性研究的取向在社会科学学科中有其独特历史，也促成了很多书籍、期刊和独特方法论的诞生。我将这些内容称为"取向"，其他一些书籍称之为"探究策略"（Denzin & Lincoln, 1994）或者"类别"（Tesch, 1990）。我们认为本书中的叙事研究、现象学研究、扎根理论研究、民族志研究和案例研究都是探究取向。

修辞（rhetorical）　这个假定意味着质性研究者会使用质性研究特定的术语和叙事。叙事是个人化的且富有文学性的（Creswell, 1994, 2009）。例如，研究者可能会使用第一人称代词"我"（I），而不是非个人的第三人称。

研究焦点（research focus）　我们使用这个术语来指代一般意义上的研究兴趣，如研究目的或目标。这类研究兴趣通常会引导研究者将研究具体化，关注研究的需要以及特定的研究难题。

研究难题（research problem）　研究难题会引导质性研究。在研究的开篇段落中，作者就会提出引发研究需求的议题或关切。我们对这个难题的讨论从现实生活出发，或者是从研究文献的不足出发。

研究设计（research design）　我们用这个术语来指代研究的整个过程，从将难题概念化到写出叙事，不仅限于如资料收集、资料分析和报告写作之类的方法（Bogdan & Taylor, 1975）。

样本容量（sample size）　根据指南，质性研究中的样本容量只要求研究几个个体或地点，但要收集所研究个体或地点的大量细节。

影响（impact）　一段文字在感情上或智识上影响了读者；提出了新问题；推动读者去写作，尝试新的研究实践，或推动其行动。

预示（foreshadowing）　这个术语是指作者用于昭示其观点发展的技术（Hammersley & Atkinson, 1995）。难题陈述、目标陈述及研究的子问题所用的词语都预示了研究中要使用的方法，既包括资料收集方法，也包括资料分析方法。

哲学假定（philosophical assumptions）　这些是研究者采取的立场，能为研究提供方向，如研究者对现实的看法（本体论）、研究者如何了解现实（认识论）、研究者所采取的价值立场（价值论）、研究所采用的程序（方法论）。这些假定通常是通过理论（或者我们所称的诠释框架）在研究中得以运用的。

质性研究（qualitative research）　这是一种关注理解的探究过程，以特定的探究取向为基础，探讨了社会难题或人类难题。研究者建构出复杂的整体图景；分析词汇；报告参与者的具体看法；在自然场景中进行研究。

中心问题（central question）　一项研究的中心问题是这一研究要回答的宽泛的、总体式的问题。这是可以用于表达研究难题的最为一般性的问题。

主题（themes）　在质性研究中，主题（也被称为范畴）是宽泛的信息单元，由几个编码组成，它们汇集并形成了某种共同看法。

子问题（subquestions）　子问题是质性研究中研究问题的一种形式，研究者将中心问题分成不同的部分，并对这些部分进行考察。在访谈提纲和观察提纲中，子问题通常被作为主要的主题。

最大差异抽样（maximum variation sampling）　这是质性抽样的一种常见形式，这种抽样方法包括提前确定一些标准，对研究地点或参与者进行区分，然后按照这些标准，选择那些截然不同的研究地点或参与者。

附录二　叙事研究

作为叙事探究者在参与者与研究者之间的空间里生活：探究加拿大华裔学生的族群认同——生活中的冲突故事
Living in the Space Between Participant and Researcher as a Narrative Inquirer: Examining Ethnic Identity of Chinese Canadian Students as Conflicting Stories to Live By[①]

伊莱恩·陈（Eliane Chan）

摘要

　　第一代加拿大人的学校经历与其在移民家庭的文化经历之间的互动，形塑了他们的族群身份认同：既是加拿大人，也是族群社群的成员。本研究是一项长期的、以学校为基础的叙事探究，关注学校里教师与朋辈以及家中移民父母对学业表现和行为的期待，考察这些期待对一名移民华裔学生的族群认同的形塑方式，这也构成了这位学生在生活中的冲突故事。叙事取向展示了在北美学校中为移民学生提供支持所面临的挑战，其也有助于理解多元文化教育中的细微之处。

关键词

　　叙事探究　族群认同　教学安排　多元文化教育　学生经历

　　对孩子来说，学校对他们作为社会成员、家庭成员以及族群社群成员的身份认同感有很大的影响。通过参与学校生活，每个学生都会发展出他们在学校情境中的经验，不管是在加拿大还是在母国，不管是积极的还是消极的，不管是使他们感到充实的还是令他们感到挫败的。对随父母移民的孩子来说，家庭与学校之间的张力、父母和教师在学校经历方面的互动，以及孩子自身的学校经历，可能会让孩子有特别强烈的感受，以至于会被视为生活中的冲突故事（Connelly & Clan-

① 来源：附录二的这篇文章最早发表于 *The Journal of Educational Research, 103*, 133-122。获得了 Taylor & Francis Ltd 的转载许可。

dinin, 1999）。他们在学校情境中应该如何表现，这些学生对此有自己的看法，也受到与朋辈的互动、接触到的流行文化与媒体、此前的学校教育经历、与学校和教师的互动等多重影响。同时，这些学生还会被教师评判，并从家长那里获得支持，而教师与家长的学校教育经历可能存在巨大差异，这些差异不仅体现在社会影响和政治影响方面，也体现在其童年所处社会的个人环境方面。

在本研究中，我对一名华裔移民学生张爱梅的经历进行了研究。我探究了她在加拿大中学的学习经历，并将此视为学生、教师和家长之间的叙事互动，是交织在一起的生活故事（Clandinin et al., 2006）。我考察了学校与家庭对张爱梅学业表现及行为的期待可能形塑其族群认同的方式。我特别关注到，她在城市多元文化的学校场景中参与活动，可能有助于形塑其对家庭、族群群体和学校的归属感，影响其母语的发展与维持。我还考察了张爱梅在善意的学校实践及教学活动中的经历，这些内容有助于提升她的学业表现，不过是以出乎政策制定者和教育者意料的方式。我将这些影响作为生活中的冲突故事来进行研究（Connelly & Clandinin, 1999）。

作为一名长期以学校为基础的叙事研究者，我尝试从一名中学生的视角考察学校影响与家庭影响的交互作用。我也对叙事探究的特点进行了探讨，如研究者-研究对象关系的重要性、研究情境中时间因素与空间因素的作用（Clandinin & Connelly, 2000），这些内容都有助于发展对多样化的学校情境中的多元文化教育的细微理解。本研究是一项整体性研究，我以相互关联的方式对多种影响进行了考察，考察这些影响在一名学生的生活中将如何交织在一起，而不只是探讨同一族群中不同成员有过相关经历的某一议题或主题的一些例子。

考虑到北美人口多样性的增加（Statistics Canada, 2008; U.S. Census Bureau, 2002）在北美学校中也有所反映（Chan & Ross, 2002; He, Phillion, Chan, & Xu, 2007），探讨少数族群背景的学生对课程的需求以及相关教师对专业发展支持的需求已经变得非常重要。本研究将有助于扩展多元文化教育领域的已有研究，特别是在为多样化的学生制订课程安排以及多元文化教育中的学生经历等方面。

迄今为止，关于文化和课程之间相互作用的研究通常被作为将文化要素纳入学校课程的论据，或作为将文化纳入教学安排的范例（Ada, 1988; Cummins et al., 2005）。有大量研究强调了与文化相关的、回应式的教学方法的重要性（Gay, 2000; Ladson-Billings, 1995, 2001; Villegas, 1991），主张文化敏感的教学安排应该以移民学生及少数族群学生的经验和知识为基础（Ada; Cummins, 2001; Igoa, 1995; Nieto & Bode, 2008）。

在教室中认可少数族群学生的文化知识，对他们在学校外的生活有重大的影响。例如，班克斯（Banks, 1995）强调将文化纳入教学安排是帮助学生建立起积极的种族态度的有效手段，罗德里格斯（Rodriguez, 1982）、王-菲尔默（Wong-Fillmore, 1991）和库里森（Kouritzin, 1999）也给出了令人信服的叙述：未能对少数族群学生维持和提高母语熟练度提供支持，会对他们的族群认同感、家庭归属感及族群社群归属感造成严重的影响。麦凯莱布（McCaleb, 1994）、康明斯（Cummins, 2001）和王-菲尔默（Wong-Fillmore, 1991）也都阐述了一些风险，如移民青年及少数族群青年退学率的升高、参加帮派可能性的增加，或无法认可学生自己所来自的文化社群。

已有的研究强调了认可移民学生带到学校情境之中的文化知识的重要性，还强调了教育者的工作，因为他们要为多样性不断增加的学生群体制订教学安排并进行教学（Banks, 1995; Cummins, 2001; Moodley, 1995），这些研究都很有价值。已有的研究也着重强调应当发展出了解学生的族群、语言及宗教背景的方式，提供信息以制订适合多样背景的学生的教学安排，这也有助于政策制定。科克伦-史密斯（Cochran-Smith, 1995）、拉德森-比林斯（Ladson-Billings, 1995, 2001）和康利（Conle, 2000）探讨了运用职前（preservice）教师文化知识的实践，以此作为他们在文化多元教室中教学的准备资源。有研究表明，对少数族群背景的学生来说，从家庭转换到学校存在一些潜在的困难，当少数族群学生吸纳了与他们家庭文化不同的学校期待与社会期待，他们从学校转换回家庭也存在困难。但有趣的是，少数族群和移民学生每天从家庭到学校再回到家庭的日常转化这一议题似乎被忽略了。在本研究中，我将探讨一名学生的生活中的这类细枝末节，因为她每天都要进行这类转换。

本研究认为应当进行实验研究，注重从学生自己的视角来探讨家庭影响与学校影响的交互作用。令人惊讶的是，目前的研究忽视了对一般意义上的学生（Cook-Sather, 2002）——特别是少数族群学生——在学校教学及学校情境中的个人经历（He et al., 2007）的探讨。布洛（Bullough, 2007）考察了一位穆斯林学生对其美国学校中的教学安排及朋辈压力的回应，这是从少数族群背景学生的视角对学校教学活动进行探究的少数研究之一。福伊尔沃格（Feuerverger, 2001）的民族志研究探讨了在以色列-巴勒斯坦学校中的以色列年轻人和巴勒斯坦年轻人的经历，这是少数记录并探讨了学生对他们学校经历的理解的研究。萨罗布（Sarroub, 2005）和津恩（Zine, 2001）分别研究了美国和加拿大的学校中的穆斯林学生，展示了当家庭中的价值取向明显不同时，与学校情境里的朋辈就认同感进行协商的复杂性。

对学校教育和教学安排中的学生经历进行了探讨的既有研究相对有限，在此范围内，我将以主题的形式呈现学生经历的实例，以讨论多种现实与压力之间的互动对学生个人经历产生影响的特定议题、主题或论断，而不仅是探讨其影响方式。史密斯-海夫纳（Smith-Hefner, 1993）在对柬埔寨女高中生的民族志研究中，呈现了这些女生受到她们族群社群的文化与社会历史的影响，这也限制了她们学业上的成功。劳伦-道（Rolon-Dow, 2004）研究了波多黎各女生的家庭及族群社群所支持的价值取向与学校所鼓励的价值取向之间的冲突，这些女生和她们的教师都感受到了这种张力。李（Lee, 1994, 1996）的民族志研究关注了亚裔学生的自我认同标签以及特定朋辈群体的成员资格对认同感和学业成绩产生影响的方式。并没有很多研究对北美学校情境中的学生经历进行考察，并通过呈现故事来展示多种影响及相关议题之间的相互作用对移民学生或少数族群学生的可能影响方式。

本叙事探究希望能够展示形塑移民学生生活的复杂影响力之间的相互作用。我借鉴了既有的、针对北美学校中的移民学生及少数族群学生的叙事研究和民族志研究，从而为本研究提供指导信息。瓦尔德斯（Valdes, 1996）的研究记录了拉美裔及墨西哥裔的少数家庭在学校与社区中的经历，李（Li, 2002）的民族志研究探讨了华裔家庭为孩子读写能力的发展所提供的支持，展示了由于对学校教学安排的期望与教师的实际工作之间存在差异，在家庭与学校之间进行转换是很有挑战性的，甚至让人不堪重负。卡格（Carger, 1996）对美国墨西哥裔家庭的经历开展了长期的叙事研究，为本研究提供了组织架构。这项研究深度记录了一个家庭为他们孩子的学校教育提供支持的经历，考虑了形塑孩子教育的多种影响之间的相互作用。罗斯和陈（Ross & Chan, 2008）以叙事的方式记录了一位移民学生拉吉及其家庭所面临的学业、经济及家庭困境，强调了移民家庭在支持他们的孩子适应加拿大的学校与社群时所遇到的挑战。本研究将探究爱梅的经历，这有助于丰富对北美学校中的华裔学生的讨论，这些讨论的数量虽然在不断增加，但仍然很有限（Chan, 2004; Kao, 1995; Kim & Chun, 1994; Lee, 1994, 1996, 2001; Li, 2002, 2005）。

理论框架　考虑到本研究主要关注对爱梅族群认同感有影响的经历，我采用了杜威（Dewey, 1938）关于经历与教育的相互关联思想作为本研究的理论基础。我特别考察了爱梅的家庭、学校及邻里生活，以及家庭成员、朋辈、教师、学校行政人员及学校教学事件的相互交叉，这些内容影响了她的总体经历，也影响了她作为加拿大学校中的移民学生的族群认同感的习得。爱梅的故事将被放在叙事探究的三维空间框架之中（Clandinin & Connelly, 2000）：将湾街学校作为空间维度；将2001年到2003年作为时间维度；将我与爱梅、她的同班同学、教师、父母及湾街学校社区其他成员的互动作为社会人际维度。本研究所呈现的故事是探究形塑了爱梅身份认同感的各种影响之间的互动的一种方式，这些故事突显了这些叙事的交叉在何种程度上可以被诠释为生活中的冲突故事（Connelly & Clandinin, 1999）。

方　法

在探讨第一代加拿大移民学生的族群身份认同的研究中，我作为以教室为基础的参与观察者，在七年级的课堂中进行观察，这也是我和爱梅的第一次见面。这项研究从一开始就是一项精心设计的研究，关注的是加拿大华裔学生在中学第二年的课程中体验到的文化与教学安排之间的交互作用。当我了解到学生经历的各种细节时，我可以明显看到影响爱梅族群认同感的各因素之间的复杂互动，这些内容值得我进行更进一步的分析。

爱梅所在班级的教师威廉告诉我：爱梅在七岁时从中国福建的城市转学进入湾街学校。尽管她刚来的时候完全不讲英语，但在我和她接触时，她已经在这里待了四年半，英语也相对流利。跟母语是英语的朋辈相比，爱梅的英语有一些特别，她会使用一些不寻常的短语，对一些词语的使用也不合常规。但她讲述她的经历时的生动方式，从一开始就吸引了我的注意。我后来开始将她作为研究参与者，与她密切合作，我也更加欣赏她的这种特质。在她详细讲述她与朋辈、家人互动的细节时，尤其是当她描述在与其他人的交流中遇到困难的趣事或麻烦事的时候，她的黑眼睛，虽然部分被藏在刘海后面，但总是一闪一闪的。她看上去也很喜欢跟我讲述她在家、在学校和在社区里遇到的各种事情。当我了解了爱梅移民及定居的故事，她的家人、学校的朋辈和教师、所在族群社群的成员之间相互冲突的影响与期望就越发明显，因此，我决定要在这项研究中关注她的故事。

作为叙事探究者，我采用了多种叙事方法（Connelly & Clandinin, 1988）来了解爱梅的经历，包括以学校为基础的长期参与观察；与关键参与者进行会话式访谈来收集资料；在每次去学校、每次访谈以及每次与参与者互动后，撰写大量的田野笔记（Clandinin & Connelly, 1994, 2000; Clandinin et al., 2006），以此探讨爱梅、她的教师、她的同学、她的家人的生活之间的相互交织。我会在常规的教学活动中观察爱梅并与她互动、协助爱梅和她的同学完成作业、跟她们一起去郊游、观看她们的乐队演出、参加学校的各种活动（如多元文化之夜、课程讨论与热狗之夜、学校集会，以及各种节庆活动）。在学校的田野工作从2001年秋季学期开始，当时爱梅和她的同学刚上七年级，田野工作一直持续到2003年6月，届时她们八年级，从湾街学校毕业。

我在爱梅的班级中花了两年的时间，既对爱梅进行了正式访谈，也与她进行了非正式的会话。我还收集了一些文档，如学校通知、社区及学校事务的布告、学校通告板上及教室黑板上的通知、学校委员会会议的议程和会议记录，以及一些学生的作业。描述性的田野笔记、访谈记录、研究者日志以及每次去学校后写下的理论备忘录都被录入计算机，放进已有的研究项目档案系统。我多次阅读了与爱梅的经历有关的田野笔记，辨别其中反复出现的主题。自2000年开始对这所学校进行研究后，我撰写了大量关于爱梅班级的教师、朋辈和学校社区的田野笔记。对爱梅故事的讨论将被置于这些田野笔记所记录的情境之中。

结　果

爱梅关于家庭和学校的故事：生活中的冲突故事　我随后将呈现有关爱梅经历的一些故事，以探究她在力图平衡与朋辈的关系，同时适应教师和家长对她的期望时，在她生活中出现的挑战与复杂性、和谐与张力（Clandinin & Connelly,

2002）。我讨论了家长、教师和朋辈的期望影响她认同感的方式，并考察了叙事研究的方法论对展示她生活中多种影响交叉的细微之处所做出的贡献。

湾街学校的情境　爱梅的故事发生湾街学校的情境中，这所学校自成立就以其学生的多样性而著称（Cochrane, 1950; Connelly, He, Phillion, Chan, & Xu, 2004）。学校位于多伦多的城市区域，居民的族群构成被认为反映了加拿大的移民与定居模式（Connelly, Phillion, & He, 2003）。相应地，学校里的学生群体构成也反映了这种多样性。在 2001—2002 学年对所有学生进行的问卷调查（Chan & Ross, 2002）也证实了学生的族群及语言使用的多样性。更准确地说，这所学校的学生来自 39个国家，说 31 种语言。这就是爱梅的故事所处的情境。

家庭语言与学校语言的冲突　我接下来将呈现的故事是"我试着隐藏我的身份认同"，以此作为探讨爱梅在湾街学校的教育的起点。

"我试着隐藏我的身份认同"

爱梅：我刚到湾街学校的时候，我一直跟国际语言教师[1]利姆老师待在一起……我整个星期都会跟她待在一起，她会用英语教我一些东西。

伊莱恩：她教了你什么？

爱梅：你知道，简单的东西，像字母表、怎么说"你好"。接下来我就去了詹金斯老师的班级，坐在一个奇怪的男生旁边。

伊莱恩：奇怪的男生？

爱梅：好吧，他也没那么奇怪。我的课桌跟他的课桌面对面，他冲我做这个（爱梅模仿了那个男孩的行为），他冲我吐舌头。我不知道他是什么意思。他的头发乱糟糟的，是橘色的。

伊莱恩：你那时交到朋友了吗？

爱梅：没有交到朋友，但这种情况也没有维持很长时间。一些人试着跟我说话，但我不知道他们在说什么。潮（Chao，潮为音译）尝试跟我说福建话，我假装听不懂她在说什么。她试了几次，然后就放弃了。然后有一天，我妹妹用福建话跟我说了点事，潮听见了。她盯着我看了一会儿——她是真的很吃惊，因为她试着跟我说话，而我却假装听不懂她在说什么。她一点儿都不喜欢我。

伊莱恩：你为什么这么做呢？为什么假装听不懂她说话？

爱梅：我不知道。我试着隐藏我的身份认同。

爱梅：（大声对潮说话）潮，还记得我不跟你说话吗？我当时假装听不懂你说的话。

潮：是啊，记得。（潮对爱梅怒目而视）我在很长时间里都不喜欢你。

爱梅：是啊，好长时间。

（田野笔记，2003年4月）

当爱梅进入湾街学校时，进入这所学校的新生都会在被安排到某个班级之前，跟相应的国际语言教师一起待上一两个星期。这种新生培训给教师提供了对新学生的英语及母语的流利程度进行评估的机会，明确他们可能存在的学习困难，并了解他们之前的学校经历。这种培训也给学生提供了机会，能以母语形式了解学校的例行程序，同时也能逐步将他们介绍到适合他们年龄的班级。

然而，爱梅的新生培训结果在某些方面很出人意料。在爱梅的教师看来，潮看上去是爱梅理想的朋友，两个女孩都来自同一个中国南部的农业省份，成长过程中都是在家里说福建话、在学校说普通话，那么，潮可以帮助爱梅适应湾街学校，因为潮早来两年。然而，爱梅看起来并不想和潮用福建话交流。她的教师对她试图"隐藏（她的）身份认同"也有些困惑，因为在他们看来，他们努力建立了各种项目，从而以积极的方式认可学生的家乡文化。

在这一情境中，爱梅很可能跟移民及少数族群学生研究中的许多学生类似（Cummins, 2001; Kouritzin, 1999），认为在家中所说的母语会阻碍说英语的朋辈接受他们。她看起来喜欢跟她的国际语言教师学习英语，可能还认为她不能说英语阻碍了她跟说英语的朋辈交朋友。有一天，艺术课结束后，我们正走回爱梅的教室，爱梅告诉了我她感到很羞耻的一件事：她试图在一家购物中心买饮料，但卖家听不懂她说什么，因为"（她的）英语口音非常糟糕"。当爱梅说她"试着隐藏（她的）身份认同"时，她可能试图拉开自己与不说英语的那些人之间的距离。王-菲尔默（Wong-Fillmore, 1991）阐述了说少数语言的孩子可能会抛弃母语，尤其是当她/他意识到跟学校里朋辈使用的英语相比，这种语言的地位更低时。当爱梅选择不回应试图向她示好的说福建话的同班同学时，同时也放弃了交到朋友的机会，这时候她的英文没有很流利，还无法轻松地跟说英语的朋辈建立友谊。

学校语言与家庭语言的冲突　除了达到更高的英语流利程度的压力，爱梅看上去还要承受来自她的国际语言教师利姆老师的压力。利姆老师希望保持并提高爱梅普通话的流利程度。爱梅在她同年级的普通话项目中处于较高水平。[2]在她给我展示的普通话课本及作业本上，我看到了她的成绩。从这些成绩来看，爱梅普通话课的成绩非常不错。她的教师说过爱梅在作业和考试方面表现都不错，她在普通话课上是一名优秀的学生。教师认为努力保持她相较于出生在加拿大的华裔朋辈的普通话优势，对爱梅来说很重要。利姆老师认为由于爱梅在到加拿大之前接受过几年学校教育，她学习汉字不怎么费劲，而许多在加拿大出生的华裔学生学习汉字就很困难。利姆老师还认为相对于出生在中国的朋辈来说，爱梅也有优势，她在离开中国前接受了常规的学校教育，没有过中断，而她的一些出生在中国的朋辈就没有受过这样的教育。

　　爱梅的父母支持保持她普通话的流利程度。同时，他们也希望爱梅能保持福建话的流利程度。对爱梅和她的父母来说，保持母语水平对家庭中的交流有重要意义。爱梅跟我说起过她和她妈妈还有她的小妹妹苏珊在饭后的谈话。

　　"苏珊不说福建话"

　　爱梅：我们正吃晚餐呢，我妈妈对我妹妹说了一句福建话。我妹妹问我："她说什么？"我就告诉她："她想知道你要不要再来些蔬菜。"
　　伊莱恩：你妹妹不懂福建话？
　　爱梅：她懂，但没完全懂。
　　伊莱恩：你妈妈怎么说？你妹妹听不懂她说什么，她会感到忧虑吗？
　　爱梅：她就这么看着她（爱梅对着我，模仿她妈妈对着她妹妹摆出的不悦的表情）。

（田野笔记，2003年4月）

　　从这篇田野笔记来看，爱梅的父母开始感觉到了在家里不说母语的影响。福建话不容易学，其流利程度也不容易维持，因为在加拿大，除了跟最近从中国福建省来的其他移民对话，福建话在家庭之外并没有得到广泛的支持。苏珊不能听懂母语的基本词汇让她和她的父母都感到忧虑，但考虑到母语的支持性资源有限，父母又没时间鼓励苏珊说福建话，他们可能想知道他们还能做些什么。爱梅说她父母经常提醒她要跟妹妹说福建话。在此期间，姐妹俩很长时间都习惯了跟对方说英语，用福建家乡话会在某些时候阻碍交流，因为两人都认为说福建话不轻松，而苏珊的词汇量也很有限。当她们的父母开始意识到小女儿忘记怎么说母语时，这时候要阻止这种趋势可能为时已晚。提高并保持语言流利程度的压力与其他因素共同作用，影响了爱梅的认同感，以及她对学校、家庭及族群社群的归属感。

　　父母的价值取向与朋辈的价值取向的冲突　除了学业成绩的压力之外，爱梅也承受着要按照她的朋辈、教师与父母的期待来行事的压力。在湾街学校与爱梅接触的两个学年里，我发现被朋辈群体接纳对她来说明显很重要。跟她的朋辈一样，当爱梅进入青春期时，她越发沉迷于流行电影、音乐和时尚风潮。并且，这些影响与来自朋辈的压力相结合，他们会嘲笑学业上的成功，淡化学业的重要性。在2001年秋季学期，有好几次我到爱梅教室的时候，发现她的朋友正在试图安慰她，因为有一名受欢迎的、说话直白的男同学菲利克斯对爱梅的长相做了一些不好的评价。爱梅所在班级的教师也跟我说了一些事，同班同学在计划课后活动时会把爱梅排挤在外，她最后哭着离开了学校。有一天，我也偶然听到菲利克斯在模仿爱梅中文课本里的一个故事。尽管他说的是英语，他的语调及故事情节跟中文课本里的差不多。爱梅对菲利克斯的行为哈哈大笑，对于菲利克斯对她的国际语言课略知一二，她感到很开心。但我也想知道，爱梅是否也感到窘迫或者恼怒。

在担心被她的朋辈排挤、感受到要按照学校中多种影响力的要求行事之外，爱梅看起来也要常常面对父母对她的期望、父母给她设定的行为举止标准跟朋辈的期望与标准、她对自己的看法之间的张力。下面这篇田野笔记记录的是爱梅在一次谈话中抱怨在全家外出就餐时她妈妈当着妈妈朋友的面对她做出的评论。

"跟妈妈的朋友一起吃早茶"

爱梅今天告诉我他们一家跟她妈妈的朋友一起外出吃早茶。她说她很不高兴，因为她妈妈把她跟妈妈朋友家同龄的女儿进行比较。在她妈妈看来，她朋友的女儿就像是个完美的女儿。爱梅跟我说："我妈说：'看看明明，又漂亮，个子又高。还这么文静。她还帮她妈妈做饭、打扫卫生。'她还跟明明的妈妈说：'看看爱梅，都13岁了，还这么矮。在家也不帮我做事，也不会做饭！'她一直比较我们两个，明明有多好多好，我又有多糟糕。"爱梅翻了个白眼。

（田野笔记，2003年4月）

爱梅与她妈妈之间的互动表明，在向他人表达对某类行为价值的不同看法时，会产生潜在的张力。听起来爱梅很愤愤不平，因为她妈妈认为跟朋友的女儿相比，爱梅不文静，不帮家里忙，长得也不够高。虽然代沟可能在一定程度上解释这种张力，即爱梅在为家庭做贡献方面的适当行为和目标是什么，但这种张力也可能是由于爱梅与她妈妈童年所处的情境非常不同。爱梅童年的大部分时间都住在多伦多的城市商业区，她对恰当行为及实践的认知，跟她妈妈童年时期在中国福建这个农业省份形塑而成的认知是很不一样的。

教师的期望与父母的期望的冲突　另外，尽管爱梅的父母和教师在她的学业成绩方面有共同的目标，但他们在完成学校责任与家庭责任所需要花费的时间上出现了冲突。爱梅似乎要面对这样一些压力：既要帮助家里的生意，又要按照教师的期望完成作业并充分准备考试及其他任务。

在爱梅八年级的秋天，她家开了一家饺子馆。从那时起，全家都花了大量的时间和精力来保证生意的成功。我知道爱梅家开了一家饺子馆，是因为她告诉了我她要帮忙做什么。

爱梅：有一扇门，只有我能关上。
伊莱恩：门有什么问题吗？

爱梅：门有点卡住了，我得踢一脚才能关上（她在说话的时候展示了这一点，她弯下身朝一边踢了一脚）。然后我们就回家，我、我妈和我爸。

伊莱恩：你妹妹呢？

爱梅：她更早一些回家，跟外公和外婆一起。

（田野笔记，2002年10月）

每天放学后，爱梅和她妹妹苏珊跟朋友在教室里或学校操场上玩了一会儿之后，就要去饺子馆待一晚上，给爸妈帮忙。爱梅的妹妹苏珊告诉我，她和爸爸会站在餐馆外，卖些水果蔬菜，也会看看有没有人吃饭不付钱。当我问她这种事是不是经常发生，她严肃地点了点头。

爱梅和苏珊的参与对家里的生意来说可能不是很重要，但爱梅的教师对爱梅在这件事上花很多时间不太满意。在这家人的饺子馆刚开业的那个晚秋，爱梅的教师威廉注意到爱梅到学校时看起来很疲惫，而且也没有完成家庭作业。有一天威廉跟爱梅讨论她要交给父母看的学年成绩单，他告诉爱梅，要是她能完成所有作业、在最近的测验中考好点，她就可以取得更好的成绩。爱梅一下子就哭了，把威廉吓了一跳。威廉慢慢了解到爱梅没有什么时间做作业或者学习，因为她晚上和周末都要去饺子馆帮忙，等饺子馆结束营业，再回家。等吃完晚饭，就到晚上11点或12点了。在威廉看来，这对12岁的孩子来说不太合适。出于向上级汇报可能疏忽的情况的职业责任感，威廉把这个情况告诉了校长，这也是按照学校委员会的规则行事。他们俩都认为这是一个非典型的案例。在校长知情的情况下，威廉向儿童援助协会（Children's Aid Society，CAS）报告了爱梅家的情况。下面的田野笔记是在威廉告诉我他给儿童援助协会打了电话的那天写下的。

"我给儿童救助协会打了电话"

我正在帮威廉整理课本，把学生的作业分类好，把钢笔、铅笔和粉笔放到教室里合适的地方。学生离开教室去上法语课，一天就要结束了，我们俩养成了习惯：一边整理教室，一边谈论当天发生的事情。今天威廉告诉我："我给儿童援助协会打了电话，说了爱梅的情况。她没做作业，也没时间学习，因为她要在家里的餐馆工作到很晚。她已经精疲力尽了。"

（田野笔记，2002年12月）

饺子馆寄托了爱梅一家人经济富裕及家庭团聚的愿望。爱梅说起过她爸妈资助了外公外婆从福建来到多伦多，也正在努力让爷爷奶奶过来，好让一家团聚。在爱梅父母看来，帮家里做生意的重要性是不可否认的。爱梅自己也说起过她给家里帮忙的各种方式，可以假定她也认同她对家里的生意很重要。

同时，在家里的餐馆里给父母帮忙可能会分散爱梅的注意力，也不能实现父母让她好好学习的愿望，这样的矛盾开始变得越来越明显。爱梅在餐馆给家人帮忙的时间，本来应该是她用来好好写作业的时间。在她父母经济富裕和生意成功的梦想、她作为家里的大女儿帮助父母实现梦想的责任感、她的父母对她要好好学习以确保她将来的经济状况的希望，以及她的教师要向相关人士报告潜在疏忽情况的职业责任之间，爱梅被夹在中间。她生活在这种张力之中，无法决定如何安排时间，不但要在家里的生意上给父母帮忙，还要在学业上好好表现。

也需要在爱梅的教师的职业张力方面对这一情况进行考察，因为教师的职业张力也可能影响到爱梅的身份认同。她的教师威廉很清楚为他的职业实践提供指导的文化及社会叙事，可能与学生家长的叙事不一样，他也承诺了要认可学生的多样性。在爱梅晚上和周末的时间使用上，教师、学生与家长之间的潜在冲突逐渐明晰。威廉联系了儿童保护行政人员，汇报了由于爱梅晚上要在家里的餐馆帮忙，早上上学会迟到，布置的作业也没有完成。他之所以这么做是相信，保障爱梅的时间安排很重要，要确保她在家中有足够的时间及必要的条件来完成学校的作业。

威廉给儿童救助协会打电话，尽管是出于好意，但也有可能会给爱梅家带来麻烦，还可能破坏他跟爱梅的关系。实际上，后来他告诉我，爱梅知道他给儿童救助协会打电话汇报了她家的情况后，既不会在课后再来他的教室，也不再跟他谈论她生活中发生的事情了，因为那时候她已经习惯了在家里餐馆帮忙的安排。这个例子突出显示了威廉承受的张力，他要向儿童保护行政人员汇报潜在的疏忽情况，这是他的职责，但他又认为教师这一角色的理想状态是以学生希望的方式给予他们支持，他在尽力平衡这二者的关系。

作为叙事探究者来了解爱梅的经历　这些故事强调了多种因素相互作用的复杂性，进而影响了爱梅的身份认同。在以学校与社区为基础的事件的情境中，与爱梅的朋辈、教师和家人相关的经历的叙述，其实记录的是我作为叙事探究者与爱梅的互动。本研究中采用的叙事探究取向有助于确认在北美学校中的移民学生生活的许多细微之处。在一开始，我记录爱梅作为湾街学校的移民学生的经历的故事，而我在很长的一段时间内才收集到。我花了两个学年作为参与观察者待在她班级的教室里，跟她、她的教师及朋辈相处。在这段时间里，我成为了这间教室的一员，参加了很多班级活动，如外出郊游、特殊的学校活动、乐队演出以及学校集会。然而，更重要的是，在没有什么特殊活动并且只需要进行上课和常规学校活动的时候，我也是他们班的一分子。在这段时间里，我得以与爱梅、她的朋辈和教师建立关系。他们渐渐把我当作教室里的一名额外的教师，可以辅导他们写作业，在校内活动和外出郊游时我可以是一名成人监督者，当他们跟朋友与教师有不同意见时，我也是一名很好的听众。

当爱梅跟我说起她的同学、父母、她家的饺子馆、她的妹妹以及家庭外出活动时，我了解到了爱梅生活的细节。当她告诉我一些特别的互动时，如一家人吃晚饭时她妹妹听不懂她妈妈说的福建话，她妈妈把她跟朋友的女儿进行比较来批评她，或者是她对为了便于从中国来的学生顺利转换到学校生活而安排的新生培训的看法，我也了解到了她对如何融入朋辈群体、族群社群及家庭的认知。

当学生逐渐意识到我的兴趣是了解他们的学校生活，他们开始告诉我那些我不在时错过了的事件，还告诉我很多学校里他们所谓的"流言蜚语"。在我跟爱梅他们班相处的第二年，我对班上的学生进行了访谈。我准备了一些问题，并跟威廉进行了讨论，我记得我当时很犹豫：转换为更正式的互动会不会改变我们之间已经建立起来的关系。我对关系负面影响的担忧最后并没有成为现实。事实上，对于爱梅在某一天找到我跟我说家里晚餐发生的事（参见"苏珊不说福建话"），我很高兴，这个过程为我提供了了解学生生活的更多机会。意识到我很愿意听他们讲述他们在家中的互动、在社群里与同一族群的人的互动后，这些学生告诉了我更多关于他们自己的事情。我们既有的关系奠定了很好的基础，所以我能够跟学生讨论他们与家人、族群社群成员的互动。对他们进行访谈也给了学生更多的机会以了解我对他们学校之外的生活很感兴趣。我们的关系就是这样的：学生知道他们可以信任我，我对他们的故事以及他们对故事的理解都很感兴趣，而且会抱持尊重的态度。

我也看到爱梅在放学后和她的朋友在附近玩耍，在同个居民楼小区里，他们从这家玩到那家，而他们的父母在附近的餐馆或商店里工作。我也看到爱梅周末跟她妹妹和父母去学校附近的商业区里的商店购物。这些短暂的互动也让我有机会了解到她生活中形塑了她的认同感的相互作用的那些影响力，这些在正式的访谈或结构化的观察中可能都无法洞见到。此外，这些互动也让爱梅的朋友和家人熟悉了我的存在，也认可了我在学校生活中的参与。

当我作为研究者的角色不那么清晰时，我越发能感受到某种张力，因为作为一名研究者，我需要专注于了解参与者的经历。当我逐渐了解爱梅和她的家庭后，我感受到了她承受的压力，她要平衡她生活中的多种影响，我很想支持她。我对爱梅产生了一种责任感，希望支持她的学业，并力图缓和她在平衡家庭文化与学校文化之间的关系时所感受到的张力。我理解当她父母让她在家里餐馆帮忙的事情被报告给儿童保护行政人员时，她多少感到被出卖了，我也能理解她父母可能感受到的恐惧。当她告诉我她的父母因为必须工作而无法出席她八年级的毕业典礼时，我努力确保自己能出席，还为她和她妹妹拍照，这样她就能拥有对这一事件的回忆。研究者与参与者之间关系的性质对理解学生生活经历的细微之处很有帮助，这也能帮助我理解这些事件对爱梅的意义。

叙事探究——更明确地说，长期参与到移民学生的学校日常生活之中，这是本项叙事探究的关键——影响了我与爱梅、她的朋辈和她的教师所建立的研究者–

参与者关系。仔细地关注学校里及教室中的生活细节（Jackson, 1990），尊重研究过程中进行的协商，二者都对建立研究关系非常关键。从最初协商进入学校这一研究地点，到这项以学校为基础的叙事研究结束时考虑离开学校——这些内容构成了克兰迪宁和康纳利（Clandinin & Connelly, 2000）的叙事研究取向中的基本特征，也进一步影响了我与爱梅之间以信任与熟悉为基础的研究关系的发展。这种信任也反过来促使我更加细致地思考讲述及重述爱梅的故事的潜在意义：这些故事对爱梅来说可能意味着什么？对于在北美学校中面临着类似挑战、努力平衡家庭文化与学校文化之间张力的其他移民和少数族群学生来说，又意味着什么？本研究致力于在叙事层面从爱梅学校中其他人的多重视角出发，来对这些张力进行考察，研究还纳入了学校中的时间、空间与社会人际维度，我能够看到爱梅生活中相互冲突的影响因素的细微之处和复杂之处。在从叙事层面对爱梅的经历进行考察的过程中，我也成了一名参与者，我也在不断地审视和反思我个人的经历以及我对爱梅故事的诠释：我在研究进行过程中跟爱梅分享了我的诠释，以获得对她所讲述的故事的更好的理解。

反过来，这种关系对我了解爱梅经历的复杂性是很重要的。这种长期的、以学校为基础的叙事探究取向，不仅能在我集中考察眼前的研究现象的细微之处时帮助我理解参与者的经历，而且也让我认识到研究者工作的复杂性，提高了我对研究者的工作会影响参与者生活的意识。

讨 论

学生、教师、家长之间的冲突故事：对实践、研究及理论的意义 对影响爱梅生活的家庭、学校与族群社群的交叉点进行考察，可以看到移民学生或少数族群学生在建立族群认同感时可能遇到的挑战。更具体的是，对爱梅故事的考察展示了移民学生及少数族群学生可能会被拉向不同方向的方式，当教师、朋辈与父母的期望在学校场景中交叉时，学生会以冲突故事的形式体会到其中的一些影响。这些故事突显了潜在的冲突，移民学生的价值取向在受到家庭和族群社群成员共同影响的同时，也受到朋辈、教师以及他们所在北美学校社区其他成员的共同影响。

随着爱梅逐渐长大，她必须决定要将家庭和学校社区的哪些方面整合到她自己的价值体系中。当孩子逐渐成人，并对自己的教育和生活方式做出决定，子女与父母之间长久存在的张力关系会因各自看法的不同而恶化，他们的看法受到文化差异的影响，子女在向着移民社会的文化航行，这与移民父母在他们离开的那个国家里度过的孩童时期的经历截然不同。而在移民过程中，为了在新的国家安顿下来，父母拼尽全力，这又使得这种张力关系更加复杂。爱梅的故事表明了在何种程度上创新式的教学安排以及教师、行政人员、研究者和政策制定者的良好意愿可能会以意想不到的方式展开。了解了爱梅生活中的冲突故事，探究教学安

316 质性研究的五种取向（原书第 4 版）

排与学校实践可能对移民和少数族群学生族群身份认同的影响方式的重要性也得以突显，这些影响可能会以比教师、家长，甚至学生自己所预料到的更复杂的方式产生作用。

反过来，这些知识也可以在教师和学校行政人员力图满足多样性日益增长的学生群体的需求时指导他们的工作。教师必须在可能对学生本身的文化及教育系统所知甚少的学校情境中，学会同时满足移民学生和少数族群学生的学业需求与社会需求。通过这种方式，本研究获得的知识对在多元学校环境中工作的教师、在岗或即将就职的教育工作者的职业发展、多元文化学校环境中与教学安排政策相关的决策过程都有所帮助。探究爱梅在家庭与学校共同影响下的生活，有助于发展并实施专门项目来促进北美学校的移民学生的适应过程。有关爱梅经历的这些故事可以作为以生活为基础的文学叙事（Phillion & He, 2004）的例证，也有助于建立起学生的知识传统（lore）。学生的知识传统这个概念，根据皮纳、雷诺兹、斯莱特里和陶布曼（Pinar, Reynolds, Slattery, & Taubman, 1995）在《理解教学安排》（*Understanding Curriculum*）一书中所言，是舒伯特和艾尔斯（Schubert & Ayers, 1992）提出的，之后又得到了杰克森（Jackson, 1992）的确认。关注学生及其家庭的叙事，提醒我们不要忽略学生的多样性，也强调了关注教育中的社会公正与平等议题的必要性。本研究不仅从学生的角度出发来关注学生的经历，弥补了当前研究的空白，而且有助于理解移民学生和少数族群学生的经历，为教育者和决策者在针对某个群体制订并实施教学安排时提供更好的建议。

结 论

我将这篇文章分享给了一些教师和行政人员，他们都很感激这篇文章认可了他们在与学生打交道的工作中所遇到的挑战。威廉——作为一位入职不久的教师——表示需要在工作中进一步注意，教师要为多样化的课堂做好准备，他还认为本文所呈现的故事有助于提高对教师可能遇到的困难的认识。他认为可以基于这些故事召开一次研讨会，在教师与行政人员中进行讨论。威廉的行政主管谈到了满足学生群体的需求的内在挑战，并指出师生在实施某些政策时遇到了种种困难，要解决这些张力，也仍然需要政策的协助。

使用叙事研究的取向来考察学生的经历，探讨影响学生参与学校教学安排的多种因素，是承认学校教育及教师准备工作中存在复杂性的一种方式（Cochran-Smith, 2006）。有必要为少数族群背景的学生提供最好的教学安排与教学方法，在这方面学校和教师需要获得更多的指导，因为与多样的学生群体打交道也面临着很多挑战。考虑到北美多样性的增加，教育者和政策制定者对他们的教育实践及政策所服务的学生有所了解是非常重要的。

注　释

1. 湾街学校的学生在国际语言课程中可以选择粤语或普通话、越南语、阿拉伯语、斯瓦西里语、西班牙语，这些课程都会在学生的常规教学日进行。

2. 国际语言课程使用的普通话课本是以多年级教学的形式为基础的，每个年级又会再按照难度分成六种不同的水平，从初学者到高阶学习者，以适应同一年级学生不同的语言流利程度。

附录三　现象学研究

艾滋病的认知呈现
Cognitive Representations of AIDS[①]

伊丽莎白·H. 安德森（Elizabeth H. Anderson）

玛格丽特·赫尔·斯宾塞（Margaret Hull Spencer）

对疾病的认知呈现会决定行为。艾滋病患者对他们所患疾病的看法，可能是理解药物依从性和其他治疗行为的关键。本文的目标是描述艾滋病患者对其疾病的认知呈现。本研究对通过目的抽样选出的58名患有艾滋病的男女患者进行了访谈。本研究采用了科拉伊奇（Colaizzi, 1978）的现象学方法，通过验证（verification）、核实（validation）和效度来保证研究的严谨性。在175个重要陈述中，出现了11个主题。认知呈现包括对艾滋病的死亡想象、身体损坏、仅仅是一种疾病。应对方式主要包括将艾滋病从脑海中除去、希望获得合适的药物、照顾自己。研究患者对艾滋病的理解能帮助护士评估应对过程，改善护士与病人的关系。

一名53岁的老人有过静脉注射毒品的经历，进过监狱，住过收容所，使用过美沙酮戒毒。他这样描述艾滋病：

> 我认为这种病毒对我而言是一种彻底的毁灭。它可能会杀掉我，因为它将我生命中所有的东西都拿走了。太糟糕了，就像被关了起来。你拥有的所有东西都被拿走了。唯一能做的事就是等死。我很害怕，我简直要疯了。多数时间里我也不关心我自己。我得仔细想想这病是怎么回事，我也开始怀疑这些药是不是真的会对我有用。

目前为止，全球有3600万人（Centers for Disease Control and Prevention[CDC], 2001b）感染了人类免疫缺陷病毒（HIV），这种病毒将最终发展成获得性免疫缺陷综合征，即艾滋病（AIDS）。在美国，已有44万余人死于与艾滋病相关的疾病，

---

① 来源：附录三的这篇文章最早发表于 *Qualitative Health Research*, 12(10), 1338–1352。版权属于 Sage 出版公司。

还有超过32万人患有艾滋病，这是有记录以来的最高数字（CDC, 2001a）。95%的使用抗逆转录病毒药物（ART）治疗的艾滋病患者或感染者必须进行病毒抑制和预防，避免菌株突变（Bartlett & Gallant, 2001）。采用ART治疗可以延缓疾病的发展，但并不能治愈艾滋病患者或感染者。使用ART药物的艾滋病患者需要忍受多种副作用，可能会导致忘记服药、严重掉秤以及生活质量降低（Douaihy & Singh, 2001）。预防措施可以帮助降低艾滋病患者或感染者的发病率，但这需要他们承诺终身都要减少高危毒品的使用、减少性行为。为了实现个人和公共健康利益的最大化，对艾滋病患者在疾病自我管理模型中的生活经验进行探究，将很有帮助。

在疾病呈现的自我管理模型中，患者是积极的问题解决者，他们的行为是他们对健康威胁的认知回应和情感回应（Leventhal, Leventhal, & Cameron, 2001）。在这一持续的过程中，人们将内在刺激（如症状）或外在刺激（如实验结果）转化为对威胁的认知呈现和/或情感回应，他们试图理解自己的疾病并调节自己的回应。人们赋予（外在或内在）刺激的意义将影响他们对一种或多种应对程序的选择及实施（Leventhal, Idler, & Leventhal, 1999）。情感会影响疾病呈现的形成，也能激励人们行动或者阻止人们行动。就应对努力的后果进行评估，是这个模型的最后一步，会为进一步的信息处理提供反馈。

尽管疾病呈现非常个体化，但其是指导应对和评估结果的关键认知建构。病人对疾病的理解是以许多因素为基础的，包括身体经验、之前的疾病和外部信息。疾病呈现包括五组属性：（a）认同（即标签、症状）；（b）时间线（即发病、持续时间）；（c）感知到的原因（即病菌、压力、基因）；（d）后果（即死亡、残疾、社会损失）；（e）可控程度（即治愈、控制）（Leventhal, Idler, & Leventhal, 1999; Leventhal, Leventhal, & Cameron, 2001）。

这些属性既有抽象形式，也有具体形式。例如，"认同"这一属性可以是抽象的疾病标签（如艾滋病），也可以是具体的身体症状（如恶心和呕吐）。症状是便利、可用的线索或迹象，会影响病人的疾病呈现，并帮助其正确或不正确地诠释自己的经验。尽管艾滋病的症状在医学上与高血压无关，但相信药物可以减轻他们症状的那些病人在坚持服药方面做得更好，他们的血压也控制得更好（Leventhal, Leventhal, et al., 2001）。

理解个体对艾滋病的认知和他们的情感反应，将帮助患者坚持遵循治疗方案、减少高危行为，并提高生活质量。现象学能提供最丰富的且最具描述性的资料（Streubert & Carpenter, 1999），因此是探究认知呈现的理想研究过程。相应地，本研究的目标就是在现象学的情境中探究患者的经验以及他们对艾滋病的认知呈现。

文献综述

沃格尔等（Vogl et al., 1999）研究了504名门诊的艾滋病患者，他们没有服用蛋白酶药物。研究者发现这些患者最普遍的症状是忧虑、疲惫、悲伤和疼痛。症状的数量和严重程度都与心理抑郁和糟糕的生活质量相关。有静脉注射吸毒史的患者报告了更多的症状，症状也更严重。相对而言，对 45 名艾滋病患者的电话问卷调查和病历审查表明：蛋白酶治疗会导致体重增加、CD4 免疫细胞增加、人类免疫缺陷病毒的核糖核酸病毒载量减少、机会性感染减少、生活质量提高（Echeverria, Jonnalagadda, Hopkins, & Rosenbloom, 1999）。

霍尔兹默、亨利和赖利（Holzemer, Henry, & Reilly, 1998）报告了患者视角的疼痛状况，他们注意到有 249 名艾滋病患者报告他们感受到了中等程度的疼痛，但其中只有 80% 的患者进行了有效的疼痛控制。较高程度的疼痛是与较低的生活质量联系在一起的。在一项关于疼痛的现象学研究中，艾滋病患者或感染者认为疼痛不仅是身体上的，其还伴随着丧失感和未知感，因此疼痛也具有社会属性（Laschinger & Fother gill-Bourbonnais, 1999）。

特纳（Turner, 2000）对感染了艾滋病病毒的男性和女性进行了阐释学研究，他发现与艾滋病有关的多重丧失感是一种强烈的、反复的悲伤过程。存在两种基本模式：与丧失感共同生活、超越丧失感以生活。与此类似，布劳赫（Brauhn, 1999）在对 12 名男性和 5 名女性的现象学研究中发现：尽管艾滋病患者感受到的病痛跟慢性疾病的疼痛差不多，但艾滋病对他们的身份认同有深远且弥散的影响。这些患者以谨慎的乐观态度来规划他们的将来，也能明确他们所患疾病亦存在积极方面。

在关于艾滋病应对的一项现象学研究中，麦凯恩和格拉姆林（McCain & Gramling, 1992）报告了三个过程：与死亡共同生活、与疾病做斗争、精疲力尽。库普曼等（Koopman et al., 2000）对 147 名艾滋病感染者进行了研究，他们发现在日常生活中压力最大的那些人收入更低，在行动上和情感上都难以应对他们的疾病，他们处理人际关系的方式也不太安全，这都体现了他们的焦虑。法博等（Farber et al., 2000）的研究也发现了多少有些类似的结果，他们注意到对艾滋病患病或感染的适应是与这样一些因素联系在一起的：更少的心理困扰，更高质量的生活，以及关于世界、他人和自我价值的更积极的个人信念。弗莱柏克和赖纳特（Fryback & Reinert, 1999）对患癌症的女性和患艾滋病的男性进行了质性研究，他们发现精神状态是健康和幸福的关键。从自己的疾病中发现了意义的研究对象认为，自己的生活质量比确诊前还要高。

多明格斯（Dominguez, 1996）研究了按墨西哥传统方式生活的艾滋病女性患者，发现她们的基本生存结构可以被概括为：在绝望中挣扎，以忍受这种致命的、可感染的、被社会污名化的疾病，而这种疾病威胁了女性的自我和生存。女性被认为默默承受痛苦，同时还要经历羞辱、责备，并且更要为孩子考虑。在对 5 名感染 HIV 的非裔美国人的现象学研究中，浮现了 12 个主题，包括暴力、震惊、拒绝不确定性、生存等（Russell & Smith, 1999）。研究者认为女性的经历更复杂，在设计有效的治疗干预之前，需要更好地理解她们的经历。

目前还没有研究讨论过艾滋病患者对艾滋病的认知呈现或印象。相应地，本研究集中关注艾滋病患者如何在认知上呈现和理解他们的疾病。

方　法

样　本

本现象学研究通过目的抽样选择了41名确诊艾滋病的男性和17名确诊艾滋病的女性。研究对象以黑人（40%）、白人（29%）和拉美裔（28%）为主。平均年龄为42岁（标准差为8.2）。多数参与者的教育程度在高中以下（52%），从未结婚（53%），尽管多数人曾经有过恋爱经历。CD4免疫细胞数的均值是153.4（标准差为162.8），病毒载量的均值是138113（标准差为270564.9）。在接受访谈时，他们确诊艾滋病的时长的均值为106.4个月（标准差为64.2）。样本选择的标准是：（a）确诊艾滋病；（b）年龄在18岁以上；（c）能够用英语交流；（d）精神状态的小测试得分高于22分。

研究设计

在现象学研究中，研究者要超越或悬置已有的知识和经验，以便达到对现象更深层次的理解（Merleau-Ponty, 1956）。这意味着要努力获取生活经验，带着"新鲜"感以引出丰富的描述性资料。将自己悬括是将研究者的信念、感受和感知都放在一边，对现象保持更开放或更忠实的态度（Colaizzi, 1978; Streubert & Carpenter, 1999）。访谈者作为艾滋病患者的医疗服务人员和研究者，努力将自己悬括起来是很重要的。本研究的参与者不包括访谈者过去的病人。

科拉伊奇（Colaizzi, 1978）认为现象学研究问题的成功与否，取决于研究问题所触及的生活经验在何种程度上与各种理论解释不同。对个人关于艾滋病的理解进行探讨，可以挖掘出此前没有研究过的或者没有在临床诊疗中为医疗服务人员所共享的个人经验。

研究程序

在获得大学的伦理审查委员会以及城市医院的人类被试审查委员会的批准后，研究者找到了符合选择标准的患者，并邀请他们参与研究。访谈是在18个月里在专门针对艾滋病患者或感染者的治疗场所中进行的：一家医院的门诊部门、一家长期护理机构和一家居住设施。所有的访谈都录了音，并逐字逐句整理成文字稿。参与者的生活状况也多种多样，由于个人计划、出院、回归日常生活或病情发展，也无法进行二次访谈。例如，就有一名参与者在接受访谈四周之后死亡。访谈一般持续 10~40 分钟，直到没有新的主题出现。有些患者说自己根本不会思考与艾滋病有关的事，与他们访谈的时长最短。为了获得更丰富的资料和更为多样的理解（Morse, 2000），我们访谈了 58 名参与者。本文的第一作者安德森参与了所有的访谈。

在获得参与者的知情同意后，我们要求每位参与者都口头回答以下问题："关于艾滋病，您有什么经历？您对艾滋病有什么印象？或者说，您如何描述艾滋病？您心里有什么样的感受？这对您的生活意味着什么？"随着认知呈现的不断丰富，我们还会请参与者画出他们对艾滋病的印象并解释他们所画的图像，通过这样做，我们很显然可以达到更深层次的理解。有 8 名参与者画出了他们对艾滋病的印象。

参与者的背景信息是通过书面的问卷来收集的，最近的 CD4 免疫细胞数和病毒载量这些数值是通过参与者的病历获得的。根据我们所在机构的政策，来自长期护理机构和居住设施的参与者都获得了一张价值 5 美元的电影票，门诊部门的参与者获得了 20 美元的报酬。

资料分析

对参与者访谈记录的分析采用了科拉伊奇（Colaizzi, 1978）的现象学方法。按照这种方法，所有访谈记录都被阅读了数遍，以获得对其的总体感觉。我们在每一份访谈记录中都确定了直接与艾滋病患者生活经验有关的重要短语或句子，意义便是从这些重要的陈述或短语中产生的。这些生成的意义会被聚类成主题，这些主题在所有参与者的访谈记录中都能找到。然后将这些结果整合到一起，形成对现象的深入、详尽的描述。一旦完成了描述，找到了主题，研究者的最后一步就是安排与一些参与者的第二次会面，请他们核查研究发现。如果出现了新的相关资料，这些资料也会被纳入研究最后的描述。

通过运用验证、核实和效度的方式，我们确保了方法上的严谨性（Meadows & Morse, 2001）。验证是确保研究项目效度的第一步。实现这一标准的步骤包括文献检索、严格遵守现象学方法、将过去的经验悬括起来、保留田野笔记、使用恰当的例子、确认反例、持续进行访谈直到实现资料饱和（Frankel, 1999; Meadows & Morse, 2001）。核实是在项目内部进行的评价，是通过多种方法来实现的，包括多种资料收集方法（观察、访谈和绘图）、多种资料分析方法，并且将由更有经验的研究者来进行编码、由参与者和关键的信息提供者来进行成员核查，还要进行审查追踪（audit trails）。效度是研究的目标，是以可信性和外部审查为基础的。通过共情以及就应对状况进行评估，可以实现临床应用（Kearney, 2001）。

结　果

从 58 份访谈记录中，我们找出了 175 个重要陈述。表 1 列出了重要陈述的一些实例及其生成的意义。我们对这些意义进行聚类，得出了11个主题。表2包含了从这些相关意义中浮现的两个主题聚类的实例。

表1　艾滋病患者的重要陈述及其生成意义的实例

重要陈述	生成意义
刚开始，我感觉到我确实得了这病，所以这并不是什么出乎意料的事，尽管这确实让我很烦恼。 我知道，因为这病感到挫败是件糟糕的事。	艾滋病一种创伤性的现实，以至于人们甚至都不愿意用"艾滋病"这个词。
艾滋病是一种不能治愈的疾病，意味着死亡和毁灭。但你得用你能做到的最好的方式与它作斗争。你得用你的一切与它作斗争，才能让生活继续下去。	艾滋病是一种危险的疾病，需要你运用每一寸力量与它作斗争，这样你才能活下去。
我看到有些人真的从非常健康，变得一无所有——瘦骨嶙峋且衰败不堪。我有很多朋友就这么死去了。这不是什么好事。我过去就像是个柴油机，现在我连拎点东西上几节台阶都不行了。	随着身体上的变化，艾滋病消耗人的印象会占据主导地位。
第一印象——死亡。立刻感到害怕，想到死亡。那是因为当时我不知道病情可以好转，它对我来说就是毁灭性的。吃豆人把你的免疫细胞吃光了，你没有任何东西可以反击。	艾滋病给人的主要印象是死亡和毁灭，没有任何赢的希望。

表2　主题聚类的两个实例及相关生成意义

令人恐惧的身体损伤
身体变化，包括口干、体重减轻和心理变化
可预料的疲惫、视力下降、全身都是瘢痕
大屠杀①的受害者
卧床不起，全身都是脓疮
严重掉秤
可怕的死亡方式
从非常健康变得瘦骨嶙峋
身体衰败不堪
生活被吞噬
对生活的整体看法都发生了变化
再也没有机会组建家庭，生活停止了
不再有工作的能力
再也不能与女性有正常的关系
每一天都不确定会发生什么
非常努力，但还是失去了一切

---

① 这里的"大屠杀"是指研究者在对患者的陈述进行聚类分析后，发现艾滋病患者们使用"大屠杀"来描述自己患病后的感受。——译者注

主题 1：不可逃脱的死亡　对艾滋病患者来说，负面结果是他们对所患疾病的主要印象。艾滋病一旦发病，进展会非常迅速，因此被描述为"死亡，仅是死亡""麻风病""噩梦""诅咒""乌云""跟你作对的邪恶力量"。不可能逃脱的感觉在对艾滋的描述中非常明显："一点一滴，这个巨大的果冻会将你吞噬。""就像我在一个洞里边，不可能跑出去。"另一位参与者说："艾滋病，就像个杀手，它随时可能找到你。"

一位拉美裔男性认为只要得了艾滋病，就是个"快死的人"了。在他对此的解释中，被击溃的感觉非常明显。他说："如果只是感染了 HIV，你还有机会挣扎一下。一旦你的病历上出现了'AIDS'这个词，那你就购入了一张（通向死亡的）票。"

一名 29 岁的女性在接受访谈的 9 个月前，确诊了 HIV 和 AIDS。她画的图是一座坟墓，墓碑旁有着漂亮的红色和黄色的花，墓碑上写着：安息吧，我们深爱的姐妹和女儿。在坟墓的上方，她画了一朵乌云，乌云的边缘露出了阳光。她说这象征着她的家人为她的死亡感到悲伤。

主题 2：令人恐惧的身体损伤　在这个聚类中，参与者主要集中谈论了与他们的疾病有关的身体变化。艾滋病患者的形象通常是：瘦骨嶙峋、极度虚弱、受疼痛折磨、失去理智、躺在床上等死。这些描述在生理上是一致的，但也确实源自多种经验，如看到家人或朋友死于艾滋病，或者是看到遭受了艾滋病"大屠杀"的患者的照片。这是一种可怖的结局，并且这种想法会引起极度的痛苦。身体形象成了健康和死亡的标志。

一名女性将她对艾滋病的印象描述为一具哭泣的骷髅。一名高瘦的男性在他 44 岁生日的那个夜晚，正在等候进行喉切除手术，他这样描述他对艾滋病的印象："看我就知道了。"另一名患者则回忆了汤姆·汉克斯在电影《费城故事》（*Philadelphia*）中的形象（Saxon & Demme, 1993）："那哥们待在医院里，又老又瘦。你开始担心……你不愿意就这么结束。我不喜欢我所看到与艾滋病有关的形象。"一名 53 岁的男性确诊感染艾滋病已经 10 年了，他将艾滋病描述为一个怪物，头上有好几个破破烂烂的羊角，有着布满血丝的眼睛，嘴里有数不清的尖锐锋利的牙齿。他这样描述怪物的嘴："牙齿上还有血往下滴，会把你吸干。"另一名男性将艾滋病描述为一只愤怒的紫色的动物，长着红色的牙齿。他说紫色皮肤象征"瘀伤"，而红牙则象征"毁灭"。在一名 36 岁的黑人女性的绘画中，艾滋病对身体及情感的损毁非常明显。在她的画中，她自己躺在床上，她的丈夫和孩子围着她。她这样写道："疼痛从头一直蔓延到脚趾，没有头发，体重只有 75 磅，不能动，吃不下东西，感到孤独和恐惧。家人爱你，但你没办法爱他们。"

主题 3：生活被吞噬　患者为他们过去的生活而哀悼。一名 41 岁的男性这样描述艾滋病："我不能跟朋友在街角漫步了，也不能跟朋友去公园了，因为艾滋病吞噬了你的生活。"另一名男性的评论是："我的生活已经停止了。"一名48岁的女性说："我觉得我已经没有生活了。艾滋病改变了我对生活的整体看法。"

确诊艾滋病后，结婚、生孩子或者工作的梦想都被认为不再可能了。艾滋病对每个人生活的影响程度是不同的，从失去工作能力到失去孩子、家庭、一切以及对自我的感知。想到要与孩子、家人和朋友分离，会非常难受，但这就是现实。一名女性有4个孩子，年龄都在8~12岁，她说：

> 这不是一种你愿意得的病，因为真的很糟糕。我知道我有时候会很不安，因为我得了这种病。你知道你就要死了，但我还有孩子呢。我真的不想离开他们。我想看他们长大，还想见证他们的一切。我知道这不再可能了。

参与者感受到生活出现了深深的裂痕，下面的陈述也展示了这一点："它夺走了我的所有生活，把我的生活搞得天翻地覆。过去做的很多事，我都做不了了。因为它，我失去了我的房子。我努力工作得到的一切，都失去了。"一名有两个儿子的44岁的拉美裔母亲也表达了她的悲痛：

> 它影响了我的生活。我失去了我的孩子，因为我再也不能照顾他们了。它改变了我的自由和关系。我一直都在生病，我没法照顾我的小儿子，所以他被从我身边带走了。

一名黑人女性这样描述艾滋病对她生活的长远影响：

> 有关我的一切都变得不同了：我看待事物的方式、我说话的方式、我走路的方式、我感受日常生活的方式。我怀念我之前的生活，我真的很怀念。我非常怀念这一切。我尽量不去想它，因为这会使我很悲伤。

主题4：希望获得合适的药物　在这个主题中，患者关注的是艾滋病的药物治疗。当参与者表达他们的期望时，其中的希冀是显而易见的，如最近开始服用的药物会对他们有帮助，或者在他们有生之年会找到治愈方法。一位患者描述道："你开始变得焦虑不安，你希望你今天能听到些好消息，如新的药物或者其他什么东西能帮助你治病。"另一位已经确诊三年的患者想弄明白："用了所有这些新药，还有所有的东西，他们说你可以过正常的生活，可以活得更久。我猜，时间会告诉我们答案。"

有些参与者被告知没有适合他们的药物。一名31岁的女性已经确诊16年了，她说："他们还没找到可以使我不发病的药物，所以我现在没有服用任何治疗HIV的药物。"另一些人则谈到要等等看，看他们的身体对新的抗逆转录病毒药物有什么反应。一位拉美裔男性这样叙述他的寻找药物的过程：

> 我努力不让它困扰我，因为我的病毒载量和其他各种指标真的都很低。药物对我也没什么用。我们（医疗工作人员和患者）仍然还在尝试找到合适的药。只要我还活着，我就很开心了。

许多人都希望能找到治愈的方法。一名53岁的老人已经确诊10年，说道："我很高兴我现在还活着，我希望在他们找到治愈方法的时候，我也还活着。"另一位患者说："只是希望（找到治愈方法），现在还要继续坚持下去。"相较而言，一名41岁且确诊9年的男性说："没有治愈方法，我看不到任何希望。"一名56岁的老人已经确诊艾滋病13年，他也表达了相同的观点："我不认为会出现治愈方法，至少现在看不到希望。在我有生之年也没有可能。"

主题5：照顾自己　艾滋病患者努力通过自己照顾自己来控制疾病的进程。这在下面的回答中很明显。"如果我不照顾我自己，我就会因此（艾滋病）死亡。""如果你不照顾好你自己，得这个病就必死无疑。"一名拉美裔男性解释道："我们不知道我们能活多久。如果我想多活几年，我就得照顾好我自己。"一名女性也谈到了她的恐惧和应对疾病的努力：

> 我很害怕——体重减轻、失去理智等。我很害怕，但我不能让它打倒我。我仔细思考，思考究竟会发生什么。我一直在想，停不下来。我试着照顾好我自己，活下去。

参与者并没有总是阐明他们要如何自己照顾自己。患者主要关心的是吃饭和吃药。"我一起床就知道我首先要做的是吃饭和吃药。"下面的这一陈述更加明确了他们的单一目标："我不会考虑任何其他事情，只想着如何保持健康，这样我就能活得更长一些。吃我的药，然后活得长一些。"

主题6：只是一种病　在关于艾滋病印象的这个聚类中，人们在认知上将艾滋病的原因表述为"一种看不见的病毒""就像其他传染病一样""常见的感冒""一种小小的虫子，跟螨虫一样大"。一名参与者将外在原因最小化，将艾滋病视为一种"不便"，而另一名参与者则认为自己被发了一张"坏牌"。

有些参与者把艾滋病视为一种慢性疾病，以将其正常化。与癌症患者或糖尿病患者类似，艾滋病患者认为需要继续过他们的生活，而不是只关注他们的疾病。

他们的假设是这样的：如果他们吃药接受治疗，那么跟癌症患者和糖尿病患者一样，他们就能控制他们的疾病。但他们并未提及其他慢性疾病可能带来的生理影响和心理影响。下面两段话可以呈现他们对艾滋病的印象：

> 这只是一种病。我参加了支持小组以及各种小组，他们告诉我就把这看作癌症或糖尿病，该做什么就做什么。吃药，别碰毒品，你就能活得更长。

还有：

> （艾滋病）是可以控制的疾病，但无法治愈。我在余生都要控制它。我觉得挺幸运的。我没啥问题。我坚持用这种方式来看待它。这可能不对，但我也过得挺好的。

对艾滋病的各种解释有些时候从科学上说是不正确的，但也属于一种应对手段。一名男性这样描述艾滋病："它只是一种病。它是一种癌症的病种，已经这么着好些年了，医生就是这么诊断的。"

主题7：看住那只野猫　在这个主题中，人们关注的是在与疾病作战时要保持警觉。由于患者处于永久的束缚中，他们的每一个细胞都被用来与"改变生活的疾病"作斗争。一名48岁的男性在访谈的6个月前确诊："我不得不注意它。病症很严重，快让我失业了。"另一名男性已经确诊6年，他的决心很坚定："我是个战士，直到他们找到这种病的治愈方法前，我绝不放弃。"这种想法非常积极，在下面这段话中，艾滋病被描述为被野猫抓伤了，并不是"非常严重"：

> 对我来说，艾滋病就像是有只野猫，面对面地瞪着你，呲着牙，乱抓乱挠。只要你留心，它就没办法，如果你失去了控制，没有留心，它就会伸出爪子挠你。在多数情况下这都不是非常严重的事，但是需要注意的是，它可能会把你弄进医院或者其他地方。你得严格遵守规则，不要放任。如果你放任了，它就会把你打倒。

警觉不仅可以用于控制自己的病情发展，还可以保护其他人。一位确诊3年的女性表示：

> 对它保持警惕，因为当你有孩子、家人跟你同住的时候，你要特别谨慎。你要时刻对它保持警觉。你要牢牢记住，你有病，你不想传染给

别人。即使是你孩子的一个小伤口，也要多加注意。

主题8：不思考的魔法　有些患者非常努力地忘记他们患病的事实，有些时候甚至忘记了他们需要治疗。有几名参与者表示他们对艾滋病没有任何想法。想到艾滋病，就会产生愤怒、焦虑、悲伤和压抑的情绪。不想艾滋病这件事，似乎如魔法般抹除了现实，并提供了控制情感和疾病的方式。一名41岁的男性已经确诊10年，他这样描述艾滋病：

> 这是病，但我不愿意承认我得了这病。因为如果你天天想着自己感染了HIV，它对你的打击就更大。这就像是个心理游戏。为了努力活下去，你就不要去想它。它不会出现在你的脑海里。

一些参与者会努力不去想艾滋病这件事。在下面的描述中可以看到，他们甚至不会提及"艾滋病"这个词，只是用"它"来指代。一名44岁的拉美裔女性说："它是件痛苦的事，是件悲伤的事，是件愤怒的事。我不去想它，我努力把它赶出我的脑海。"另一名女性说："它是一次糟糕的经历。太糟糕了，我几乎无法对它作出解释。我从不去想它。我试着不去想它。我仅仅只是不去想它。就是这样，将它赶出我的脑海。"

主题9：接受艾滋病　在这个主题中，认知呈现的中心是接受艾滋病的诊断。接受自己患有艾滋病这个事实，就疾病应对而言，非常重要，这表明艾滋病患者准备好了要评估他们的应对疾病的努力。

一名拉美裔女性说："我不再否认了。"一名39岁的拉美裔男性已经确诊8年，他说："不管喜欢还是不喜欢，你都得对付这个病。"另一名参与者说："你得跟它一起生活，随时应对，这就是我现在努力在做的事情。"一名56岁的男性已经患病13年，他这样总结自己的疾病应对方式：

> 你可以调整，或者不调整。你到底要怎么做呢？这就是生活，都取决于你。我挺高兴的。我吃得不错，能自己照顾自己。我也会出门走走。我不会让这件事情束缚我。有些时候，你不喜欢它，但你不得不接受它，因为你真的不能改变它。

确诊时间不长的人还在努力接受他们所患的疾病。一名确诊2年的黑人男性处于摇摆中："我恨这个词。我想我还在尝试着接受它。是的，我在尝试着接受它。"然而，他也说他会避免谈论艾滋病，也没有向他的家人公开。另一名确诊3年的男性说：

> 我仍然不敢相信这件事会发生在我身上，我花了这么多时间来控制它，或者说应对它，我仍然没有控制住它，但我还在尝试。最后我明白，我确实得了这病，我开始觉得心里乱糟糟的。

上面两段话里，参与者都没有使用"HIV"或者"AIDS"这些词。

主题10：求助于神灵　在这个主题中，对艾滋病的认知呈现与"上帝""祈祷""教堂"和"灵修"这些词联系在一起。有些参与者将艾滋病视为改变他们生活并与上帝接触的动力。一名已经确诊6年的拉美裔男性说："如果我没有得艾滋病，我可能仍然在那里喝酒、吸毒、伤害其他人。我的生活整个发生了转向。我把我自己奉献给主和耶稣基督了。"另一名参与者说："它真的让我很担忧。我能做的就是多祈祷。它真的让我接近了上帝。"

另一些人将宗教作为帮助他们应对艾滋病的手段。一名患者表述道："我知道借助上帝的恩惠我可以做到。耶稣基督是我的救世主，这就是我每天坚持下去的动力。"一名男性认为灵修不仅帮助他应对艾滋病，还使他成了更好的人：

> 在某个时刻，我真的很想放弃。要不是知道还有耶稣的爱，我就不可能有力量坚持下来。我现在感觉我在精神上成了更好的人。也许没有变得更健康，但是我对这一疾病有了更多的了解。

相对而言，一名在监狱里确诊的男性把艾滋病当作来自上帝的惩罚："有些时候上帝会惩罚你。就像我对我妻子说的，我应该改过自新。"

主题11：时间的作用　尽管刚确诊的时候，恐惧和震惊是压倒性的，但时间就是一种治疗手段，对艾滋病的印象、感受和应对过程都会因其发生变化。厄运逼近的感觉使得一些人持续陷入因疾病而产生的忧虑和沮丧，甚至越发沉溺其中。确诊艾滋病后再过一段时间，情况就会发生变化。一名女性说："刚开始的时候，我想过自杀，就这样算了。但现在我不愿意这样做了。我想活着，过完我剩余的人生。"另一名女性描述了她的转变："一开始，我想我会把一切都搞得乱七八糟，逐渐失去活力，表现得奇奇怪怪，等等。但我不再想这些事情了。我只是继续过着我的生活。"

随着时间的流逝，对疾病的了解、持续用药的努力、个人成长的历程取代了负面行为，这些人相信这些事情是有帮助的。一名男性说他最初认为自己会一直躺在床上，鼻子里插着管子，身上到处都是肉瘤，现在他的看法已经改变了，他能过正常生活，只是不能工作。

一名男性以时间序列描述了他对艾滋病理解的显著变化。他画了一条非常粗的垂直线。从最上边开始是第一阶段：确诊。这一阶段是红色的，因为"其意味着事情不妙，就像机器亮起了红灯"。下一个阶段的标签是"服药、教育和接受现实"，是灰蓝色的，这代表着他住院时躺在床上能看到的天空。最后一个阶段是明亮的黄色，标签为"希望"。

一名 40 岁的拉美裔男性列出了他一生中五种成瘾物质的顺序，从酗酒到注射海洛因。然后他还画出了他想象自己在生命最后阶段的四种模样：一具站立的骨架，没有脸，没有头发，没有衣服，也没有鞋子；一个面带悲伤的人，没有头发，躺在医院的床上；一座长有鲜花的坟墓；最后是一个不吸毒的人，身体强壮，面带微笑，有头发，穿着鞋、短袖衬衫和短裤，准备去佛罗里达度假。相比之下，一名 53 岁、确诊 14 年的男性说他从未改变对艾滋病的印象："乌云"。

研究结果可以整合成关于艾滋病的基本图式。艾滋病患者的生活经验在开始时是害怕、担心身体损伤和个人损失。

对艾滋病的认知呈现包括不可逃避的死亡、身体的损毁、进行战斗、患上慢性疾病。应对方法包括寻找"合适的药物"、照顾自己、接受诊断、将艾滋病从脑海中除去、求助于神灵、保持警惕。随着时间的流逝，多数人会习惯与艾滋病共存。患者的感受则包括从"毁灭性打击""悲伤""愤怒"，到"平和""不担心"。

讨 论

在本研究中，艾滋病患者集中关注生命最后阶段的身体损伤、身体虚弱和精神孱弱，这些被视为痛苦的、令人恐惧的、不可避免的结局。患者最初的反应是忽略疾病，但是疾病的症状强迫患者面对现实，并寻求治疗。希望是很重要的，在等待药物起作用的过程中，在努力坚持直到找到治愈方式的过程中，都是如此。许多参与者都知道：照顾自己，跟自己能活多长是联系在一起的。

一些参与者关注最后的死亡结局，另一些参与者则谈及艾滋病在他们生活中的情感后果和社会后果。他们努力控制住自己的情绪和疾病，提高警惕，不多想，接受疾病，转向灵修。一些参与者的应对方式是将艾滋病视为癌症或糖尿病这类慢性疾病。

正如之前所提到的，麦凯恩和格拉姆林（McCain & Gramling, 1992）确认了应对艾滋病的三种方式：与死亡共存、与疾病作斗争、精疲力竭。死亡和斗争的意象在主题 1（不可逃脱的死亡）和主题 7（看住那只野猫）中很明显。本研究中的参与者也很清楚他们是否有在努力应对艾滋病。许多参与者都谈及了对艾滋病的接受或应对，然而另一些参与者则不能忍受这个词，试图将它从脑海里抹去，或者用"它"来指代艾滋病。

与弗莱柏克和赖纳特（Fryback & Reinert, 1999）的研究结论一致，主题 10

"求助于神灵"成为参与者面对死亡的应对手段。跟特纳（Turner, 2000）的例子类似，本研究的参与者在生活中经历了许多改变和损失，对死亡及其过程进行了反思。与特纳的主题"吸取的经验教训"类似，一些参与者将艾滋病视为他们生活的转折点。

与布劳赫（Braubn, 1999）的研究一致，慢性疾病是患者对艾滋病的一种理解。但与布劳赫的例子不一样，本研究的参与者使用了具体的慢性疾病名称，将艾滋病消极的一面最小化。由于这些参与者都已经确诊艾滋病，可以推断他们在规划未来时，还存在某种谨慎的乐观。

理论要素

如迪芬巴赫和利文撒尔（Diefenbach & Leventhal, 1996）所指出的那样，认知呈现是相当个人化的，并不总是跟实际健康状况一致。与对其他疾病患者的研究类似，在艾滋病患者的认知呈现中可以看到后果、原因、疾病时间线和可控制的特征（Leventhal, Leventhal, et al., 2001）。特别是，我们确认了三个主题，这三个主题集中关注与艾滋病有关的预期后果，或者经历过的后果。"不可逃脱的死亡"和"令人恐惧的身体损伤"包括负面的身体后果，这在艾滋病的最后阶段是可理解的，是没有治愈手段的。"生活被吞噬"的主题则关注参与者经历的影响深远的情感、社会和经济后果。"只是一种病"的主题反映了对艾滋病原因的认知呈现。"时间的作用"是指从确诊到死亡的疾病时间线中的各种因素。

六个主题（"希望找到合适的药物""照顾自己""看住那只野猫""不思考的魔法""接受艾滋病""求助于神灵"）类似于认知呈现中这种疾病的可控制特征。之前的研究主要关注对疾病或环境的控制，这种控制要通过个人或专家的干涉，如吃药或做手术来进行（Leventhal, Leventhal, et al., 2001）。这一发现在"希望找到合适的药物"和"照顾自己"这两个主题中都可以证实。本研究的独特之处在于：艾滋病患者不但努力控制他们的情感，而且通过保持警惕、回避、接受疾病和诉诸灵修这些应对方法，努力控制他们的疾病。这在下面的陈述中尤为明显："为了努力活下去，你就不要去想它。"本研究将此前对疾病呈现的研究扩展到了艾滋病患者，并对自我管理理论有所贡献，指出艾滋病的应对方法使得这种疾病似乎具有了可控制的特征。需要注意的是，本研究中有8名参与者绘制并描述了他们对艾滋病的主要印象。这些图像提供了对参与者的忧虑、恐惧和信念的独特展示。让参与者画出对艾滋病的印象，提供了探究人们对疾病的主要认知呈现的新方法。

对护理的意义

研究患者关于艾滋病的印象，对护士而言是一种有效率、低成本的方法，可用于评价患者的疾病呈现和应对过程，还可以改善护士与患者之间的关系。认为艾滋病就是"死亡"或者"将它从脑海中抹去"的那些患者可能需要更多的心理支持。

许多参与者用患者对艾滋病的印象作为分享他们疾病经验的开始。当艾滋病患者面对死亡时，回忆珍视他们故事的那些人，这也是一种无价之宝。询问患者对艾滋病的印象，可以触及到之前未与人分享的情感，有助于患者发现自我并接受他们的疾病。

未来的研究

本研究已经确定了艾滋病的认知呈现。从本研究来看，可以假定人们对艾滋病的理解可能会影响药物使用、高危行为和生活质量。如果艾滋病患者认为对他们来说没有希望，他们怎么会坚持艰难的药物治疗、服用有糟糕副作用的药物？经历了艾滋病情感后果和社会后果的患者会更注意保护其他人，不让他们感染艾滋病吗？可以合理地预期那些注重与艾滋病作斗争、强调照顾自己的病人会更倾向于坚持药物治疗吗？求助于神灵的患者、接受了诊断结果的患者、将疾病消极方面最小化的患者，谁有更好的生活质量？未来的研究需要将患者对艾滋病的印象与对药物依从、危险行为和生活质量这些方面的客观测量结合起来，以判断特定的疾病呈现与药物依从、危险行为和/或生活质量之间是否有联系。

附录四　扎根理论研究

长期的体育锻炼：
对非裔美国女性的扎根理论研究
Developing Long-Term Physical Activity Participation: A
Grounded Theory Study With African American Women[①]

埃米·E.哈里（Amy E. Harley）　　珍妮特·巴克沃斯（Janet Buckworth）

米拉·L.卡茨（Mira L. Katz）　　莎拉·K.威利斯（Sharla K. Willis）

安吉拉·奥多姆斯-扬（Angela Odoms-Young）　　凯瑟琳·A.希尼（Catherine A. Heaney）

摘要

　　规律的体育锻炼能够降低肥胖和慢性疾病的风险水平。非裔美国女性在这些方面的比例失调，许多人都未能够达到建议的运动量。在非裔美国女性中，提倡和维持积极锻炼的生活方式的干预措施，并未取得长期成功。通过阐述体育锻炼的适应和维持过程，我们可以采用有效措施来减轻非裔美国女性慢性疾病的负担。本研究对积极进行体育锻炼的非裔美国女性进行了深度访谈。扎根理论是一种严谨的质性研究方法，扎根于从展现出所研究行为的人那里收集来的资料，致力于发展出对人类行为的理论解释。本研究采用这一方法来指导资料收集和分析过程。从深度访谈和焦点小组访谈中归纳出来的资料，引导了用于解释体育锻炼演进过程的行为框架的发展。

关键词

　　体育锻炼　非裔美国人　女性健康　质性研究

　　体育锻炼与健康之间的联系已经很明确。缺乏体育锻炼，不仅造成了美国肥胖比例的上升，而且也直接增加了一些慢性疾病的风险，对美国人主要的死亡原因（如心脏病、高血压、2型糖尿病和某些癌症）有着重要影响（Friedenreich &

---

① 来源：附录四的这篇文章最早发表于 *Health Education & Behavior, 36* (1)：97-112。版权属于 SOPHE。

Orenstein, 2002; U.S. Department of Health and Human Services [USDHHS], 1996）。此外，规律的体育锻炼减少了一般意义上过早死亡的风险，有利于心理健康（USDHHS, 1996）。疾病控制与预防中心（Centers for Disease Control and Prevention，CDC）和美国运动医学学院（American College of Sports Medicine，ACSM）建议每周至少 5 天要进行至少 30 分钟中等强度的体育锻炼（Pate et al., 1995），2010 年全民健康计划的目标是鼓励人们每周至少 3 天要进行至少 30 分钟高强度的体育锻炼（USDHHS, 2000）。尽管如此，2003 年，行为风险因素监测系统显示只有 47.2% 的美国成年人在积极参与体育锻炼（CDC, 2003）。此外，有 23% 的成年人根本不参与任何体育锻炼（CDC, 2003）。

尽管需要关注整个美国人口缺乏体育锻炼的现象，但对于某些特定群体需要予以特别关注，如非裔美国女性，她们仍然习惯于久坐不动（CDC, 2003; National Center for Health Statistics, 2004）。在对四个种族/族群（非裔、白人、拉美裔、亚裔）的女性的一项大型研究中（Brownson et al., 2000），非裔美国女性常规体育锻炼达到推荐水平的比例为 8.4%，在四个群体中排倒数第一。与白人女性（31.7%）和拉美裔女性（32.5%）相比，在非裔美国女性中，没有空闲时间的比例（37.2%）也更高。对不同种族女性的其他研究也表明，非裔美国女性相当多活动的参与率都比较低，包括在家中的体育锻炼以及与职业有关的体育锻炼（Ainsworth, Irwin, Addy, Whitt, & Stolarcyzk, 1999; Sternfeld, Ainsworth, & Quesenberry, 1999）。这与非裔美国女性相对其他女性群体因心血管疾病死亡的比例（Malarcher et al., 2001）、肥胖的比例（USDHHS, 2001）和 2 型糖尿病的比例（CDC, 2002）都更高是一致的。非裔美国女性缺乏体育锻炼，是一个特别重要的公共健康议题，应当得到更多的关注。

越来越多的研究探讨了非裔美国女性体育锻炼参与率低的影响因素。之前的研究所确定的重要因素包括社会环境和自然环境、照护/家庭责任角色、发展类型、时间、成本、享受和困窘（Carter-Nolan, Adams-Campbell & Williams, 1996; Fleury & Lee, 2006）。研究也发现这些因素的影响在不同种族/族群中有差异（Henderson & Ainsworth, 2000; King et al., 2002）。尽管这些研究文献使我们了解了非裔女性为什么不能参与体育锻炼，但这些研究未能将这些因素结合在一起，描绘出关于非裔美国女性如何才能积极参与并保持体育锻炼的全面理解。

研究者也借鉴与参与有关的现有知识，运用行为理论来实施干预项目，提高非裔美国女性体育锻炼的参与度（Banks-Wallace & Conn, 2002; Wilbur, Miller, Chandler, & McDevitt, 2003）。许多这类项目取得了一定的成效，如在短期内体重降低、血压降低、体育锻炼水平提高。这表明通过干预可以影响体育锻炼参与和/或与此相关的健康效应。然而，这些研究并未阐明提高体育锻炼参与度的关键因素与步骤在整个过程中是如何联系在一起的。

许多研究试图通过应用体育锻炼领域已有的行为框架来验证这些联系路径。

多数研究专注于解释体育锻炼水平的差异，但只能解释这种差异的一小部分（King, Stokols, Talen, Brassington, & Killingsworth, 2002）。即使在现有行为理论中得到支持的那些研究，包括对跨理论模型（Transtheoretical Model，TTM）的探讨（Prochaska & DiClemente, 1983），并没有展示出适应和维持体育锻炼的行为过程，而这项内容能为提高体育锻炼参与度的干预项目提供有效的指导。

为了全面地理解这个过程，必须通过修正持续行为理论来详细展示重要因素及其相互关系。在体育锻炼领域，行为的理论解释展现出来一些理论建构的可能，如自我效能和自我调节。然而，目前并没有行为理论或框架可以解释从行为适应到行为维持的整个过程。本研究的目的就是要理解非裔美国女性的这一行为过程，发展出理论框架来解释将关键因素联系在一起的路径，这样做有助于她们将体育锻炼整合进她们的生活方式中。

方　法

因为缺乏关于构成体育锻炼行为演进过程的特定因素以及因素间关系的相关知识，本研究选择了扎根理论取向（Strauss & Corbin, 1998）。从展现出所研究行为的那些人那里收集资料，资料收集和分析的往复过程可用于发展出扎根于这些资料的对人们行为的理论解释。在本研究中，扎根理论取向被用于发展出一套过程框架，正是通过这一过程，非裔美国女性适应且维持了体育锻炼。本研究获得了俄亥俄州立大学伦理审查委员会的批准。

抽　样

本研究采用了目的抽样（Patton, 1990）以收集信息丰富的案例，主要采取了标准抽样的程序。标准抽样是指选择符合预先设定标准的那些案例。本研究的选择案例的标准包括：非裔美国人、女性、年龄在25~45岁、至少上过大学或高中以上的技术学校、积极参与体育锻炼。根据本研究的焦点，只纳入积极参与体育锻炼的女性非常关键。她们达到所推荐的体育锻炼水平（CDC, 2001）的时间必须超过一年。排除案例的标准包括：行走或移动有困难、最近确诊了饮食失调症、确诊了绝症、在大学期间就参加了多种体育运动，或参加过职业运动队。本研究也采用了理论抽样（Strauss & Corbin, 1998），以确保参与本研究的女性的确经历了所研究的现象，能提供丰富的描述。

参与者首先是通过两个地方性的非裔美国女性的校友会来招募的。研究者与每个校友联谊会的联络人会面，确定校友会的会面或其他活动安排，并在这些活动中发布相关信息。在每次活动中，研究者都会下发传递一张登记表，请对研究感兴趣的女性留下她们的姓名和电话。活动之后，通过一种全面的筛查工具按照名单打电话，这种工具能体现案例选择标准和排除标准中的每一个因素。

资料收集

资料是通过面对面的深度访谈来收集的。这些访谈是在研究问题的指导下进行的，但其是非结构化的，以便发现新的观点和主题。随着资料收集的深入，访谈提纲被不断修改，以便对未能收集到相关信息的访谈问题进行进一步的精炼，并对需要进一步推进的范畴和概念进行反思（Spradley, 1979; Strauss & Corbin, 1998）。

在完成了访谈和初步的资料分析之后，还进行了两次由参与者参与的焦点小组访谈。焦点小组访谈的目的是传播研究的初步发现，并收集参与者的反馈，确保研究发现反映了她们体育锻炼的经历。焦点小组访谈收集的资料也被纳入分析，以便对分析框架进行改进。

所有的访谈和焦点小组访谈都征求了参与者的许可，进行了录音，并逐字逐句整理成访谈记录。整理好的访谈记录和田野笔记都被录入 Atlas.TI 质性资料分析软件进行分析（Muhr, 1994）。研究负责人完成了所有的资料分析工作，研究合作者参与了常规的讨论，并给予反馈。

样本容量

在扎根理论中，样本容量的终极目标是理论饱和（Strauss & Corbin, 1998）。理论饱和运用的是这样的一般原则：在建构理论时，应当持续收集资料，直到每个范畴（或主题）饱和。15 名女性的样本容量被作为基准线（Lincoln & Guba, 1985；Strauss & Corbin, 1998），再采用理论饱和手段来决定最后的样本容量。

本研究对 30 名女性进行了筛选，有 17 名符合标准。其中，15 名女性参与了访谈，2 名女性没有接听研究者拨打的电话，未能安排访谈。

采用理论饱和作为最终标准，分析访谈记录后再考虑是否需要进行额外的访谈。根据 15 名女性所提供的资料的深度，考虑到最后两次访谈中出现的新信息不多，再加上对所研究的女性的丰富经历进行深入细致分析以展示特定过程中的结构这一目标的重要性，访谈的样本最终由 15 名女性构成。表 1 列出了参与者的基本特征。有 9 名女性也参与了焦点小组访谈。

表 1　参与者的特征

序号	年龄（岁）	体重指数[a]	主要锻炼项目	积极性百分比（%）[b]	参加体育锻炼的时间	投入度得分[c]
1	41	29.4	举重/跑跑步机	435	1 年	53

续表

序号	年龄（岁）	体重指数[a]	主要锻炼项目	积极性百分比（%）[b]	参加体育锻炼的时间	投入度得分[c]
2	35	30.9	团体健身	465	8个月	
3				230	4个月	44
4	45	21.0	跑跑步机	590	10年以上	48
5	31	26.0	团体健身	650	2个月	
6				280	1年以上	46
7	42	39.7	举重/走路	350	3个月	
8				158	1年以上	48
9	26	20.4	举重/心肺训练[d]	1280	5年以上	43
10	26	19.4	举重/心肺训练	150	1年	40
11	33	25.8	舞蹈/打排球/做体操	370	15年	41
12	42	23.0	团体健身	1305	1年	49
13	33	24.8	跆拳道/相关生活方式	165	4年	41
14	33	21.1	跟练运动视频	575	20年以上	55
15	31	22.1	举重/心肺训练	120	20年以上	41
16	30	27.7	举重/心肺训练	580	3年	45
17	45	23.4	团体健身/跑步	280	3年	52
18	25	21.9	团体健身/跑步	490	15年以上	48

[a] 体重指数是根据参与者自报的身高和体重进行计算得出的。

[b] 百分比显示的是与可参与体育锻炼的最低时长的比例，这里的最低时长是采用戈丁空闲时间问卷（Godin & Shephard, 1985）计算得出的。

[c] 这里的得分改编自体育锻炼投入度量度（Corbin, Nielsen, Bordsdorf, & Laurie, 1987），区间值为11到55。

[d] 指的是使用各种心肺功能锻炼器械，包括跑步机、踏步机、健身脚踏车和椭圆机。

资料分析

本研究是在扎根理论资料分析基本原则（Strauss & Corbin, 1998）的指导下进行的。研究者对所有的访谈都进行了微观分析，确保不会遗漏重要的观点或构念。每个新观点都会被赋予编码，在概念上，本质类似的主题或在意义上有联系的主题，会被组合在一起成为概念。接下来，通过持续比较，这些概念逐渐发展成熟，最相关的概念会被结合在一起，形成理论框架。这一理论框架是研究的最终成果，可以解释资料的中心主题，解释其中的变化。

结　果

体育锻炼的演进模型

参加研究的女性提供了丰富且详尽的描述，这是体育锻炼适应和维持过程的解释框架的基础。这一框架或者说模型，可以被称为体育锻炼演进模型，呈现了非裔美国女性在积极参与体育锻炼的整个过程中所经历的心理变化和行为变化（图1）。这一模型展示了女性参与体育锻炼的主要过程，也展示了两个不同的回路。整个流程可以被分为三个阶段：启动阶段、转换阶段和整合阶段。两个不同的回路是改变回路和中止回路。过程中的每一个步骤都展示出了关键的心理变化或行为变化。箭头指示的是从一个步骤移到另一个步骤，进入或退出循环。这一过程的重要特点是它与女性的生活情境密不可分，在本研究中，指涉的则是非裔美国女性的社会和文化情境。此外，某些特定的条件会出现，对推进女性的体育锻炼演进过程有很大的帮助，如计划方式、体育锻炼的伙伴以及所经历的不同类型的益处。

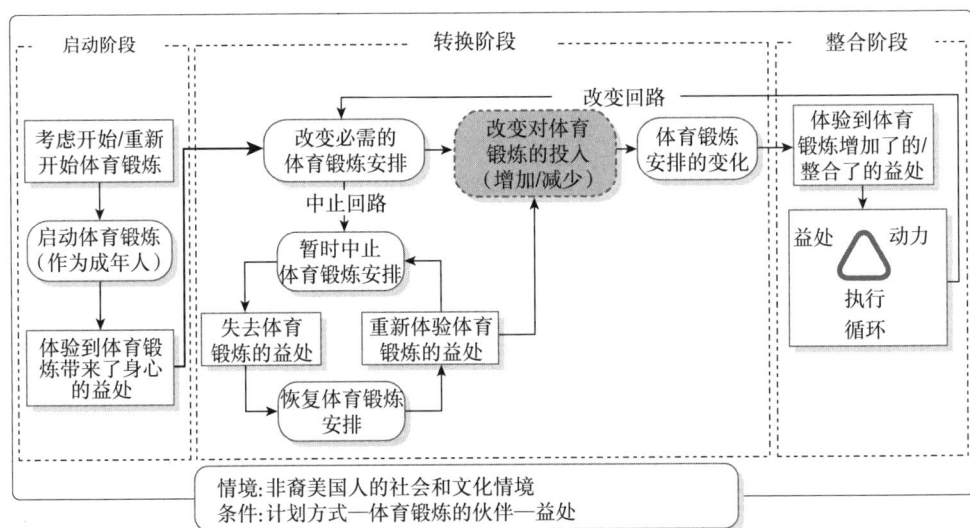

图1　体育锻炼演进框架

启动阶段

这个过程的第一阶段是启动阶段。这一阶段的特点是女性的早期决策和启动行为。女性是从考虑开始或重新开始体育锻炼而进入这一过程的。尽管并不是唯一的原因，但许多女性都提到了减轻体重是她们开始体育锻炼的动力。在这一阶段，女性尝试进行体育锻炼，也开始体验到与体育锻炼有关的一些益处。正是在启动阶段，女性开始了解她们享受哪些运动项目、不同的运动项目可以如何契合她们的时间安排、哪些项目能满足促进她们进行体育锻炼的那些需要（如体重管理）。一名女性叙述了她是如何开始参与体育锻炼项目的：

> 我这样做是因为生孩子积累的脂肪没有消失。生了第一个孩子，我重了10磅……这10磅对我是个事儿，因为第一个孩子出生后，我真的开始锻炼了。

在进行了一些形式的体育锻炼后，女性很快就开始体验到益处了。女性讨论了心理方面的益处，如感觉良好、释放压力、感到更有活力、感到她们是在为自己花时间。其他的益处还包括发现有些运动可以给她们带来乐趣，或者是她们可以在锻炼的过程中进行其他活动，如读书或祈祷。尽管在对锻炼早期经历的讨论中，心理方面的益处占主导地位，有些女性在体育锻炼经历的早期也体验到了身体方面的益处，如减轻体重，尽管大多数益处都是在这个过程的后期出现的。在启动阶段体验到的其他重要益处包括更有活力、睡得更好。一名女性讲述了她体验到的益处：

> 这就是我需要做的，因为这让我感觉很好，让我释放了压力……尽管我很热，会流汗，身上会有味道，但在心理方面，我觉得我更有活力了……我的身体变得更灵敏了……我感觉自己更有活力了。

许多女性都要兼顾事业和家庭，所以拥有属于自己的时间是体育锻炼的另一个重要益处。一名女性解释道："我有了一点儿属于自己的时间。我开始享受了，我开始爱上它了。"

转换阶段

在经历了体验阶段后，女性就进入了转换阶段。进入到这一阶段需要的时间各有不同。当女性进入转换阶段，她们开始意识到必须对她们的体育锻炼安排进行改变。不少情况下都会出现这种需求，包括时间安排的问题、看不到预期效果、不喜欢自己选择的常规运动，或者是因为体验到了健康状况改善或技能提高，需要进行更有挑战性的活动。女性在启动阶段开始进行体育锻炼，并尝试着建立起经验和知识。在转换阶段，她们开始重建适合她们生活方式或所期望的效果的体育锻炼安排。

一旦女性意识到她们的安排需要做出改变，她们就需要承诺建立积极参与体育锻炼的生活方式，并做出必要的改变。对有些女性来说，这种承诺需要对体育锻炼进行重新安排，或者增加她们对积极参与体育锻炼的生活方式的热爱。对另一些女性来说，这意味着再次确认她们之前做出的承诺。这标志了整个过程的关键点，并且这是通向转换阶段的桥梁。目前对模型中的这个关键步骤在整个过程中的重要性的强调还不足。如果没有有意识地承诺要进行体育锻炼，女性在这个过程中就无法继续推进，也不会积累更多经验，不会投入到终身的体育锻炼中去。有些女性在谈到这个时点时，会使用这样一些词语："突破"或"摁下了打火机"。例如，有位女性说："这样就摁下了打火机，我必须做出改变。这属于生活方式的变化。"一名女性强调这种改变是一种承诺，她解释道："你知道你必须加强锻炼……你就是必须做出改变，加强锻炼，重新投入。这是一个持续的过程。"

女性谈及她们认识到体育锻炼是她们需要终身投入的事。她们终于明白了：进行体育锻炼运动，达到短期目标后就放弃，并期望保持这一成果；这是不可能的，她们不能这么做。一名女性在过去一直通过零零星星的锻炼来控制体重，她意识到：

> 我必须记住，所有这些改变都属于生活方式的改变，这样我就知道我正处于一个漫长的过程中……这不是说我达到了我的目标体重我就不再锻炼了。我知道我必须一直锻炼，有些时候我会有些不清醒，以为锻炼就像我每天都必须起床那样。但有些时候我很享受锻炼，我很享受自己一个人在健身房的跑步机上的时间，没有孩子，没有丈夫，所以有时候锻炼就约等于自由。

在一次焦点小组访谈中，我们把上面这段引文拿给参与者看。一名女性说："我知道这说的是我！"事实上这是与另一名参与者的访谈记录。显然，体育锻炼意味着从其他义务中解脱出来的个人时间与自由，这一观念对这些忙碌的女性来说是重要的益处。

整合阶段

整合阶段是整个过程中的最后阶段。在过程中的这个时点，女性开始看到她们的努力带来了一些进步，这些成果花了很长时间才实现。这类成果很多是女性开始体育锻炼时想实现的身体方面的益处，包括体重减轻、体重维持或塑身。这些益处还包括健康方面的益处，如血压或血糖控制。这些益处更多地被融入进了生活之中，或是超越了锻炼的经验，如形成了新的社会网络，或者偶然成了其他试图进行体育锻炼的女性的榜样。

在意识到这些增加了的或整合了的益处后，继续坚持体育锻炼的动力就被强化了。女性愿意维持她们已经实现了的这些变化。一名女性解释道：

> 但是一旦你真的学会了，而且尝试从锻炼中得到一些益处，这就会使你感觉更好……在你知道锻炼会带来的其他健康方面的益处之外。你就是想锻炼。有点像你想购物一样——过了一段时间后，你就是想锻炼。

在过程中的这个时点上，女性进入了"益处-动力-执行"的循环。这个循环表明一旦恰当（如频率和强度）且成功（如持续）的体育锻炼安排被计划好了，且被执行了，那么增加了的益处就会被注意到，这些益处就提供了继续进行体育锻炼的动力，创造了环形循环。因为获得这些益处需要花时间，体验"益处—动力—执行"的循环也需要花时间。

对这一循环的体验会引导女性感知到体育锻炼已经成为她们生活的一部分。尽管她们仍然不得不努力维持这种行为，但她们不用再像早期那样努力，因为体育锻炼已经成了她们日常生活的一部分了。女性用多种方式来描述这种整合的感受，包括"我认为不去锻炼会让我觉得挫败，就像丢了什么东西，我就是会这样"，以及"这就是一件常规的事情，就像你每天早上起床刷牙那样"。

改变回路

尽管"益处—动力—执行"的循环是在整个过程中最终出现的环节，但是最成功的体育锻炼安排都存在重要的动态性要素。每份访谈记录都提及了女性体育锻炼安排在每名女性的生活情境中的动态性与灵活性。在经历了循环和整合后，女性发现她们不得不改变自己的生活安排，适应时间推移带来的生活方式和目标的变化，就像主要流程最上面的反馈箭头所显示的那样，这部分的标签是改变回路。

根据经验的累积，女性认识到出于若干原因她们必须改变体育锻炼安排，包括工作或学校的时间安排/职责的变化、应对健康难题或受伤状况，或孩子照护方面的变化。改变回路的起点是意识到应当或必须改变安排，这一改变是由女性的决定所界定的，这里的决定是指继续进行体育锻炼并进行必要改变的承诺。通过选择改变其运动项目并坚持体育锻炼，女性确定自己能继续看到成效，继续成功地引导生活的改变。通过这么做，女性得以丰富了"益处—动力—执行"循环的经验。例如，一名女性这样描述与她工作有关的体育锻炼安排的改变：

> 直到上个星期我都是十点半左右去上班……但现在我的同事休产假

了，所以我到年底都得顶她的班，以前早上我都是把我女儿送到公共汽车站，然后我再去健身房锻炼。但我现在得六点半起床，先锻炼，再送女儿去公共汽车站，然后直接去工作，所以我有点疲于应付。我们的地下室里有个健身房，现在我都在地下室锻炼。我女儿得自己起床，我给她定了闹钟，闹钟响的时候我在锻炼。我七点四十五必须出门——这套安排行得通。

相反，有些时候女性不愿意或者不能够进行必要的改变，于是，她们就暂时进入中止回路。

中止回路

中止回路是体育锻炼安排的动态性特征中的一个重要面向。在分析中可以明显看到有些时候女性暂时不能够维持她们的体育锻炼安排。如箭头所示，在这个过程中，在达成"益处—动力—执行"循环（通过改变回路）之后，有可能会经历中止回路。

这个回路也是对女性生活中所出现的状况的适应，因为多种原因，女性的常规体育锻炼不得不暂时中止。另外，当女性在体育锻炼的早期阶段就进入这个回路时，有些时候是因为她们已经实现了自己的目标。她们认为她们的任务已经完成了，就停止了常规的锻炼，重新开始体育锻炼的关键是她们失去了之前锻炼取得的成果。这些女性知道她们能够达到目标，所以她们意识到了自己错过了什么，而且希望重新找回来。这样，即使她们在这个时点仍然不是在进行常规的体育锻炼，她们与第一次进行体育锻炼的情况也不同了。她们现在有了一个参考框架，知道通过体育锻炼，她们可以获得什么。失去成果也成了恢复体育锻炼、再次实现目标的动力。一位女性解释道：

> 所以就是这么回事儿，有天早上你醒来，发现牛仔裤穿不上了——你就是胖了。这在我身上真的发生过……我很讨厌这事儿，所以这对我来说也是很好的激励，我回到常规，重新将锻炼纳入我的生活。

成功地执行了体育锻炼安排，并再次体验到益处，会使女性带着对体育锻炼的新承诺，重新回到这个过程的主要流程中。

每个女性经历中止回路的次数和时长各不相同。然而，很明显，短暂地中断常规体育锻炼，是将体育锻炼整合到日常生活这个过程中的很常见的一环，对潜在的中断有所把握，是女性需要学习的内容。事实上，克服这类挑战的经验增强了女性的信念：她能够不进入中止回路就克服下一个挑战。

情境和条件

体育锻炼的演进过程是在女性生活的情境和条件中出现的，如她们的社会关系网络、种族/文化背景，以及她们关于个人体育锻炼的种种因素，包括她们对计划与收益的概念化。社会关系网络对体育锻炼的影响、非裔美国人的社会和文化情境，这两方面是本研究的重要内容，也将在之后的文章中呈现，因为这些内容超出了这篇文章的讨论范围，这篇文章主要是关注体育锻炼的框架和个人经历。

计划方式

整个过程模型中最不可缺少的条件之一，是女性对体育锻炼的计划行为，这也与女性的经验交织在一起。这里出现的两个主要主题是"安排体育锻炼的时间"和"弥补错过的体育锻炼的时间"。"灵活地进行计划"这一概念超越了前述主题，描述了本研究中所有女性的实践。无论她们要如何规划她们的体育锻炼，体育锻炼的计划总体上必须是灵活的，并具有动态性，以回应日常生活中的干扰事项。图2呈现了与计划方式有关的关键概念的分类系统。表2展示了关于这一条件的说明性引文。

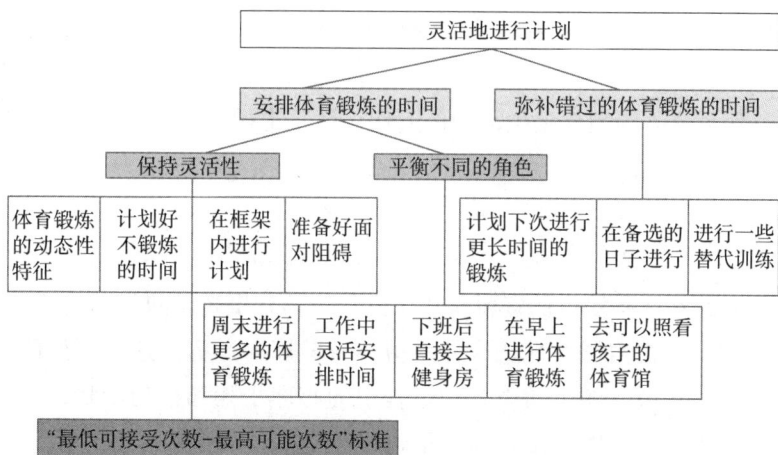

图2 计划方式的分类

表2 关于所选条件的说明性引文

条件	引述
计划方法	"……一星期内错过一两次锻炼不会让我又变得那么重。你必须做到自律，也需要有一点儿灵活性。我的意思是，我不会因此变得压抑，然后又去吃一袋奥利奥饼干——好吧，我就是错过了这次锻炼，没关系。也许还有什么我能做的事。去街区里或者类似的地方走走，或者去爬爬楼梯……我试着至少做点什么。"

续表

条件	引述
计划方法	（来自焦点小组访谈）"你们说的很多东西，我都很赞同。例如，你们把锻炼看成动态性的，我认为这很重要。我认为将体育锻炼纳入生活方式中的那些人也会发现在时间方面要保持灵活，即使他们现在在积极参与体育锻炼。因为生活状况会改变，他们必须尝试具有某种灵活性。这很好。"

在这个条件下出现的最吸引眼球的概念是使用"最低可接受次数–最高可能次数"标准来安排体育锻炼时间的技巧。这一标准指向了许多女性的成功实践：她们计划出一周内理想的锻炼次数，这是最大次数；也设定必须完成的锻炼的最低次数。"最低可接受次数–最高可能次数"的概念化允许女性力争实现她们的最高目标，同时确保她们没有低于预先设定的最低次数。这种计划方式也提供了应对错过的体育锻炼安排的技巧。使用这一标准，如果时间允许，错过的锻炼安排可以找时间补上；或者，如果并没有导致整体的体育锻炼次数降到最低以下，就简单跳过。

尽管计划方式看起来像是跟体育锻炼与日常生活的整合相关的一个非常简单的条件，但"灵活地进行计划"这个概念在总体上很关键，而且与主要的主题交织在一起。此外，这也界定了女性将体育锻炼融入她们生活中的方法，可以看到体育锻炼在她们的日常经验的情境中的角色。体育锻炼是优先事项，但仍然要承认这样的现实：不能将此视为静态的或预定的。它应当是动态性的、一直处于变化之中的，而且要不断地根据生活中的起伏、就日常挑战和长期挑战来进行调整。

讨　论

本研究中的女性所提供的资料构成了发展"体育锻炼演进"行为框架的基础，这个框架描述了非裔美国女性适应并维持体育锻炼的过程。这一框架确定了发展长期积极参与体育锻炼的生活方式的过程中的心理步骤和行为步骤，这个框架建构弥补了现有研究文献的不足，能够推进支持有效体育锻炼干预项目的发展和应用的科学。

尽管已经有了将体育锻炼作为过程来进行研究的呼吁（Dishman, 1987），但很难将"体育锻炼演进"框架与其他行为过程框架进行总体比较，因为这类框架很少。跨理论模型（Prochaska & DiClemente, 1983）是少数被用于对体育锻炼行为进行研究的过程模型，也是唯一得到广泛应用的模型。由于缺乏对可用于研究体育锻炼行为的模型选项，尽管学者发展出了一些针对体育锻炼的实质模型或框架，但大多数都没有引起注意（Laverie, 1998; Medina, 1996）。因此，没有超越基础研究的经验证据能为这些框架的应用提供支持。

与这项研究最相关的是梅迪纳（Medina, 1996）的博士论文，这一研究运用了扎根理论方法，研究了从不锻炼到锻炼的过程。研究所发现的框架确认了认同发展的三个阶段，与"体育锻炼演进"的阶段可以部分对应。梅迪纳的框架提供了对"体育锻炼演进"模型中四个重要元素的支持：适合个人的体育锻炼安排、过程本身的动态性特征、将体育锻炼作为一种强化行为、将体育锻炼融入生活方式。两个独立研究中出现的这些共同点表明，对体育锻炼行为进行研究是有潜力的：体育锻炼应当被视作一种过程，应采用情境方法对其进行研究。尽管这两项研究调查了不同的总体，各自的结果模型也反映了不同的观点，但从这两项研究中都可以看到体育锻炼演进过程中的若干重要特征。

如果考虑要将体育锻炼的参与概念化，就像本研究所阐述的那样，其是通过分离但动态的阶段逐步发展的，那么，跨理论模式能够提供一种显而易见的比较。"体育锻炼演进"模型假定"启动阶段"是女性考虑并随后根据需要或愿望采取行动、启动体育锻炼项目的阶段。在这个阶段，女性尝试实施体育锻炼行为、培养技能，并了解到根据她们的目标与生活方式哪些锻炼能对她们起作用。这一发现可以从对80个研究样本的分析（Marshall & Biddle, 2001）中获得支持，这项研究对样本进行了跨理论模型中的一个或多个构念的测量。跟预料的一样，最大的效应量发生在从准备到行动的过渡期（判断显著性的Cohen's d值为0.85）。一个意料之外的发现是：从考虑进行体育锻炼之前到考虑进行体育锻炼，样本的运动量有少量到中度的增长（判断显著性的Cohen's d值为0.34）。这一发现可以为本研究发现的行为实验提供支持。即使人们还没有完全投入体育锻炼、准备采纳积极的生活方式，他们可能也会从各方面尝试这种行为，以为所承诺的改变做准备。如果没有从这一阶段获得知识和技能，就不可能有以体育适应锻炼安排为基础的调整以及重新开始的能力。

这项研究的另一个关键发现是行为获得或行动，与行为的整合或维持截然不同。另外，在这项研究中，行为整合被阐述为一种动态状况，需要通过"改变回路"进行阶段性的评价与调整。使用跨理论模型的两项研究为动态维持阶段这一概念提供了支持，这一阶段有其独特特征，要求继续使用技能和技巧来维持行为的改变（Bock, Marcus, Pinto, & Forsyth, 2001; Buckworth & Wallace, 2002）。因为长期的行为改变是首要机制，因此，通过这一机制可以获得体育锻炼在健康方面的益处。关于如何维持体育锻炼行为，相关领域中的研究很有限，行为框架的这一层面对理解行为的维持有重要的意义。

"中止回路"是"体育锻炼演进"过程中的另一个关键元素。对女性来说，回归原状的经历是很普遍的，对这一经历的理解也不能回避将体育锻炼整合到日常生活中的过程。回归原状并不意味着她不再是积极参与体育锻炼的女性。更准确地说，这意味着她处于生活方式整合中的一个特定阶段，如果积极地处理，正如本研究中每名女性所经历的那样，则可以引向进一步的参与，并发展出避免回归原状的技巧。一旦女性克服了回归原状的情况，她们也并不是回到了这个过程的起点，因为她们曾经经历过；相反，通过再次确认她们的承诺，她们重新进入了这个过程（"转换阶段"）。很可能因循环而回到这些阶段，但这仍然与过程开始时的状况不同，这种看法在梅迪纳（Medina, 1996）的研究发现中也有所反映。跨理论模型的螺旋式概念化（Prochaska, DiClemente, & Norcross, 1992）也允许在不同阶段出现"回归原状"和"循环往复"。一些现有的有限证据表明使用了"回归原状"的概念化可以将跨理论模型应用于体育锻炼领域。然而，我们发现有一项研究（Bock et al., 2001）对行为过程中的这一阶段提供了支持。将"回归原状"理解为适应和维持体育锻炼的自然阶段，这种有效指导对整个过程的推进很关键。对这一判断的更多的支持证据可以在体育锻炼领域（Belisle, Roskies, & Levesque, 1987; King & Frederiksen, 1984）运用"回归原状预防模型"的研究（Marlatt & Gordon, 1985）中找到。

一般来说，对体育锻炼适应和维持的整个过程进行研究，提供了对现有理论的最好对照。很明显，这一方面的研究是有限的。体育领域中行为整合的真实过程在很大程度上尚且还无人涉足。梅迪纳（Medina, 1996）的研究，以及使用跨理论模型及"回归原状预防模型"的一些研究，支持了本研究对这一过程的概念化。仍然还有许多需要做的工作。一旦行为整合的整个过程都得到了更好的理解，就可以对构念进行操作化，提出关于路径的假设，并将其量化。这样就可以有更多的研究来关注对现有过程模型的精炼，在某些情况下，还要强调对这些模型的整合。

实践意义

尽管本研究提出的过程模型是理解非裔美国女性体育锻炼演进的一个新框架，下列重要的经验教训将有助于之后的体育锻炼项目设计。第一，应当了解如何引导生活的变化，如何在整合阶段之后面对潜在的阻碍，包括以下技巧：改变体育锻炼的时间安排以适应每天的生活安排、为应对将来的挑战做计划、了解多种体育锻炼的选项以满足不同的目标和偏好。第二，在启动阶段，体育锻炼项目应该契合预先的安排，以达到女性期望的目标，确保所选择的运动要契合她们的生活方式，取得的成果对她们来说也很重要。第三，体育锻炼项目应该指导女性对体育锻炼安排进行计划，以确保灵活性和动态性，可以使用"最低可接受次数−最高可能次数"的标准。

研究局限

本研究的局限主要在于两个方面：所选择的方法以及所研究的总体。扎根理论要求在研究者和参与者建构起来的环境中进行资料收集。尽管采用了多种措施来确保可信度和可靠性，但不同的研究者对不同的参与者群体进行研究，可能会有不同的发现。另一个需要考虑的因素是选择偏差。愿意参加研究的女性，与那些选择不接电话以及在经过筛选后选择不参加的女性之间，很可能存在差异。

尽管应该考虑这两种局限，本研究设计中也包括了许多因素，以确保本研究不会因上述两个方面而被削弱。例如，本研究使用了同行评议和成员核查来确保研究者的结论真正地扎根于资料。研究负责人和她的合作者都阅读了访谈记录，以核查访谈风格的适切性和资料的丰富性。对每一次资料收集和分析，研究者都做了详细的记录。上述方法只是本研究所采用方法中的一部分，这些方法确保了资料收集的高质量，确保从这些资料中推导出的结论扎根于女性的经验。

结 论

本研究对非裔美国女性体育锻炼发展的知识有很重要的贡献。将来的研究可以使用已经获得的这些知识来进一步发展这一领域的理论，并将理论扩展到其他背景和情境中的女性。这些发现也可用于为干预项目的发展提供指导信息，并鼓励进一步考察其重要的实践意义。此外，还应该进一步研究成功地将健康行为整合到她们的日常生活中的那些人的健康行为。通过研究成功地适应了健康行为的女性，可以详细阐释克服已知障碍的策略，并将其应用于针对其他女性的干预项目计划。

附录五　民族志研究

在英国出生的巴基斯坦裔和孟加拉裔年轻男性：对穆斯林、伊斯兰恐惧症和种族化等不稳定概念的探讨
British-Born Pakistani and Bangladeshi Young Men: Exploring Unstable Concepts of Muslim, Islamophobia and Racialization[①]

马里廷·马克·安·格尔（Maritin Mac an Ghaill）
克里斯·海伍德（Chris Haywood）

摘要

　　近年来的学术研究探讨了公众对英国穆斯林社群印象的变化。为了理解这种变化，这些研究的解释框架假定在公众的印象中，存在从族群到宗教的转换，同时还伴随着从种族化到伊斯兰恐惧症的转换。这类研究总是以媒体的表征为基础，其关键局限是倾向于切断与当前现实生活关系的联系。作为回应，本文对在英国出生的巴基斯坦裔和孟加拉裔的工人阶层年轻男性所身处的变化中的文化状况进行了质性研究，以批判的方式与这些争论进行对话。本文认为这种新出现的文化状况在概念上不能简单被限定在单一的宗教范畴中，因为这些年轻男性的文化状况被嵌入了一系列加剧和矛盾的快速变化的地方、国家和国际地缘政治进程中。因此，与近年来对穆斯林社群与身份认同的理论化及研究不同，本研究中的年轻男性以批判的方式看待以情境为基础的关于穆斯林、伊斯兰恐惧症及种族化的地方意义，以此保护其复杂的男性特质的主体性。与此同时，本研究强调这些年轻男性认为取代了种族化概念的伊斯兰恐惧症对他们的社群而言构成了风险，因为伴随而来的是在社会经济紧缩情况下对社会阶层流动的不可见影响，对他们来说，这是他们所面临的社会排斥和文化排斥的中心元素。

关键词

　　英国　性别　伊斯兰恐惧症　穆斯林　种族化　阶层

---

① 来源：附录五的这篇文章最早发表于 *Critical Sociology*, 41, 97-114。版权属于 Sage 出版公司。

引　言

对在英国出生的巴基斯坦裔和孟加拉裔的工人阶层年轻男性来说，传媒和学术对穆斯林的评论都将他们再刻画为一种主要的社会问题（Richardson, 2004; Hussain, 2008）。这种情况在强势的英国民族主义浮现的时候不断发生，这里所说的英国民族主义融合了新的英国身份认同以及整个欧洲对国家推动的多元文化主义的政治质疑（Fekete, 2004; Ibrahim, 2005; Townsend, 2011）。政府、媒体和大众文化关于失败的多元文化主义、平行社区及自我隔离等说法都传达了一系列的这类话语（Phillips, 2006; Nagle, 2009; Kundnani, 2009）。迈克金（McGhee, 2008: 145）认为：

> 在民族国家层面的争论中……英国已经进入了威权主义且"反文化多元主义"的时期，多种身份认同、忠诚及效忠不但都是成问题的，而且其被调配以便于促成"我们"的主要身份认同：作为英国公民，每个人都必须接受英国的价值观，其凌驾于其他一切价值观。

作为回应，本文将分析巴基斯坦裔和孟加拉裔年轻男性的叙事，这些叙事主要关注对伊斯兰、穆斯林社群及穆斯林中的年轻男性的简化表征。同时，也急需以批判的方式审视假定的社会隔离及文化定型，以及宗教、族群、民族这些差异范畴的边界，因为这些男性认为这些范畴都是强加给他们的。在这类包含范畴的制度调控式的生产情境中，需要注意到：身份认同的形成是嵌入在社群迁移历史的时空中的，也是嵌入在与此相伴的建立身份认同归属的时空中的，其中，身份认同归属是通过民族、族群、宗教、文化和传统等多种来源建立起来的（Bauman, 1996; Zaretsky, 1996）。

反过来，这些资源是高度阶层化、性别化的，在世代上和地域上处于晚近的现代性的条件下（Brah et al., 2000）。然而，我们仍然对构成这些定位的过程所知甚少。因此，唯物主义和后殖民主义理论框架的组合，再加上这些年轻男性的叙述，提供了另一种表征空间，它对宗教的种族化（认为宗教在种族化过程中扮演了中心角色）及伊斯兰恐惧症（将穆斯林种族化的一种当代形式）等争论进行了批判性的探讨。本文首先概述了我们的方法论立场，然后对寻找替代性表征空间进行了概括，这是为了回应最近对穆斯林表征、身份认同形成及主体性的社会理论化和文化理论化讨论，这些讨论都切断了与制度、特定地方情境以及更广泛的社会和经济过程中的现实关系的联系。接下来，本文将讨论处于转换中的穆斯林中的年轻男性的种族化表征，认为我们必须超越单一的宗教范畴来探讨他们的生活。本文主要的焦点是探究他们对穆斯林、伊斯兰恐惧症和种族化等概念的不稳定性的讨论。最后，我们将讨论学者对种族化的微妙理解，强调巴基斯坦裔和孟加拉裔的年轻男性作为阶层化主体，在社会分层中是不可见的。

研究方法：年轻男性的叙事

学界、政府和媒体都倾向于将穆斯林迁居欧洲、北美这一现象过分概化。例如，在北美的情境中，穆斯林的常见形象通常被刻画为阿拉伯人；在英国的情境中，穆斯林的常见形象则通常被刻画为南亚人（Haddad, 2004）。事实上，全球的穆斯林迁居在民族国家层面以及族群层面都是高度多样化的。女性主义和后殖民主义理论家提供了在晚近的现代性条件下的英国穆斯林女性的复杂图景（Shain, 2003; Brah and Phoenix, 2004）。本文关注的是穆斯林中的年轻男性，其被作为一个特定世代的、性别化的范畴，该探究领域还有待研究。

如前文所述，本研究以伯明翰出生的巴基斯坦裔和孟加拉裔的年轻男性为基础。据统计，居住在伯明翰的人中有21%是穆斯林（Birmingham City Council, 2013），与此相比，在整个英国人口中穆斯林占8.4%（Office for National Statistics, ONS, 2012）。这是英国各地穆斯林比例最高的地方。此外，就族群而言，在伯明翰选区登记的巴基斯坦裔有144627人（13.5%），孟加拉裔有32532人（3%）。在这一情境下，这些社群是高度多样的。作为一项探索性的质性研究，本研究并不希望暗示参与者的经历代表了这一区域广大穆斯林男性总体或整个穆斯林总体的经历，以此确保归纳的效度。与强调代表性相反，如克劳奇和麦肯齐（Crouch & McKenzie, 2006: 493）所言：

> 与系统地挑选出来的、有关态度或回应的特定范畴的案例不同，这里的研究对象体现并代表了丰富的经验-结构连接。换句话说，我们的研究对象是"案例"，或者说是各种状况的实例，而不（仅仅）是带有某些特定属性（或"变量"）的个体。

我们研究的是纽卡斯特、伦敦和伯明翰三地的巴基斯坦裔和孟加拉裔的男性中的年轻一代，明确他们在快速变化中的英国的成长经历，这些经历是限定了地域的地方经历（Popoviciu and Mac an Ghaill, 2004; Mac an Ghaill and Haywood, 2005）。换句话说，在这个以伯明翰为基础的研究中，年轻男性在英国穆斯林移民的多样社会轨迹的空间情境中形成了特定的生活方式。因此，这项研究是在探讨穆斯林中的年轻男性的有意义的经历，这些经历是研究设计的关键目标。

以我们自己的民族志工作为基础，我们将研究参与者置于替代性的表征空间中，以提供富有洞察力的叙事，这一叙事涉及跨越公共空间与私人空间的主体位置的复杂性。在2008到2011年的三年间，我们记录了48名巴基斯坦裔（30人）和孟加拉裔（18人）的工人阶层年轻男性的经历，他们的年龄在16~21岁。本文记录了其中25名年轻男性的叙事。这些年轻男性中的大多数（38人，本文使用了20

人的资料）都在当地的中学、预科学校及继续教育学院学习过。然而，正如此前的研究发现那样，孟加拉裔和巴基斯坦裔年轻人的教育参与是高度断裂且非线性的（参见 Bradley and Devadason, 2008）。例如，年轻男性在好几年里断断续续地参加非全日制的课程，这通常是为了兼顾家庭和事业。

访谈对象既包括孟加拉裔的年轻男性，也包括巴基斯坦裔的年轻男性，这一点从他们的名字就可以看出来。他们不仅是亲密的朋友，而且是更大的社群的一部分，他们参加了相同的青年组织和社群组织，在同样的学校学习，是同样的雇主的雇员，也一起参与闲暇活动。此外，尽管从他们的族群、年龄、过去的经历和社会地位来看，他们是不同的个体，他们的教育、工作/培训或者失业经历也不尽相同，但他们都对其族群中大多数人的关于穆斯林身份认同的假定持批判性反思的态度。后面这一点对本文中伊斯兰恐惧症和穆斯林种族化这些主要主题来说非常关键。

在对年轻人进行经验研究时，我们接触了两名年轻男性，他们参与了当地的政治活动。他们又把我们介绍给了其他年轻人，随后我们又通过进一步的滚雪球抽样接触到了他们的其他朋友、家庭成员和社区代表（Patton, 1990）。当地人看到我们积极参与当地的社会事务，与地方社区的家庭合作，这有力地确保了我们能够进入当地社区。小组访谈和生活史访谈提供了框架，以此，我们可探讨这些年轻男性所经历的一系列关键事件。

小组访谈是在当地的社区中心进行的，生活史访谈是在各种地方进行的，包括青年组织、社区组织和当地的咖啡馆。这些访谈通常需持续45~90分钟，提供了对成长、家庭、学校教育、社会生活和当地社区的理解。还有一系列其他研究策略可作为访谈的补充，包括观察、与父母及当地社区代表进行的非正式会话和访谈（Alvesson and Skoldberg, 2000）。这也是更广泛的批判民族志研究的一部分，其关注全球变化对地方的影响，特别是对移民年轻男性的主体性和身份认同的影响（Appadurai, 1991; Harvey, 2003; Ansari, 2004）。

每一种方法收集得到的资料集都被用于主题分析（Braun & Clarke, 2006），这使得我们能够探讨"背后的观念、构念和话语，它们形塑并影响了资料的语义内容"（Ussher et al., 2013: 902）。随后的分析都被展示给这些年轻人，这不单纯是一种建立"表面效度"的形式，也是一种对研究发现的实践意义和政治意义进行探讨的方式。研究中的所有访谈都做了匿名处理，每个研究参与者都做了化名处理，以具备保密性（Wetherell, 1998）。

穆斯林中的年轻男性种族化表征的转换："从族群到宗教"——超越宗教的单一范畴

作为后殖民主体，年轻男性对之前关于他们祖父母一代和父母一代的种族化表征有着隐性或显性的理解，这些表征在他们所生活的当下的伯明翰社会关系和空间关系中没有什么意义（Gilroy, 2004）。重要的是，他们注意到国家和公共机构对他们的社群了解甚少，不了解世代之间的变化，最重要的是，不了解西部城市（如伯明翰）形态的变化，在这里，新的身份认同（既包括少数族群也包括多数族群）正在被建构（Bhattacharyya, 2008）。在下面的小组访谈中，阿卜杜开启了对年轻男性世代特定经历的讨论，并将其与族群的种族化联系起来：

阿卜杜：很多人都听说过，祖父母/父母刚从巴基斯坦过来的时候，境遇非常差。但对孩子，也就是我们来说，情况就截然不同了。比如说，人们对我们父母的刻板印象通常都是索马里人、也门人，甚至是波兰人，因为他们初来乍到，说着不一样的语言，一切都不一样。

研究者：那么，你们这一代怎么样？

阿卜杜：对我们来说，就不一样了。我们生在这儿，所以我们就是英国人，也带点儿巴基斯坦的血统。但是，无论如何，在"9·11"事件之后，在这里还有其他所有的地方，可能一切都改变了。

阿扎姆：变了，也没变。在某些区域，白人小孩还是管你叫"巴基佬"（Paki），但我们也被看成恐怖主义者或原教旨主义者，还有诸如此类的词和刻板印象。

马吉德：当你开始思考的时候，一切都变得混乱起来。就像那些词，亚洲人、巴基斯坦人、族群，诸如此类，还有最糟糕的 BME（Black and Minority Ethnic，指黑人和少数族群），以及所有其他的词。我不知道，它们不是关于我们的，对吧？这些都是关于更老的一代的。

沙比尔：也许也和他们无关，这只是白人给我们的标签。

瓦西姆：对于年轻穆斯林，没有直截了当的刻板印象，因为你会听到关于不要加入恐怖主义者阵营的所有宣传口号。就像在发生了恐怖主义事件后，你在电视节目上听到政府官员说，我们需要得到更多的帮助，这样就不会被说服离开英国去阿富汗，在那里受训，成为恐怖主义者。但是关于我们的主要刻板印象就是，我们都是恐怖主义者。

尤瑟夫：政府和警察，甚至很多教师，他们什么都不知道。他们并不是真的了解我们，了解在这儿生活的人们。他们甚至不了解住在这儿的我们的白人伙伴，不知道他们是白人。那些人说得好像我们刚来到这个国家，但即使是我也看到这几年这座城市真的变了，我父母也说它真的变了。不仅是我们，整座城市都变了。去跟那些白人小孩和他们的父母聊一聊，他们就会告诉你。但是政府和那些掌权人员，他们都不知道这些事儿。他们不住这儿。[小组访谈]

　　这些年轻男性叙事中的共同经历是缺乏能使用表征及语言来表达的身份认同（Sandhu, 2011）。国家机构目前的企图是将他们纳入单一的宗教范畴，通常会在两种表征之间摇摆，一种是有责任感的、以家庭为导向的、勤奋的、在社会生活中很被动的穆斯林父亲，另一种是处于转换中的种族化表征，这些表征既将他们定位为潜在的恐怖主义者，又认为他们极易响应恐怖分子阵营的招募。对当代穆斯林中的年轻男性的经历进行研究后，我们得以了解这个高度可见但人们所知甚少的移民群体的复杂身份认同、归属感、投入和定位。更明确的是，我们对以下内容所知甚少：他们的主体性及相应的主体化过程、主体间性和社会历史、复杂的投入/归属感以及多种多样身份认同的形成。这种社会知识的缺乏始于社会科学研究文献中"穆斯林"这个术语在概念上的含糊和混淆，包括"将多个不同族群（米尔布尔人、孟加拉人、巴基斯坦人）再范畴化为宗教群体（穆斯林）"（Shain, 2011: 1）。这些年轻男性讨论了从族群向宗教的转换，这被作为他们公共（种族）身份认同的主要的官方标志。例如，安森尼斯和尤法-戴维斯（Anthias & Yuval-Davis, 1993: 55）指出：

> 从"拉什迪事件"（Rushdie Affair）①开始，将少数宗教排除在民族国家集体之外的做法，开启了种族化的过程，特别是与穆斯林相关的进程。在过去，人们会根据出生地来对人进行判断，甚至是根据皮肤的颜色来判断，而现在却要根据他们的宗教来识别他们。"巴基佬"的种族主义刻板印象变成了"穆斯林原教旨主义者"的种族主义刻板印象。

对年轻男性来说，他们的社会生活受到强化的全球监控、文化病理学以及社会排斥与种族排斥的影响，这些排斥比所谓的处于转换中的分类要更复杂（Said, 1978）。最重要的是，如下面的讨论所显示的那样，族群、宗教、文化归属等概念之间没有明确界限，分离这些范畴也会遇到矛盾：

阿米尔：你……我的脑子不能想相关的事儿。我甚至不能说。

研究者：说什么？

阿米尔：你感觉你一直被人监视着，人们觉得又来了个穆斯林。但是当它发生的时候，你无法做好准备，或是知道该怎么回应，因为这是不同的，这事儿是以不同的方式发生的。

研究者：是怎样的？

阿米尔：就像尤瑟夫那天说的，教师、警察会以不同的方式看待你。那么，不同

---

① "拉什迪事件"是指美国作家拉什迪（Salman Rushdie）的小说《撒旦诗篇》（*The Satanic Verses*）引发的争议和暴力袭击。这部小说于1988年出版，因涉及伊斯兰教先知而出现争议，伊朗最高精神领袖霍梅尼甚至下达了暗杀作者拉什迪的教令。这本书的几位翻译者和出版社工作人员在20世纪90年代遇刺，拉什迪也在2022年遇刺受伤。如文中所言，有研究发现，在20世纪90年代，"拉什迪"事件引发了英国社会对穆斯林群体的一些刻板印象。——译者注

教师的表现也会不同。

卡希夫：你不能把这些东西分那么开。你不能这么把人分类。这方法没用。已经
　　　不一样了，我们的父母是少数族群，或者说是亚洲人、孟加拉人或孟加拉人，
　　　是什么都无所谓，因为现在只会根据宗教对年轻人分类了。这些东西在每个
　　　人那里都是混乱的。

阿卜杜：就像我那天跟你说的，你说为什么要去清真寺祈祷，你可以在任何地方
　　　祈祷。但是作为穆斯林，最重要的是照顾你的邻居。所以跟人们见面很重要，
　　　看看他们是不是还好。

卡希夫：所以你无法选择，不论是用我们的族群来称呼我们，还是用宗教来称呼
　　　我们。这很愚蠢，没任何意义。[小组访谈]

年轻男性对穆斯林男性的代际表述存在矛盾心理，他们以文化浸润的宗教认同，以及拒绝暴力的男性特质为基础，他们的身份认同中包含了对穆斯林意义的重新组合。从上述讨论中可以看到，这些年轻男性并未体验到单一、同质的穆斯林身份认同。另外，表征空间，如由警察或教师所掌控的那些空间，通常是以特定的宗教和/或政治差异为基础的，看上去跟这些年轻男性的生活经历没有关系：

法赫德：你理解吗？在过去，"巴基佬"这个词是刻板印象。现在人们说穆斯林是
　　　恐怖主义者，现在真正的刻板印象的体现是被称为穆斯林。

卡希夫：这就是变化。在过去，我们的父母信仰宗教，白人认为这很好，教师、
　　　警察都这么认为，甚至政府也这么认为。现在，因为我们的宗教，我们被认
　　　为是坏人，好似我们都是极端主义者或别的什么。

萨伊德：就是这么回事。这就像对这些人来说，宗教就是个大牢笼，他们想把我
　　　们都关进去。[小组访谈]

这些制度化的表征取决于这类差异的实例化，这类差异被认为可以巩固穆斯林的身份认同。例如，奎雷西（Qureshi, 2004）发现她所研究的一群年轻巴基斯坦男性通过将白人年轻男子"他者化"来建构他们的男性特质。我们研究中的年轻男性的特点之一是将白人的他者化过程当作更老旧形式的穆斯林身份认同的特征，因为这些年轻男性的身份认同充满了矛盾。因此，确保男性特质的主体性对这个世代来说也显得更加复杂。我们在这里将专门讨论年轻男性通过穆斯林中的年轻男性、伊斯兰恐惧症和种族化这些不稳定的概念来确保他们男性特质的主体性。

概念的不稳定性：穆斯林、伊斯兰恐惧症和种族化

21世纪初，在对孟加拉裔年轻男性及女性的族群身份认同和民族身份认同建

构的讨论中，我们发现男性特质的多样性在逐步增加，这是与族群-宗教的身份认同和社会实践联系在一起的（Mac an Ghaill and Haywood, 2005）。我们必须采用社会-历史视角，以追踪当代碎片化的男性主体性、社会轨迹、文化归属，以及一些有争议的概念意义，如穆斯林、伊斯兰恐惧症和宗教空间内的种族化。如前文所述，巴基斯坦裔和孟加拉裔的年轻男性正在经历的特定文化状况，从概念上说，不能够只包含在单一的宗教认同范畴之中。他们的叙事表明了对国家——包括制度化场所（如学校和警察局）——所赋予他们的主流文化解释的批评（Faas, 2010）。年轻男性的文化状况被嵌入了加剧和矛盾的快速变化的地缘政治过程中，包括全球经济重建的过程及其一系列影响，如当地及全球的劳动力市场的变化、技术系统的进步和文化交流的增加、西方主导的一系列对穆斯林社会发起的战争、移民模式的变化、种族排斥的新形式、世界新秩序的重建、对族群/宗教认同的明显矫正。

同时，本研究的年轻男性在主观上也经历了这些变化，这些动态的不和谐之处（重新）构成了他们对过去的记忆、当下的生活和行为，以及他们想象的未来。这个过程在对"穆斯林"的意义所进行的协商中有所体现：

阿瑟夫：讨论穆斯林视角、穆斯林社群、穆斯林中的年轻男性和女性这样或者那样的行为，都是不对的。没有这么个东西。如果你看看这里的年轻人，（你就能发现）他们有着不同的风格，的确有着不同的行事方式。当然，你肯定能交到朋友，因为你们有些共同的东西，这跟其他群体确实不同。

研究者：有哪些？

阿瑟夫：有哪些？一切都是如此。这都是显而易见的，就像你是去读社区大学，还是去上综合大学，或者你不去工作而加入帮派，大家有着不同的兴趣、听着不同的音乐，你怎么穿衣服，你跟你的朋友去哪儿玩，一切都是如此。

瓦西姆：你去北方，还是南下去伦敦，这非常不同。我们在婚礼上总这么说。这些人跟我们不一样。

亚辛：当你问起未来时，对年轻穆斯林来说，是啊，所有的事都混杂在一起。人们在考虑未来的时候，大家的未来都截然不同。即使在我们的社区大学里，对未来的考虑都跟很多因素有关：你如何思考过去，你是不是想远离过去，你对这个国家和巴基斯坦的过去了解多少，你对所有在当下发生的事情、所有对穆斯林的讨论知道多少。但是其主要都是关于你如何创造更美好的未来，大多数情况是跟其他年轻人一样的。[小组访谈]

在与年轻男性的讨论中，他们解释了穆斯林这个术语作为一种集体的自我指称，其动员能力正在高涨，在研究文献中，这被看作他们变化中的自我定义里非常重要的部分，他们认为这并不意味着巴基斯坦裔和孟加拉裔的年轻一代变得更宗教化了（Samad, 1998）。他们也指出，现在对穆斯林这个词的使用，并没有代替亚洲人和巴基斯坦裔/孟加拉裔等说法，这些词在历史上就被用于表示差异，但是在不同的地方，对这些词的使用是相当情境化的。重要的是，权力的调控机制和对"嫌疑社区"的控制，在特定的制度情境下的经验是不同的（Pentazis & Pemberton, 2009）。这些年轻男性做了一个有趣的区分：他们将自己对穆斯林的界定嵌入到特定的世代文化政治中，而"白人"是在以种族化的方式使用这一术语。

瓦西姆：当你问我我们是不是真正的穆斯林时，我们都笑了，然后说：不是。所以，就祈祷、斋戒、去清真寺这类事儿来说，我们不是穆斯林，我们中的多数人、年轻人，都不是真正的穆斯林。

伊木仁：群体可以自己给自己贴标签，像我们给自己贴的标签就是穆斯林。但这跟白人使用这个标签的情况不一样。

研究者：这是什么意思？

伊木仁：这很难解释，我们都用同一个词。但他们在使用穆斯林时，他们甚至不了解我们，或者，他们是用这个词指向一些坏的事情。对我们来说，它绝对意味着好的事情，或者就是正常的事情。

研究者：你知道这个词是什么意思吗？

伊木仁：好问题。我想，如果我说实话的话，那么我的答案是不知道。我想了很长时间，我们不知道穆斯林是什么意思。就像我们在这儿说的，它可以意味着很多事情。[小组访谈]

在本研究的进行过程中，我们关注的一个关键主题是如何理解在城市快速变化期间他们所经历的一系列社会排斥和文化排斥。从历史上看，种族、社会变迁、伴生的社会排斥和文化排斥等概念，在研究文献中被不断质疑，因为其使用了"种族化"这一术语。班顿（Banton, 1977）用"种族化"概念来表明："种族"这一观念将对不同群体的感知结构化了。在20世纪80年代和90年代，这一概念被当作一系列话语中关于种族意义的关键能指（Reeves, 1983; Miles, 1993; Troyna, 1993）。斯莫尔（Small, 1994: 32-3）使用"种族化"的问题概念，是为了揭示"种族化关系"模式中多种因素（经济、政治、人口、文化、意识形态和神话）的相对影响。如索洛莫斯（Solomos, 1993: 1）所言，这里主要的焦点是"意识形态的发展，其关注种族这一最重要的政治符号、关注反种族主义和黑人政治动员的作用、关注英国社会中对种族认同及民族认同的社会重构和经济重构所产生的影响"。种族化的变化过程，是通过一系列制度场景中种族意象变化的影响，以及去种族化的各种过程来进行操作化的（Husband, 1982; Miles, 1989）。

这个概念的用处在以下事实中可见一斑：研究者将其运用于广泛的视角，既包括存在问题的种族关系的视角，也包括新马克思主义和后结构主义的立场（Banton, 1977; Reeves, 1983; Miles, 1989; Smith, 1989; Solomos, 1993; Small, 1994; Holdaway, 1996）。理论家以不同的方式使用这一概念，以展示关于种族及种族主义的传统叙述的局限。从唯物主义的视角来看，理论家挑战了将不同的种族视为生理差异的看法，并指出，应当探讨在哪些条件下种族化的特定过程会带来不同的结果。在考察将具体的意义赋予少数族群（如南亚人和非洲–加勒比人）所产生的累积式制度影响方面，这种做法尤其成功。如格林和卡特（Green & Carter, 1988: 23）所指出的那样，"二战"后英国的种族化过程"是由结构决定的，通过政治来组织，受到意识形态的影响……与支配和从属关系联系在一起"。迈尔斯（Miles, 1982）对"二战"后到英国的劳工移民的研究，提供了对此的早期论述。基斯（Keith, 1993: 239）则透彻地阐释了后结构主义对种族和种族化的理解，同时也没有放弃对支配和从属关系进行洞察。他认为种族并不是一种本质特征，他指出：

> 然而，弥漫各处的种族主义实践以及超越时空的种族形式的演变……在日常世界的严酷现实中，在人们进行种族区分的意识形态想象与社会中特定群体的经验区域二者之间，保证了某种形式的关联。使用种族化概念，能更容易理解社会中种族划分的产生。种族化这个概念不仅强调了群体形成过程的现实，也强调了所形成的种族集体认同之间的差异的社会建构性质。种族化过程也有其特殊重要性，因为在不公正的社会中，这是从属关系生产和再生产的基本方式之一。

近年来，理论家指出，种族化这一概念是有效的，其抓住了英国穆斯林当前的结构位置及其主体经验（Brah & Phoenix, 2004; Mac an Ghaill & Haywood, 2005）。然而过去十年间，伊斯兰恐惧症这一术语出现，其也成了对穆斯林社会排斥和文化排斥的主导解释。

在对种族化和伊斯兰恐惧症的不同理解上，学者采取了不同的态度。对某些学者来说，伊斯兰恐惧症是强调文化歧视和宗教歧视问题的重要性的关键策略，他们认为更早的概念，如种族主义和种族化，都没有抓住这些要点（Halliday, 1999; Kundnani, 2002）。从历史上看，这已经成为英国穆斯林社群不同派别之间的中心议题，这里强调了两个主要议题：他们争取让政府承认穆斯林学校并给予其经济支持的运动，以及他们反对萨曼·拉什迪出版《撒旦诗篇》的群众动员（参见 Asad, 1990; Al-Azmeh, 1993）。换句话说，反对伊斯兰恐惧症的群众动员，是对"种族化"这一概念的理论化不充分的回应。最近，在反种族主义政治的情境中，种族化这一术语仍然被简化为黑/白肤色的范式，削弱了南亚人和黑人生活中关键元素（包括宗教、文化和移民）的重要性。更明确的是，这个更年轻的世代强调宗教认同及认同建构在"信仰-仇恨"（faith-hate）时期[①]的种族化过程中所扮演的角色（McGhee, 2005: 92-117）：

塔希尔：人们在过去谈论种族主义的时候，他们是指黑人，不是我们，不是指穆斯林。

拉齐伯：如果你说我们在学校里遭遇了种族主义歧视，每个人都会想到肤色，但宗教呢？伊斯兰恐惧症仿佛在特别针对我们。这解释了所有穆斯林身边发生的糟糕的事情，还有我们的文化。

伊夫提哈尔：如果你今天想讨论种族化这类事情，必须包括对我们来说真正重要的那些东西，那就是我们的宗教。[小组访谈]

　　另一些学者讨论了他们认为伊斯兰恐惧症这个概念的无处不在所造成的一些限制。一个关键议题是，在一定程度上，这个概念切断了穆斯林社群与更大范围的反种族主义运动以及对种族化的更宽泛理解的历史意义之间的联系。例如，他们指出了从再分配政治转换到承认的政治所带来的影响，也给出了相伴的对社会-经济紧缩状况下的种族化过程的有限理解（Fraser, 1998），后文将进一步探讨。对另一些学者来说，伊斯兰恐惧症的意义中有很多混淆之处，他们认为这就是种族化的当代形式（Commission on British Muslims and Islamophobia, 1997）。生活史访谈特别关注了与伊斯兰恐惧症有关的、不同的个人身份认同（建构或解构）：

塔米姆：我的父亲和他的叔叔在过去都参加了反种族主义运动。那时候他们参加了许多大型的运动和示威，如失业、居住条件差、学校教育糟糕之类的事儿。还有所有的种族主义歧视。这让很多不同的社群结合在一起。但现在，我们的社群领袖，他们不能组织任何人，或者是他们不愿意组织人们就经济衰退以及任何跟这里的人们有关的事情来进行示威活动。[生活史访谈]

亚辛：这是真的。现在他们唯一愿意组织示威活动的事儿，就是他们认为是非常宗教化的那类，或者是认为他人冒犯了我们的宗教。[生活史访谈]

阿瑟夫：说起伊斯兰恐惧症，每个人都真的很困惑。就像你听那些种族主义群体说伊斯兰对英国民族国家是个威胁。但他们好像也很困惑，这一分钟还在讨论宗教，接下来又讨论国族和英国这个国家。[生活史访谈]

舒尔布：我认为最好把伊斯兰恐惧症当作针对穆斯林的一种新形式的种族主义。[生活史访谈]

[①] 迈克金在其研究中指出，"9·11"事件之后，英国的穆斯林社群因为其宗教信仰而成了被仇恨的目标。因而，年轻世代认为在"9·11"之后的这一时期的宗教认同成了英国社会种族化的重要维度。可参见迈克金论著的第 4 章"Faith-hate in post-9/11 UK"。——译者注

作为对伊斯兰恐惧症概念的局限性的回应，许多年轻男性指出，使用伊斯兰恐惧症这个概念存在更多的局限，他们认为这个概念是通过"排斥"的普遍且同质的范畴形式而流行起来的。相对而言，他们强调理解多样的国际变化在地方（国家和区域）层面的表征很重要。更确切地说，这些年轻男性阐明了穆斯林群体的多样性，他们强调需要关注穆斯林在歧视方面的差异化体验，还有从历史上和地域上来说，在世代、阶层和性别这样一些相互关联的范畴上（例如，关于对当代美国穆斯林的讨论，参见 Tehranian，2008；关于欧洲各国在国家层面上对穆斯林的回应，参见 Mandeville，2009），穆斯林之间也存在差异。这些年轻男性的看法与学术研究对"他者化"这个抽象概念的主要局限所进行的讨论是一致的，学界认为，这个概念切断了其与"老旧"的制度场所（如家庭生活、学校教育和工作场所）中的经验之间的关系，造成了穆斯林男性的形象被呈现为过分概化的种族上的"他者"（Said，1978；Mac an Ghaill and Haywood，2007）。

纳奇布：在一般意义上使用的话，在某种程度上，这就是说人们，即西方人，憎恨穆斯林，一直都憎恨他们。但是这不是真的，对吧？[生活史访谈]

塔米姆：你听到人们说这是伊斯兰恐惧症，那是伊斯兰恐惧症，就像什么都是伊斯兰恐惧症一样。这就没意义了。一个词不能用来指发生在伊斯兰国家和各个地方的所有事儿。[生活史访谈]

阿里：许多伊斯兰国家正在发生巨大的变化。在电视上、在报纸上，他们都在讨论糟糕的刻板印象，关于阿富汗人、叙利亚人、巴基斯坦人……但是他们是以不同的方式来讨论这些糟糕的东西的。[生活史访谈]

许多年轻男性都表达了对种族化的一种复杂且微妙的理解，这种理解承认了当下对穆斯林进行定位的影响，这些年轻男性在其中表达出了在全球影响的变迁时代中对更广泛社会的焦虑情绪。这些焦虑被认为导致了在伯明翰居住的穆斯林所体验到的特定社会排斥和文化排斥。他们指出了一系列议题，这些议题有共同的主题，即，将居住在伯明翰的巴基斯坦裔和孟加拉裔刻画为：在社会上被隔离、在文化上被定型、在宗教认同上被强调边界。简单来说，他们被刻画为晚近工业化城市空间中"反现代性"的形象。

在危机时期，在盎格鲁人种、民族国家认同和文化归属的主导公共形式中，少数种族被迫承担民族国家和多数族群道德失序感的重负，这种做法已经延续了很长的时间（Weeks，1990；Mercer，1992；McGhee，2005）。穆斯林中的年轻男性以情境化的方式展示了高度矛盾的男性认同的独特性，如前所述，他们既被认为是潜在的恐怖主义者，又被认为容易受到恐怖主义招募的影响。这强调了主流英国人在回应中结合了内在怀疑和外在焦虑，并将这些投射到穆斯林中的年轻男性身上。这些穆斯林中的年轻男性认为对宗教认同议题进行讨论的起点不应该集中于他们的社群，而是应该讨论更广泛的英国社会对宗教、信仰和世俗主义的理解的改变，以及在现代社会民族国家认同建构中，基督教遭遇了危机的假定（Woodhead，2012）。他们认为当前对这个议题的争论所蕴含的二元主义假定过分简化，一边是认为全球（global）伊斯兰身份认同的出现有其危险性，一边是认为基督教的地方（local）归属感正在消失。正如《卫报》（*The Guardian*）最近在评论最新人口普查结果的社论中指出，我们的社会：

> ……以复杂且有趣的方式，处于非常急速的变化中，没有任何明确的整体方向……这种转型最明显的标志是概念上的基督教消退了，同时"无宗教信仰"的比例在不断上升。"无宗教信仰"是一种非教条的世俗人文主义，并未代表任何已确立的宗教，但是对那些已经替换掉老旧建制的人们来说，这就是他们价值的来源。

有趣的是，穆斯林中的年轻男性也承认存在多数族群宗教范畴的不稳定性：

帕瓦兹：在人们讨论伊斯兰恐惧症的时候，我认为他们过分关注伊斯兰和穆斯林。我不知道，真的。但是，可能并不是说穆斯林真的就构成了问题。

瓦乔尔：但也许对英国人来说，对英国白人来说，真正的问题就是宗教本身。我想如果你研究一下，你就会明白。像我祖父母刚来这儿的时候，英国仍然是个基督教国家，周围有多很多基督徒。但是如果你问你的白人朋友，他们不会知道任何跟宗教有关的事，也不知道成为基督徒意味着什么。即使在圣诞节，对他们来说，也就是购物和喝酒。

艾米提亚兹：真就是你说的那样。我不认为他们在想和婴儿耶稣有关的事情。对于年纪大的白人，你不得不为他们感到遗憾，因为他们看到他们的教堂空了，不再有年轻人了。然后，他们又能看到所有的这些清真寺都挤满了人，每个人，还有小孩，都赶来祈祷。他们必须想想：到底发生了什么？

法鲁克：不仅是不去教堂，他们什么都不再做了。这是就更大规模而言的，整个文化都改变了。你可以听到无神论的那些人在说什么。我想他们是在说，如果你想在今天的英国生活，你不得不变得现代，你得跟着时代进步。

尤瑟夫：这是真的，你想想看。所以，当他们看到所有穆斯林小孩都特别虔诚时，他们就会认为，这些人不现代，这些人不英国。

阿里：还有在这里，有很多人是米尔布尔人，他们中的很多人都是有宗教信仰的，所以可以说伊斯兰恐惧症在增长，也是真有原因，更深层的原因，不是仅仅因为我们是穆斯林就憎恨我们，而是因为我们有宗教信仰，而他们不再相信宗教了。

舒尔布：但这相当混乱。因为这儿年纪大的白人可能会认为年轻穆斯林就像他们年轻时那样，但对他们来说，英国已经丢掉了这些传统，这是很糟的事儿。
[小组访谈]

如前文所述，与最近对穆斯林的理论化和相关研究不同，本研究中的年轻男性以批判的方式讨论了一些以情境为基础的不稳定概念的地方意义，这些关键但不稳定的概念包括穆斯林、伊斯兰恐惧症和种族化，他们以此在"后世俗"社会中确保了复杂的男性特质的主体性（McGhee, 2013）。这里出现了一个重要主题，如他们在下一节中所强调的那样，伊斯兰恐惧症取代了种族化，这对他们的社群来说构成了风险，因为在社会-经济紧缩状况下，社会阶层目前的影响显示出了相应的不可见性。对他们来说，阶层是社会排斥和文化排斥的中心元素。

巴基斯坦裔和孟加拉裔年轻男性作为阶层化主体在分层中的不可见性

在更早的阶段，以社会学为基础，在对少数族群年轻人的经历的研究中，阶层是核心的分析概念。例如，安森尼斯和尤法-戴维斯（Anthias & Yuval-Davis, 1993: 65）在对20世纪80年代和90年代社会学研究的批判性重读中，确认了一系列唯物主义立场，将种族与阶层联系起来："雷克斯的社会底层研究，运用了移民劳动力理论，将种族主义作为社会阶层相对自发的意识形态，吉尔罗伊认为阶层的形成是与种族联系在一起的，并强调二元劳动力市场的取向。"本研究在政治上的重要性在于建立了亚洲人和非洲-加勒比人中种族主义的共性，并探讨了在多重种族主义的工业化英国，他们在不同的制度化场所被置于不同的制度化位置。本研究对关注族群特征的主流文化取向持批判态度，这也是本研究的重要意义。如默瑟和普雷斯科特（Mercer & Prescott, 1982: 102）所言："少数族群经历的最重要的特点不是他们的族群特征，而是他们在阶层结构中的位置。他们相对的无权力状态使得他们在政治上和文化上都保持着一种从属位置。"本文的分析以阶层为基础，提供了可用于理解在种族结构化社会中社会再生产及文化再生产的分析框架。更具体地说，本文展示了采用阶层分析对种族主义进行研究会带来丰富的成果，种族主义无孔不入地将少数族群年轻人的社会世界结构化，这是通过歧视（白人）工人阶层年轻人的既有制度框架，以及通过专门针对特定种族的机制运作（如关于亚洲和非洲-加勒比年轻人的性别化的种族主义刻板印象）来达成的（Mac an Ghaill, 1988; Mirza, 1992; Bourdieu and Passeron, 1977）。

目前有很多证据表明，巴基斯坦裔和孟加拉裔工人阶层以阶层为基础的结构限制，有其历史连续性。对他们的集体描述包括：居高不下的失业率与从事低技术工作的人数过高、监狱中服役的人数过高、居住在糟糕的住房中的人数过高、健康状况不佳的人数较高，以及社会流动水平较高（Eade and Garbin, 2002; ONS, 2006; Garner and Bhattacharyya, 2011; Barnard and Turner, 2011; Laird et al., 2007; Ahmad at al., 2003）。更具体的是，在研究文献中，巴基斯坦裔和孟加拉裔的年轻学生在政府和学界眼中的主要形象是学习成绩不好，尤其是按照族群、信仰、阶层和性别来看，巴基斯坦裔和孟加拉裔的年轻男学生，在学校的学业表现垫底（DfES, 2007）。与之前同质化的亚裔社群的"优秀学习成绩"假定相比，这是一个重要的转变。然而，也有一些学者挑战了这种叙述，他们强调要考虑阶层、性别和母国，可以发现，亚裔学生的学习成绩是复杂且差异化的。例如，最重要的是，中产阶层印度裔学生在学业上的成功，掩盖了巴基斯坦裔和孟加拉裔工人阶层男生相对较低的考试成绩（Rattansi, 1992; Mac an Ghaill, 1994）。最近阿奇尔（Archer, 2003）指出，社会-经济不平等对穆斯林男生的教育有持续影响。

我们研究中的年轻男性详细叙述了他们意识到在伯明翰这个城市里工人阶层与中产阶层行事的社会逻辑是不一样的。更特别的是，他们说他们与当地白人工人阶层的年轻人有基于世代的共同的身份认同，也有围绕着不断加剧的社会-经济分歧的地方联系，这种社会-经济分隔限制了他们集体的社会生活。很难描述他们对文化妖魔化和极端化的强烈愤怒，他们认为在这个城市最贫困的这些区域里的年轻人都经历了这种文化妖魔化和极端化。重要的是社会少数族群中的阶层分化，这影响了先赋的族群界限内部的以及跨越族群界限的身份认同或去身份认同。

法鲁克：很多人在谈论我们和他们的时候，都是围绕着宗教、隔离、张力之类的事物。但在这座城市中，没有人会谈及这里的人们，即使是我们的白人朋友，我们永远不会去富人区。他们会认为我们是外星人。

舒尔布：富人区越来越富裕、越来越豪华，而穷的地方一天比一天穷，越来越多的人失业，小孩也退学，找不到工作。

贾维德：我的叔叔，他认定，跟他刚到这儿因贫穷而被轻视相比，人们现在真的更轻视亚洲人、孟加拉人。亚裔中产阶层就这么做。他们也这么做。

帕瓦兹：在电视上、报纸上，在所有地方，人们确实在仇恨穷人。我认为这对那些贫穷的白人来说更糟糕。他们被贴上了一些特殊的标签，是那些富人贴的，他们管他们叫"混混"（chav）。富人造了一个词，专门骂贫穷的白人。我为附近的这些白人小孩感到遗憾。没人关心他们，你知道我的意思吧？[小组访谈]

这些评论呼应了沙恩（Shain, 2011）的研究。沙恩回击了政府和学界对该议题的主流呈现，对英国当下男性穆斯林的经历进行了最站得住脚的批判性解释，她认为应该使用在理论上更深思熟虑的取向，以纳入社会-经济维度的发展。她采用了葛兰西的分析，强调多重结构（种族、性别和阶层）以及支配群体与从属群体之间社会-经济关系和政治关系的结合。沙恩（Shain, 2011：50）认为：

葛兰西的框架承认了这些年轻人是处于物质情境之中的，这既构成又限制了他们能动性和行动的可能性结构。这表明需要认识到历史力量（在这里是殖民主义和帝国主义）影响了英格兰各地区穆斯林社群的阶层位置以及定居地，其中，英格兰已经受到经济衰退的严重影响。这些定居模式在学校教育类型、教育机会和工作机会方面产生了持久的影响。巴基斯坦裔和孟加拉裔社群发现他们位于这个国家物质最贫瘠的一些选区。

然而，如本研究中的年轻男性所指出的那样，在政府、媒体、教育和大众文化中，巴基斯坦裔和孟加拉裔的阶层表征都是缺席的。然而，社会失败这种假定表征却在不同场合盛行，具有累积效应，如前文所述，这会将他们置于单一的宗教范畴中，也就是排他式地将他们视为穆斯林，而不是任何拥有其他身份认同的人。巴基斯坦裔和孟加拉裔在政治谱系中作为阶层化主体的可见性在话语上是通过两个主要解释框架来实现的：底层框架（政治上的右派）和伊斯兰恐惧症（政治上的左派）。沙恩（Shain, 2011：7）在对底层这一概念进行回顾时，确定了两个标志性的时刻。她这样写道："1991年的海湾战争、1995年的布拉德福德市的骚乱、（2001年）夏天的动荡①、"9·11"事件、2005年伦敦爆炸案，还有许多失败了的爆炸阴谋，所有这些都持续加速了对极端主义穆斯林的恐惧；另外还有与暴力的亚洲人及穆斯林黑帮这些议题结合在一起的话语。"更明确的是，她注意到欧洲和英国的政治评论员"通过穆斯林底层这个概念将学习成绩不佳、犯罪和欧洲的伊斯兰恐惧症结合在一起。这三个议题形成了关于穆斯林底层的主流文化叙事，认为穆斯林底层应当为他们自己的边缘化负责"（Shain, 2011：9）。在我们研究中的年轻男性与沙恩的分析对象有共同之处，他们认为这种文化叙事的主要影响是阶层不平等消失了，工人阶级的不同分支被赋予了特定形式的文化缺陷，而政府和媒体的话语是在责备个人，而不是讨论社会排斥和文化排斥的结构原因（Munt, 2000; Bourdieu, 1986）。

帕瓦兹：在跟这儿类似的贫困区域中，他们为什么不给我们工作，让我们接受更好的教育？但是，不。如果你是从这个地方来的，你去找工作，他们会告诉你滚开。

阿卜杜：统治者已经以某种方式把这个世界搞得天翻地覆。几乎所有的事儿，那些糟糕的事儿，都该责备穆斯林小孩。如果你给他们合适的教育和工作机会，消除所有针对我们的歧视，这些问题都会得到解决。

阿瑟夫：我认为糟糕的是现在有这么一个大的形象，你没办法消除它。所有管事

---

① 这里指的是2001年5月底在英国中部城镇奥尔德姆（Oldham），白人青年、亚裔青年（主要是孟加拉裔）、警察之间发生了持续数日的冲突。——译者注

的人就是把穆斯林看成一个大难题，他们要炸了这个世界，或者给这儿带来大麻烦。

研究者：这对这儿的人有什么影响？

阿瑟夫：这儿的多数人就是普通人，很多很穷，没工作，诸如此类，没什么事给小孩做，他们也就很无聊。他们跟种族主义刻板印象中的激进主义之类的没任何关系。在这儿他们甚至不知道这些事情。但就像我们这届的学生，他们中有多少找到了工作、上了大学，或者做了其他什么事？我妈妈认为我们这一代人的机会更少了。[小组访谈]

另一个解释框架可以在近年关于学校的经验研究中看到，这些研究发现学校强化了巴基斯坦裔和孟加拉裔年轻男性作为阶层化主体在文化上的不可见性，通过选择性地使用有限的能指，包括乌玛（umma）、头巾（hijab）、长袍（jilbab），还有反恐战争。这些能指被排他性地理解为宗教现象，被定位于伊斯兰恐惧症的解释框架中，其被认为是一种诱捕机制，它假定年轻男性的社会实践可以被简单地解读为宗教生存的防御策略。

使用伊斯兰恐惧症概念的研究对主体性的理论关注不足，就像早期对黑人白人二元论持批评态度的反种族主义论述。这种做法的后果之一是国家制度在概念层面上被认为反映了可能采纳的身份认同。这种立场更进一步的局限体现在其未能意识到新社会运动的重大挑战，新社会运动要创造出理论框架以调节一系列的不平等，如与族群、阶层、性别、性取向和失能有关的不平等（Mac an Ghaill & Haywood, 2012）。简单地说，这种立场带来了一些困难，难以对社会权力的多种形式进行包容性的阐述（Anthias, 2008）。可以认为本研究中年轻男性的叙事挑战了伊斯兰恐惧症作为整体力量的观点，伊斯兰恐惧症从假定的个体回应来理解就是指穆斯林–非穆斯林的二元论。然而，在特定的制度场所中，存在一系列以情境为基础的（种族主义）意识形态和话语，这些可能会将行动主体置于从属位置。这些种族化过程在时间上是暂时的，在空间上也是有限的，与包括阶层在内的其他社会差异范畴以复杂的方式结合在一起。

结 论

英国当前的社会不确定性和文化不确定性正在创造出一系列表征空间，民族国家在种族/族群问题上的焦虑与承诺都被投射其中。米勒（Miller, 2006）讨论了恐惧作为对民族国家中的他者进行统治的能力的关键特征。在穆斯林中的年轻男性的情境中，这种恐惧的动力机制之一是国家声称这些年轻男性未能成功融入，也未能成功地建立"英国性"的身份认同。在之前的历史中，年轻人的文化被认为是他们父母文化的反面，而现在则是制度化地将年轻人与激进主义及原教旨主义联系在一起，这可能会让年轻人以一种夸张的方式重新恢复父母那一辈的先赋性价值观。本文所呈现的叙事表明了一种更复杂的情况，老旧的穆斯林的宗教和政治名称在其中被重新赋予。同时，穆斯林中的年轻男性关注他们的社会经济位置的物质基础，基于此，文化差异得到解读。对这些年轻男性进行的田野工作可以被理解为一个过程，他们在表达自己的认同和主体性的过程中，有机会探究和讨论各种矛盾和张力。倾听他们叙事的困难之一在于抵制使用流行解释与学术解释对他们认同的呈现。相反，本文的焦点在于理解他们如何参与穆斯林、种族化和伊斯兰恐惧症这些概念的产生。

附录六　案例研究

关系基础与专业性：教师对有学业失败经历的学生的教学实践的案例研究

Relational Underpinnings and Professionality—A Case Study of a Teacher's Practices Involving Students With Experiences of School Failure[①]

安纳利·弗里林（Anneli Frelin）

摘要

　　教育环境中的关系特点，如积极的师生关系，对学生的学业成功来说很重要。本项案例研究探讨了一位教师的关系实践，她会与有学业失败历史的学生就他们之间的教育关系进行协商。本研究的研究对象古尼拉（Gunilla）是一名中学教师，她为瑞典的"引导项目"工作，这个项目针对的是没有被国家高中项目录取的那些学生。对那些有学业失败经历的学生来说，古尼拉是一名成功的导师。本研究的资料包括两次半结构式访谈，访谈主要是引导信息提供者讲述实践的故事，除了访谈，研究资料还包括研究者的情境观察。研究结果展示了关系实践如何创造出情感上安全的学校氛围。在师生关系的初始阶段，各种活动的主要目标是要建立信任关系并修复学生的自我形象，这样学生能够将自己视为成功的学习者。这要求建立专业上的紧密关系，教师要使自己远离刻板印象中的教学角色，展示出人文关怀和同理心。这些发现有助于理解学校日常情境中的关系特点如何有助于学生学习，以及学校心理医生可以如何参与这一过程。

关键词

　　处于危机中的学生　专业性　学业失败　师生关系　教学

　　教师遇到有学业失败经历的学生，通常要面对艰难的挑战。有些教师在应对这些学生时，与其他教师相比，有更好的准备。因为积极的师生关系对有学业失

---

① 来源：附录六的这篇文章最早发表于 *School Psychology International*, 36, 589-604。版权属于 Sage 出版公司。

败风险的学生来说特别重要（例如，参见 Pianta, 2006），教师和学生都能从这种关系的建立中获得支持。本文的目的是追溯并以实例展示这些关系实践和专业实践，这些实践能帮助教师和学校的其他工作人员协助学生克服困难并在学校中取得更多成功。本研究采用了质性案例研究的取向，以展示与经历过学业失败的中学学生建立并维持教育关系的复杂性。案例研究能够展示师生互动中的特定面向，这些面向有助于实现成功的学业效果和社会效果。案例研究也可以记录日常互动如何强化师生关系中特定的时间（temporal）特征，这种师生关系是在该学年的学校环境中建立和维持的。

尽管这篇文章主要采用教育视角，但对教师、学校心理医生、在教育场景工作的其他人而言，它也可能对心理学视角有所裨益，并以有价值的方式对心理学视角进行补充。本研究提供了对教师工作、他们要面对的挑战以及为他们提供支持的专业性的洞见。这些洞见对学校心理医生而言是有价值的，学校心理医生要为教师提供咨询服务，而这些教师正在努力处理与经历过学业失败的那些学生的关系。文献综述将覆盖教师的专业性、师生关系（特别是与经历过学业失败的学生的关系）以及学校心理医生的咨询师角色。

关系专业性

尽管对什么构成了专业存在不同的定义，但为了被纳入专业的范畴，人们的实践必须满足特定的标准，包括大量的培训和自主判断等（Bridges, 2001; Freidson, 1994; Hoyle, 1995）。专业主义（professionalism）可以被看作一群专业人士共同努力实现相同目标的集体成就的结果，专业性（professionality）则是每一个个体关于集体努力的实例化（Evans, 2008）。在本文中，教师的关系专业性是指教师用来与学生建立并维持教学关系、帮助学生学习和成长的专业性维度（Frelin, 2010, 2013）。

师生关系

以积极的师生关系为特点的优质教学，构成了学生学习（与学校内外情境因素有关）的重要部分（Darling-Hammond, 2014）。师生关系的质量以及合作的紧密性，被证明对学生的身心健康、自信、动力和学习成绩都特别有帮助（Backman et al., 2011; den Brok, Brekelmans, & Wubbels, 2004; Jennings & Greenberg, 2009; Roorda et al., 2011; Wentzel, Battle, Russell, & Looney, 2010; Wu, Hughes, & Kwok, 2010; Wubbels et al., 2015; Zimmer-Gembeck & Locke, 2007）。非正式的环境和情境对师生关系的协商也很有价值（Frelin & Grannäs, 2010, 2014; Hansen, 1998; van Tartwijk, den Brok, Veldman, & Wubbels, 2009）。关系的紧密程度似乎是一个突出的因素，建立

超越师生角色关系的能力也是一个突出的因素，许多研究都证明了这一点（aker, Grant, & Morlock, 2008; Cornelius-White, 2007; Hattie, 2009; Pianta, 2006; Rudasill, Reio Jr, Stipanovic, & Taylor, 2010）。因此，除了保持专业距离之外，也需要建立专业性的紧密关系（Frelin, 2008）。温暖且支持式的师生关系也是更大的学校氛围的一部分，其中，学生和他们的学校连接在了一起（Raufelder, Sahabandu, Martínez, & Escobar, 2013; Solomon, Watson, Battistich, Schaps, & Delucchi, 1996; Watson & Battistich, 2006; Woolfolk Hoy & Weinstein, 2006）。

关系和学业失败

处理师生关系中有挑战性的情况，是许多老师需要面对的难题。对在学校中有负面经历的那些学生来说，积极且紧密的师生关系甚至比与朋辈的关系更重要（Baker et al., 2008; Hamre & Pianta, 2001; Johnson, 2008; Pianta, 2006; Pomeroy, 1999; Rudasill et al., 2010）。约翰逊（Johnson, 2008）研究了处在危机中的学生如何看待他们的老师，他认为通过积极关注细微且重复的行动，以在微观层次与学生连接，教师能够给学生的生活带来不同。埃里克森（Erickson, 1987）对少数族群学生的研究强调了学生对老师的信任很重要，有助于建立积极的关系（还可参见 Bliding, Holm, & Hägglund, 2002; Raider-Roth, 2005）。斯图兹罗德和布鲁（Studsrød & Bru, 2012）将教师的社会化实践（如学业支持）与中学生在学校中的调整行为联系起来，而戴维森（Davidson, 1999）则认为学生即使表现不好，教师也要表现出对学生能力的信任，这有助于学生接受更广泛的教师行为。本杰明森（Benjaminson, 2008）对被虐待或忽视的青少年进行了访谈，并指出了学校作为情感支持场所的重要意义。

学校心理医生的咨询师角色

跟教师需要与学生建立教学关系相同，心理医生也要与来访者建立"治疗同盟"（Grossman & McDonald, 2008）。然而，学校心理医生在学校中还要扮演咨询师的角色，为给有学业失败经历的学生教课的教师提供咨询服务。咨询被认定为学校心理工作的有效路径（Guiney, Harris, Zusho, & Cancelli, 2014），美国学校心理医生协会（National Association of School Psychologists，NASP）也强调了咨询的重要性。在教师的工作中，教师处于内在要求、关系要求、外在要求的张力之中，会经受道德方面的压力（Colnerud, 2015）。对学校心理医生而言，咨询师的角色可能会受到教师的挑战和抵制（Knoff, 2013），尽管教师和心理医生在帮助学生方面所提供的帮助是不同的（参见 Thuen & Bru, 2000）。

小　结

教师依靠他们的关系专业性与学生建立教学关系，这种关系对正在经历困难的学生特别重要。本项案例研究探讨了一名教师的关系实践，她与有学业失败经历的学生就教学关系进行了协商。对学校心理医生的咨询师角色而言，深入了解教师与处于挣扎中的学生建立关系的日常实践以及教师所依据的观点，可以帮助心理医生克服来自教师的抵抗。

方　法

案例研究是对特定情境中的复杂与互动保持敏感的自然主义取向（Stake，1995）。案例研究通常关注深层关系和过程，关注如何解构特定情境中的复杂性（Denscombe，1998）。本研究所呈现的案例研究来自对教师关系专业性的质性研究（Frelin，2010）。

程　序

来自不同学校的11名教师被认定为是富有经验的教育工作者，这些教师与他们的学生建立了积极的关系。他们每个人都接受了两次访谈，通常是在他们学校里的小会议室里进行的。访谈在相当程度上是非结构式的，但都围绕四个主题，这些主题被有意地设计为开放式的。卡麦兹（Charmaz，2006）认为几个宽泛的、开放式的且非判断式的问题有助于让叙事浮现出来。这些主题构成了了解日常实践的不同特点与故事的出发点：（1）信息提供者的背景、教育、家庭、其他重要影响；（2）他们的职业经历；（3）重要的专业影响；（4）培养民主公民的实践。我们关心最后一个主题是因为这是瑞典教育的重要的总体目标，这个目标并不与具体科目联系在一起。

通过研究者大量的追问，信息提供者在访谈中谈论了他们认为他们工作中重要的和急迫的议题。常见的追问有："给我说说您教学中出现的这种情况的日常实例。"在实例之后，我会问："为什么您认为这个很重要？""您为什么这么做？"这些访谈的时长大约是一个小时。在第一次访谈后，研究者将进行一次课堂的情境观察。观察是非结构式的，目标是使访谈中的会话以描述为主，而不是以辩护为主（Eraut，2007）。第二次访谈将对第一次访谈和观察中出现的议题进行追踪。信息提供者会被反复要求描述他们在日常情况下各种各样行动的实践和原因。

分　析

"故事"这个概念在教学研究中位于中心地位。通常，人们会采用叙事形式来呈现教师的知识和实践（Rosiek & Atkinson, 2007）。本研究中的访谈都集中于引出实践故事（Goodson & Sikes, 2001）和实践主张（Fenstermacher & Richardson, 1993），而观察是为了突出教师工作的情境，并提出新的问题（Kvale, 1997）。本研究项目的主研究（Frelin, 2010），通过跨案例分析和持续比较的方式（Charmaz, 2006），确定了力图建立师生信任关系的关系实践中的三个面向或主题。我们使用了计算机程序 ATLAS.ti 协助进行分析。这些主题是从信息提供者所讲述的力图建立积极师生关系的行动故事中建构出来的。它们包括就以下方面进行协商：（1）信任关系；（2）人情关系；（3）学生的自我形象（信息提供者结合了自信和自尊两方面来评价）。

本文是针对一名信息提供者（化名为"古尼拉"）的案例研究，她是通过目的抽样而被挑选出来的（Stake, 1995），多位教育工作者认定这位教师既能与学生建立积极关系，又在教授经历过学业失败的学生方面有丰富的经验。对古尼拉的访谈也提供了与这类学生的关系实践的丰富描述。本研究是个殊式的，目的不是要进行普遍概括，而是要展示一个案例，读者可以自行判断其用途。本研究的价值在于其他人可以对这些议题进行更深入的了解。在本文中，结果部分提供的实例是为了建立以判断为基础的专业类比，而不是以证据为基础的方法应用。

案例的情境

古尼拉是一名中学老师，教授瑞典语和社会研究，40 岁出头，有大约 10 年的教学经验。她与同事（化名为"赖西"）一起办了一所小小的市立学校。学校里运作的"引导项目"是为期一年的中学高年级项目，这个项目能向完成了 9 年义务教育的 16 岁学生提供个人问题的解决方案，而这些学生没有被国家高中项目、高等教育预备项目或职业预备项目所录取。其中的原因多种多样，例如，有些学生可能有特殊的需求，身处困难的社会环境，或者刚刚移民进入这个国家，因此并没有所需要的入学成绩记录。尽管这些学生的个体环境存在差异，但他们都经历了某种类型的污名化，这要求教师采用灵活但专业的方式（参见 Nilholm & Alm, 2010）。

古尼拉的学校里的学生不多于 20 名，学校位于居住区的一幢独立房屋里。教学安排的目标是取得能进入高中的入学成绩，特别关注的核心课程有瑞典语、英语和数学。学生在一周里有三天照常上课，其余两天要工作，工作地点是由学生在指导顾问的帮助下选择的。一般来说，学生要花一年的时间完成这个项目。如果他们取得了合格的入学成绩，那么他们就可以申请国家高中项目。高中并不是义务教育系统的一部分，这就意味着古尼拉的学生可以选择到校学习或者退学。这种安排对师生关系有一定影响，因为学生来不来上课是可以商量的。

结　果

在古尼拉的工作中，她与有学业失败经历的学生，或者被学校判断失败的学生有着日常接触。古尼拉认为她的工作就是把学生的负面经历转化为正面经历。教师的专业性包括协商建立积极的师生关系，以帮助学生学习（Frelin, 2013）。这种协商可能是很微妙的，但在古尼拉的工作中，这些协商通常占据了她大量的时间和精力，尤其是在刚开始的时候。古尼拉的故事展示了其中包含的不同的协商类型，并提供了反思和类比的基础，这将有助于在其他情况下和在其他职业中做出类似的决定。第一部分涉及关系的建立阶段，这是协商的开始。接下来的每一个部分都呈现了本研究项目的主研究所确认的三个主题，师生需要就以下方面进行协商：（1）信任关系；（2）人情关系；（3）学生的自我形象。

建立教学关系

当学生在秋季学期进入学校的时候，古尼拉和赖西对这些学生所有情况的了解仅限于他们有哪些科目没有通过。这使得她们要对学生说：

> 欢迎大家！从现在开始我们要向前看，不要向后看。这是你们的第二次机会，如果你们愿意，那就抓住这个机会。如果你们想向前，你们希望获得帮助，我们会尽全力提供所有可能的帮助。

这一陈述传达了给学生另一次机会的重要性，也丢弃了旷课、好辩或沉默这些标签。

学生先跟指导顾问见面，讨论专业选择，然后再与教师进行深入谈话。古尼拉会问他们是否有动力。出乎意料的是，很多学生都很诚实地回答"没有"。他们的动力通常都与外在目标绑定在一起，如获得合格的入学成绩并被特定的国家项目录取，尽管有些学生的目标仅限于每天都在学校露面。以谈话的内容为基础，教师要帮助所有的学生设立短期目标和长期目标。为了发现是不是存在潜在的冲突，古尼拉还要问问学生他们跟其他同学有没有什么矛盾。最后古尼拉还会问学生是不是还有其他事情需要获得教师的指导。对这些问题的所有回答都会保密。

通过这种方式，教师得以对一些敏感议题有所了解。为了以积极且关心学生的方式接近他们，这类知识是很重要的：

> 如果家长正在闹离婚，或者家里经常争吵，你可以看看学生是不是没睡好，或者是不是发生了别的事。你可以简单询问："昨晚家里是不是有点儿麻烦？"他们说："是。"那么，我们在那天就会更细心地对待那名学生。

学校的物理空间也有助于关系建立的实践。古尼拉的学校有一间教室、一间小休息室，教师有一间办公室，还有一间厨房，学生和教师可以在那里喝咖啡休息。教师办公室的门总是开着，教师也告诉学生可以随时找他们，这也是建立信任关系的一种方式。以下小节展示了教学关系中协商层面的实践。

协商信任关系

信任是师生关系中的重要方面（Brookfeld, 1991; Jones, 1996）。这一小节要展示建立信任的关系实践，这是关系专业性的一个面向。古尼拉认为师生之间相互关心的关系对学生来说很重要，这会让他们愿意到学校来。古尼拉认为她对学生的信任也会起作用。如果学生感受到被教师信任，他们会更容易感到如果他们不来上课，他们就会让教师失望；如果他们被信任，他们就更愿意来学校。教师对学生的唯一要求是：如果他们生病了，要告诉教师。如果他们无故缺课，教师会跟学生联系，看看出了什么问题。这么处理之后，有些时候学生就愿意来学校了。

古尼拉经常遇到一些不信任成人的学生，特别是不信任教师。她的第一个目标就是尝试改变，她认为合适的学校规模，还有像家一样的氛围，有助于师生之间信任关系的建立。在这所学校里，教师和学生在空间上很接近，会非正式地聚在一起喝茶或者喝咖啡。古尼拉认为休息的时候聚在一起喝咖啡，会使得回教室上课不那么恐怖。学生和教师可以在教室外见面，展示他们个性中的另一面。

古尼拉认为，可以很方便地接触到老师，并且在学生中创造出放松的氛围，是要经过深思熟虑的，这是非常重要的。教师利用学生去工作地点接受培训的那几天来备课、完成行政工作和其他工作。这样当学生在学校的时候，教师就可以一直陪伴在学生身边。

有些时候教师在向学生传达信息的时候需要非常直截了当。然而，古尼拉说这种直截了当必须等到师生关系已经稳固了、他们彼此间也很了解了的时候才能做到。在秋季学期一开始，古尼拉会花很多时间和学生一起读书，鼓励进行课堂讨论，讨论会以相对自由的方式进行。这些讨论的目的就是要建立温暖和包容的氛围，这将有助于进行直接的指导。古尼拉解释道：

> 对有些学生来说，得到一月份才差不多，因为有些学生，他们唯一真正擅长的事情……他们知道他们能做到的唯一一件事情就是失败。他们在这方面非常擅长。他们对成人的世界和学校都感到很失望。所以要告诉他们成人实际上也是人，尤其是，教师也是人。

目的之一是协商并重建学生对成人世界的信任。据古尼拉说，学生知道她很关心他们，标志之一是，他们会非常努力地按照她的要求做事，她会公平对待每一个人。古尼拉已经养成了习惯，在学期开始的时候，解释她的行为，说明学习的规则，这样学生就能理解他们的环境。

协商人情关系

不少教育学的研究者（Noddings, 1988; O'Connor, 2008）都强调了关怀性的教学关系，认为这对困境中的学生特别重要（Davidson, 1999; Pianta, 2006）。在这种情境中，古尼拉有意识地尝试真正倾听她的学生的话，记住他们所说的内容。有这样一些例子：

> 早上好！嗨，亚当，今天戴了个新帽子？哇，你应当睡够了吧，你看起来很精神啊。今天做得不错，再见，祝你（今天）愉快。所有这些事儿都很重要。要记住问问他们的猫好不好啊，他们的小妹妹开心不开心啊之类的。

这类实践是一种方式，将学生视为常人，而不是（失败的）学生，后者代表了学生自己习以为常的自我形象。这也向学生展示了有人在听他们说话，认为他们说的东西很重要。如果古尼拉不是真的关心的话，学生会认为她感兴趣是装出来的，会认为这是对他们之间关系的背叛，古尼拉曾经有过类似的经历。协商人情关系意味着接受出错的可能性，承认人就是会经历失败。古尼拉认为，这也意味着要展示我们自己的人性和不完美。此外，她必须准备好在情境中就各种要求进行协商，以便帮助学生学习。规则也要灵活一些，如允许学生去休息室坐一会儿，从长远来看，这么做很有意义，因为这使她显得很人性化，也表明她很关心学生。古尼拉说她讲了很多笑话，也会自嘲，这反过来帮助学生放松了身心。对她来说，用幽默的方式振奋学生的精神是学生学习状况的拼图里很重要的一块。然而，幽默有些时候也会带来伤害，古尼拉清晰地辨认了与别人一起哈哈大笑跟嘲笑别人的区别，这两者是完全不同的。

对学生的自我形象进行协商

如哈蒂（Hattie, 2009）所做的研究那样，元分析强调了学生的自信在学习过程中的作用。这一节要展示古尼拉对待学生的自我形象的关系实践。据古尼拉说，学生刚来学校的时候很不自信，缺乏自尊（这两点都结合在自我形象这个概念里了，参见方法小节）。这就是为什么古尼拉认为尽可能扭转这些负面形象是很重要的事情。古尼拉说学生的自我形象在过去受到了学校教师的伤害，她尝试通过她在学校中的实践来治愈这些伤痛。

古尼拉的方法之一是创造截然不同的场景和氛围，不论是在物理空间方面，还是在她个人的取向方面。例如，她希望学生阅读文学作品，她要求学生每天在学校都要看小说。她在学年开始的时候说："你们在这儿会读到很多书，但你们不会被要求写读书报告。"因为学生倾向于将阅读与不得不写点跟读的书有关的东西联系在一起。相反，他们以非正式的方式谈论他们读过的书。古尼拉还尝试让学生拥有愉快的学习体验并且立刻就有收获，通过这种方式学会的知识可以被用于实践，包括在校外的实践。另一个前提是古尼拉的学生要感受到学校是一个安全且公平的地方。古尼拉认为这两个方面非常重要，因为，若没有安全和公平：

> 坦率地说，学生就不会来了，他们压根儿不会在乎了。是的，我不认为他们实际会这么说，因为他们已经习惯了，没人听他们说话。这没关系，他们在义务教育期间不断地参加学生工作会议，他们已经厌倦了。

因为古尼拉和赖西的学校在帮助学生转化方面已经有很多的经验了。她们已经能够捍卫她们的观点，确保其能从市政当局获得经济资源，按照古尼拉的说法，这些资源对学校的运作很重要。特别是与同一行政区的其他类似的学校相比，他们的学生在取得合格的入学成绩方面更为成功。古尼拉指出她们不能只把时间花在教室里，她们也需要花时间跟学生在教室外接触。这就是为什么两节课之间的时间对古尼拉来说很重要，这时候，她可以接触学生，并且在需要的时候跟他们一起度过有意义的时间：

> 你总是有时间跟学生待在一起，如果你看到什么东西不对劲，你可以坐下来跟他们谈。你总是可以跟学生进行恰当的谈话。总是可以这样。这很神奇，但在义务教育阶段的学校里，你不能这么做，你一个班有三十个学生，你还得匆匆忙忙赶着去上下一节课。

对古尼拉来说，这对培养紧密的师生关系很重要。这也帮助她了解为什么学生不愿意学习，使她能够解决这些问题，进而改善学生的学习体验。

总　结

研究结果提供了对关系实践的展示，关系实践的目标是与被标定为"失败者"的学生协商建立起教学关系。本文通过提供古尼拉努力工作、协调与学生的关系并建立信任关系的详细实例，强调了人情关系和学生自我形象的重要性，强调了在建立教学关系中教师工作的复杂性和时间性。

讨　论

研究结果展示了一名教师建立并维持与学生的教学关系的日常关系实践及意图。需要记住的重要一点是，尽管古尼拉的实践颇有声誉且成效显著，本研究的结果并不是要提供证据来论证"什么有用"，而是希望指出一些专业人士在特定情况下的判断，加深我们对复杂教育实践的理解（参见Biesta, 2007）。

对在学校教育中有负面经历的那些学生而言，积极的关系特别重要（Baker et al., 2008; Hamre & Pianta, 2001; Johnson, 2008; Pianta, 2006; Pomeroy, 1999; Rudasill et al., 2010）。这是从关系角度进行的简要讨论，之后的讨论将涉及本研究对学校心理医生的意义。

与经历过学业失败的学生建立连接

一般情况都默认，学校中的关系不属于教育的内容。有些时候师生关系是对抗式的，如学生认为老师没人性、不公平，拒绝接受老师的教育。为了与他们的学习产生联系，学生也许需要一种关系情境，或教育共同体（Frelin, 2013; Solomon et al., 1996），这是广义上的学校氛围的重要特征（如Raufelder et al., 2013）。

学校教育的负面经历也会导致学生建立负面的自我形象，这也会阻碍他们进一步学习。雷德尔-罗思（Raider-Roth, 2005）强调了学生在学习中的自信与他们对所尊敬的人的信任之间的联系。古尼拉认为，修补学生自我形象的工作也是一种微妙的平衡行为，其对关系专业性做出了一定的要求，特别是当学生倾向于保护自己免受伤害的时候（Raider-Roth, 2005）。

在与已经学会不信任成人的学生打交道时，古尼拉采用了一系列策略，以协商建立信任，特别是在学年开始的阶段，如表现出对学生的关心、显得有人情味。教育关系的建立过程会提出对实践的要求，这类实践与关系维持阶段的实践不同。对古尼拉来说，取得学生的信任是能够进行教学的先决条件，这突显了教育中的关系基础。

对成人的信任关系在其他意义上也很重要，如学生的身心健康（Backman et al., 2011）。雷德尔-罗思（Raider-Roth, 2005）指出学生是根据他们对学校关系的理解来吸收知识或拒斥知识的，学生还会将自己的脆弱性考虑进去。这就是说，信任对一位成人来说很重要的知识，就要信任这个人，信任这个人的行动会带来的结果（Bliding et al., 2002）。

对学校心理医生的意义

心理咨询师与来访者之间，或教师与学生之间，建立起专业关系对成功开展工作很关键。在教学情境中，教师的专业目标是学生的学习情况。在这里，古尼拉的故事有助于展示使教学成为可能的关系建构实践（参见Frelin, 2013）。古尼拉的工作可以跟心理医生建立治疗同盟的实践进行比较（参见Grossman & McDonald, 2008），也就是说关系有助于实现心理健康这一专业目标。经历过学业失败的学生倾向于不信任成人，这就会对实践有特别的要求，也许需要具备高水平的关系专业性（参见 Frelin, 2013）。考虑到他们的专业技能以及协商建立治疗同盟的经历，学校心理医生在建立同盟和关系方面可以提供很多帮助。他们也能提供工具来建立支持型环境（参见Thuen & Bru, 2000）。然而，关注教师的工作环境，考虑有些时候相互矛盾的要求，这些都能帮助学校心理医生完成他们的咨询工作（参见Knoff, 2013）。

像古尼拉这样成功建立了教学关系的老师，在有些例子中，是学生唯一信任的成年人。这些教师可能会从学生那里了解一些信息，需要其他专业人士（如学校心理医生）以某种形式介入。那么师生之间的信任关系就可以成为一座桥梁，确保学生获得帮助。此外，教师也必须咨询受过训练的专业人士，如心理医生，以便与学生进行对话。

这样教师的工作就涉及应对内部要求、关系要求与外部要求之间的张力。换句话说，教师的工作必须朝着提升学生的自我形象方面努力，与此同时，他们的工作还要在制度框架中进行，这两方面可能是对立的。处于这种张力中，并带着这种张力生活，可能会导致道德压力（Colnerud, 2015）。因此，教师可能必须向学校心理医生寻求帮助，心理医生可能更有能力提供工具来应对这类压力。

本文展示了一名教师的关系实践，这名教师在帮助有学业失败经历的学生方面非常有经验。本文也认为，教师和学校心理医生之间的配合，可以为所有学生提供更优质和更包容的教育，特别是对那些经历过学业失败的学生而言。

参考文献

Aanstoos, C. M. (1985). The structure of thinking in chess. In A. Giorgi (Ed.), *Phenomenology and psychological research* (pp. 86–117). Pittsburgh, PA: Duquesne University Press.

Adams, J., Braun, V., & McCreanor, T. (2014). "Aren't labels for pickle jars, not people?" Negotiating identify and community in talk about "being gay." *American Journal of Men's Health, 8*(6), 457–469. doi: 0.1177/1557988313518800.

Adolph, S., Kruchten, P., & Hall, W. (2012). Reconciling perspectives: A grounded theory of how people manage the process of software development. *Journal of Systems and Software, 86*, 1269–1286. doi: 10.1016/j.jss.2012.01.059

Agar, M. H. (1980). *The professional stranger: An informal introduction to ethnography*. San Diego, CA: Academic Press.

Agar, M. H. (1986). *Speaking of ethnography*. Beverly Hills, CA: Sage.

Agger, B. (1991). Critical theory, poststructuralism, postmodernism: Their sociological relevance. In W. R. Scott & J. Blake (Eds.), *Annual review of sociology* (Vol. 17, pp. 105–131). Palo Alto, CA: Annual Reviews.

American Psychological Association. (2010). *Publication manual of the American Psychological Association* (6th ed.). Washington, DC: Author.

Anderson, E. H., & Spencer, M. H. (2002). Cognitive representations of AIDS: A phenomenological study. *Qualitative Health Research, 12*, 1338–1352. doi: 10.1177/1049732302238747

Anderson, R. A., Toles, M. P., Corazzini, K., McDaniel, R. R., & Colón-Emeric, C. (2014). Local interaction strategies and capacity for better care in nursing homes: a multiple case study. *BMC Health Services Research, 14*, 244–261.doi: 10.1186/1472-6963-14-244

Angen, M. J. (2000). Evaluating interpretive inquiry: Reviewing the validity debate and opening the dialogue. *Qualitative Health Research, 10*, 378–395. doi: 10.1177/104973230001000308

Angrosino, M. V. (1989). *Documents of interaction: Biography, autobiography, and life history in social science perspective*. Gainesville: University of Florida Press.

Angrosino, M. V. (1994). On the bus with Vonnie Lee. *Journal of Contemporary Ethnography, 23*, 14–28. doi: 10.1177/089124194023001002.

Angrosino, M. V. (2007). *Doing ethnographic and observational research*. Thousand Oaks, CA: Sage.

Armstrong, D., Gosling, A., Weinman, J., & Marteau, T. (1997). The place of inter-rater reliability in qualitative research: An empirical study. *Sociology, 31*, 597 – 606. doi: 10.1177/0038038597031003015

Asgeirsdottir, G. H., Sigurbjörnsson, E., Traustaddottir, R., Sigurdartottir, V., Gunnardottir, S., & Kelly, E. (2013). "To cherish each day as it comes": A qualitative study of spirituality among persons receiving palliative care, *Support Cancer Care*, *21*, 1445–1451.doi: 10.1007/s00520–012–1690–6

Asmussen, K. J., & Creswell, J. W. (1995). Campus response to a student gunman. *Journal of Higher Education*, *66*(5), 575–591. doi: 10.2307/2943937

Atkinson, P., Coffey, A., & Delamont, S. (2003). *Key themes in qualitative research: Continuities and changes*. Walnut Creek, CA: AltaMira Press.

Atkinson, P., & Hammersley, M. (1994). Ethnography and participant observation. In N. K. Denzin & Y. S. Lincoln (Eds.), *Handbook of qualitative research* (pp. 248–261). Thousand Oaks, CA: Sage.

Atkinson, P. A. (2015). *For ethnography*. Thousand Oaks, CA: Sage.

Banks, M. (2014). Analysing images. In U. Flick (Ed.), *The SAGE handbook of qualitative data analysis* (pp. 394–408). Thousand Oaks, CA: Sage.

Barbour, R. S. (2000). The role of qualitative research in broadening the "evidence base" for clinical practice. *Journal of Evaluation in Clinical Practice*, *6*(2), 155 – 163. doi: 10.1046/j. 1365–2753.2000.00213.x

Barnes, C., Oliver, M., & Barton, L. (Eds.). (2002). *Disabilities studies today*. Cambridge, England: Polity.

Barritt, L. S. (1986). Human sciences and the human image. *Phenomenology + Pedagogy*, *4*(3), 14–22.

Bauer, W. M., & Gaskell, G. (Eds.). (2007). *Qualitative research with text, image and sound: A practical handbook*. Thousand Oaks, CA: Sage.

Baxter, P., & Jack, S. (2008). Qualitative case study methodology: Study design and implementation for novice researchers. *The Qualitative Report*, *13*(2), 544–559.

Bazeley, P. (2002). The evolution of a project involving an integrated analysis of structured qualitative and quantitative data: From N3 to NVivo. *International Journal of Social Research Methodology*, *5*, 229–243. doi: 10.1080/13645570210146285

Bazeley, P. (2013). *Qualitative data analysis: Practical strategies*. Thousand Oaks, CA: Sage.

Bazeley, P., & Jackson, K. (2013). *Qualitative data analysis with NVivo* (2nd ed.) Thousand Oaks, CA: Sage.

Berger, R. (2015). Now I see it, now I don't: Researcher's position and reflexivity in qualitative research. *Qualitative Research*, *15*(2), 219–234. doi: 10.1177/1468794112468475.

Bernard, H. R. (2011). *Research methods in anthropology: Qualitative and quantitative approaches* (5th ed.). Walnut Creek, CA: AltaMira Press.

Bernard, H. R., & Ryan, G. W. (2009). *Analyzing qualitative data: Systemic approaches*. Thousand Oaks, CA: Sage.

Beverly, J. (2005). Testimonio, subalternity, and narrative authority. In N. K. Denzin & Y. S. Lincoln (Eds.), *The SAGE handbook of qualitative research* (3rd ed., pp. 547–558). Thousand Oaks, CA: Sage.

Birks, M., & Mills, J. (2015). *Grounded theory: A practical guide* (2nd ed.). Thousand Oaks, CA: Sage.

Bloland, H. G. (1995). Postmodernism and higher education. *Journal of Higher Education*, *66*, 521–559. doi: 10.2307/2943935

Bogdan, R. C., & Biklen, S. K. (1992). *Qualitative research for education: An introduction to theory and methods*. Boston, MA: Allyn & Bacon.

Bogdan, R., & Biklen, S. K. (2006). *Qualitative research for education: an introduction to theories and methods* (5th ed.). Boston, MA: Pearson.

Bogdan, R., & Taylor, S. (1975). *Introduction to qualitative research methods*. New York, NY: John Wiley.

Bogdewic, S. P. (1992). Participant observation. In B. F. Crabtree & W. L. Miller (Eds.), *Doing qualitative research* (pp. 45–69). Newbury Park, CA: Sage.

Bogdewic, S. P. (1999). Participant observation. In B. F. Crabtree & W. Miller (Eds.), *Doing qualitative research* (2nd ed., pp. 47–70). Thousand Oaks, CA: Sage

Borgatta, E. F., & Borgatta, M. L. (Eds.). (1992). *Encyclopedia of sociology* (Vol. 4). New York, NY: Macmillan.

Braun, V., & Clarke, V. (2006). Using thematic analysis in psychology. *Qualitative Research in Psychology*, *3*(2), 77–101.

Brickhouse, N., & Bodner, G. M. (1992). The beginning science teacher: Classroom narratives of convictions and constraints. *Journal of Research in Science Teaching*, *29*, 471 – 485. doi: 10.1002/tea.3660290504

Brimhall, A. C., & EngblomDeglmann, M. L. (2011). Starting over: A tentative theory exploring the effects of past relationships on postbereavement remarried couples. *Family Process*, *50*(1), 47 – 62. doi: 10.1111/j.1545–5300.2010.01345.x

Brinkmann, S., & Kvale, S.(2015). *InterViews: Learning the craft of qualitative research interviewing* (3rd ed.). Thousand Oaks, CA: Sage.

Brisolara, S., Seigart, D., & SenGupta, S. (2014). *Feminist evaluation and research: Theory and practice.* New York, NY: Guilford Press.

Brown, J., Sorrell, J. H., McClaren, J., & Creswell, J. W. (2006). Waiting for a liver transplant. *Qualitative Health Research*, *16*(1), 119–136. doi: 10.1177/1049732305284011

Bryant, A., & Charmaz, K. (2007). Grounded theory in historical perspective: An epistemological account. In A. Bryant & K. Charmaz (Eds.), *The SAGE handbook of grounded theory* (pp. 31–57). Thousand Oaks, CA: Sage.

Burr, V. (2015). *Social constructionism* (3rd ed.). New York, NY: Routledge.

Campbell, J. L., Quincy, C., Osserman, J., & Pederson, O. K. (2013). Coding in–depth semistructured interviews: Problems of unitization and intercoder reliability and agreement. *Sociological Methods & Research*, *42*, 294–320. doi:10.1177/0049124113500475

Carspecken, P. F., & Apple, M. (1992). Critical qualitative research: Theory, methodology, and practice. In M. L. LeCompte, W. L. Millroy, & J. Preissle (Eds.), *The handbook of qualitative research in education* (pp. 507–553). San Diego, CA: Academic Press.

Carter, K. (1993). The place of a story in the study of teaching and teacher education. *Educational Researcher*, *22*, 5–12, 18. Retrieved from http://www.jstor.org/stable/1177300

Casey, K. (1995/1996). The new narrative research in education. *Review of Research in Education*, *21*, 211–253. Retrieved from http://www.jstor.org/stable/1167282

Chan, E. (2010). Living in the space between participant and researcher as a narrative inquirer: Examining ethnic identity of Chinese Canadian students as conflicting stories to live by. *The Journal of Educational Research*, *103*, 113–122. doi: 10.1080/00220670903323792

Charmaz, K. (2003). Grounded theory. In M. S. Lewisbeck, A. E. Bryman, & T. F. Liao (Eds.), *The SAGE encyclopedia of social science research methods*. Thousand Oaks, CA: Sage.

Charmaz, K. (2005). Grounded theory in the 21st century: Applications for advancing social justice studies. In N. K. Denzin & Y. S. Lincoln (Eds.), *The SAGE handbook of qualitative research* (3rd ed., pp. 507–536). Thousand Oaks, CA: Sage.

Charmaz, K. (2006). *Constructing grounded theory*. Thousand Oaks, CA: Sage.

Charmaz, K. (2014). *Constructing grounded theory* (2nd ed.). Thousand Oaks, CA: Sage.

Chase, S. (2005). Narrative inquiry: Multiple lenses, approaches, voices. In N. K. Denzin & Y. S. Lincoln

(Eds.), *The SAGE handbook of qualitative research* (3rd ed., pp. 651-680). Thousand Oaks, CA: Sage.

Cheek, J. (2004). At the margins? Discourse analysis and qualitative research. *Qualitative Health Research*, *14*, 1140-1150. doi: 10.1177/1049732304266820

Chepp, V. (2015). Black feminist theory and the politics of irreverence: The case of women's rap. *Feminist Theory*, *16*(2), 207-226. doi: 10.1177/1464700115585705

Chenitz, W. C., & Swanson, J. M. (1986). *From practice to grounded theory: Qualitative research in nursing*. Menlo Park, CA: Addison-Wesley.

Cherryholmes, C. H. (1992). Notes on pragmatism and scientifc realism. *Educational Researcher*, *14*, 13-17.

Chilisa, B. (2012). *Indigenous research methodologies*. Thousand Oaks, CA: Sage.

Chirgwin, S. K. (2015). Burdens too difficult to carry? A case study of three academically able Indigenous Australian Masters students who had to withdraw. *International Journal of Qualitative Studies in Education*, *28*, 594-609. doi:10.1080/09518398.2014.916014

Churchill, S. L., Plano Clark, V. L., Prochaska-Cue, M. K., Creswell, J. W., & Onta-Grzebik, L. (2007). How rural low-income families have fun: A grounded theory study. *Journal of Leisure Research*, *39*(2), 271-294.

Clandinin, D. J. (Ed.). (2007). *Handbook of narrative inquiry: Mapping a methodology*. Thousand Oaks, CA: Sage.

Clandinin, D. J. (2013). *Engaging in narrative inquiry*. Walnut Creek, CA: Left Coast Press.

Clandinin, D. J., & Caine, V. (2013). Narrative inquiry. In A. Trainor & E. Graue (Eds.), *Reviewing qualitative research in the social sciences* (pp.188-202). New York, NY: Taylor and Francis/Routledge.

Clandinin, D. J., & Connelly, F. M. (2000). *Narrative inquiry: Experience and story in qualitative research*. San Francisco, CA: Jossey-Bass.

Clandinin, D. J., Huber, J., Huber, M., Murphy, M. S., Murray Orr, A., Pearce, M., & Steeves, P. (2006). *Composing diverse identities: Narrative inquiries into the interwoven lives of children and teachers*. New York, NY: Routledge.

Clarke, A. E. (2005). *Situational analysis: Grounded theory after the postmodern turn*. Thousand Oaks, CA: Sage.

Clarke, A. E., Friese, C., & Washburn, R. (Eds.). (2015). *Situational analysis practice: Mapping research with grounded theory*. London, England: Routledge.

Clifford, J., & Marcus, G. E. (Eds.). (1986). *Writing culture: The poetics and politics of ethnography*. Berkeley: University of California Press.

Colaizzi, P. F. (1978). Psychological research as the phenomenologist views it. In R. Vaile & M. King (Eds.), *Existential phenomenological alternatives for psychology* (pp. 48-71). New York, NY: Oxford University Press.

Connelly, F. M., & Clandinin, D. J. (1990). Stories of experience and narrative inquiry. *Educational Researcher*, *19*(5), 2-14. doi: 10.3102/0013189X019005002

Conrad, C. F. (1978). A grounded theory of academic change. *Sociology of Education*, *51*, 101-112. doi: 10.2307/2112242

Corbin, J., & Morse, J. M. (2003). The unstructured interactive interview: Issues of reciprocity and risks when dealing with sensitive topics. *Qualitative Inquiry*, *9*, 335 - 354. doi: 10.1177/1077800403009003001

Corbin, J., & Strauss, A. (1990). Grounded theory research: Procedures, canons, and evaluative criteria.

Qualitative Sociology, 13(1), 3–21. doi: 10.1007/BF00988593

Corbin, J., & Strauss, A. (2007). *Basics of qualitative research: Techniques and procedures for developing grounded theory* (3rd ed.). Thousand Oaks, CA: Sage.

Corbin, J., & Strauss, A. (2015). *Basics of qualitative research: Techniques and procedures for developing grounded theory* (4th ed.). Thousand Oaks, CA: Sage.

Cordes, M. (2014). *A transcendental phenomenological study of developmental math students' experiences and perceptions* (Unpublished doctoral dissertation). Liberty University, Lynchburg, Virginia.

Cortazzi, M. (1993). *Narrative analysis*. London, England: Falmer Press.

Crabtree, B. F., & Miller, W. L. (1992). *Doing qualitative research*. Newbury Park, CA: Sage.

Creswell, J. W. (1994). *Research design: Qualitative and quantitative approaches*. Thousand Oaks, CA: Sage.

Creswell, J. W. (2009). *Research design: Qualitative, quantitative, and mixed methods approaches* (3rd ed.). Thousand Oaks, CA: Sage.

Creswell, J. W. (2012). *Educational research: Planning, conducting, and evaluating quantitative and qualitative research* (4th ed.). Upper Saddle River, NJ: Pearson.

Creswell, J. W. (2013). *Qualitative inquiry & research design: Choosing among the five approaches* (3rd ed.). Thousand Oaks, CA: Sage.

Creswell, J. W. (2014). *Research design: Qualitative, quantitative, and mixed methods approaches* (4th ed.). Thousand Oaks, CA: Sage.

Creswell, J. W. (2016). *30 essential skills for the qualitative researcher*. Thousand Oaks, CA: Sage.

Creswell, J. W., & Brown, M. L. (1992). How chairpersons enhance faculty research: A grounded theory study. *Review of Higher Education, 16*(1), 41–62. Retrieved from https://www.press.jhu.edu/journals/review_of_higher_education

Creswell, J. W., & Maietta, R. C. (2002). Qualitative research. In D. C. Miller & N. J. Salkind (Eds.), *Handbook of Research Design and Social Measurement* (pp. 167–168). Thousand Oaks, CA: Sage.

Creswell, J. W., & Miller, D. L. (2000). Determining validity in qualitative inquiry. *Theory Into Practice, 39*, 124–130. doi: 10.1207/s15430421tip3903_2

Creswell, J. W., & Plano Clark, V. L. (2011). *Designing and conducting mixed methods research* (2nd ed.). Thousand Oaks, CA: Sage.

Crotty, M. (1998). *The foundations of social research: Meaning and perspective in the research process*. Thousand Oaks, CA: Sage.

Czarniawska, B. (2004). *Narratives in social science research*. Thousand Oaks, CA: Sage.

Daiute, C. (2014). *Narrative inquiry: A dynamic approach*. Thousand Oaks, CA: Sage.

Daiute, C., & Lightfoot, C. (Eds.). (2004). *Narrative analysis: Studying the development of individuals in society*. Thousand Oaks, CA: Sage.

Davidson, F. (1996). Principles of statistical data handling. Thousand Oaks, CA: Sage.

Davidson, J., & di Gregorio, S. (2011). Qualitative research and technology: In the midst of a revolution. In N. K. Denzin & Y. S. Lincoln (Eds.), *The SAGE handbook of qualitative research* (4th ed., pp. 627–644). Thousand Oaks, CA: Sage.

Deem, R. (2002). Talking to manager-academics: Methodological dilemmas and feminist research strategies. *Sociology, 36*(4), 835–855. doi: 10.1177/0038038502036004003

Delgado, R., & Stefancic, J. (2012). *Critical race theory: An introduction*. New York: New York University Press.

Denzin, N. K. (1989). *Interpretive biography*. Newbury Park, CA: Sage.

Denzin, N. K. (2001). *Interpretive interactionism* (2nd ed.). Thousand Oaks, CA: Sage.

Denzin, N. K., & Lincoln, Y. S. (1994). *The SAGE handbook of qualitative research*. Thousand Oaks, CA: Sage.

Denzin, N. K., & Lincoln, Y. S. (2000). *The SAGE handbook of qualitative research* (2nd ed.). Thousand Oaks, CA: Sage.

Denzin, N. K., & Lincoln, Y. S. (2005). *The SAGE handbook of qualitative research* (3rd ed.). Thousand Oaks, CA: Sage.

Denzin, N. K., & Lincoln, Y. S. (2011). Introduction: The discipline and practice of qualitative research. *The SAGE handbook of qualitative research* (4th ed., pp. 1–19). Thousand Oaks, CA: Sage.

Denzin, N. K., & Lincoln, Y. S. (2013). *Strategies of qualitative inquiry*. Thousand Oaks, CA: Sage.

Dewey, J. (1938). *Experience and education*. New York, NY: Simon & Schuster.

Dey, I. (1993). *Qualitative data analysis: A user-friendly guide for social scientists*. London, England: Routledge.

Dey, I. (1995). Reducing fragmentation in qualitative research. In U. Keele (Ed.), *Computer-aided qualitative data analysis* (pp. 69–79). Thousand Oaks, CA: Sage.

Doyle, J., Pooley, J. A., & Breen, L. (2012). A phenomenological exploration of the childfree choice in a sample of Australian women. *Journal of Health Psychology*, *18*, 397–407. doi: 10.1177/1359105312444647

Dukes, S. (1984). Phenomenological methodology in the human sciences. *Journal of Religion and Health*, *23*(3), 197–203. doi: 10.1007/BF00990785

Edel, L. (1984). *Writing lives: Principia biographica*. New York, NY: Norton.

Edwards, L. V. (2006). Perceived social support and HIV/AIDS medication adherence among African American women. *Qualitative Health Research*, *16*, 679–691. doi: 10.1177/1049732305281597

Eisner, E. W. (1991). *The enlightened eye: Qualitative inquiry and the enhancement of educational practice*. New York, NY: Macmillan.

Elliott, J. (2005). *Using narrative in social research: Qualitative and quantitative approaches*. London, England: Sage.

Ellis, C. (1993). "There are survivors": Telling a story of sudden death. *The Sociological Quarterly*, *34*, 711–730. doi:10.1111/j.1533-8525.1993.tb00114.x

Ellis, C. (2004). *The ethnographic it: A methodological novel about autoethnography*. Walnut Creek, CA: AltaMira Press.

Ely, M. (2007). In-forming re-presentations. In D. J. Clandinin (Ed.), *Handbook of narrative inquiry: Mapping a methodology* (pp. 567–598). Thousand Oaks, CA: Sage.

Ely, M., Anzul, M., Friedman, T., Garner, D., & Steinmetz, A. C. (1991). *Doing qualitative research: Circles within circles*. New York, NY: Falmer Press.

Emerson, R. M., Fretz, R. I., & Shaw, L. L. (2011). *Writing ethnographic fieldnotes* (2nd ed.). Chicago, IL: University of Chicago Press.

Erlandson, D. A., Harris, E. L., Skipper, B. L., & Allen, S. D. (1993). *Doing naturalistic inquiry: A guide to methods*. Newbury Park, CA: Sage.

Ezeh, P. J. (2003). Participant observation. *Qualitative Research*, *3*, 191–205. doi: 10.1177/14687941030032003

Fabricius, A. H. (2014). The transnational and the individual: A life-history narrative in a Danish university context. *Journal of Education for Teaching:International Research and Pedagogy*, *40*, 284–299. doi:10.1080/02607476.2014.903027

Fay, B. (1987). *Critical social science*. Ithaca, NY: Cornell University Press.

Ferguson, M., & Wicke, J. (1994). *Feminism and postmodernism*. Durham, NC: Duke University Press.

Fetterman, D. M. (2010). *Ethnography: Step–by–step (*3rd ed.). Thousand Oaks, CA: Sage.

Fischer, C. T., & Wertz, F. J. (1979). An empirical phenomenology study of being criminally victimized. In A. Giorgi, R. Knowles, & D. Smith (Eds.), *Duquesne studies in phenomenological psychology* (Vol. 3, pp. 135–158). Pittsburgh, PA: Duquesne University Press.

Flick, U. (Ed.). (2014). *The SAGE handbook of qualitative analysis*. Thousand Oaks, CA: Sage.

Flinders, D. J., & Mills, G. E. (1993). *Theory and concepts in qualitative research*. New York, NY: Teachers College Press.

Flyvbjerg, B. (2006). Five misunderstandings about case–study research. *Qualitative Inquiry*, *12*(2), 219–245. doi:10.1177/1077800405284363

Foucault, M. (1972). *The archeology of knowledge and the discourse on language* (A. M. Sheridan Smith, Trans.). New York, NY: Harper.

Fox–Keller, E. (1985). *Reflections on gender and science*. New Haven, CT: Yale University Press.

Frelin, A. (2015). Relational underpinnings and professionality—A case study of a teacher's practices involving students with experiences of school failure. *School Psychology International*, *36*, 589–604. doi:10.1177/0143034315607412

Friese, S. (2014). *Qualitative data analysis with ATLAS.ti* (2nd ed.). Thousand Oaks, CA: Sage.

Gamson, J. (2000). Sexualities, queer theory and qualitative research. In N. K. Denzin & Y. S. Lincoln (Eds.), *The SAGE handbook of qualitative research* (2nd ed., pp. 347–365). Thousand Oaks, CA: Sage.

Garcia, A. C., Standlee, A. I., Bechkoff, J., & Cui, Y. (2009). Ethnographic approaches to the Internet and computermediated communication. *Journal of Contemporary Ethnography*, *38*(1), 52 – 84. doi: 10.1177/0891241607310839

Gee, J. P. (1991). A linguistic approach to narrative. *Journal of Narrative and Life History/Narrative Inquiry*, *1*, 15 – 39. Retrieved from http://www2. clarku. edu/~mbamberg/Pages_Journals/journal-narrative.html

Geiger, S. N. G. (1986). Women's life histories: Method and content. *Signs: Journal of Women in Culture and Society*, *11*, 334–351. Retrieved from http://www.jstor.org/stable/3174056

Gergen, K. (1994). *Realities and relationships: Soundings in social construction*. Cambridge, MA: Harvard University Press.

Gibbs, G. R. (2014). Using software in qualitative analysis. In U. Flick (Ed.), *The SAGE handbook of qualitative analysis* (pp. 277–294). Thousand Oaks, CA: Sage.

Gilbert, L. S., Jackson, K., & di Gregorio, S. (2014). Tools for analyzing qualitative data: The history and relevance of qualitative data analysis software. In J. M. Spector, M. D. Merrill, J. Elen, & M. J. Bishop (Eds.), *Handbook of research on educational communications and technology* (4th ed., pp. 221–236). New York, NY: Springer Science+Business Media

Gilchrist, V. J. (1992). Key informant interviews. In B. F. Crabtree & W. L. Miller (Eds.), *Doing qualitative research* (pp. 70–89). Newbury Park, CA: Sage.

Gilgun, J. F. (2005). "Grab" and good science: Writing up the results of qualitative research. *Qualitative Health Research*, *15*, 256–262. doi: 10.1177/1049732304268796

Giorgi, A. (Ed.). (1985). *Phenomenology and psychological research*. Pittsburgh, PA: Duquesne University

Press.

Giorgi, A. (1994). A phenomenological perspective on certain qualitative research methods. *Journal of Phenomenological Psychology*, *25*, 190–220. doi: 10.1163/156916294X00034

Giorgi, A. (2009). *The descriptive phenomenological method in psychology: A modifed Husserlian approach*. Pittsburgh, PA: Duquesne University Press.

Given, L. (Ed.). (2008). *The SAGE encyclopedia of qualitative research methods*. Thousand Oaks, CA: Sage

Glaser, B., & Strauss, A. (1965). *Awareness of dying*. Chicago, IL: Aldine.

Glaser, B., & Strauss, A. (1967). *The discovery of grounded theory*. Chicago, IL: Aldine.

Glaser, B., & Strauss, A. (1968). *Time for dying*. Chicago, IL: Aldine.

Glaser, B. G. (1978). *Theoretical sensitivity*. Mill Valley, CA: Sociology Press.

Glaser, B. G. (1992). *Basics of grounded theory analysis*. Mill Valley, CA: Sociology Press.

Glesne, C. (2016). *Becoming qualitative researchers: An introduction* (5th ed.). Boston, MA: Pearson.

Glesne, C., & Peshkin, A. (1992). *Becoming qualitative researchers: An introduction*. White Plains, NY: Longman.

Goffman, A. (2014). *On the run: Fugitive life in an American city (fieldwork encounters and discoveries)*. Chicago IL: Chicago University Press.

Goffman. E. (1989). On fieldwork. *Journal of Contemporary Ethnography*, *18*, 123–132.

Grbich, C. (2013). *Qualitative data analysis: An introduction* (2nd ed.). Thousand Oaks, CA: Sage.

Grigsby, K. A., & Megel, M. E. (1995). Caring experiences of nurse educators. *Journal of Nursing Research*, *34*, 411–418. doi: 10.1177/089124189018002001

Guba, E. G. (1990). The alternative paradigm dialog. In E. G. Guba (Ed.), *The paradigm dialog* (pp. 17–30). Newbury Park, CA: Sage.

Guba, E. G., & Lincoln, Y. S. (1988). Do inquiry paradigms imply inquiry methodologies? In D. M. Fetterman (Ed.), *Qualitative approaches to evaluation in education* (pp. 89–115). New York, NY: Praeger.

Guba, E. G., & Lincoln, Y. S. (1989). *Fourth generation evaluation*. Newbury Park, CA: Sage.

Guell, C., & Ogilvie, D. (2015). Picturing commuting: Photovoice and seeking well–being in everyday travel, *Qualitative Research*, *15*, 201–218. doi: 10.1177/1468794112468472

Guest, G., Namey, E. E., & Mitchell, M. L. (2013). *Collecting qualitative data: A field manual for applied research*. Thousand Oaks, CA: Sage.

Hacker, K. (2013). *Community–based participatory research*. Thousand Oaks, CA: Sage.

Haenfler, R. (2004). Rethinking subcultural resistance: Core values of the straight edge movement. *Journal of Contemporary Ethnography*, *33*, 406–436. doi: 10.1177/0891241603259809

Halfpenny, P., & Procter, R. (2015). *Innovations in digital research methods*. Thousand Oaks, CA: Sage.

Hamel, J., Dufour, S., & Fortin, D. (1993). *Case study methods*. Newbury Park, CA: Sage.

Hammersley, M., & Atkinson, P. (1995). *Ethnography: Principles in practice* (2nd ed.). New York, NY: Routledge.

Hammersley, M., & Atkinson, P. (2007). *Ethnography: Principles in practice* (3rd ed.). New York, NY: Routledge.

Harding, P. (2009). *Tinkers*. New York, NY: Bellevue Literary Press.

Harley, A. E., Buckworth, J., Katz, M. L., Willis, S. K., Odoms–Young, A., & Heaney, C. A. (2009). Developing long–term physical activity participation: A grounded theory study with African American women. *Health Education & Behavior*, *36*(1), 97–112. doi: 10.1177/1090198107306434

Harper, W. (1981). The experience of leisure. *Leisure Sciences*, *4*, 113 – 126. doi: 10.1080/

01490408109512955

Harris, C. (1993). Whiteness as property. *Harvard Law Review*, *106*, 1701–1791. doi: 10.2307/1341787

Harris, M. (1968). *The rise of anthropological theory: A history of theories of culture*. New York, NY: T. Y. Crowell.

Hatch, J. A. (2002). *Doing qualitative research in education settings*. Albany: State University of New York Press.

Hays, D. G., & Singh, A. A. (2012). *Qualitative inquiry in clinical and educational settings*. New York, NY: Guilford Press.

Healey, G. K. (2014). Inuit family understandings of sexual health and relationships in Nunavut. *Canadian Journal of Public Health*, *105*(2), e133–e137. doi: 10.17269/cjph.105.4189

Heilbrun, C. G. (1988). *Writing a woman's life*. New York, NY: Ballantine.

Henderson, K. A. (2011). Postpositivism and the pragmatics of leisure research. *Leisure Sciences*, *33*(4), 341–346. doi: 10.1080/01490400.2011.583166

Heron, J., & Reason, P. (1997). A participatory inquiry paradigm. *Qualitative Inquiry*, *3*, 274–294. doi: 10.1177/107780049700300302

Hesse–Biber, S. N. (2012). *Handbook of feminist research: Theory and praxis* (2nd ed.). Thousand Oaks, CA: Sage

Hesse–Biber, S. N., & Leavy, P. (2010). *The practice of qualitative research* (2nd ed.). Thousand Oaks, CA: Sage.

Holloway, I., & Brown, L. (2012). *Essentials of a qualitative doctorate*. Walnut Creek, CA: Left Coast Press.

Howe, K., & Eisenhardt, M. (1990). Standards for qualitative (and quantitative) research: A prolegomenon. *Educational Researcher*, *19*(4), 2–9. doi: 10.3102/0013189X019004002

Hruschka, D., Schwartz, D., Cobb St. John, D., Picone–Decaro, E., Jenkins, R., & Carey, J. (2004). Reliability in coding openended data: Lessons learned from HIV behavioral research. *Field Methods*, *16*, 307–331. doi: 10.1177/1525822X04266540

Huber, J., & Whelan, K. (1999). A marginal story as a place of possibility: Negotiating self on the professional knowledge landscape. *Teaching and Teacher Education*, *15*, 381–396. doi: 10.1016/S0742–051X(98)00048–1

Huberman, A. M., & Miles, M. B. (1994). Data management and analysis methods. In N. K. Denzin & Y. S. Lincoln (Eds.), *Handbook of qualitative research* (pp. 428–444). Thousand Oaks, CA: Sage.

Huff, A. S. (2009). *Designing research for publication*. Thousand Oaks, CA: Sage.

Husserl, E. (1970). *The crisis of European sciences and transcendental phenomenology* (D. Carr, Trans.). Evanston, IL: Northwestern University Press.

Israel, M., & Hay, I. (2006). *Research ethics for social scientists*. Thousand Oaks, CA: Sage.

Jachyra, P., Atkinson, M., & Washiya, Y. (2015). "Who are you, and what are you doing here": Methodological considerations in ethnographic health and education research. *Ethnography and Education*, *10*(2), 242–261. doi:10.1080/17457823.2015.1018290

Jacob, E. (1987). Qualitative research traditions: A review. *Review of Educational Research*, *57*, 1–50. doi: 10.3102/00346543057001001

James, N., & Busher, H. (2009). *Online interviewing*. Thousand Oaks, CA: Sage.

Janesick, V. J. (2011). *"Stretching" exercises for qualitative researchers* (3rd ed.). Thousand Oaks, CA: Sage.

Janesick, V. J. (2013). Oral history, life history, and biography. In A. A. Trainor & E. Graue (Eds.), *Re-*

viewing qualitative research in the social sciences (pp. 151−165). New York, NY: Routledge.

Job, J., Poth, C., Pei, J., Carter−Pasula, B., Brandell, D., & MacNab, J. (2013). Toward better collaboration in the education of students with fetal alcohol spectrum disorders: Voices of teachers, administrators, caregivers, and allied professionals. *Qualitative Research in Education, 2,* 38 − 64. doi: 10.4471/qre.2013.15

Jorgensen, D. L. (1989). *Participant observation: A methodology for human studies.* Newbury Park, CA: Sage.

Josselson, R., & Lieblich, A. (Eds.). (1993). *The narrative study of lives* (Vol. 1). Newbury Park, CA: Sage.

Jungnickel, K. (2014). Getting there . . . and back: How ethnographic commuting (by bicycle) shaped a study of Australian backyard technologists. *Qualitative Research, 14*(6), 640 − 655. doi: 10.1177/1468794113481792

Kelle, E. (Ed.). (1995). *Computeraided qualitative data analysis.* Thousand Oaks, CA: Sage.

Kemmis, S., & Wilkinson, M. (1998). Participatory action research and the study of practice. In B. Atweh, S. Kemmis, & P. Weeks (Eds.), *Action research in practice: Partnerships for social justice in education* (pp. 21−36). New York, NY: Routledge.

Kenny, M., & Fourie, R. (2014). Tracing the history of grounded theory methodology: From formation to fragmentation. *The Qualitative Report, 19,* 1−9. Retrieved from http://www.nova.edu/ssss/QR/QR19/kenny103.pdf

Kerlinger, F. N. (1979). *Behavioral research: A conceptual approach.* New York, NY: Holt, Rinehart & Winston.

Kidder, L. (1982). Face validity from multiple perspectives. In D. Brinberg & L. Kidder (Eds.), *New directions for methodology of social and behavioral science: Forms of validity in research* (pp. 41−57). San Francisco, CA:Jossey−Bass.

Kincheloe, J. L. (1991). *Teachers as researchers: Qualitative inquiry as a path of empowerment.* London, England: Falmer Press.

Knoblauch, H., Tuma, R., & Schnettler, B. (2014). Video analysis and videography. In U. Flick (Ed.), *The SAGE handbook of qualitative data analysis* (pp. 435−449). Thousand Oaks, CA: Sage.

Komives, S. R., Owen, J. E., Longerbeam, S. D., Mainella, F. C., & Osteen, L. (2005). Developing a leadership identity: A grounded theory. *Journal of College Student Development, 46*(6), 593 − 611. doi: 10.1353/csd.2005.0061

Kroll, T., Barbour, R., & Harris, J. (2007). Using focus groups in disability research, *Qualitative Health Research, 17,* 690−698. doi: 10.1177/1049732307301488

Krueger, R. A., & Casey, M. A. (2014). *Focus groups: A practical guide for applied research* (5th ed.). Thousand Oaks, CA: Sage. References 431

Kuckartz, U. (2014). *Qualitative text analysis: A guide to methods, practice and using software.* Thousand Oaks, CA: Sage.

Kus, R. J. (1986). From grounded theory to clinical practice: Cases from gay studies research. In W. C. Chenitz & J. M. Swanson (Eds.), *From practice to grounded theory* (pp. 227−240). Menlo Park, CA: Addison−Wesley.

Labaree, R. V. (2002). The risk of "going observationalist": Negotiating the hidden dilemmas of being an insider participant observer. *Qualitative Research, 2,* 97 − 122. doi: 10.1177/1468794102002001641

Ladson−Billings, G., & Donnor, J. (2005). The moral activist role in critical race theory scholarship. In N.

K. Denzin & Y. S. Lincoln (Eds.), *The SAGE handbook of qualitative research* (3rd ed., pp. 279-201). Thousand Oaks, CA: Sage.

LaFrance, J., & Crazy Bull, C. (2009). Researching ourselves back to life: Taking control of the research agenda in Indian Country. In D. M. Mertens & P. E. Ginsburg (Eds.), *The handbook of social research ethics* (pp. 135-149). Thousand Oaks, CA: Sage.

Lambert, P. S. (2015). Advances in data management for social survey research. In P. Halfpenny & R. Proctor (Eds.), *Innovations in digital research methods* (pp. 123-142). Thousand Oaks, CA: Sage.

Lancy, D. F. (1993). *Qualitative research in education: An introduction to the major traditions.* New York, NY: Longman.

Lather, P. (1991). *Getting smart: Feminist research and pedagogy with/in the postmodern.* New York, NY: Routledge.

Lather, P. (1993). Fertile obsession: Validity after poststructuralism. *Sociological Quarterly, 34,* 673-693. doi: 10.1111/j.1533-8525.1993.tb00112.x

Lauterbach, S. S. (1993). In another world: A phenomenological perspective and discovery of meaning in mothers' experience with death of a wished-for baby: Doing phenomenology. In P. L. Munhall & C. O. Boyd (Eds.), *Nursing research: A qualitative perspective* (pp. 133-179). New York, NY: National League for Nursing Press.

LeCompte, M. D., & Goetz, J. P. (1982). Problems of reliability and validity in ethnographic research. *Review of Educational Research, 51,* 31-60. doi: 10.3102/00346543052001031

LeCompte, M. D., Millroy, W. L., & Preissle, J. (1992). *The handbook of qualitative research in education.* San Diego, CA: Academic Press.

LeCompte, M. D., & Schensul, J. J. (1999). *Designing and conducting ethnographic research* (Ethnographer's toolkit, Vol. 1). Walnut Creek, CA: AltaMira Press.

Leipert, B. D., & Reutter, L. (2005). Developing resilience: How women maintain their health in northern geographically isolated settings. *Qualitative Health Research, 15,* 49-65. doi: 10.1177/1049732304269671

Lemay, C. A., Cashman, S. B., Elfenbein, D. S., & Felice, M. E. (2010). A qualitative study of the meaning of fatherhood among young urban fathers. *Public Health Nursing, 27*(3), 221-231. doi: 10.1111/j.1525-1446.2010.00847.x

Lempert, L. B. (2007). Asking questions of the data: Memo writing in the grounded theory tradition. In A. Bryant & K. Charmaz (Eds.), *The SAGE handbook of grounded theory* (pp. 245-264). Thousand Oaks, CA: Sage.

LeVasseur, J. J. (2003). The problem of bracketing in phenomenology. *Qualitative Health Research, 13*(3), 408-420. doi: 10.1177/1049732302250337

Lieberson, S. (2000). Small N's and big conclusions: An examination of the reasoning in comparative studies based on a small number of cases. In R. Gomm, M. Hammersley, & P. Foster (Eds.), *Case study method* (pp. 208-222). Thousand Oaks, CA: Sage.

Lieblich, A., Tuval-Mashiach, R., & Zilber, T. (1998). *Narrative research: Reading, analysis, and interpretation.* Thousand Oaks, CA: Sage.

Lincoln, Y. S. (1995). Emerging criteria for quality in qualitative and interpretive research. *Qualitative Inquiry, 1,* 275-289. doi: 10.1177/107780049500100301

Lincoln, Y. S. (2009). Ethical practices in qualitative research. In D. M. Mertens & P. E. Ginsberg (Ed.), *The handbook of social research ethics* (pp. 150-169).Thousand Oaks, CA: Sage.

Lincoln, Y. S., & Guba, E. G. (1985). *Naturalistic inquiry*. Beverly Hills, CA: Sage.

Lincoln, Y. S., & Guba, E. G. (2000). Paradigmatic controversies, contradictions, and emerging conflu-ences. In N. K. Denzin & Y. S. Lincoln (Eds.), *The SAGE handbook of qualitative research* (2nd ed., pp. 163–188). Thousand Oaks, CA: Sage.

Lincoln, Y. S., Lynham, S. A., & Guba, E. G. (2011). Paradigmatic controversies, contradictions, and emerging confluences. In N. K. Denzin & Y. S. Lincoln (Eds.), *The SAGE handbook of qualitative re-search* (4th ed., pp. 97–128). Thousand Oaks, CA: Sage.

Lofland, J. (1974). Styles of reporting qualitative field research. *American Sociologist, 9*, 101–111. Re-trieved from http://www.jstor.org/stable/27702128

Lofland, J., & Lofland, L. H. (1995). *Analyzing social settings: A guide to qualitative observation and analy-sis* (3rd ed.). Belmont, CA: Wadsworth.

Lomask, M. (1986). *The biographer's craft*. New York, NY: Harper & Row.

Lovern, L. L. & Locust, C. (2013). *Native American communities on health and disability: Borderland dia-logues*. New York, NY: Palgrave Macmillan.

Luck, L., Jackson, D., & Usher, K. (2006). Case study: A bridge across the paradigms. *Nursing Inquiry, 13*, 103–109. doi: 10.1111/j.1440-1800.2006.00309.x

Mac an Ghaill, M., & Haywood, C. (2015). British-born Pakistani and Bangladeshi young men: Exploring unstable concepts of Muslim, Islamophobia and racialization. *Critical Sociology, 41*, 97–114. doi: 10.1177/0896920513518947

MacKenzie, C. A., Christensen, J., & Turner, S. (2015). Advocating beyond the academy: Dilemmas of communicating relevant research results. *Qualitative Research, 15*, 105–121. doi: 10.1177/1049732304268796

Madison, D. S. (2005). *Critical ethnography: Methods, ethics, and performance*. Thousand Oaks, CA: Sage.

Madison, D. S. (2011). *Critical ethnography: Methods, ethics, and performance* (2nd ed.). Thousand Oaks, CA: Sage.

Maeder, C. (2014). Analysing sounds. In U. Flick (Ed.), *The SAGE handbook of qualitative data analysis* (pp. 424–434). Thousand Oaks, CA: Sage.

Marion, J. S., & Crowder, J. W. (2013). *Visual research: A concise introduction to thinking visually*. Lon-don, England: Bloomsbury.

Markham, A. N., & Baym, N. K. (2009). *Internet inquiry*. Thousand Oaks, CA: Sage

Marotzki, W., Holze, J., & Vertständig, D. (2014). Analysing virtual data. In U. Flick (Ed.), *The SAGE handbook of qualitative data analysis* (pp. 450–464). Thousand Oaks, CA: Sage.

Marshall, C., & Rossman, G. B. (2015). *Designing qualitative research* (6th ed.). Thousand Oaks, CA: Sage.

Martin, J. (1990). Deconstructing organizational taboos: The suppression of gender conflict in organiza-tions. *Organization Science, 1*, 339–359. Retrieved from http://dx.doi.org/10.1287/orsc.1.4.339

Maxwell, J. A. (2012). *A realist approach for qualitative research*. Thousand Oaks, CA: Sage.

Maxwell, J. A. (2013). *Qualitative research design: An interactive approach* (3rd ed.). Thousand Oaks, CA: Sage.

May, K. A. (1986). Writing and evaluating the grounded theory research report. In W. C. Chenitz & J. M. Swanson (Eds.), *From practice to grounded theory* (pp. 146–154). Menlo Park, CA: Addison-Wesley.

McCracken, G. (1988). *The long interview*. Newbury Park, CA: Sage.

McVea, K., Harter, L., McEntarffer, R., & Creswell, J. W. (1999). Phenomenological study of student ex-periences with tobacco use at City High School. *High School Journal, 82*(4), 209–222.

Merleau-Ponty, M. (1962). *Phenomenology of perception* (C. Smith, Trans.). London, England: Routledge & Kegan Paul.

Merriam, S. (1988). *Case study research in education: A qualitative approach*. San Francisco, CA: Jossey-Bass.

Merriam, S. B. (1998). *Qualitative research and case study applications in education*. San Francisco, CA: Jossey-Bass.

Merriam, S. B., & Tisdell, E. J. (2015). *Qualitative research: A guide to design and implementation* (4th ed.). San Francisco, CA: Jossey-Bass.

Mertens, D. M. (2003). Mixed methods and the politics of human research: The transformative-emancipatory perspective. In A. Tashakkori & C. Teddlie (Eds.), *Handbook of mixed methods in social & behavioral research* (pp. 135-164). Thousand Oaks, CA: Sage.

Mertens, D. M. (2009). *Transformative research and evaluation*. New York, NY: Guilford Press.

Mertens, D. M. (2015). *Research and evaluation in education and psychology: Integrating diversity with quantitative, qualitative, and mixed methods* (4th ed.). Thousand Oaks, CA: Sage.

Mertens, D. M., Cram, F., & Chilisa, B. (Eds.) (2013). *Indigenous pathways into social research*. Walnut Creek, CA: Left Coast Press.

Mertens, D. M., & Ginsberg, P. E. (2009). *The handbook of social research ethics*. Thousand Oaks, CA: Sage.

Mertens, D. M., Sullivan, M., & Stace, H. (2011). Disability communities: Transformative research and social justice. In N. K. Denzin & Y. S. Lincoln (Eds.), *The SAGE handbook of qualitative research* (4th ed., pp. 227-242). Thousand Oaks, CA: Sage.

Mikos, L. (2014). Analysis of flm. In U. Flick (Ed.), *The SAGE handbook of qualitative data analysis* (pp. 409-423). Thousand Oaks, CA: Sage.

Miles, M. B., & Huberman, A. M. (1994). *Qualitative data analysis: A sourcebook of new methods* (2nd ed.). Thousand Oaks, CA: Sage.

Miles, M. B., Huberman, A. M., & Saldaña, J. (2014). *Qualitative data analysis: A sourcebook of new methods* (3rd ed.). Thousand Oaks, CA: Sage.

Miller, D. W., Creswell, J. W., & Olander, L. S. (1998). Writing and retelling multiple ethnographic tales of a soup kitchen for the homeless. *Qualitative Inquiry, 4*(4), 469 - 491. doi: 10.1177/107780049800400404

Miller, W. L., & Crabtree, B. F. (1992). *Primary care research: A multimethod typology and qualitative road map*. In B. F. Crabtree & W. L. Miller (Eds.), Doing qualitative research (pp. 3-28). Newbury Park, CA: Sage.

Millhauser, S. (2008). *Dangerous laughter*. New York, NY: Knopf.

Mills, A. J., Durepos, G., & Wiebe, E. (Eds.). (2010). *Encyclopedia of case study research*. Thousand Oaks, CA: Sage.

Mitchell, C. (2011). *Doing visual research*. Thousand Oaks, CA: Sage.

Morgan, D. L. (1997). *Focus groups as qualitative research* (2nd ed). Thousand Oaks, CA: Sage.

Morrow, R. A., & Brown, D. D. (1994). *Critical theory and methodology*. Thousand Oaks, CA: Sage.

Morrow, S. L., & Smith, M. L. (1995). Constructions of survival and coping by women who have survived childhood sexual abuse. *Journal of Counseling Psychology, 42*, 24 - 33. doi: 10.1037/0022-0167.42.1.24

Morse, J. M. (1994). Designing funded qualitative research. In N. K. Denzin & Y. S. Lincoln (Eds.), *Hand-*

book of qualitative research (pp. 220–235). Thousand Oaks, CA: Sage.

Morse, J. M., & Field, P. A. (1995). *Qualitative research methods for health professionals* (2nd ed.). Thousand Oaks, CA: Sage.

Morse, J. M., & Richards, L. (2002). *README FIRST for a user's guide to qualitative methods*. Thousand Oaks, CA: Sage.

Moss, P. (2007). Emergent methods in feminist research. In S. N. Hesse–Biber (Ed.), *Handbook of feminist research methods* (pp. 371–389). Thousand Oaks, CA: Sage.

Moustakas, C. (1994). *Phenomenological research methods*. Thousand Oaks, CA: Sage.

Muncey, T. (2010). *Creating autoethnographies*. Thousand Oaks, CA: Sage.

Munhall, P. L., & Oiler, C. J. (Eds.). (1986). *Nursing research: A qualitative perspective*. Norwalk, CT: Appleton–Century–Crofts.

Murphy, J. P. (with Rorty, R.). (1990). *Pragmatism: From Peirce to Davidson*. Boulder, CO: Westview Press.

Natanson, M. (Ed.). (1973). *Phenomenology and the social sciences*. Evanston, IL: Northwestern University Press.

Nelson, L. W. (1990). Codeswitching in the oral life narratives of African–American women: Challenges to linguistic hegemony. *Journal of Education*, *172*, 142–155. Retrieved from http://www.jstor.org/stable/42742191

Neuman, W. L. (2000). *Social research methods: Qualitative and quantitative approaches* (4th ed.). Boston, MA: Allyn & Bacon.

Nicholas, D. B., Lach, L., King, G., Scott, M., Boydell, K., Sawatzky, B., Young, N. L. (2010). Contrasting internet and face–to–face focus groups for children with chronic health conditions: Outcomes and participant experiences. *International Journal of Qualitative Methods*, *9*(1), 105–121. doi: 10.1177/160940691000900102

Nieswiadomy, R. M. (1993). *Foundations of nursing research* (2nd ed.). Norwalk, CT: Appleton & Lange.

Nunkoosing, K. (2005). The problems with interviews. *Qualitative Health Research*, *15*, 698–706. doi: 10.1177/1049732304273903

Oiler, C. J. (1986). Phenomenology: The method. In P. L. Munhall & C. J. Oiler(Eds.), *Nursing research: A qualitative perspective* (pp. 69–82). Norwalk, CT: AppletonCentury–Crofts.

Olesen, V. (2011). Feminist qualitative research in the Millennium's first decade: Developments, challenges, prospects. In N. K. Denzin &Y. S. Lincoln (Eds.), *The SAGE handbook of qualitative research* (4th ed., pp. 129–146). Thousand Oaks, CA: Sage.

Ollerenshaw, J. A., & Creswell, J. W. (2002). Narrative research: A comparison of two restorying data analysis approaches. *Qualitative Inquiry*, *8*, 329–347. doi: 10.1177/10778004008003008

Orkin, A., & Newbery, S. (2014). Penny Armitage: "I'm the 85th baby born in Marathon," *Canadian Family Physician*, 60, e49–e52. Retrieved from www.cfp.ca/content/60/1/58.full

Padilla, R. (2003). Clara: A phenomenology of disability. *The American Journal of Occupational Therapy*, *57*(4), 413–423.doi: 10.5014/ajot.57.4.413

Parker, L., & Lynn, M. (2002). What race got to do with it? Critical race theory's conflicts with and connections to qualitative research methodology and epistemology. *Qualitative Inquiry*, *8*(1), 7–22. doi: 10.1177/107780040200800102

Patton, M. Q. (1980). *Qualitative evaluation methods*. Beverly Hills, CA: Sage.

Patton, M. Q. (1990). *Qualitative evaluation and research methods*. Newbury Park, CA: Sage.

Patton, M. Q. (2011). *Essential of utilization-focused evaluation*. Thousand Oaks, CA: Sage.

Patton, M. Q. (2015). *Qualitative evaluation and research methods* (4th ed.). Thousand Oaks, CA: Sage.

Pelias, R. J., (2011). Writing into position: Strategies for composition and evaluation. In N. K. Denzin & Y. S. Lincoln (Eds.), *The SAGE handbook of qualitative research* (4th ed., pp. 659–668). Thousand Oaks, CA: Sage.

Pereira, H. (2012). Rigour in phenomenological research: Reflections of a novice nurse researcher. *Nurse Researcher*, *19*(3), 16–19.

Personal Narratives Group. (1989). *Interpreting women's lives*. Bloomington: Indiana University Press.

Phillips, D. C., & Burbules, N. C. (2000). *Postpositivism and educational research*. Lanham, MD: Rowman & Littlefeld.

Pink, S. (2001). *Doing visual ethnography*. Thousand Oaks, CA: Sage.

Pinnegar, S., & Daynes, J. G. (2007). Locating narrative inquiry historically: Thematics in the turn to narrative. In D. J. Clandinin (Ed.), *Handbook of narrative inquiry: Mapping a methodology* (pp. 3–34). Thousand Oaks, CA: Sage.

Plummer, K. (1983). *Documents of life: An introduction to the problems and literature of a humanistic method*. London, England: George Allen & Unwin.

Plummer, K. (2011a). Critical humanism and queer theory: Living with the tensions. In N.K. Denzin & Y. S. Lincoln (Eds.), *The SAGE handbook of qualitative research* (4th ed., pp. 195 – 207). Thousand Oaks, CA: Sage.

Plummer, K. (2011b). Postscript 2011 to living with the contradictions: Moving on: Generations, cultures and methodological cosmopolitanism. In N. K. Denzin & Y. S. Lincoln (Eds.), *The SAGE handbook of qualitative research* (4th ed., pp. 208–211). Thousand Oaks, CA: Sage.

Polkinghorne, D. E. (1989). Phenomenological research methods. In R. S. Valle & S. Halling (Eds.), *Existentialphenomenological perspectives in psychology* (pp. 41–60). New York, NY: Plenum Press.

Polkinghorne, D. E. (1995). Narrative configuration in qualitative analysis. *Qualitative Studies in Education*, *8*, 5–23. doi: 10.1080/0951839950080103

Poth, C. (2008). *Promoting evaluation use within dynamic organizations: A case study examining evaluator behavior* (Unpublished dissertation). Queen's University, Kingston, Ontario.

Prior, L. (2003). *Using documents in social research*. Thousand Oaks, CA: Sage.

Ravitch, S. M., & Mittenfelner Carl, C. N. (2016). *Qualitative research: Bridging the conceptual, theoretical, and methodological*. Thousand Oaks, CA: Sage.

Ravitch, S. M., & Riggan, M. (2012). *Reason & rigor: How conceptual frameworks guide research*. Thousand Oaks, CA: Sage.

Reinharz, S. (1992). *Feminist methods in social research*. New York, NY: Oxford University Press.

Rhoads, R. A. (1995). Whales tales, dog piles, and beer goggles: An ethnographic case study of fraternity life. *Anthropology and Education Quarterly*, *26*, 306–323. Retrieved from http://www.jstor.org/stable/3195675

Richards, L. (2015). *Handling qualitative data: A practical guide* (3rd ed.). Thousand Oaks, CA: Sage.

Richards, L., & Morse, J. M. (2012). *README FIRST for a user's guide to qualitative methods* (3rd ed.). Thousand Oaks, CA: Sage.

Richardson, L. (1990). *Writing strategies: Reaching diverse audiences*. Newbury Park, CA: Sage.

Richardson, L. (1994). Writing: A method of inquiry. In N. K. Denzin & Y. S. Lincoln (Eds.), *Handbook of qualitative research* (pp. 516–529). Thousand Oaks, CA: Sage.

Richardson, L. (2000). Evaluating ethnography. *Qualitative Inquiry*, *6*, 253 – 255. doi: 10.1177/ 107780040000600207

Richardson, L., & St. Pierre, E. A. (2005). Writing: A method of inquiry. In N. K. Denzin & Y. S. Lincoln (Eds.), *The SAGE handbook of qualitative research* (3rd ed., pp. 959–978). Thousand Oaks, CA: Sage.

Riemen, D. J. (1986). The essential structure of a caring interaction: Doing phenomenology. In P. M. Munhall & C. J. Oiler (Eds.), *Nursing research: A qualitative perspective* (pp. 85 – 105). Norwalk, CT: Appleton–Century–Crofts.

Riessman, C. K. (1993). *Narrative analysis*. Newbury Park, CA: Sage.

Riessman, C. K. (2008). *Narrative methods for the human sciences*. Thousand Oaks, CA: Sage.

Rorty, R. (1983). *Consequences of pragmatism*. Minneapolis: University of Minnesota Press.

Rorty, R. (1990). Pragmatism as anti–representationalism. In J. P. Murphy (Ed.), *Pragmatism: From Peirce to Davidson* (pp. 1–6). Boulder, CO: Westview Press.

Rose, G. (2012). *Visual methodologies: An introduction to research with visual materials* (3rd ed). Thousand Oaks, CA: Sage.

Rossman, G. B., & Wilson, B. L. (1985). Numbers and words: Combining quantitative and qualitative methods in a single large–scale evaluation study. *Evaluation Review*, *9*(5), 627–643. doi: 10.1177/ 0193841X8500900505

Roulston, K., deMarrais, K., & Lewis, J. B. (2003). Learning to interview in the social sciences. *Qualitative Inquiry*, *9*, 643–668. doi: 10.1177/1077800403252736

Rubin, H. J., & Rubin, I. S. (2012). *Qualitative interviewing: The art of hearing data* (3rd ed.). Thousand Oaks, CA: Sage.

Ruohotie–Lyhty, M. (2013). Struggling for a professional identity: Two newly qualified language teachers' identity narratives during the first years at work. *Teaching and Teacher Education*, *30*, 120–129. doi: 10.1016/j.tate.2012.11.002

Saldaña, J. (2011). *Fundamentals of qualitative research*. Oxford, England: Oxford University Press.

Saldaña, J. (2013). *The coding manual for qualitative researchers* (2nd ed.). Thousand Oaks, CA: Sage.

Sampson, H. (2004). Navigating the waves: The usefulness of a pilot in qualitative research. *Qualitative Research*, *4*, 383–402. doi: 10.1177/1468794104047236

Sanjek, R. (1990). *Fieldnotes: The makings of anthropology*. Ithaca, NY: Cornell University Press.

Schwandt, T. A. (2007). *The SAGE dictionary of qualitative inquiry* (3rd ed.). Thousand Oaks, CA: Sage.

Sieber, J. E., & Tolich, M. B. (2013). *Planning ethically responsible research* (2nd ed.). Thousand Oaks, CA: Sage.

Silver, C., & Lewins, A. (2014). *Using software in qualitative research: A step–by–step guide* (2nd ed.) Thousand Oaks, CA: Sage.

Silverman, D. (2013). *Doing qualitative research: A practical handbook* (4th ed.). Thousand Oaks, CA: Sage.

Simmonds, S., Roux, C., & ter Avest, I. (2015). Blurring the boundaries between photovoice and narrative inquiry: A narrative–photovoice methodology for gender–based research. *International Journal of Qualitative Methods*, *14*, 33–49. doi: 10.1177/160940691501400303

Slife, B. D., & Williams, R. N. (1995). *What's behind the research? Discovering hidden assumptions in the behavioral sciences*. Thousand Oaks, CA: Sage.

Smith, J. A., Flowers, P., & Larkin, M. (2009). *Interpretative phenomenological analysis: Theory, method and research*. Thousand Oaks, CA: Sage.

Smith, L. M. (1994). Biographical method. In N. K. Denzin & Y. S. Lincoln (Eds.), *Handbook of qualitative research* (pp. 286–305). Thousand Oaks, CA: Sage.

Solorzano, D. G., & Yosso, T. J. (2002). Critical race methodology: Counterstorytelling as an analytical framework for education research. *Qualitative Inquiry, 8*(1), 23 – 44. doi: 10.1177/107780040200800103

Spiegelberg, H. (1982). *The phenomenological movement* (3rd ed.). The Hague, Netherlands: Martinus Nijhoff.

Spindler, G., & Spindler, L. (1987). Teaching and learning how to do the ethnography of education. In G. Spindler & L. Spindler (Eds.), *Interpretive ethnography of education: At home and abroad* (pp. 17–33). Hillsdale, NJ: Lawrence Erlbaum.

Spradley, J. P. (1979). *The ethnographic interview.* New York, NY: Holt, Rinehart & Winston.

Spradley, J. P. (1980). *Participant observation.* New York, NY: Holt, Rinehart & Winston.

Stake, R. (1995). *The art of case study research.* Thousand Oaks, CA: Sage.

Stake, R. E. (2005). Qualitative case studies. In N. K. Denzin & Y. S. Lincoln (Eds.), *The SAGE handbook of qualitative research* (3rd ed., pp. 443–466). Thousand Oaks, CA: Sage.

Stake, R. E. (2006). *Multiple case study analysis.* New York, NY: Guilford Press.

Stake, R. E. (2010). *Qualitative research: Studying how things work.* New York, NY: Guilford Press.

Stanfeld, J. H., II (Ed.) (2011). *Rethinking race and ethnicity in research methods.* Walnut Creek, CA: Left Coast Press.

Staples, A., Pugach, M. C., & Himes, D. J. (2005). Rethinking the technology integration challenge: Cases from three urban elementary schools. *Journal of Research on Technology in Education, 37*(3), 285–311. doi: 10.1080/15391523.2005.10782438

Stewart, A. J. (1994). Toward a feminist strategy for studying women's lives. In C. E. Franz & A. J. Stewart (Eds.), *Women creating lives: Identities, resilience and resistance* (pp. 11–35). Boulder, CO: Westview Press.

Stewart, D., & Mickunas, A. (1990). *Exploring phenomenology: A guide to the field and its literature* (2nd ed.). Athens: Ohio University Press.

Stewart, D. W., & Shamdasani, P. N. (1990). *Focus groups: Theory and practice.* Newbury Park, CA: Sage.

Stewart, K., & Williams, M. (2005). Researching online populations: The use of online focus groups for social research. *Qualitative Research, 5*, 395–416. doi: 10.1177/1468794105056916

Strauss, A. (1987). *Qualitative analysis for social scientists.* New York, NY: Cambridge University Press.

Strauss, A., & Corbin, J. (1990). *Basics of qualitative research: Grounded theory procedures and techniques.* Newbury Park, CA: Sage.

Strauss, A., & Corbin, J. (1998). *Basics of qualitative research: Techniques and procedures for developing grounded theory* (2nd ed.). Thousand Oaks, CA: Sage.

Stringer, E. T. (1993). Socially responsive educational research: Linking theory and practice. In D. J. Flinders & G. E. Mills (Eds.), *Theory and concept in qualitative research: Perspectives from the field* (pp. 141–162). New York, NY: Teachers College Press.

Strunk, W., & White, E. B. (2000). *The elements of style* (4th ed.). Upper Saddle River, NJ: Pearson.

Sudnow, D. (1978). *Ways of the hand.* New York, NY: Knopf.

Suoninen, E., & Jokinen, A. (2005). Persuasion in social work interviewing. *Qualitative Social Work, 4*, 469–487. doi:10.1177/1473325005058647

Swingewood, A. (1991). *A short history of sociological thought.* New York, NY: St. Martin's Press.

Sword, H. (2012). *Stylish academic writing*. Cambridge, MA: Harvard University Press.

Tashakkori, A., & Teddlie, C. (Eds.). (2003). *SAGE handbook of mixed methods in the social and behavioral sciences*. Thousand Oaks, CA: Sage.

Taylor, S. J., & Bogdan, R. (1998). *Introduction to qualitative research methods: A guidebook and resource* (3rd ed.). New York, NY: John Wiley.

Tesch, R. (1988). *The contribution of a qualitative method: Phenomenological research*. Unpublished manuscript, Qualitative Research Management, Santa Barbara, CA.

Tesch, R. (1990). *Qualitative research: Analysis types and software tools*. Bristol, PA: Falmer Press.

Therberge, N. (1997). "It's part of the game": Physicality and the production of gender in women's hockey. *Gender & Society, 11*(1), 69–87. doi: 10.1177/089124397011001005

Thomas, G. (2015). *How to do your case study* (2nd ed.). Thousand Oaks, CA: Sage.

Thomas, J. (1993). *Doing critical ethnography*. Newbury Park, CA: Sage.

Thomas, W. I., & Znaniecki, F. (1958). *The Polish peasant in Europe and America*. New York: Dover. (Original work published 1918–1920)

Tierney, W. G. (1995). (Re)presentation and voice. *Qualitative Inquiry, 1*, 379–390. doi: 10.1177/107780049500100401

Tierney, W. G. (1997). *Academic outlaws: Queer theory and cultural studies in the academy*. Thousand Oaks, CA: Sage.

Thornton Dill, B., & Kohlman, M. H. (2012). Intersectionality: A transformative paradigm in feminist theory and social justice. In S. Nagy Hesse-Biber (Ed.) *Handbook of feminist research: Theory and praxis* (2nd ed., pp. 154–174). Thousand Oaks, CA: Sage.

Trujillo, N. (1992). Interpreting (the work and the talk of) baseball. *Western Journal of Communication, 56*, 350–371. doi: 10.1353/csd.2005.0061

Turner, W. (2000). *A genealogy of queer theory*. Philadelphia, PA: Temple University Press.

van der Hoorn, B. (2015). Playing projects: Identifying flow in the 'lived experience.' *International Journal of Project Management*, 33, 1008–1021. doi: 10.1016/j.ijproman.2015.01.009

Van Hout, M. C., & Bingham, T. (2013). "Silk Road," the virtual drug marketplace: A single case study of user experiences. *International Journal of Drug Policy, 23*, 385–391. doi: org/10.1016/j.drugpo.2013.01.005

Van Kaam, A. (1966). *Existential foundations of psychology*. Pittsburgh, PA: Duquesne University Press.

Van Maanen, J. (1988). *Tales of the field: On writing ethnography*. Chicago, IL: University of Chicago Press.

Van Maanen, J. (2011). *Tales of the field: On writing ethnography* (2nd ed.). Chicago, IL: University of Chicago Press.

van Manen, M. (1990). *Researching lived experience: Human science for an action sensitive pedagogy*. Albany: State University of New York Press.

van Manen, M. (2006). Writing qualitatively, or the demands of writing. *Qualitative Health Research, 16*, 713–722.

van Manen, M. (2014). *Phenomenology of practice: Meaning-giving methods in phenomenological research and writing*. Walnut Creek, CA: Left Coast Press.

Wallace, A. F. C. (1970). *Culture and personality* (2nd ed.). New York, NY: Random House.

Warren, C. A., & Xavia Karner, T. (2015). *Discovering qualitative methods: Ethnography, interviews, documents, and images* (3rd ed.). New York, NY: Oxford University Press.

Watson, K. (2005). Queer theory. *Group Analysis, 38*(1), 67–81. doi: 10.1177/0533316405049369

Watts, I. E., & Erevelles, N. (2004). These deadly times: Reconceptualizing school violence by using critical race theory and disability studies. *American Journal of Educational Research, 41*, 271–299. doi: 10.3102/00028312041002271

Weiner-Levey, N., & PopperGiveon, A. (2013). The absent the hidden and the obscured: reflections on "dark matter" in qualitative research. *Quality & Quantity, 47*, 2177–2190. doi: 10.1007/s11135-011-9650-7

Weis, L., & Fine, M. (2000). *Speed bumps: A student-friendly guide to qualitative research*. New York, NY: Teachers College Press.

Weitzman, E. A. (2000). Software and qualitative research. In N. K. Denzin & Y. S. Lincoln (Eds.), *The SAGE handbook of qualitative research* (2nd ed., pp. 803–820). Thousand Oaks, CA: Sage.

Weitzman, E. A., & Miles, M. B. (1995). *Computer programs for qualitative data analysis*. Thousand Oaks, CA: Sage.

Wertz, F. J. (2005). Phenomenological research methods for counseling psychology. *Journal of Counseling Psychology, 52*, 167–177. doi: 10.1037/0022-0167.52.2.167

Whittemore, R., Chase, S. K., & Mandle, C. L. (2001). Validity in qualitative research. *Qualitative Health Research, 11*, 522–537. doi: 10.1177/104973201129119299

Willis, P. (1977). *Learning to labour: How working class kids get working class jobs*. Westmead, England: Saxon House.

Winthrop, R. H. (1991). *Dictionary of concepts in cultural anthropology*. Westport, CT: Greenwood Press.

Wolcott, H. F. (1987). On ethnographic intent. In G. Spindler & L. Spindler (Eds.), *Interpretive ethnography of education: At home and abroad* (pp. 37–57). Hillsdale, NJ: Lawrence Erlbaum.

Wolcott, H. F. (1990). On seeking and rejecting validity in qualitative research. In E. W. Eisner & A. Peshkin (Eds.), *Qualitative inquiry in education: The continuing debate* (pp. 121–152). New York, NY: Teachers College Press.

Wolcott, H. F. (1992). Posturing in qualitative research. In M. D. LeCompte, W. L. Millroy, & J. Preissle (Eds.), *The handbook of qualitative research in education* (pp. 3–52). San Diego, CA: Academic Press.

Wolcott, H. F. (1994). *Transforming qualitative data: Description, analysis, and interpretation*. Thousand Oaks, CA: Sage.

Wolcott, H. F. (2008a). *Ethnography: A way of seeing* (2nd ed.). Walnut Creek, CA: AltaMira Press.

Wolcott, H. F. (2008b). *Writing up qualitative research (*3rd ed.). Thousand Oaks, CA: Sage.

Wolcott, H. F. (2010). *Ethnography lessons: A primer*. Walnut Creek, CA: Left Coast Press.

Yin, R. K. (2009). *Case study research: Design and method* (4th ed.). Thousand Oaks, CA: Sage.

Yin, R. K. (2014). *Case study research: Design and method (*5th ed.). Thousand Oaks, CA: Sage.

Yussen, S. R., & Ozcan, N. M. (1997). The development of knowledge about narratives. *Issues in Educational Psychology: Contributions From Educational Psychology, 2*, 1–68.

译后记

　　这是我参与翻译"万卷方法"系列的第二本书。第一本书（马歇尔、罗斯曼合著的《设计质性研究：有效研究设计的全程指导》）是将质性研究视为一个整体，而这本书则对质性研究的不同取向进行了深入细致的讨论。因此，这本书的翻译也面临更多的挑战。翻译这本书帮助我进一步厘清了质性研究方法的图景，明确了不同取向对质性研究的整个过程有何种影响。

　　两位作者都以混合方法研究见长，都曾接受过量化研究的学术训练，因而他们不但更明确质性研究方法的优势，也倾向于将质性研究方法作为系统的科学方法，这正是他们对多种取向进行讨论的基本立场。他们注意到了质性研究及其分类的多样性，选择了在社会科学、行为科学及健康科学中具有代表性的五种取向：叙事研究、现象学研究、扎根理论研究、民族志研究和案例研究。作者挑选的五篇各自代表上述取向的论文，呈现于本书的附录二到附录六。以这五篇文章为范例，作者按主题（第5章到第10章）对各个取向的研究焦点、资料收集方法、资料分析方法、资料呈现方式、研究报告写作以及评估标准进行了讨论。作者详细总结了探究取向对研究设计乃至整个研究过程的影响，并将这些影响列在了本书的最后一章，即第11章的"结论"部分。在作者看来，不同的研究焦点应当匹配不同的研究取向，这进而会影响参与者的选择和具体资料收集方法的使用，但各个取向之间最显著的区别还是在于资料分析阶段，而各取向最后的成果及质量评估标准也大相径庭。

　　在对五种探究取向条分缕析的同时，作者也强调，尽管不同的取向表明了质性研究的多样性，但这些取向都归属于质性研究。因而，五种取向有区分也有重合。在第11章中，作者以第1章提及的校园枪击案研究为例，展示了对同一事件的研究如何在不同取向之间进行转化。此外，作者在通过研究实例展示五种取向的区分之前，也讨论了质性研究整体层面的哲学假定与诠释框架（第2章），以及设计一项质性研究需要注意的方面（第3章）。

　　我在这里要特别推介的是第4章，其对五种取向的定义、源流、典型特征、分类、研究程序、面临的挑战进行了全面介绍。这些介绍足以帮助初学者把握质性研究方法的整体图景。而对学有专长的质性研究者而言，这些介绍则可以加深对其他研究取向的理解。比如，我习惯于强调案例研究与民族志研究中的参与者在社会结构位置上的特殊性，因而不理解有些研究在资料收集过程中只强调信息源的数量，却不注意其中可能存在的"社会结构"因素差异。本书对现象学的介绍，就帮助我认识到：现象学意在通过广泛的信息源来理解人们经验的"本质"，因而无需对信息源在性别、阶层、种族等方面的差异进行分析。

翻译本书对我来说也是一个学习的过程。在翻译"万卷方法"的上一本书时，我以译者注的方式记录了在翻译过程中的一些思考。译者注的方式固然可以尝试厘清中外学术交流中的一些含混之处，但这类概念梳理实际上类似于小型的文献综述，或者观念史研究，囿于本人的学识，上一本书中的有些注释似乎带来了更多的含混。因此，在本书的翻译中，我只在编辑认为需要加注的地方，加上了为数有限的译者注，学术术语及专有名词尽量采用目前通行的译法，仍有争议的一些概念则采用相对简单明确的翻译。本书所引述的研究成果，如果已有中文版，则采用中译名，以方便读者查找作品。在上一本书的翻译中，我曾区分了 interpret 与 explain，在本书中则遵循通例分别译为"诠释"与"解释"。再比如，本书中出现的 inquiry 采用了"万卷方法"丛书的通行翻译"探究"，意为追寻探索；一般意义上的 research 被译为"研究"，有明确研究对象的 study 虽然也被译为"研究"，但通常会加上特指——"一项研究"或"这些研究"，需要与 research 进行区分时则译为"具体研究"。此外，在日常用语中同为"问题"的 question 和 problem，前者意在寻找答案，仍译为"问题"；而后者重在表明疑难，则译为"难题"。又如，上一本书还对 rationale 的翻译进行了讨论，而在本书中则直接译为"理由"。总之，在本书的翻译中，我尽量采取了简洁但明确的表达。

此外，还需要就本书的翻译工作进行说明。本书的翻译是由两位译者合作进行的。虽然我被列为第一译者，但方慧容自始至终都参与了本书翻译的各项工作。我们的合作也并非简单地将章节进行分配，而是对每一章的翻译都有多轮讨论。我们二人作为译者共同署名，也共同承担对全书翻译的责任。

致谢依然首先要向重庆大学出版社"万卷方法"的编辑们奉上：感谢你们持续推动我国社会科学研究方法交流和讨论的努力。尽管甘苦自知，但作为"万卷方法"的读者和译者之一，我既享用了你们工作的硕果，也亲历了你们工作的艰辛。尤其是要衷心地感谢本书的两位编辑：林佳木和石可。两位编辑在细致的编辑工作中，订正了我们翻译中的错误，并将拗口的表达修改得流畅清晰。当然，还要感谢我方法课上的学生们：你们践行了"做中学"，推进了我对我们共处的世界的理解；尽管我向你们描绘的学科图景似乎跟学科前景一样模模糊糊，但你们的每一次作业仍然在勉力践行社会科学的专业精神。

学途风雨晦，且向光处行，与诸君共勉。

何江穗

2024 年 5 月